Burhoff/Obermeier · Besteuerung der
Rechtsanwälte und Notare

BERUF UND STEUERN

Besteuerung der Rechtsanwälte und Notare

Von

Armin Burhoff
Vors. Richter am FG a. D.

und

Arnold Obermeier
Richter am FG

VERLAG NEUE WIRTSCHAFTS-BRIEFE
HERNE/BERLIN

Es haben bearbeitet:

A. Burhoff: Abschnitt A, B, C III, D II 4−6, D III 5, E, F und G

A. Obermeier: Abschnitt C I, II, IV, V, D I, D II 1−3, D III 1−4

DATEV-Datenbank-Unterstützung

Die Abrufkürzel (z. B. ▶ BSt-RA-050 ◀) neben den Abschnittsüberschriften verweisen auf die Steuerrechtsdatenbank „LEXinform" der DATEV. Unter der angegebenen Nummer können Datenbank-Teilnehmer den vollständigen Wortlaut wichtiger Quellen, die im jeweiligen Abschnitt zitiert sind, abrufen. Weitere wichtige Informationen zum jeweiligen Abschnitt, die bei Redaktionsschluß noch nicht berücksichtigt werden konnten (z. B. neue gerichtliche Entscheidungen oder Verwaltungsanweisungen), werden ebenfalls gespeichert und können unter dem jeweiligen Kürzel abgefragt werden.

Die Deutsche Bibliothek − CIP-Einheitsaufnahme

Besteuerung der Rechtsanwälte und Notare / von Armin Burhoff und Arnold Obermeier. - Herne ; Berlin : Verl. Neue Wirtschafts-Briefe, 1991
   (Beruf und Steuern)
   ISBN 3-482-45101-X
NE: Burhoff, Armin; Obermeier, Arnold

ISBN 3-482-**45101**-X−1991

© Verlag Neue Wirtschafts-Briefe GmbH & Co., Herne/Berlin 1991

Alle Rechte vorbehalten.

Dieses Buch und alle in ihm enthaltenen Beiträge und Abbildungen sind urheberrechtlich geschützt. Mit Ausnahme der gesetzlich zugelassenen Fälle ist eine Verwertung ohne Einwilligung des Verlages strafbar.

Druck: Fotosatz Wahlers, 2815 Langwedel

Vorwort

Sinn und Zweck dieses Buches ist es, den Beratern – seien es Steuerberater, vereidigte Buchprüfer, Wirtschaftsprüfer, Rechtsanwälte/Notare – in prägnanter Form die wichtigsten steuerlichen Hinweise für die Beratung der Rechtsanwälte oder Notare zu geben. Steuerliches Hintergrundwissen wird hierbei vorausgesetzt.

Aber auch für den Rechtsanwalt/Notar selbst ist das Buch ein Nachschlagewerk, das es ihm ermöglicht, seinen Berater auf spezifische Probleme anzusprechen und so den Dialog zum Berater zu pflegen. Dabei werden Grundkenntnisse eines steuerlich informierten Bürgers allerdings vorausgesetzt.

Das Buch ist nicht nach der allgemeinen Systematik gegliedert. Es folgt einer mehr berufsbezogenen Reihenfolge.

Das Buch erläutert zunächst die Methoden der Gewinnermittlung. Es enthält eine kurze Darstellung des Ablaufs einer Außenprüfung. Die diesbezüglichen Ausführungen sollte der zu prüfende Rechtsanwalt/Notar spätestens nach Anmeldung des Prüfers lesen, damit er weiß, was Recht ist und wie er sich wehren kann. Im Einkommensteuerteil werden in ABC-Form die steuerlichen Abzugsbeträge, z. B. Betriebsausgaben, aufgelistet und erläutert. Besondere Bedeutung kommt nach Wegfall des ermäßigten Steuersatzes für Freiberufler dem Umsatzsteuerteil zu. Aber auch die anderen Steuerarten der laufenden Besteuerung enthalten berufsspezifische Hinweise.

Ausführlich befaßt sich das Buch mit den steuerlichen Fragen bei Beginn und Ende der freiberuflichen Tätigkeit. Aber auch Steuerfragen bei Rechtsanwalts-/Notargemeinschaften (Sozietät), Bürogemeinschaften und Einschaltung von Kapitalgesellschaften werden behandelt.

Zahlreiche Beispiele, Hinweise und Ratschläge runden den Inhalt ab.

Wir hoffen, daß sich das Buch als nützlicher Ratgeber erweist. Für Hinweise und Kritik sind Verlag und Autoren jederzeit offen und dankbar.

Köln/Herrsching, im April 1991

A. Burhoff · A. Obermeier

Inhaltsübersicht

	Seite
Vorwort	5
Inhaltsverzeichnis	9
Literaturverzeichnis	17
Abkürzungsverzeichnis	19

A: Buchführung und Aufzeichnungen 25
B: Besondere Fragen zum Besteuerungsverfahren 41
   1. Anderkonten 41
   2. Gesetzliche Anzeigepflichten der Notare 44
   3. Steuerliche Antrags- und Rechtsbehelfsfristen 47
   4. Haftung für Steuerschulden 57
   5. Auskunftsverweigerung der Rechtsanwälte und Notare 63
   6. Vorlage von Handakten 65
   7. Auskünfte der Finanzverwaltung 66
   8. Außenprüfung 70
   9. Außenprüfung und Strafverfahren 83
   10. Straffreiheit durch Selbstanzeige 84

C: Die laufende Besteuerung 95
   I. Einkommensteuer in ABC-Form 95
   II. Lohnsteuer (§§ 38 ff. EStG) 215
   III. Umsatzsteuer 226
   IV. Erbschaftsteuer: Rückwirkende Vereinbarung der Zugewinngemeinschaft 260
   V. Einheitsbewertung und Vermögensteuer 263

D: Beginn und Ende der freiberuflichen Tätigkeit 271

E: Steuerliche Fragen bei Testamentsvollstreckung; Treuhandschaft und Konkursverwaltung 307

F: Steuerfragen bei Rechtsanwalts-/Notargemeinschaft (Sozietät); Bürogemeinschaft; Einschaltung von Kapitalgesellschaften 313

G: Die Steuern des Vertreters 349

Stichwortverzeichnis 353

Inhaltsverzeichnis

	Rdnr.	Seite
Vorwort		5
Inhaltsübersicht		7
Literaturverzeichnis		17
Abkürzungsverzeichnis		19

A. Buchführung und Aufzeichnungen 1 25
  1. Buchführung für die Einkommensteuer 1 25
    a) Allgemeines 1 25
    b) Der Unterschied der Gewinnermittlungsarten 4 25
    c) Die Maßgeblichkeit des Betriebsvermögensvergleichs .. 5 26
  2. Der Betriebsvermögensvergleich des Freiberuflers 8 27
  3. Gewinnermittlung durch Einnahme-Überschußrechnung
    (§ 4 Abs. 3 EStG) 15 29
  4. Form der Buchführung bei Einnahme-Überschußrechnung . 26 32
  5. Besondere Anlageverzeichnisse 31 35
  6. Abzug bestimmter Betriebsausgaben (§ 4 Abs. 7 EStG) ... 37 36
  7. Führung des Lohnkontos für Arbeitnehmer (§ 41 EStG) .. 38 37
  8. Aufzeichnungen für die Umsatzsteuer (§ 22 UStG) 39 37
  9. Aufbewahrungspflicht 41 38
    a) Allgemeines 41 38
    b) Aufbewahrung der Handakten 43 38

B. Besondere Fragen zum Besteuerungsverfahren 46 41
  1. Anderkonten 46 41
  2. Gesetzliche Anzeigepflichten der Notare 55 44
    a) Grunderwerbsteuer 56 44
    b) Erbschaftsteuer (Schenkungsteuer) 59 46
    c) Kapitalverkehrsteuern und Wechselsteuer 61 46
  3. Steuerliche Antrags- und Rechtsbehelfsfristen 65 47
    a) Finanzbehörde – Finanzamt 66 47
    b) Vorverfahren (Finanzbehörde) 67 48
    c) Verfahren vor den Finanzgerichten 68 51
    d) Bundesfinanzhof 69 54
    e) Fristen zur Kostenfestsetzung 70 55
    f) Bundesverfassungsgericht 71 56

	Rdnr.	Seite
4. Haftung für Steuerschulden	72	57
a) Haftung als Vertreter gem. § 69 AO	73	57
b) Lohnsteuerhaftung	88	61
c) Haftung bei Praxiserwerb	98	63
5. Auskunftsverweigerung der Rechtsanwälte und Notare	99	63
6. Vorlage von Handakten	107	65
7. Auskünfte der Finanzverwaltung	115	66
8. Außenprüfung	126	70
a) Zulässigkeit der Außenprüfung	127	71
b) Praxisgröße und Prüfungshäufigkeit	130	72
c) Was geprüft wird	134	72
d) Zeitlicher Umfang	135	73
e) Prüfungsanordnung	138	74
f) Prüfungsort	143	75
g) Der Prüfer erscheint	145	75
h) Mitwirkungspflichten	148	76
i) Kontrollmitteilungen	155	77
j) Schlußbesprechung und Prüfungsbericht	157	78
k) Verbindliche Zusage	159	79
l) Abgekürzte Außenprüfung	164	80
m) Erhöhte Bindung des Finanzamts nach Außenprüfung	165	80
n) Erzwingbarkeit der Außenprüfung	167	81
o) Rechtsbehelfe gegen Maßnahmen der Außenprüfung	170	81
9. Außenprüfung und Strafverfahren	180	83
10. Straffreiheit durch Selbstanzeige	186	84
a) Allgemeines	187	85
b) Wer kann Selbstanzeige erstatten?	189	85
c) Wo ist Selbstanzeige zu erstatten?	194	86
d) Form der Selbstanzeige	197	87
e) Inhalt der Selbstanzeige	198	87
f) Fristgerechte Nachzahlung	201	88
g) Für Selbstanzeige kann es zu spät sein	210	89
h) Selbstanzeige bei leichtfertiger Steuerverkürzung	229	92
i) Beispiele	237	93

Inhaltsverzeichnis 11

	Rdnr.	Seite
C. Die laufende Besteuerung	260	95
I. Einkommensteuer in ABC-Form	260	95
II. Lohnsteuer (§§ 38 ff. EStG)	860	215
1. Allgemeines	860	215
a) Erhebung der Lohnsteuer (§ 38 EStG)	860	215
b) Höhe der Lohnsteuer (§§ 38 a ff. EStG)	861	215
c) Durchführung des Lohnsteuerabzugs (§§ 39 b ff. EStG)	862	215
d) Aufzeichnung, Anmeldung und Abführung der Lohnsteuer (§§ 41 ff. EStG)	864	215
e) Haftung des Arbeitgebers (§ 42 d EStG)	869	216
f) Anrufungsauskunft (§ 42 e EStG)	870	216
g) Lohnsteuer-Außenprüfung (§ 42 f EStG)	871	216
2. Lohnsteuer-Pauschalierung	872	217
a) Allgemeines	872	217
b) Lohnsteuer-Pauschalierung nach § 40 EStG	877	217
c) Lohnsteuer-Pauschalierung nach § 40 a EStG	880	219
d) Lohnsteuer-Pauschalierung nach § 40 b EStG	891	222
III. Umsatzsteuer	920	226
1. Allgemeines	920	226
2. Rechtsanwalt/Notar als Unternehmer	926	227
a) Nebentätigkeit des Rechtsanwalts/Notars	931	229
b) Beginn und Ende der beruflichen Tätigkeit	933	230
c) Honorareingang nach Tod eines Rechtsanwalts/Notars	938	231
d) Umfang des Unternehmens	939	231
3. Die steuerbaren Umsätze	943	232
a) Allgemeines	943	232
b) Beispiele steuerbarer Umsätze	949	233
c) Eigenverbrauch	952	234
4. Ort der sonstigen Leistung	970	238
5. Die Bemessungsgrundlage	976	241
a) Umfang des Entgelts	976	241
b) Einzelfälle des Entgelts in ABC-Form	977	242
c) Durchlaufende Posten	978	243
d) Pauschalabzug für durchlaufende Posten	981	244
6. Der Steuersatz	982	245
a) Allgemeines	982	245

	Rdnr.	Seite

b) Steuersatz für Leistungen eines Rechtsanwalts beim Einzug abgetretener Mandantenforderungen im Mahnverfahren 985 245
c) Steuersatz gem. § 12 Abs. 2 Nr. 7c UStG 986 246
7. Umsatzsteuer auf Anzahlungen Mindest-Istversteuerung 988 247
8. Umsatzsteuer in der Rechnung 994 249
   a) Mindest-Istversteuerung und Rechnung 995 250
   b) Mahnbescheid keine Rechnung 1001 251
   c) Berichtigungsvollmacht des Notars und Vorsteuerausweis 1002 251
9. Der Vorsteuerabzug 1003 252
   a) Der Grundsatz des UStG 1003 252
   b) Vorsteuerabzug bei Fahrausweisen 1006 253
   c) Vorsteuerabzug bei Reisekosten 1009 253
   d) Verträge zwischen Ehegatten – Vermietung und Vorsteuerabzug bei Errichtung einer Anwaltspraxis durch Ehefrau 1013 255
   e) Vermietung von Anwalts-Ehefrau angeschafften Praxisgegenständen an Anwalts-Ehemann 1014 256
   f) Zeitpunkt des Vorsteuerabzugs 1015 256
   g) Allgemeiner Durchschnittsatz 1016 256
10. Besteuerung sog. Kleinunternehmer 1020 257
11. Soll- und Istversteuerung 1027 259

IV. Erbschaftsteuer: Rückwirkende Vereinbarung der Zugewinngemeinschaft 1040 260
   1. Entscheidung des BFH 1040 261
   2. Ermittlung des Zugewinnausgleichs 1041 261
   3. Vor- und Nachteile von Gütertrennung und Zugewinngemeinschaft 1042 261

V. Einheitsbewertung und Vermögensteuer 1050 263
   1. Einheitsbewertung des Betriebsvermögens (§§ 95 ff. BewG) 1050 263
     a) Allgemeines 1050 263
     b) Mehrere Tätigkeiten, gemischte Tätigkeiten 1053 264
     c) Gesellschaften 1054 264
     d) Umfang des Betriebsvermögens 1055 264
   2. Vermögensteuer 1063 266
     a) Allgemeines 1063 266
     b) VSt bei Rechtsanwälten und Notaren 1070 267
     c) Zusammenfassendes Beispiel 1074 268

	Rdnr.	Seite
D. Beginn und Ende der freiberuflichen Tätigkeit	1080	271
I. Allgemeines	1080	272
II. Beginn der freiberuflichen Tätigkeit	1082	272
1. Aufwendungen bei Eröffnung oder Erwerb einer Praxis	1082	272
2. Praxiskauf	1089	273
a) Allgemeines	1089	273
b) Barzahlung	1090	274
c) Kaufpreisraten	1097	275
d) Abgrenzung der Renten	1100	276
e) Veräußerungsrente	1105	277
f) Betriebliche Versorgungsrente	1109	278
g) Außerbetriebliche Versorgungsrente	1110	278
h) Gewinn- oder Umsatzbeteiligung	1116	279
3. Kauf einer Kanzlei von einem Erben; Erbauseinandersetzung	1121	280
4. Der Praxiswert	1123	281
a) Begriff „Praxiswert"	1127	281
b) Art der Bewertung	1131	282
c) Grundlagen der Bewertung	1134	283
d) Anwendung auf die Fallgruppen	1141	284
e) Praxiswert steuerlich	1168	288
5. Umsatzsteuer beim Praxiskauf/Praxisverkauf	1180	290
6. Haftung des Praxiserwerbers	1190	292
III. Ende der freiberuflichen Tätigkeit	1203	295
1. Praxisveräußerung	1203	295
a) Allgemeines	1203	295
b) Begriff der Praxisveräußerung	1204	295
c) Veräußerungsgewinn	1214	297
d) Steuerbegünstigung des Veräußerungsgewinns (§§ 16 Abs. 4, 18, 34 Abs. 2 Nr. 1 EStG)	1218	298
e) Barzahlung	1224	301
f) Kaufpreisraten	1227	301
g) Veräußerungsrente	1230	302
h) Betriebliche Versorgungsrente	1237	303
i) Außerbetriebliche Versorgungsrente	1238	303
j) Unterhaltsrente	1239	303
k) Gewinn- oder Umsatzbeteiligung	1240	303

	Rdnr.	Seite

2. Praxisaufgabe 1241   303
3. Veräußerung oder Aufgabe einer geerbten Kanzlei;
   Erbauseinandersetzung 1246   304
4. Nachträgliche Betriebseinnahmen; nachträgliche
   Betriebsausgaben 1248   305
5. Umsatzsteuer bei Praxisaufgabe 1253   306

E. **Steuerliche Fragen bei Testamentsvollstreckung; Treuhandschaft und Konkursverwaltung** 1270   307

   1. Testamentsvollstrecker 1271   307
      a) Umsatzsteuer 1271   307
      b) Einkommensteuer 1272   307

   2. Treuhandschaft 1275   308
      a) Allgemeines 1276   308
      b) Umsatzsteuer 1277   309
      c) Einkommensteuer 1282   310
      d) Gewerbesteuer 1283   310
      e) Grundsteuer 1284   310
      f) Grunderwerbsteuer 1285   311
      g) Gesellschaftsteuer 1286   311
      h) Börsenumsatzsteuer 1287   311
      i) Erbschaftsteuer/Schenkungsteuer 1289   312

   3. Konkursverwalter 1292   312
      a) Umsatzsteuer 1292   312
      b) Einkommensteuer 1293   312

F. **Steuerfragen bei Rechtsanwalts-/Notargemeinschaft (Sozietät); Bürogemeinschaft; Einschaltung von Kapitalgesellschaften** ... 1300   313

   1. Rechtsanwalts-/Notargemeinschaften (Sozietät) 1302   313
      a) Begriff 1302   313
      b) Einkunftsart 1305   315
      c) Gründung einer Gemeinschaftspraxis 1317   318
         aa) Einbringung einer Praxis in neu zu gründende
            Sozietät 1319   318
            (1) Partner leistet Ausgleichszahlung 1322   319
            (2) Einbringung Praxis und Einbringung Kapital .. 1329   321
            (3) Schrittweise Sozietätsgründung 1338   323
         bb) Aufnahme in bereits bestehende Sozietät 1341   323
         cc) Aufnahme gegen feste Vergütung 1346   324
         dd) Aufnahme eines Arbeitnehmers 1347   325

	Rdnr.	Seite
ee) Einbringung einer Teilpraxis	1349	325
ff) Verpachtung einer Einzelpraxis	1353	327
gg) Übergangs-Gemeinschaftspraxis/Bürogemeinschaft	1355	328
d) Auflösung einer Gemeinschaftspraxis (Sozietät)	1360	329
aa) Ausscheiden eines Partners	1361	329
bb) Realteilung	1368	331
cc) Aufgabe der Gemeinschaftspraxis (Sozietät) im ganzen	1373	332
e) Gewinnermittlung	1376	333
f) Praxiswert	1379	334
g) Betriebsvermögen und Sonderbetriebsvermögen	1380	334
h) Gewinnvorab, Sondervergütungen, Verluste der Beteiligten	1383	335
i) Sonderbetriebsausgaben	1386	335
j) Freibetrag für freie Berufe gem. § 18 Abs. 4 EStG	1390	336
k) Einheitliche Gewinnfeststellung	1391	336
l) Umsatzsteuer	1396	337
aa) Sozietät als Steuersubjekt	1397	337
bb) Entgelt	1399	338
cc) Einbringung in eine Sozietät	1400	338
dd) Eigenverbrauch der Sozietät	1410	340
ee) Leistungen der Sozietät an den Sozius	1411	341
ff) Leistungen eines Sozius an die Sozietät	1413	341
gg) Entgeltliche Nutzungsverträge mit der Sozietät	1415	342
hh) Vorsteuerabzug	1424	344
m) Einheitsbewertung des Betriebsvermögens	1425	344
2. Bürogemeinschaft/Praxisgemeinschaft	1426	344
a) Allgemeines	1426	344
b) Einkommensteuer	1429	345
c) Umsatzsteuer	1432	346
d) Einheitsbewertung und Vermögensteuer	1436	347
3. Einschaltung von Kapitalgesellschaften	1437	347
G. Die Steuern des Vertreters	1439	349
1. Selbständige/unselbständige Tätigkeit eines Rechtsanwalts/Notars	1440	349
2. Selbständige/unselbständige Tätigkeit von Referendaren/Assessoren	1444	350
3. Die vom Vertreter zu zahlenden Steuern	1445	350
Stichwortverzeichnis		352

Literaturverzeichnis

In diesem Literaturverzeichnis sind Kommentare und Monographien, die mehrfach zitiert werden, aufgeführt. Spezialliteratur ist vor den entsprechenden Ausführungen angegeben.

Betriebsprüfungskartei der Oberfinanzdirektionen Düsseldorf, Köln, Münster (Düsseldorf 1957) Teil III; Rechtsanwälte sowie Notare
Blümich, EStG, KStG, GewStG, Nebengesetze, Kommentar, Loseblatt, 13. Auflage, München 1989 ff.
Bolk/Burhoff/Fischer/Hünnekens/Müller, Lehrbuch der Umsatzsteuer (Mehrwertsteuer), 5. Auflage, Herne/Berlin 1985
Burhoff/Charlier, Was der Praktiker von der AO 77 wissen muß, Herne/Berlin 1977
Dornbusch/Jasper, Die Besteuerung der Rechtsanwälte und Notare, München 1987
Glanegger/Güroff, GewStG – Gewerbesteuergesetz Kommentar, München 1988
Herrmann/Heuer/Raupach (= H/H/R), Einkommensteuer- und Körperschaftsteuergesetz mit Nebengesetzen, Kommentar, Loseblatt, 19. Auflage, Köln 1986 ff.
Hübschmann/Hepp/Spitaler, Abgabenordnung/Finanzgerichtsordnung, Kommentar, Loseblatt, 9. Auflage, Köln 1988 ff.
Korn, Besteuerung der Rechtsanwälte und Notare – Einzelpraxis, Sozietät, Bürogemeinschaft, Köln 1982
Kühn/Kutter/Hofmann (= Kühn/Kutter), Abgabenordnung – Finanzgerichtsordnung – Nebengesetze, 15. Auflage, Stuttgart 1987
Kussmann/Müller, Handbuch der Abgabenordnung für die Steuerberatungspraxis, Herne/Berlin 1986
Littmann/Bitz/Meinke, Das Einkommensteuerrecht, Kommentar, Loseblatt, 15. Auflage, Stuttgart 1988 ff.
Meyer-Scharenberg/Popp/Woring, Gewerbesteuer-Kommentar, Herne/Berlin 1989
Moench/Glier/Knobel/Werner, Bewertungs- und Vermögensteuergesetz, Kommentar, Herne/Berlin 1989
Obermeier, Das selbstgenutzte Wohneigentum ab 1987, 2. Auflage, Herne/Berlin 1988, mit Einleger (1990)
Peter/Burhoff, Umsatzsteuer-Kommentar, Loseblatt, 5. Auflage, Herne/Berlin 1983 ff.
Rössler/Troll, Bewertungsgesetz und Vermögensteuergesetz, Kommentar, 15 Auflage, München 1989
Schmidt, Einkommensteuergesetz, Kommentar, 9. Auflage, München 1990

Suhr/Naumann/Bilsdorfer, Steuerstrafrecht-Kommentar, 4. Auflage, Herne/Berlin 1986

Tipke/Kruse, Abgabenordnung/Finanzgerichtsordnung, Kommentar, Loseblatt, 13. Auflage, Köln 1980 ff.

von Wallis/Burhoff, Besteuerung der Rechtsanwälte und Notare, 8. Auflage, Hannover 1988

Widmann/Mayer, Umwandlungsrecht, Loseblatt, 2. Auflage, Bonn 1986 ff.

Wollny, Unternehmens- und Praxisübertragungen – Kauf – Verkauf – Anteilsübertragung in Zivil- und Steuerrecht, 2. Auflage, Ludwigshafen 1990

Abkürzungsverzeichnis

a. A.	anderer Ansicht
a. a. O.	am angegebenen Ort
Abs.	Absatz
Abschn.	Abschnitt
a. E.	am Ende
AEAO	Anwendungserlaß zur AO
a. F.	alte Fassung
AfA	Absetzung für Abnutzung
AnwBl	Anwaltsblatt (Zeitschrift)
AO	Abgabenordnung
ArEV	ArbeitsentgeltVO
Art.	Artikel
BB	Betriebs-Berater (Zeitschrift)
BBK	Buchführung, Bilanz, Kostenrechnung (Zeitschrift)
Bd.	Band
BdF	Bundesminister der Finanzen
Beschl.	Beschluß
BetrAVG	Betriebsrentengesetz
BewG	Bewertungsgesetz
BfA	Bundesversicherungsanstalt für Angestellte
BFH	Bundesfinanzhof
BFHEntlG	Gesetz zur Entlastung des Bundesfinanzhofs
BFH/NV	Sammlung amtlich nicht veröffentlichter Entscheidungen des BFH (Zeitschrift)
BGB	Bürgerliches Gesetzbuch
BGBl	Bundesgesetzblatt
BGH	Bundesgerichtshof
BGHZ	Entscheidungen des BGH in Zivilsachen (amtliche Sammlung)
BMF	Bundesminster(ium)
BNotO	Bundesnotarordnung
Bp.	Betriebsprüfung
Bp-Kartei	Betriebsprüfungskartei
BpO	Betriebsprüfungsordnung
BRAGO	Bundesgebührenordnung für Rechtsanwälte
BRAK-Mitt.	BRAK-Mitteilungen (Zeitschrift)
BRAO	Bundesrechtsanwaltsordnung
bspw.	beispielsweise
BT-Drucks.	Drucksachen des Deutschen Bundestages
BuW	Betrieb und Wirtschaft (Zeitschrift)

BVerfG	Bundesverfassungsgericht
BVerfGE	Entscheidungen des Bundesverfassungsgerichts (amtliche Sammlung)
BVerfGG	Bundesverfassungsgerichtsgesetz
bzw.	beziehungsweise
DB	Der Betrieb (Zeitschrift)
DBA	Doppelbesteuerungsabkommen
dgl.	dergleichen
d. h.	das heißt
DokSt	Dokumentation Steuerrecht
DStR	Deutsches Steuerrecht (Zeitschrift)
DStZ	Deutsche Steuer-Zeitung (Ausgabe A und E) (Zeitschrift)
DSWR	Datenverarbeitung, Steuer, Wirtschaft, Recht (Zeitschrift)
DVR	Deutsche Verkehrsteuer-Rundschau (Zeitschrift)
dto	dito
EFG	Entscheidungen der Finanzgerichte (Zeitschrift)
EN	Eilnachricht
ErbSt	Erbschaftsteuer
ErbStG	Erbschaftsteuergesetz
Erl.	Erlaß
ESt	Einkommensteuer
EStDV	Einkommensteuer-Durchführungsverordnung
EStG	Einkommensteuergesetz
EStR	Einkommensteuer-Richtlinien
EuGH	Gerichtshof der Europäischen Gemeinschaften
EW	Einheitswert
f. (ff.)	folgend (folgende)
FA (FÄ)	Finanzamt (Finanzämter)
FG	Finanzgericht
FGO	Finanzgerichtsordnung
FinMin/FM	Finanzminister/Finanzministerium
FN	Fußnote
FR	Finanz-Rundschau (Zeitschrift)
FVG	Gesetz über die Finanzverwaltung
gem.	gemäß
GewSt	Gewerbesteuer
GewStG	Gewerbesteuergesetz
GG	Grundgesetz
ggf.	gegebenenfalls
GKG	Gerichtskostengesetz
GmbH	Gesellschaft mit beschränkter Haftung
GrESt	Grunderwerbsteuer
GrEStG	Grunderwerbsteuergesetz

Abkürzungsverzeichnis

HFR	Höchstrichterliche Finanzrechtsprechung (Zeitschrift)
h. M.	herrschende Meinung
Hrsg	Herausgeber
HStruktG	Haushaltsstrukturgesetz
i. d. F.	in der Fassung
i. e.	im einzelnen
Inf	Information über Steuer und Wirtschaft (Zeitschrift)
i. S.	im Sinne
i. V. m.	in Verbindung mit
K.	Karteikarte
KFR	Kommentierte Finanzrechtsprechung (Zeitschrift)
Kfz	Kraftfahrzeug
KG	Kommanditgesellschaft
KiLSt	Kirchenlohnsteuer
KiSt	Kirchensteuer
KÖSDI	Kölner Steuerdialog (Zeitschrift)
KostO	Kostenordnung
KraftSt	Kraftfahrzeugsteuer
KVStG	Kapitalverkehrsteuergesetz
LG	Landgericht
LSt	Lohnsteuer
LStJA	Lohnsteuerjahresausgleich
LStR	Lohnsteuerrichtlinien
LSW	Lexikon des Steuer- und Wirtschaftsrechts
m. Anm.	mit Anmerkung
m. w. N.	mit weiteren Nachweisen
MwSt	Mehrwertsteuer
NJW	Neue Juristische Wochenschrift (Zeitschrift)
Nr. (Nrn.)	Nummer (Nummern)
NSt	Neues Steuerrecht von A–Z (Zeitschrift)
nrkr.	nicht rechtskräftig
NRW (NW)	Nordrhein-Westfalen
NWB	Neue Wirtschafts-Briefe (Zeitschrift)
n. v.	nicht veröffentlicht
o. ä.	oder ähnliches
o. a.	oben angeführt
OFD	Oberfinanzdirektion
Pkw	Personenkraftwagen

Rdnr.	Randnummer (Randnummern)
RFH	Reichsfinanzhof
RFHE	Entscheidungen des RFH (amtliche Sammlung)
Rhein.-Pf.	Rheinland-Pfalz
rkr.	rechtskräftig
RStBl	Reichssteuerblatt
RWP	Rechts- und Wirtschaftspraxis (Loseblatt)
S.	Seite
s.	siehe
SenFin	Senator für Finanzen
SGB	Sozialgesetzbuch
s. o./s. u.	siehe oben/siehe unten
sog.	sogenannte
StÄndG	Steueränderungsgesetz
StB	Der Steuerberater (Zeitschrift)
StBp	Steuerliche Betriebsprüfung (Zeitschrift)
StE	Steuer-Eildienst (Zeitschrift)
Steufa	Steuerfahndung
StGB	Strafgesetzbuch
StbKRep	Steuerberater-Kongreß-Report
StLex	Steuer-Lexikon
StPO	Strafprozeßordnung
str.	streitig
StRG 1990	Steuerreformgesetz 1990
StRK	Steuerrechtsprechung in Karteiform
st. Rspr.	ständige Rechtsprechung
StVj	Steuerliche Vierteljahresschrift (Zeitschrift)
StuW	Steuer und Wirtschaft (Zeitschrift)
StWa	Steuer-Warte (Zeitschrift)
Tz.	Textziffer
u. a.	unter anderem
u. ä.	und ähnliches
u. a. m.	und anderes mehr
UR	Umsatzsteuer-Rundschau (Zeitschrift)
Urt. (U.)	Urteil
USt	Umsatzsteuer
UStDV	Umsatzsteuer-Durchführungsverordnung
UStG	Umsatzsteuergesetz
UStR	Umsatzsteuerrichtlinien
usw.	und so weiter
UVR	Umsatzsteuer- und Verkehrsteuer-Recht (Zeitschrift)
v.	vom
VersR	Versicherungsrecht (Zeitschrift)

Abkürzungsverzeichnis

Vfg.	Verfügung
VGFGEntlG	Gesetz zur Entlastung der Gerichte in der Verwaltungs- und Finanzgerichtsbarkeit
vgl.	vergleiche
VSt	Vermögensteuer
VStG	Vermögensteuergesetz
VStR	Vermögensteuerrichtlinien
WoBauFG	Wohnungsbauförderungsgesetz
WTrh	Der Wirtschaftstreuhänder (Zeitschrift)
ZAP	Zeitschrift für die anwaltliche Praxis (Zeitschrift)
z. B.	zum Beispiel
Ziff.	Ziffer
ZPO	Zivilprozeßordnung

A. Buchführung und Aufzeichnungen ▶ BSt-RA-005 ◀

1. Buchführung für die Einkommensteuer

a) Allgemeines

Rechtsanwälte, Patentanwälte und Notare üben in der Regel einen freien Beruf i. S. des § 18 EStG aus. Nur bei Vorliegen ganz besonderer Voraussetzungen werden sie zu Gewerbetreibenden (vgl. Rdnr. 747 ff.). 1

Für Rechtsanwälte, Patentanwälte und Notare bestehen keine sog. außersteuerlichen Buchführungs- und Aufzeichnungspflichten nach § 140 AO und keine Buchführungspflicht nach § 141 AO. Als Angehörige der freien Berufe ermitteln sie ihren Gewinn regelmäßig nach § 4 Abs. 3 EStG durch Einnahme-Überschußrechnung. Vgl. Rdnr. 15 ff. 2

Der Rechtsanwalt, Patentanwalt und Notar hat ein **Wahlrecht**, ob er den Gewinn nach § 4 Abs. 1 EStG durch Vermögensvergleich oder in der vereinfachten Form des § 4 Abs. 3 EStG ermitteln will. Richtet er freiwillig eine Buchführung ein, die als Grundlage für eine Gewinnermittlung nach § 4 Abs. 1 EStG ausreicht, so muß die Gewinnermittlung nach § 4 Abs. 1 EStG vorgenommen werden (BFH 24. 11. 59, BStBl 1960 III 188). Führt ein buchführungspflichtiger Rechtsanwalt, Patentanwalt oder Notar nur Aufzeichnungen über Einnahmen und Ausgaben, so kann er nicht verlangen, daß seiner Besteuerung ein nach § 4 Abs. 1 EStG geschätzter Gewinn zugrunde gelegt wird. Durch den Verzicht auf die Aufstellung einer Eröffnungsbilanz und auf die Errichtung einer dem jeweiligen Stand des Vermögens darstellenden Buchführung hat er die Gewinnermittlung durch Einnahme-Überschußrechnung nach § 4 Abs. 3 EStG gewählt (BFH 2. 3. 78, BStBl II 431). 3

b) Der Unterschied der Gewinnermittlungsarten

Der Unterschied in den Gewinnermittlungsarten besteht darin, daß bei der Einnahme-Überschußrechnung nur die tatsächlichen, d. h. die **zugeflossenen Einnahmen** (§ 11 EStG) und tatsächlich geleistete Ausgaben erfaßt werden, während beim Betriebsvermögensvergleich alle Verände- 4 rungen des Betriebsvermögens den Gewinn beeinflussen; der Gewinn wird somit beim Betriebsvermögensvergleich genauer ermittelt. So ergibt sich z. B. bei den Honorarforderungen ein beachtlicher Unterschied zwischen dem Betriebsvermögensvergleich (§ 4 Abs. 1 EStG) und der Einnahme-Überschußrechnung (§ 4 Abs. 3 EStG). Beim Vermögensvergleich sind diese Forderungen zu aktivieren und erhöhen dadurch das Betriebsvermögen und den Gewinn, zweifelhafte oder uneinbringliche Forderungen sind entsprechend abzuschreiben. Bei der Einnahme-Überschußrechnung werden dagegen grundsätzlich nicht die Forderungen, sondern die Zahlungseingänge erfaßt (vgl. i. e. Rdnr. 561 ff.). Darum sind aber auch **Vorschüsse** ohne Rücksicht auf die Art der Verbuchung schon im Zeitpunkt des Zufließens als Betriebseinnahmen zu behandeln. Müssen Vorschüsse später ganz oder teilweise zurückgezahlt werden, so stellen die Rückzahlungen Betriebsausgaben dar (vgl. i. e. Rdnr. 837 ff.). **Wertschwankungen** im Betriebsvermögen im Lauf eines Jahres werden bei der Einnahme-Überschußrechnung grundsätzlich nicht berücksichtigt (BFH 18. 3. 65, StRK EStG § 18 R. 369).

c) Die Maßgeblichkeit des Betriebsvermögensvergleichs

5 Wenn der Rechtsanwalt, Patentanwalt oder Notar den Betriebsvermögensvergleich wählt und von der Befugnis, den Gewinn nach dem Einnahmeüberschuß zu ermitteln, keinen Gebrauch macht, so muß das Ergebnis der Buchführung der Besteuerung zugrunde gelegt werden (BFH 24. 11. 59, BStBl 1960 III 188). Er darf also nicht eine ordnungsmäßige Buchführung einrichten und seinen steuerlichen Gewinn durch Abzug der Betriebsausgaben von den Betriebseinnahmen ermitteln. Hat jemand zulässigerweise den Gewinn nach § 4 Abs. 1 EStG ermittelt, so kann er gegenüber einer Berichtigungsveranlagung nach § 173 AO nicht einwenden, er wolle den Gewinn nunmehr nach § 4 Abs. 3 EStG ermittelt haben (BFH 28. 1. 60, BStBl III 291).

6 Angehörige der freien Berufe, die ihren Gewinn nach § 4 Abs. 1 EStG aufgrund ordnungsmäßiger Buchführung ermitteln, müssen bei der Buchung der Geschäftsvorfälle die allgemeinen Regeln der **kaufmännischen Buchführung** befolgen. Eine Buchführung ohne Kontokorrentkonto kann allerdings ordnungsmäßig sein, wenn die **Honorarforderungen** der Zeitfolge nach in einem Hilfsbuch erfaßt sind und wenn der Steuerpflichtige daraus in angemessener Zeit einen Überblick über die Außen-

stände gewinnen kann. Die Angehörigen der freien Berufe hätten bei einer Gewinnermittlung durch Betriebsvermögensvergleich die Regeln ordnungsmäßiger Buchführung zu befolgen. Ob eine Buchführung ordnungsmäßig ist, sei für alle Berufe und für alle Geschäftsvorfälle nach einheitlichen Gesichtspunkten zu bestimmen, und zwar nach den Grundsätzen des kaufmännischen Rechnungswesens (BFH 18. 2. 66, BStBl III 496). Gegen dieses Urteil macht unseres Erachtens Mittelbach (StRK-A EStG § 4 Buchf. R. 1) zutreffend Bedenken geltend, da ein freiberuflich Tätiger nicht nach den Vorschriften des Handelsrechts zur Führung von Handelsbüchern verpflichtet ist. 7

2. Der Betriebsvermögensvergleich des Freiberuflers

Der Betriebsvermögensvergleich beschränkt sich – wie die Bezeichnung sagt – auf den Vergleich des Betriebsvermögens. Das Betriebsvermögen ist nur ein Teil des Vermögens des Steuerpflichtigen, nämlich das Vermögen, das dem Betrieb gewidmet ist. Es ist steuerrechtlich ein Unterschied, ob ein Gegenstand zum Betriebsvermögen gehört oder zum außerbetrieblichen Vermögen: Die Wirtschaftsgüter des Betriebsvermögens beeinflussen nach Wert und Bestand unmittelbar die Höhe des Gewinns, während eine Wertschwankung für Wirtschaftsgüter außerhalb des Betriebsvermögens die Einkünfte aus den Einkunftsarten des § 2 Abs. 1 Nr. 4 bis 7 EStG nicht berührt. Ein Pkw z. B. kann im Rahmen des Betriebsvermögens abgeschrieben werden und mindert darum mit den Abschreibungen die Einkünfte aus der Praxis. Ein Verlust des Pkw der Praxis geht zu Lasten des Gewinns. Eine AfA oder Abschreibung für einen Pkw außerhalb des Betriebsvermögens – also im Rahmen des privaten Vermögens – kann bei Wertminderung oder Verlust den Gewinn nicht beeinflussen. Noch deutlicher wird der Unterschied bei An- und Verkauf von Wertpapieren. Werden Wertpapiere im Rahmen des Betriebsvermögens angeschafft und gehalten, so ist ein geringerer Erlös bei der Veräußerung eine Einkunftsminderung, ein höherer Erlös bei der Veräußerung ein Gewinn – während die Wertänderung von Wertpapieren im Privatvermögen keinen Einfluß auf das Einkommen haben kann, es sei denn, daß Spekulationsgeschäfte i. S. des § 23 EStG vorlägen (An- und Verkauf innerhalb von sechs Monaten). 8

Die Frage, was in den Betriebsvermögensvergleich aufgenommen wird, ist darum für den Steuerpflichtigen wie für das FA nicht von zu unter- 9 schätzender Bedeutung. Grundsätzlich darf im Betriebsvermögen nichts fehlen, was notwendigerweise dazugehört, noch darf etwas hineingenommen werden, was der privaten Sphäre zuzurechnen ist.

10 Es gibt Gegenstände, die ihrer Natur nach mit dem Betrieb des Steuerpflichtigen eng zusammenhängen und für die Führung des Betriebes wesentlich oder gar unentbehrlich sind. Man pflegt sie als **notwendiges Betriebsvermögen** zu bezeichnen. Welche Wirtschaftsgüter dazugehören, kann in Grenzfällen nur aus den Gegebenheiten des Wirtschaftsgutes und seinem Verhältnis zu einem bestimmten Betriebe entschieden werden. Andererseits gibt es Wirtschaftsgüter, die ihrer Natur nach zum privaten Vermögen gehören, und die der Unternehmer deshalb, auch wenn er es wollte, nicht zum Betriebsvermögen ziehen kann. Man spricht hier von **notwendigem Privatvermögen**. Auch hier können die Grenzen nur im Einzelfall unter Berücksichtigung der betrieblichen Gegebenheiten gesetzt werden.

11 Zwischen dem notwendigen Betriebsvermögen und dem notwendigen Privatvermögen steht das **gewillkürte Betriebsvermögen**. Es umfaßt die Wirtschaftsgüter, deren Art nicht eindeutig in den betrieblichen oder privaten Bereich weist, deren Einreihung in den betrieblichen oder privaten Bereich aber auch ihrer Natur nicht widerspricht. In solchen Fällen steht dem Unternehmer ein Gestaltungsrecht zu; er kann entscheiden, in welchem Bereich er die Wirtschaftsgüter führen will. Im Interesse der steuerlichen Gleichmäßigkeit und zur Ausschaltung von Manipulationen müssen beim Betriebsvermögen der Rechtsanwälte, Patentanwälte und Notare bestimmte Voraussetzungen erfüllt sein:

12 • Aus dem Begriff des Betriebsvermögens ergibt sich, daß nur Gegenstände in Betracht kommen, die in einem gewissen objektiven Zusammenhang mit dem Betrieb stehen und ihn zu fördern bestimmt und geeignet sind. „Gewillkürt" bedeutet nicht „willkürlich". In Grenzfällen hat der Unternehmer darzutun, welche Beziehung das Wirtschaftsgut zum Betrieb hat und welche vernünftigen wirtschaftlichen Überlegungen ihn veranlaßt haben, das Wirtschaftsgut zum Betriebsvermögen zu ziehen.

13 • Der Unternehmer muß aus seiner Entscheidung **alle steuerlichen Folgen ziehen** und darf auch nicht willkürlich ohne zureichenden wirtschaftlichen Grund die einmal getroffene Entscheidung ändern.

- Der Unternehmer muß eine **Buchführung** einrichten und unterhalten, die nachhaltig eine Kontrolle seiner Entschließung und der Vermögensentwicklung ermöglicht. Der Gewinn muß durch Vermögensvergleich ermittelt werden (vgl. zum Betriebsvermögen Rdnr. 369 ff.). 14

3. Gewinnermittlung durch Einnahme-Überschußrechnung (§ 4 Abs. 3 EStG) ▶ BSt-RA-007 ◀

Literatur: *Kremerskothen,* Aufzeichnungspflichten des Freiberuflers bei Überschußrechnung, BBK F. 8, 267.

Rechtsanwälte, Patentanwälte und Notare, die nicht kraft Gesetzes buchführungspflichtig sind und auch nicht freiwillig Bücher führen, können ihren Gewinn gem. § 4 Abs. 3 EStG durch Gegenüberstellung der Betriebseinnahmen und der Betriebsausgaben (Überschußrechnung) ermitteln. § 4 Abs. 3 EStG ist eine Gewinnermittlungsvorschrift. Eine **Aufzeichnungspflicht** wird durch die Vorschrift **nicht begründet.** Die **Verpflichtung** zur Führung von Einzelaufzeichnungen über die Betriebseinnahmen ergibt sich aus **§ 22 UStG** (vgl. Rdnr. 39). Diese Vorschrift gilt auch für Zwecke der Einkommensbesteuerung. Im Gegensatz zum Einzelhandel dürfte jedenfalls bei Angehörigen der freien Berufe die Einzelaufzeichnung der Betriebseinnahmen auch heute noch zumutbar sein (vgl. BFH 12. 5. 66, BStBl III 371 = BBK F. 10, 305 m. Anm. von rm). 15

Die **Betriebsausgaben** dürfen nicht in einer Tagessumme verbucht werden; sie müssen vielmehr **einzeln und fortlaufend** aufgezeichnet werden. Außerdem ist es erforderlich, die Betriebsausgaben soweit wie möglich zu belegen; denn nach § 160 AO kann das FA verlangen, daß der Steuerpflichtige die Ausgaben erläutert und die Empfänger bezeichnet. Wenn der Steuerpflichtige die vom FA verlangten Angaben nicht macht, kann es den Abzug der beantragten Absetzung ablehnen. Diese Vorschrift stellt es in das pflichtgemäße Ermessen der Steuerbehörde (vgl. § 5 AO), vom Steuerpflichtigen die genaue Bezeichnung der Empfänger der verausgabten Beträge zu verlangen mit der Folge, daß der Abzug der Ausgaben unterbleiben muß, wenn der Steuerpflichtige die verlangten Angaben nicht macht. Sie bezieht sich grundsätzlich auf sämtliche Arten von Betriebsausgaben. Wenn auch ihr Anwendungsgebiet in erster Linie für Schmiergelder gedacht war, so wird sie gleichwohl auch für Repräsentationskosten angewandt. Ist die Beschaffung eines Belegs nicht möglich oder unzumutbar (z. B. Straßenbahnfahrten, Trinkgelder), so ist es 16 zweckmäßig, einen **Eigenbeleg** zu schaffen, der dann die nachprüfbare Grundlage für die Buchung schafft. Da die Betriebsausgaben in voller Höhe den Gewinn mindern, ist es zu einer richtigen Gewinnermittlung notwendig, diese lückenlos zu erfassen und aufzuzeichnen. Die **Belege** sind zu **sammeln und geordnet aufzubewahren.**

17 **Schwankungen** im Betriebsvermögen sind bei der Gewinnermittlung nach § 4 Abs. 3 EStG nicht zu berücksichtigen. Die **Betriebseinnahmen** sind in dem Wirtschaftsjahr anzusetzen, in dem sie dem Steuerpflichtigen **zugeflossen,** und die **Betriebsausgaben** in dem Wirtschaftsajhr **abzusetzen,** in dem sie geleistet worden sind. Aufwendungen für nicht der Abnutzung unterliegende Anlagegüter sind jedoch nicht in vollem Umfang im Jahr der Zahlung abzugsfähig, sondern erst im Zeitpunkt der Veräußerung oder Entnahme (§ 4 Abs. 3 Satz 4 EStG).

18 **Aufwendungen für Anlagegüter,** die der Abnutzung unterliegen, werden im Wege der AfA auf die Nutzungsdauer des Wirtschaftsgutes verteilt, sofern nicht die Voraussetzungen des § 6 Abs. 2 EStG vorliegen. Die Vorschriften über Absetzungen für Abnutzung (§ 7 EStG) gelten also auch bei der Einnahme-Überschußrechnung. Die Nachholung gänzlich unterlassener AfA ist auch hier nicht möglich (BFH 13. 5. 59, BStBl III 270).

19 **Veräußert** ein Steuerpflichtiger, der nach der Einnahme-Überschußrechnung versteuert, den **Betrieb,** so ist er so zu behandeln, als wäre er im Augenblick der Veräußerung zunächst zur Gewinnermittlung durch Betriebsvermögensvergleich nach § 4 Abs. 1 EStG übergegangen (vgl. Rdnr. 1214 ff.).

20 **Gewillkürtes Betriebsvermögen** kommt hier nicht in Betracht (BFH 13. 3. 64, BStBl III 455; vgl. Rdnr. 371). Aufwendungen für die Anschaffung von Wirtschaftsgütern, die bei einer Gewinnermittlung durch Betriebsvermögensvergleich zum gewillkürten Betriebsvermögen gehören würden, sind nicht betrieblich veranlaßt und dürfen dementsprechend nicht als Betriebsausgaben abgesetzt werden. Einnahmen aus der Veräußerung solcher Wirtschaftsgüter sind keine Betriebseinnahmen. Werden nicht zum Betriebsvermögen gehörende Wirtschaftsgüter auch betrieblich genutzt, so können Aufwendungen einschließlich der anteiligen AfA die durch die betriebliche Nutzung entstehen, als Betriebsausgaben abgesetzt werden, wenn die betriebliche Nutzung nicht nur von untergeordneter Bedeutung ist und der betriebliche Nutzungsanteil sich leicht und ein-

wandfrei anhand von Unterlagen nach objektiven, nachprüfbaren Merkmalen – ggf. im Wege der Schätzung – von den nichtabzugsfähigen Kosten der Lebenshaltung trennen läßt (vgl. Abschn. 17 Abs. 5 EStR; Rdnr. 371).

Bei der Einnahme-Überschußrechnung gilt bei den Betriebseinnahmen das **Zuflußprinzip** und bei den Betriebsausgaben das **Abflußprinzip** (§ 11 EStG). Betriebsausgaben, die durch **Überweisungsauftrag** von einem Bankkonto geleistet werden, sind bei dem Kontoinhaber in dem Zeitpunkt abgeflossen, in dem der Überweisungsauftrag der **Bank zugegangen** ist und der Rechtsanwalt usw. im übrigen alles in seiner Macht Stehende getan hat, um eine unverzügliche banklübliche Ausführung zu gewährleisten. Hierzu gehört insbesondere, daß er im Zeitpunkt der Erteilung des Überweisungsauftrages für eine genügende Deckung auf dem Girokonto gesorgt hat. Das heißt also, Abflußzeitpunkt beim Schuldner ist nicht unbedingt identisch mit dem Zuflußzeitpunkt beim Gläubiger. Bei diesem tritt der Zufluß erst ein, wenn er über den Betrag tatsächlich verfügen kann. Das ist bei Überweisungen regelmäßig erst mit der Gutschrift auf dem Konto des Gläubigers der Fall. Anders verhält es sich bei **Scheckzahlungen**. Sie werden wie Barzahlungen behandelt. Hier fallen Zufluß beim Gläubiger und Zufluß beim Schuldner zusammen. 21

Vorschüsse sind ohne Rücksicht auf die Art der Verbuchung schon im Zeitpunkt des Zufließens als Betriebseinnahmen zu behandeln. Müssen Vorschüsse später ganz oder teilweise zurückgezahlt werden, so stellen die Rückzahlungen Betriebsausgaben dar (vgl. Rdnr. 837 ff.). 22

Betriebliche Schuldzinsen können bei Gewinnermittlung nach § 4 Abs. 3 EStG nur dann abgezogen werden, wenn das Bankkonto ausschließlich betriebliche Zahlungsvorgänge aufweist. Daher ist das Zwei-Konten-Modell zu empfehlen. Bei der Mehrheit der Freiberufler laufen alle Einnahmen und Ausgaben über ein Kontokorrentkonto. Die dort anfallenden Schuldzinsen müssen nach dem sog. Veranlassungsprinzip aufgeteilt werden. Hier hilft das Zwei-Konten-Modell (vgl. Rdnr. 596 ff., 606). Sämtliche Einnahmen fließen auf ein positives zweites Konto, sämtliche Betriebsausgaben werden einem anderen Konto belastet. Somit sind Schuldzinsen in voller Höhe als Betriebsausgaben abzugsfähig (vgl. auch Rdnr. 606). 23

Vereinnahmte und verausgabte Umsatzsteuerbeträge sind bei der Gewinnermittlung durch Einnahme-Überschußrechnung (§ 4 Abs. 3 EStG) keine 24 bei der Gewinnermittlung auszuscheidende durchlaufende Posten i. S. des § 4 Abs. 3 Satz 2 EStG (BFH 19. 2. 75, BStBl II 441). Im Falle der Versteuerung der Umsätze nach vereinnahmten Entgelten (§ 20 Abs. 1 UStG) müssen nach dem erwähnten Urteil die von Mandanten vereinnahmten Umsatzsteuerbeträge mit den als Betriebseinnahmen in die Einnahme-Überschußrechnung aufzunehmenden Umsatzsteuerbeträge übereinstimmen. Als Betriebsausgaben sind nur die im Gewinnermittlungszeitraum tatsächlich gezahlten **Vorsteuerbeträge** in der Einnahme-Überschußrechnung anzusetzen (vgl. Rdnr. 422 ff.).

25 Bei der Gewinnermittlung durch Einnahme-Überschußrechnung ist die **Nichtabziehbarkeit der USt auf den Eigenverbrauch** für Aufwendungen, die unter das Abzugsverbot des § 4 Abs. 5 Nr. 2 EStG fallen, nicht schon bei Tätigung der nichtabziehbaren Betriebsausgaben, sondern erst im **Zeitpunkt der Zahlung** der USt zu berücksichtigen (BFH 25. 4. 90, BStBl II 742).

Die Einnahme-Überschußrechnung nach § 4 Abs. 3 EStG ist für die freien Berufe die einfachste und zweckmäßigste Gewinnermittlungsart. Eine kaufmännische Buchführung mit Betriebsvermögensvergleich wird nur in Ausnahmefällen notwendig werden, wenn die besondere Art der Praxis es erfordert.

4. Form der Buchführung bei Einnahme-Überschußrechnung

26 Der freiberuflich tätige Rechtsanwalt oder Notar ist in der **Wahl** seiner **Buchführungsform frei**. So kann er Praxiseinnahmen und Praxisausgaben durch eine sog. „Belegbuchführung" in der Weise erfassen, daß sie durch Belege vollständig nachgewiesen und diese chronologisch abgeheftet werden.

27 Für Freiberufler besonders geeignet ist die sog. **„Journalbuchführung"**. Sie enthält verschiedene Spalten, in die die Praxiseinnahmen und Praxisausgaben in zeitlicher Reihenfolge eingetragen werden. Eine Journalbuchführung kann z. B. nach folgendem Schema eingerichtet werden:

Form der Buchführung bei Einnahme-Überschußrechnung 33

Einnahmen

Datum	Text	Beleg-Nr.	Umsatz	Durchlaufd. Posten	Privat	Innere Überweisungen	Kasse	Bank	Postscheck
1	2	3	4	5	6	7	8	9	10

28

Ausgaben

Kasse	Bank	Postscheck	Durchlaufd. Posten	Unkosten					Aufwendungen für Wirtschaftsgütern	
									bis 800 DM	über 800 DM
11	12	13	14	15	16	17	18	19	20	21	22	23

29

Innere Überweisungen	Privat	Bemerkungen
24	25	26

30 Zu den einzelnen Spalten folgende Hinweise:

Spalten 1 bis 3	sind sowohl für Praxiseinnahmen als auch für Praxisausgaben zu verwenden.
Spalte 4	erfaßt die umsatzsteuerbaren Einnahmen. In dieser Spalte sind z. B. Praxiseinnahmen und Erlöse aus Hilfsgeschäften, z. B. Erlös aus dem Verkauf einer alten Schreibmaschine, einzutragen.
Spalte 5	ist für Einnahmen aus durchlaufenden Posten vorgesehen. Hierzu rechnen z. B. vom Mandant zur Weiterleitung an das Gericht erhaltene Gerichtsgebühren.
Spalte 6	Privateinlagen des Rechtsanwalt/Notars.
Spalte 7	Einnahmen von anderen Geldkonten. Die Spalte wird z. B. bei einer Bareinnahme durch Bankabhebung berührt.
Spalten 8 bis 10	gliedern die Einnahmen der Spalten 4 bis 7 auf, und zwar auf Kasse, Bank oder Postscheckkonto. Die Bestände der verschiedenen Geldkonten werden vorgetragen, aber nicht mitaddiert.
	Sofern erforderlich, können auch mehrere Bank- oder Postscheckkonten angelegt werden.
Spalten 11 bis 13	gliedern die Ausgaben der Spalten 14 bis 25 auf in Kasse, Bank oder Postscheck.
Spalte 14	erfaßt die Ausgaben von durchlaufenden Posten, wenn z. B. der Rechtsanwalt Gerichtsgebühren verauslagt.
Spalten 15 bis 21	gliedern die Praxisausgaben auf. Die Spalten können aufgeteilt werden in Ausgaben für Miete, Kraftfahrzeugkosten, Raumkosten, Porto, Telefon, Kammerbeiträge, Versicherungsbeiträge gegen Diebstahl, Feuer usw., Literatur, Personal, Reisekosten, Bewirtung, Geschenke, Kongresse, Kammerveranstaltungen usw.
Spalte 22	Ausgaben für die Anschaffung geringwertiger Wirtschaftsgüter.
Spalte 23	Ausgaben für Wirtschaftsgüter mit einem Anschaffungswert von mehr als 800 DM. Auch Teil- und Wechselzahlungen sind in dieser Spalte für die angeschafften Wirtschaftsgüter zu erfassen.

Spalte 24	Ausgaben von einem Geldkonto, die für ein anderes Geldkonto vereinnahmt werden, z. B. Barausgabe zur Einzahlung auf das Bankkonto. Die Buchung der Einnahme auf dem Bankkonto erfolgt erst bei Gutschrift nach dem Kontoauszug.
Spalte 25	Privatentnahmen des Rechtsanwalts/Notars. Sie dürfen den Gewinn nicht mindern. Bei Erstellung der Überschußrechnung sind sie dem Gewinn wieder hinzuzurechnen, sofern sie als Ausgabe verbucht wurden.
Spalte 26	nähere Bezeichnung der Privatentnahme, z. B. Krankenkassenversicherungsbeitrag.

Die Journalbuchführung sollte ferner mindestens eine Spalte „Vorsteuer" enthalten.

Die Summe der Spalten 4 bis 7 muß mit der Summe der Spalten 8 bis 10 und die Summe der Spalten 11 bis 13 mit der Summe der Spalten 14 bis 25 übereinstimmen.

Einnahmeaufzeichnungen erfolgen nach den Quittungsdurchschriften und den Kontoauszügen, Ausgabenaufzeichnungen nach den quittierten Unkostenbelegen und den Kontoauszügen.

Das vorstehende Aufzeichnungs-Schema geht allerdings über den üblichen Rahmen einer Überschußrechnung hinaus. Das trifft besonders für die Aufzeichnung der Einlagen und Entnahmen und für die sog. „inneren Überweisungen" zu.

5. Besondere Anlageverzeichnisse

Das EStG sieht in verschiedenen Vorschriften die **laufende Führung besonderer Verzeichnisse** für abnutzbare Wirtschaftsgüter des Anlagevermögens vor. Bei der Gewinnermittlung durch Einnahme-Überschußrechnung sind diese Verzeichnisse zwingend erforderlich für die Inanspruchnahme folgender Vergünstigungen:

- **Erhöhte Absetzungen/Sonderabschreibungen (§ 7 a Abs. 8 EStG)**
  Das Anlageverzeichnis muß enthalten:
  Anschaffungsdatum,
  Anschaffungs-/Herstellungskosten,

betriebsgewöhnliche Nutzungsdauer,
Höhe der jährlichen AfA, erhöhte Absetzungen und Sonderabschreibungen.

Bei vollständiger Abschreibung Fortführung der Wirtschaftsgüter mit Erinnerungswert von 1 DM, solange noch Nutzung für berufliche Zwecke erfolgt.

33 • **Degressive AfA (§ 7 Abs. 2 Satz 3 EStG)**
Führung eines Anlageverzeichnisses entsprechend § 7a Abs. 8 EStG (vgl. Rdnr. 32):

34 • **Bewertungsfreiheit für geringwertige Anlagegüter (§ 6 Abs. 2 Satz 5 EStG)**
Datum der Anschaffung/Herstellung oder Einlage des Wirtschaftsgutes oder der Eröffnung des Betriebes.
Anschaffungs-/Herstellungkosten.

35 • **Übertragung stiller Reserven (§ 6c Abs. 2 EStG)**
Anschaffungs-/Herstellungsdatum,
Anschaffungs-/Herstellungskosten,
Abzug nach § 6b Abs. 1 und 3 i. V. m. Abs. 1 EStG,
AfA,
Abschreibungen sowie die Beträge, die nach § 6b Abs. 3 i. V. m. Abs. 1 Nr. 2 EStG als Betriebsausgaben (Abzug) oder Betriebseinnahmen (Zuschlag) behandelt worden sind.

36 • **Nicht abnutzbare Wirtschaftsgüter des Anlagevermögens (§ 6 Abs. 3 Satz 5 EStG)**
Anschaffungs-/Herstellungsdatum,
Anschaffungs-/Herstellungskosten.

6. Abzug bestimmter Betriebsausgaben (§ 4 Abs. 7 EStG)

37 Der Abzug der in § 4 Abs. 5 Nr. 1 bis 5 und 7 EStG genannten Betriebsausgaben ist nach ausdrücklicher gesetzlicher Regelung in § 4 Abs. 7 EStG nur zulässig, wenn die Aufwendungen **einzeln und getrennt** von den sonstigen Betriebsausgaben aufgezeichnet werden.

7. Führung des Lohnkontos für Arbeitnehmer (§ 41 EStG)

Beschäftigt der Anwalt oder Notar Arbeitnehmer, so besteht eine Aufzeichnungspflicht. Nach § 41 EStG sind bei Beschäftigung von Arbeitnehmern **Lohnkonten** zu führen.

38

8. Aufzeichnungen für die Umsatzsteuer (§ 22 UStG)

Rechtsanwälte, Patentanwälte und Notare müssen nach § 22 UStG zur Feststellung der Steuer und der Grundlagen ihrer Berechnung Aufzeichnungen machen. Die Aufzeichnungen müssen so beschaffen sein, daß es einem sachverständigen Dritten innerhalb einer angemessenen Zeit möglich ist, einen Überblick über die Umsätze des Unternehmers und die abziehbaren Vorsteuern zu erhalten und die Grundlagen für die Steuerberechnung festzustellen (§ 63 Abs. 1 UStDV).

39

Die **Aufzeichnungspflicht** ist erfüllt, wenn jede der folgenden **Vorschriften beachtet** ist. Aus den Aufzeichnungen müssen zu ersehen sein:

- Die **vereinbarten Entgelte** für die vom Unternehmer ausgeführten Lieferungen und sonstigen Leistungen. Dabei ist ersichtlich zu machen, wie sich die Entgelte auf die steuerpflichtigen Umsätze, **getrennt nach Steuersätzen**, und auf die steuerfreien Umsätze verteilen. Außerdem müssen aus den Aufzeichnungen die Umsätze hervorgehen, die der Unternehmer nach § 9 UStG als steuerpflichtig behandelt. Bei der Berechnung der Steuer nach **vereinnahmten Entgelten** (§ 20 UStG) treten an die Stelle der vereinbarten Entgelte die vereinnahmten Engelte (§ 22 Abs. 2 Nr. 1 UStG);
- die **vereinnahmten Entgelte und Teilentgelte** für noch nicht ausgeführte Lieferungen und sonstige Leistungen. Dabei ist ersichtlich zu machen, wie sich die Entgelte und Teilentgelte verteilen
  - auf steuerpflichtige Umsätze getrennt nach Steuersätzen, für die die Steuer nach § 13 Abs. 1 Nr. 1 a Satz 4 und 5 UStG entsteht, und
  - auf steuerfreie Umsätze oder Umsätze, für die nach § 13 Abs. 1 Nr. 1 a Satz 5 UStG die Steuer nicht entsteht (§ 22 Abs. 2 Nr. 2 UStG);
  - die **Bemessungsgrundlage** für den **Eigenverbrauch** (§ 22 Abs. 2 Nr. 3 UStG);
  - die wegen **unberechtigten Steuerausweises** nach § 14 Abs. 2 und 3 UStG geschuldeten Steuerbeträge (§ 22 Abs. 2 Nr. 4 UStG);

- die **Entgelte** für steuerpflichte Lieferungen und sonstige Leistungen, die an den Unternehmer für sein Unternehmen ausgeführt worden sind, und die vor Ausführung dieser Umsätze gezahlten Entgelte und Teilentgelte, soweit für diese Umsätze nach § 13 Abs. 1 Nr. 1 a Satz 4 und 5 UStG die Steuer entsteht, sowie die auf die Entgelte und Teilentgelte entfallenden **Steuerbeträge**. Sind steuerpflichtige Lieferungen und sonstige Leistungen i. S. des § 1 Abs. 1 Nr. 1 b UStG (**Sachzuwendungen** an Arbeitnehmer) und des § 1 Abs. 1 Nr. 3 UStG (**unentgeltliche Leistungen** von Personenvereinigungen und Gemeinschaften an ihre Mitglieder usw.) sowie des § 10 Abs. 5 UStG (**Mindestbemessungsgrundlage**) ausgeführt worden, so sind die Bemessungsgrundlagen nach § 10 Abs. 4 Nr. 1 und 2 UStG und die darauf entfallenden Steuerbeträge aufzuzeichnen (§ 22 Abs. 2 Nr. 5 UStG).

40 Kommt ein Anwalt oder Notar seiner Aufzeichnungspflicht nach § 22 UStG nicht nach oder hat er seine Aufzeichnungen nicht aufbewahrt, so sind sie unvollständig, so daß die **Besteuerungsgrundlagen** nach § 162 AO zu **schätzen** sind.

9. Aufbewahrungspflicht

a) Allgemeines

41 Nach § 147 Abs. 1 AO sind **Bücher, Inventare, Aufzeichnungen und Bilanzen** und, soweit sie für die Besteuerung von Bedeutung sind, auch **sonstige Unterlagen** aufzubewahren.

42 Die **Aufbewahrungspflicht** beträgt nach § 147 Abs. 3 AO für Bücher, Aufzeichnungen und Bilanzen **10 Jahre** und für sonstige Unterlagen **6 Jahre**, soweit nicht in anderen Steuergesetzen kürzere Aufbewahrungsfristen bestimmt sind.

b) Aufbewahrung der Handakten

43 Nach § 50 Abs. 2 BRAO hat der Rechtsanwalt die Handakten auf die Dauer von 5 Jahren nach Beendigung des Auftrages aufzubewahren. Diese Verpflichtung erlischt jedoch schon vor Beendigung dieses Zeitraums, wenn der Anwalt den Auftraggeber aufgefordert hat, die Handakten in Empfang zu nehmen, und der Auftraggeber dieser Aufforderung

binnen 6 Monaten, nachdem er sie erhalten hat, nicht nachgekommen ist. Die kürzere Aufbewahrungsfrist gilt auch steuerlich (vgl. BFH 2. 2. 82, BStBl II 409), allerdings wohl nicht für Kostenblätter und Endabrechnungen (vgl. Rdnr. 45).

Zu den **Handakten** i. S. der Vorschrift gehören alle Schriftstücke, die der Rechtsanwalt aus Anlaß seiner beruflichen Tätigkeit von dem Auftraggeber oder für ihn erhalten hat. Dies gilt jedoch nicht für den Briefwechsel zwischen dem Rechtsanwalt und seinem Auftraggeber und für Schriftstücke, die dieser bereits in Urschrift oder Abschrift erhalten hat (§ 50 Abs. 3 BRAO).   44

Bei der Vernichtung der Handakten sind vielfach auch die darin abgehefteten **Kostenblätter und Endabrechnungen,** die Aufschluß über die geleisteten Vorschüsse und Abschlußzahlungen geben, mit vernichtet worden. Die Anwälte vertreten die Auffassung, daß die o. a. Vernichtungsvorschrift den gesamten Akteninhalt umfaßt. Diese Ansicht ist nach Meinung der Finanzverwaltung nicht zutreffend (Bp-Kartei, a. a. O., Abschn. II, 4). Die Kostenblätter und Endabrechnungen fallen danach als Einnahmebelege unter die Geschäftspapiere und sonstigen Unterlagen, für die gem. § 147 Abs. 3 AO eine Aufbewahrungsfrist von 6 Jahren besteht. 45

B. Besondere Fragen zum Besteuerungsverfahren

1. Anderkonten ▶ BSt-RA-010 ◀

Literatur: *D. Burhoff*, Rechtsfragen des (Notar-)Anderkontos, NWB F. 30, 693.

Das Anderkonto ist eine **Unterart des (offenen) Treuhandkontos**. Es handelt sich um ein Konto, das nicht eigenen Zwecken des Rechtsanwalts oder Notars dienen soll, bei dem er aber gleichwohl dem Bank- oder Kreditinstitut gegenüber allein berechtigt und verpflichtet ist. Die wichtigste Besonderheit besteht darin, daß Banken, Sparkassen und andere Kreditinstitute sowie Postscheckämter es nur für **bestimmte Personengruppen** eröffnen, und zwar nur für Rechtsanwälte, Notare und Angehörige der öffentlich bestellten wirtschaftsprüfenden und wirtschafts- und steuerberatenden Berufe sowie Patentanwälte. Die entscheidende Gemeinsamkeit dieser Berufsgruppen liegt darin, daß es für sie ein besonderes **Standesrecht** gibt. **Angehörige anderer Berufsgruppen** können daher ein Anderkonto nicht errichten, sondern nur ein gewöhnliches **Treuhandkonto**. 46

Das Anderkonto unterliegt als Unterart des Treuhandkontos grundsätzlich den für Treuhandkonten geltenden Regeln, soweit sich nicht aus den Anderkontenbedingungen etwas anderes ergibt. Auch ist das Anderkonto nicht nur Ermächtigungstreuhand, sondern Vollrechtstreuhand. Vgl. im übrigen zu den bürgerlich-rechtlichen Rechtsfragen D. Burhoff (a. a. O.). 47

Rechtsanwälte – wegen der Notare vgl. unten – verwalten häufig **Mandantengelder** als **Treuhänder**. Diese Fremdgelder und sonstigen Vermögenswerte dürfen nach § 47 der Standesrichtlinien nicht mit dem eigenen Vermögen der Rechtsanwälte vermischt werden. Sie sind, wenn nichts anderes vereinbart ist, auf gesonderten „**Anderkonten**" zu deponieren. Es gelten besondere Geschäftsbedingungen der Banken usw. über die Führung von Anderkonten und Anderdepots von Rechtsanwälten, wonach der Rechtsanwalt allein verfügungsberechtigt ist. Vielfach werden die Fremdgelder jedoch über eigene Bankkonten des Rechtsanwalts vereinnahmt und verausgabt. 48

49　Steuerrechtlich wird das Recht der Finanzbehörden zur Sachverhaltsermittlung bei Treuhandverhältnissen durch das Auskunftsverweigerungsrecht zum Schutz des Berufsgeheimnisses eingeschränkt (§§ 159 Abs. 2, 102 Abs. 1 Nr. 3 b AO). Zum Schutz des Berufsgeheimnisses können Rechtsanwälte über das, was ihnen in dieser Eigenschaft oder als Verteidiger anvertraut oder bekanntgeworden ist, die **Auskunft verweigern** (§ 102 Abs. 1 Nr. 3 a und b AO). Das gleiche Recht steht ihren Gehilfen und solchen Personen zu, die zur Vorbereitung auf den Beruf an der Berufstätigkeit der Rechtsanwälte teilnehmen (§ 102 Abs. 2 Satz 1 AO). Soweit die Auskunft verweigert werden darf, können Rechtsanwälte auch die Erstattung von Gutachten und die Vorlage von Urkunden oder Wertsachen verweigern (§ 104 Abs. 1 AO; wegen Einzelheiten vgl. Rdnr. 99). Nicht verweigert werden kann dagegen die Vorlage von Urkunden und Wertsachen, die für Mandanten aufbewahrt werden, wenn diese bei eigenem Gewahrsam zur Vorlage verpflichtet wären. Dies gilt auch hinsichtlich der für Mandanten geführten Geschäftsbücher und sonstigen Aufzeichnungen (§ 104 Abs. 2 AO).

50　Bei der Überprüfung der steuerlichen Verhältnisse von Rechtsanwälten kann sich eine **Kollision** der **Auskunftspflicht in eigener Sache – § 159 AO** – mit dem **Auskunftsverweigerungsrecht** zur Wahrung des Berufsgeheimnisses – **§ 102 AO** – ergeben. Diesen Interessenkonflikt löst die AO grundsätzlich in der Weise, daß das **Auskunftsverweigerungsrecht** der in § 102 AO genannten Berufsgruppen gegenüber der besonderen Nachweispflicht des Treuhänders **Vorrang** genießt (§ 159 Abs. 2 AO). Hierdurch werden Rechtsanwälte allerdings nicht von der Verpflichtung entbunden, im eigenen Besteuerungsverfahren im Rahmen des Zumutbaren darzulegen, inwieweit Guthaben ihnen selbst oder als Fremdgelder ihren Mandanten zuzurechnen sind.

51　Nach Ansicht der Finanzverwaltung (Bp-Kartei, a. a. O., Abschn. II, 5) reicht es nicht aus, daß der Rechtsanwalt schlicht behauptet, bei ihm vorgefundene Gelder gehörtem einem Mandanten, den er mit Rücksicht auf sein Auskunftsverweigerungsrecht nicht benennen wolle. Vielmehr muß auch der Anwalt nachweisen, daß es sich bei dem fraglichen Betrag um fremdes Geld handelt. Zu diesem Nachweis gehört regelmäßig, daß sich die Gelder auf Anderkonten befinden (Tipke/Kruse, a. a. O., § 159 Tz. 3). Sind Gelder auf Anderkonten niedergelegt, so steht eine **(widerlegbare) Vermutung** dafür, daß es sich um Fremdgelder handelt.

Befinden sich angebliche Fremdgelder entgegen § 47 der Standesrichtlinien nicht auf Anderkonten, so können Zweifel bestehen, ob es sich tatsächlich um Fremdgelder handelt. Die fraglichen Gelder können dem Rechtsanwalt jedoch nicht ohne weitere Prüfung gem. § 159 Abs. 1 2. Halbsatz AO zugerechnet werden. In diesem Fall kommt vielmehr dem Recht der Finanzbehörde zur Sachverhaltsermittlung nach § 159 Abs. 1 Satz 2 AO besondere Bedeutung zu. Macht der Rechtsanwalt daraufhin von seinem Auskunftsverweigerungsrecht Gebrauch, so ist die Finanzbehörde auf das Ergebnis der sonstigen Ermittlungen unter Berücksichtigung des § 102 AO angewiesen (Kühn/Kutter, AO, § 159 Anm. 4; Hübschmann/Hepp/Spitaler, AO, § 159 Rdnr. 4). Sie kann zum Nachweis, daß es sich um Fremdgelder handelt, Auszüge und Zusammenstellungen oder Nachweisungen über solche Tatsachen verlangen, die das Berufsgeheimnis nicht verletzen (RFH 28. 5. 38, RStBl S. 570, Spalte 2), aber dennoch die Fremdheit hinreichend glaubhaft machen können. Außerdem ist die Finanzbehörde befugt, Auskunftsersuchen an Dritte (Mandanten und Banken) zu richten. Die Vorlage des dem Auskunftsverweigerungsrecht unterliegenden Teils der Handakten kann dagegen nicht verlangt werden.

52

Ist die Behauptung des Rechtsanwalts nicht zu widerlegen, so wird von deren Richtigkeit ausgegangen werden müssen (Kühn/Kutter, a. a. O.; Bp.-Kartei, a. a. O., Abschn. II, 5). Ergibt sich dagegen, daß die angeblichen Fremdgelder in Wirklichkeit dem Rechtsanwalt gehören, oder ist die Fremdheit des Geldes nicht hinreichend nachgewiesen, so bleibt die Möglichkeit der **Hinzurechnung** nach § 159 Abs. 1 AO bzw. von **Zuschätzungen** nach allgemeinen steuerlichen Grundsätzen unbenommen.

Ebenso wie Rechtsanwälte verwalten auch **Notare Mandantengelder** als **Treuhänder**. Vgl. § 23 NotO. Es gelten besondere Geschäftsbedingungen der Banken usw. über die Führung von Anderkonten und Anderdepots von Notaren, wonach der Notar allein verfügungsberechtigt ist. Der Bundesverband Deutscher Banken hat die seit 1962 unveränderten Geschäftsbedingungen für Anderkonten überarbeitet. Sie gelten in der in NJW 1979, 1441 veröffentlichten Fassung.

53

Für den **Veranlagungszeitraum 1990** ergeben sich für die kapitalertragsteuerpflichtigen Kapitalerträge aus Notaranderkonten einige Besonderheiten. Dazu enthält BMF v. 17. 2. 89 IV B 4 – S 2400 – 223/89 (NWB, EN-Nr. 397/89) folgende Hinweise:

54

- Für den erwähnten Zeitraum ist die **Kapitalertragsteuer-Bescheinigung** vom Kreditinstitut auf den Namen des Kontoinhabers auszustellen und durch den Hinweis „Anderkonto" zu kennzeichnen.

- Der Notar leitet grundsätzlich das Original dieser Steuerbescheinigung an den Berechtigten weiter; gleichzeitig erteilt der Notar dem Berechtigten eine **Bestätigung** darüber, daß er für ihn treuhänderisch tätig war. Der Berechtigte hat die Steuerbescheinigung und die Bestätigung dem für ihn zuständigen FA vorzulegen.

- Wenn die auf dem Notaranderkonto erzielten kapitalertragsteuerpflichtigen **Zinsen anteilig auf Verkäufer und Käufer** entfallen, stellt der Notar in amtlicher Eigenschaft fest, welcher Anteil an den Zinsen und an der Kapitalertragsteuer auf Verkäufer oder Käufer entfällt. Auf der mit dem Hinweis „Anderkonto" gekennzeichneten Steuerbescheinigung werden die Namen der Berechtigten und die Höhe der anteiligen Kapitalerträge und Kapitalertragsteuer vom Notar vermerkt. Die Berechtigten erhalten je eine beglaubigte Abschrift der so ergänzten Originalbescheinigung, die sie dem für sie zuständigen FA vorzulegen haben.

- Wenn die auf dem Notaranderkonto erzielten kapitalertragsteuerpflichtigen **Zinsen an mehrere Beteiligte auszukehren** sind, die **nicht zusammenveranlagt** werden, gilt nach BMF 17. 2. 89 folgendes:
    - Sind dem Notar die Anteilsverhältnisse bekannt, teilt er die Kapitalerträge und die Kapitalertragsteuer auf die Berechtigten auf; die Ausführungen unter Rdnr. 54 Abs. 4 gelten entsprechend.
    - Sind dem Notar die Anteilsverhältnisse nicht bekannt, sind die Kapitalerträge und die hierauf entfallende Kapitalertragsteuer einheitlich und gesondert nach § 180 Abs. 1 Nr. 2 a AO festzustellen.

2. Gesetzliche Anzeigepflichten der Notare ▶ BSt-RA-015 ◀

55 Für Notare bestehen gesetzliche Anzeigepflichten nach den unten erwähnten Vorschriften. Die OFD Kiel hat dazu ein umfangreiches **Merkblatt** in der DStZ E 1983, 282 ff. veröffentlicht.

a) Grunderwerbsteuer

aa) Maßgebende Vorschriften

56 Nach dem GrEStG ergeben sich die steuerlichen Anzeigepflichten und sonstigen Beistandspflichten der Notare aus folgenden Vorschriften: §§ 18, 20 und 21 GrEStG 1983 und § 102 Abs. 4 AO.

bb) Zuständiges Finanzamt

Die Anzeigen sind an das für die Besteuerung, in den Fällen des § 17 Abs. 2 und 3 GrEStG an das für die gesonderte Feststellung zuständige FA zu richten (§ 18 Abs. 5 GrEStG).
Für die Besteuerung ist das FA **örtlich** zuständig, in dessen Bezirk das Grundstück oder der wertvollste Teil des Grundstücks liegt (§ 17 Abs. 1 Satz 1 GrEStG). Liegt das Grundstück in den **Bezirken von FÄ verschiedener Länder**, so ist jedes dieser FÄ für die Besteuerung des Erwerbs insoweit zuständig, als der Grundstücksteil in seinem Bezirk liegt (§ 17 Abs. 1 Satz 2 GrEStG).
In den Fällen des § 17 Abs. 1 Satz 2 GrEStG sowie in Fällen, in denen sich ein **Rechtsvorgang auf mehrere Grundstücke** bezieht, die in den **Bezirken verschiedener** FÄ liegen, stellt das FA, in dessen Bezirk das wertvollste Grundstück oder der wertvollste Bestand an Grundstücksteilen oder Grundstücken liegt, die Besteuerungsgrundlagen gesondert fest (§ 17 Abs. 2 GrEStG).

57

Die Besteuerungsgrundlagen werden
- bei Grundstückserwerben durch **Verschmelzung** oder durch **Umwandlung** durch das FA, in dessen Bezirk sich die Geschäftsleitung des Erwerbers befindet, und
- in den Fällen des § 1 Abs. 3 GrEStG durch das FA, in dessen Bezirk sich die Geschäftsleitung der Gesellschaft befindet,

gesondert festgestellt, wenn ein außerhalb des Bezirks dieser FÄ liegendes Grundstück oder ein auf das Gebiet eines anderen Landes sich erstreckender Teil eines im Bezirk dieser FÄ liegenden Grundstücks betroffen wird.

Befindet sich die Geschäftsleitung nicht im Geltungsbereich des Gesetzes, und werden in verschiedenen FA-Bezirken liegende Grundstücke oder in verschiedenen Ländern liegende Grundstücksteile betroffen, so stellt das nach Abs. 2 zuständige FA die Besteuerungsgrundlagen gesondert fest (§ 17 Abs. 3 GrEStG).

Es besteht keine Vorschrift, die den Notaren die Pflicht auferlegt, beim **Aufbrauchen von inzwischen veralteten Vordrucken von Veräußerungsanzeigen** nicht nur eine, sondern vier Kopien der Anzeige bei der Grunderwerbsteuerstelle einzureichen (FG Bremen 15. 1. 90 nrkr., EFG S. 377). Das Gericht hat allerdings die Frage offengelassen, ob die Notare grund-

58

sätzlich die Veräußerungsanzeigen im Durchschreibeverfahren auf den ihnen vom FA zur Verfügung gestellten neuen Vordrucken mit der vom FA gewünschten Zahl von Kopien einzureichen haben.

b) Erbschaftsteuer (Schenkungsteuer)

aa) Maßgebende Vorschriften

59 Die steuerlichen Anzeigepflichten und sonstigen Beistandspflichten der Notare ergeben sich aus folgenden Vorschriften:
§ 34 ErbStG, §§ 12 und 13 ErbStDV sowie § 102 Abs. 4 AO.

bb) Zuständiges Finanzamt

60 Unter das ErbStG fallende Rechtsvorgänge sind an das für die **Verwaltung der Erbschaftsteuer (Schenkungsteuer)** zuständige FA zu richten, in dessen Bezirk der (letzte) Wohnsitz oder der (letzte) gewöhnliche Aufenthalt des Erblassers oder Schenkers, hilfsweise der des Erwerbers liegt (§ 35 ErbStG).

c) Kapitalverkehrsteuern und Wechselsteuer

aa) Maßgebende Vorschriften

61 Die steuerlichen Anzeigepflichten und sonstigen Beistandspflichten der Notare ergeben sich aus folgenden Vorschriften:

(1) Kapitalverkehrsteuern

62 § 3 (Gesellschaftsteuer) und § 38 (Börsenumsatzsteuer) der KVStDV sowie § 102 Abs. 4 AO.

(2) Wechselsteuer

63 § 12 Wechselsteuergesetz.

bb) Zuständiges Finanzamt

64 Unter das Kapitalverkehrsteuergesetz fallende Rechtsvorgänge sind an das für die **Verwaltung der KVSt** zuständige FA zu richten, in dessen Bezirk sich die Geschäftsleitung der Kapitalgesellschaft befindet (§§ 2 und 20 KStDV).

3. Steuerliche Antrags- und Rechtsbehelfsfristen ▶ BSt-RA-020 ▼

Literatur: *App*, Die Fristvorschriften der Abgabenordnung 1977, NWB F. 2, 4345

65 Für die Berechnung der Fristen und Termine gelten die §§ 108 f. AO, §§ 187 bis 193 BGB, § 54 Abs. 2 FGO und §§ 222, 224 Abs. 2 und 3 und §§ 225 f. ZPO.

Handlung/Antrag Rechtsbehelf	Gegenstand	Adressat/ Beteiligter	Fristbeginn	Fristdauer	Rechtsgrundlage

66 a) Finanzbehörde – Finanzamt

Handlung/Antrag Rechtsbehelf	Gegenstand	Adressat/ Beteiligter	Fristbeginn	Fristdauer	Rechtsgrundlage
Abgabe von Steuererklärungen	Steuererklärungen, die sich auf ein Kalenderjahr oder einen gesetzlich bestimmten Zeitpunkt beziehen	Zuständige Finanzbehörde (FA)	Nach Ende des Kalenderjahres oder des gesetzlich bestimmten Zeitpunkts	5 Monate (bis 31. 5. des Folgejahres); Verlängerung möglich (§ 109 AO)	§ 149 Abs. 2 AO
Antrag auf LStJA	Lohnsteuer	Zuständige Finanzbehörde (FA)	Ablauf des Ausgleichsjahres	2 Jahre (ab LStJA 1986 bis 31.12. des 2. Folgejahres) – nicht verlängerbar	§ 42 Abs. 2 EStG
Festsetzungsfrist	Zölle, Verbrauchsteuern, Zollvergütungen, Verbrauchsteuervergütungen	–	Grundsätzlich mit Ablauf des Kalenderjahres, in dem Steuer entstanden oder eine bedingt	1 Jahr	nach Fristablauf auch Berichtigung nach § 129 AO möglich	§§ 169 Abs. 2 Nr. 1, 170 AO

Handlung/Antrag Rechtsbehelf	Gegenstand	Adressat/ Beteiligter	Fristbeginn	Fristdauer		Rechtsgrundlage
Festsetzungs- frist	Alle sonstigen Steuern und Steuer- vergütungen	—	entstandene Steuer unbedingt gewor- den ist – Ausnah- me § 170 Abs. 2 bis 5 AO – Ab- laufhemmung § 171 AO	4 Jahre	wegen offen- barer Unrich- tigkeit	§§ 169 Abs. 2 Nr. 2, 170 AO
Festsetzungs- frist	Leichtfertige Steuerverkürzung	—		5 Jahre		§§ 169 Abs. 2 Satz 2, 170 AO
Festsetzungs- frist	Steuerhinterziehung	—	—	10 Jahre, aber nicht vor verjährter Straf- verfolgung		§§ 169 Abs. 2 Satz 2, 170 AO
Berichtigung eines Verwaltungs- akts	Bei Schreibfehlern, Rechenfehlern, offen- baren Unrichtigkeiten	Finanzbehörde, die Verwaltungs- akt erlassen hat	—	Keine Frist (nicht bei Ablauf der Fest- setzungsverjährung – § 169 Abs. 1 Satz 1 AO)		§ 129 AO

67 **b) Vorverfahren (Finanzbehörde)**

Einspruch	Alle in § 348 Abs. 1 Nr 1–11 AO genann- Verwaltungsakte der Finanzbehörden sowie diejenigen zur Aufhe- bung, Änderung oder	Die den Verwal- tungsakt erlassen- de oder ableh- nende Finanz- behörde	Bekanntgabe bzw. Zustellung des Verwaltungs- akts (insbeson- dere Steuer- bescheid	1 Monat	§§ 348, 355. Abs. 2 AO

Steuerliche Antrags- und Rechtsbehelfsfristen

Handlung/Antrag Rechtsbehelf	Gegenstand	Adressat/Beteiligter	Fristbeginn	Fristdauer	Rechtsgrundlage
	Ablehnung von Verwaltungsakten der Finanzbehörden (§ 348 Abs. 2 AO)				
Untätigkeitsbeschwerde	Nichtentscheidung der Finanzbehörde nach Antrag auf Erlaß eines Verwaltungsakts ohne Mitteilung eines zureichenden Grundes binnen angemessener Frist	Nichtentscheidende Finanzbehörde	Antrag auf Erlaß des Verwaltungsakts	Keine Frist	§§ 349 Abs. 2, 355 Abs. 2 AO
Beschwerde	Alle nicht in § 348 AO aufgeführten Verwaltungsakte wie Ablehnung eines Billigkeitserlasses oder einer Stundung	Die den Verwaltungsakt erlassende oder ablehnende Finanzbehörde	Bekanntgabe bzw. Zustellung des Verwaltungsakts	1 Monat	§§ 349, 355 AO
Wiedereinsetzung in den vorigen Stand	Unverschuldete Nichteinhaltung einer gesetzlichen Frist	Die über die versäumte Handlung befindende Finanzbehörde	Wegfall des Hindernisses zur Einhaltung der gesetzlichen Frist ──── Ende der versäumten Frist	1 Monat ──── 1 Jahr (Verlängerung der 1jährigen Nachholungsfrist bei höherer Gewalt)	§ 110 AO

B. Besondere Fragen zum Besteuerungsverfahren

Handlung/Antrag Rechtsbehelf	Gegenstand	Adressat/ Beteiligter	Fristbeginn	Fristdauer	Rechtsgrundlage
Anfechtungsklage	Aufhebung oder Änderung eines Verwaltungsakts (Einspruchsentscheidung) der Finanzbehörde	Zuständiges FG gegen Finanzbehörde, die ursprünglichen Verwaltungsakt abgelehnt oder erlassen hat, aber auch dieses, wenn Klage dort „angebracht" (Finanzbehörde muß Adressat sein) oder zur Niederschrift gegeben wird (§ 47 Abs. 2 FGO)	Bekanntgabe bzw. Zustellung der Entscheidung über den außergerichtlichen Rechtsbehelf, sonst Bekanntgabe des Verwaltungsakts	1 Monat 1 Jahr, wenn Rechtsmittelbelehrung unterblieben ist	§§ 47 Abs. 1, 40 FGO § 55 Abs. 2 FGO
Verpflichtungsklage	Erlaß eines abgelehnten oder unterlassenen Verwaltungsakts durch Rechtsbehelfsbehörde nach Untätigkeitsbeschwerde		Ablehnung des beantragten Verwaltungsakts	1 Monat 1 Jahr, wenn Rechtsmittelbelehrung unterblieben ist	§§ 47 Abs. 1, 40 FGO § 55 Abs. 2 FGO

68 c) **Verfahren vor den Finanzgerichten**

Handlung/Antrag Rechtsbehelf	Gegenstand	Adressat/ Beteiligter	Fristbeginn	Fristdauer	Rechtsgrundlage
Untätigkeitsklage	Nichtentscheidung in angemessener Frist über außergerichtlichen Rechtsbehelf ohne Mitteilung eines zureichendes Grundes	Zuständiges FG	Einlegung des außergerichtlichen Rechtsbehelfs	Nach 6 Monaten – (Ausnahmen möglich) – innerhalb von 3 Monaten nach Zustellung der Klageschrift durch FG an Finanzbehörde zur Durchführung des Vorverfahrens	§ 46 FGO, Art. 3 § 2 VGFGEntlG
Leistungsklage im engeren Sinn	Andere Leistungen als Erlaß eines Verwaltungsakts	Zuständiges FG	—	Keine Frist	§§ 40 Abs. 1, 47 FGO
Feststellungsklage	Feststellung des Bestehens oder Nichtbestehens eines Rechtsverhältnisses oder der Nichtigkeit eines Verwaltungsakts	Zuständiges FG	—	Keine Frist	§ 41 FGO
Sprungklage	Die in § 348 AO bezeichneten Verwaltungsakte, z. B. Steuerbescheide	Zuständiges FG mit Zustimmung der Finanzbehörde, die Verwaltungsakt erlassen oder abgesen oder abge-	Bekanntgabe des Verwaltungsakts	1 Monat	§ 45 FGO

B. Besondere Fragen zum Besteuerungsverfahren

Handlung/Antrag Rechtsbehelf	Gegenstand	Adressat/ Beteiligter	Fristbeginn	Fristdauer	Rechtsgrundlage
		lehnt hat oder der gegenüber die Feststellung eines Rechtsverhältnisses oder die Nichtigkeit des Verwaltungsakts begehrt wird (§§ 63, 64 FGO)			
Wiedereinsetzung in den vorigen Stand	Schuldlose Verhinderung zur Einhaltung einer gesetzlichen Frist	Zuständiges FG, das über die versäumte Rechtshandlung zu befinden hat	Wegfall des Hindernisses	2 Wochen, längstens innerhalb von 1 Jahr seit Ende der versäumten Frist. Bei Unmöglichkeit innerhalb der Jahresfrist wegen höherer Gewalt unverzüglich nach Beendigung der höheren Gewalt	§ 56 FGO
Berichtigung des Urteils (Anregung)	Bei Schreibfehlern, Rechenfehlern, offenbaren Unrichtigkeiten	FG oder BFH	—	Keine Frist	§ 107 FGO

Steuerliche Antrags- und Rechtsbehelfsfristen

Handlung/Antrag Rechtsbehelf	Gegenstand	Adressat/Beteiligter	Fristbeginn	Fristdauer	Rechtsgrundlage
Antrag auf Berichtigung des Tatbestands eines Urteils	Nichtberücksichtigung eines Antrags oder der Kostenfolge im Urteil	FG, ausnahmsweise BFH (bei erst- und letztinstanzlicher Zuständigkeit)	Kenntnis von der Rechtskraft des Urteils Ohne Kenntnis: Tag der Rechtskraft des Urteils	1 Monat 5 Jahre	§ 108 FGO
Antrag auf nachträgliche Ergänzung des Urteils	Nichtberücksichtigung eines Antrags oder der Kostenfolge im Urteil	FG oder BFH	Zustellung des Urteils	2 Wochen	§ 109 FGO
Restitutionsklage	Wiederaufnahme eines rechtskräftig beendeten Verfahrens in den in § 580 ZPO genannten Fällen bei schuldloser Versäumung des Restitutionsgrundes im früheren Verfahren	FG, ausnahmsweise BFH (bei erst- und letztinstanzlicher Zuständigkeit)	Kenntnis von der Rechtskraft des Urteils Ohne Kenntnis: Tag der Rechtskraft des Urteils	1 Monat 5 Jahre	§§ 134 FGO, 586, 580, 582, 584 ZPO
Nichtigkeitsklage	Gegen Entscheidungen des erkennenden Gerichts bei rechtskräftig abgeschlossenem Verfahren bei Vorliegen besonders schwerer verfahrensrechtlicher Fehler	FG, ausnahmsweise BFH (bei erst- und letztinstanzlicher Zuständigkeit)	Kenntnis von der Rechtskraft des Urteils Ohne Kenntnis: Tag der Rechtskraft des Urteils	1 Monat 5 Jahre	§§ 134 FGO; 586, 579, 582, 584 ZPO

69 d) Bundesfinanzhof

Handlung/Antrag Rechtsbehelf	Gegenstand	Adressat/ Beteiligter	Fristbeginn	Fristdauer	Rechtsgrundlage
Revision	Urteile des FG bei Verletzung von Bundesrecht, ausnahmsweise im Fall des § 33 Abs. 1 Nr. 4 FGO auch von Landesrecht	Zuständiges FG	Zustellung des Urteils oder Zustellung des Beschlusses über die Zulassung der Revision (§ 115 Abs. 5 FGO)	1 Monat	§ 120 Abs. 1 Satz 1 FGO; vgl. Art. 1 Nr. 5–8 BFHEntlG
Revisionsbegründung	Begründung für die behauptete Verletzung von Bundesrecht (ausnahmsweise von Landesrecht) im angefochtenen FG-Urteil	FG oder BFH (BFH 17. 3. 67, BStBl II 342)	Mit Ablauf der Revisionsfrist	1 Monat (Verlängerung durch Vorsitzenden des zuständigen BFH-Senats auf Antrag vor Fristablauf)	§ 120 Abs. 1 Satz 2 FGO
Nichtzulassungsbeschwerde	Gegen die ausdrückliche oder im Fehlen einer Entscheidung des FG über die Zulassung liegende Versagung der Revision im FG-Urteil	FG, dessen Entscheidung angefochten werden soll	Zustellung des Urteils	1 Monat	§ 115 Abs. 3 FGO
Beschwerde	Gegen Entscheidungen des FG, die nicht	FG oder BFH	Bekanntgabe der beschwerde-	2 Wochen	§§ 128, 129 FGO (bis 31. 12. 91

Steuerliche Antrags- und Rechtsbehelfsfristen

Handlung/Antrag Rechtsbehelf	Gegenstand	Adressat/ Beteiligter	Fristbeginn	Fristdauer	Rechtsgrundlage
	Urteile oder Vorbescheide sind sowie gegen Entscheidungen des Vorsitzenden eines FG-Senats		fähigen Entscheidung		keine Beschwerde gegen Kostenentscheidung möglich nach Art. 1 Nr. 4 BFHEntlG

70 e) Fristen zur Kostenfestsetzung

Handlung/Antrag Rechtsbehelf	Gegenstand	Adressat/ Beteiligter	Fristbeginn	Fristdauer	Rechtsgrundlage
Antrag auf Kostenfestsetzung		FG (Urkundsbeamter)	Nach Abschluß des Verfahrens möglich	Keine Frist	§ 149 Abs. 1 FGO
Erinnerung	gegen Kostenfestsetzung des Urkundsbeamten des FG	FG	Bekanntgabe der Festsetzung	2 Wochen	§ 149 Abs. 2 FGO
Beschwerde gegen Kostenfestsetzungsbeschluß	Gegen den auf Erinnerung gegen Festsetzung ergangenen Beschluß des FG unter den Voraussetzungen des § 115 Abs. 2 Nr. 1–3 FGO	FG oder BFH	Bekanntgabe der beschwerdefähigen Entscheidung	2 Wochen	§§ 128, 129 FGO (bis 31. 12. 91; keine Beschwerde gegen Kostenentscheidung möglich nach Art. 1 Nr. 4 BFGEntlG)

71 **f) Bundesverfassungsgericht**

Handlung/Antrag Rechtsbehelf	Gegenstand	Adressat/ Beteiligter	Fristbeginn	Fristdauer	Rechtsgrundlage
Verfassungsbeschwerde	gegen letztinstanzliche FG- und BFH-Entscheidungen (nach Rechtswegausschöpfung)	BVerfG	Zustellung oder formlose Mitteilung der Entscheidung, u. U. auch mit Verkündung	1 Monat	§ 93 Abs. 1 BVerfGG

4. Haftung für Steuerschulden ▶ BSt-RA-025 ◀

Literatur: *Harenberg,* Haftung des Geschäftsführers für Umsatzsteuerschulden der Gesellschaft, NWB F. 2, 5245; *Hundt/Eßwein,* Haftung im Steuerrecht, NWB F. 2, 5283.

Für Rechtsanwälte und Notare können insbesondere die nachfolgenden Haftungstatbestände in Betracht kommen: 72

- Haftung als **Vertreter** i. S. des § 69 AO (vgl. Rdnr. 73 ff.)
- Haftung als Arbeitgeber für die **Lohnsteuer** der Arbeitnehmer gem. § 42 d EStG (vgl. Rdnr. 88 ff.),
- Haftung bei **Praxiserwerb** gem. § 75 AO (vgl. Rdnr. 98).

a) Haftung als Vertreter gem. § 69 AO

Haftung nach § 69 AO setzt voraus: 73

- Tätigkeit als Vermögensverwalter,
- Bestehen von Ansprüchen aus dem Steuerschuldverhältnis und
- vorsätzlich oder grob fahrlässige Verletzung auferlegter Pflichten.

aa) Rechtsanwälte und Notare als Vermögensverwalter

Der für eine Haftung in Betracht kommende Personenkreis ist in den §§ 34, 35 AO **abschließend** aufgezählt. Es handelt sich um die gesetzlichen Vertreter natürlicher und juristischer Personen sowie die Geschäftsführer von nichtrechtsfähigen Personenvereinigungen und Vermögensmassen (§ 34 Abs. 1 AO). 74

Rechtsanwälte und Notare können als **Vermögensverwalter** i. S. des § 69 AO in Betracht kommen, wenn sie **Konkursverwalter, Zwangsverwalter, Nachlaßverwalter,** gerichtlich bestellte **Liquidatoren** und **Testamentsvollstrecker, nicht** jedoch **Vergleichsverwalter** sind. Letztere haben nur die wirtschaftliche Lage des Schuldners zu prüfen usw. Sie verwalten aber nicht sein Vermögen. Diese Vermögensverwalter treten nach § 34 Abs. 3 AO im Rahmen ihrer Verwaltungsbefugnis in ein unmittelbares Pflichtverhältnis zu Finanzbehörde. 75

76 Zu den **Verfügungsberechtigten** i. S. des § 35 AO gehören die Personen, die nach außen als solche auftreten und tatsächlich und rechtlich über fremde Wirtschaftsgüter verfügen können. Tatsächlich verfügungsberechtigt ist derjenige, der wirtschaftlich über Mittel, die einem anderen gehören, verfügen kann. Rechtlich ist zur Erfüllung von Pflichten in der Lage, wer im Außenverhältnis rechtswirksam handeln kann. Auf etwaige Beschränkungen im Innenverhältnis (Auftrag, Vollmacht) kommt es nicht an. Wichtigste Anwendungsfälle sind **Treuhandverhältnisse aller Art**. Fiduziarische Sicherungsübereignung und Sicherungszession allein genügen allerdings nicht. Vielmehr müssen dem Fiduziar über den bloßen Sicherungszweck hinausgehende und zu einer Befriedigung führende Verfügungsbefugnisse eingeräumt werden, z. B. das Recht, die sicherungsübereigneten Waren zu veräußern, die sicherungsweise abgetretenen Forderungen einzuziehen u. a. m.

77 Bevollmächtigte, Beistände und Vertreter (§§ 80, 81 AO) haften nur, wenn sie gleichzeitig Vertreter oder Verfügungsberechtigte i. S. der §§ 34, 35 AO sind.

Beispiel 1:

Einem Rechtsanwalt unterläuft bei der Bilanzaufstellung für seinen Mandanten grob fahrlässig ein Fehler. Dadurch wird der zu versteuernde Gewinn zu niedrig ausgewiesen. Der Rechtsanwalt haftet nicht (gegenüber dem Fiskus), da er weder gesetzlicher Vertreter i. S. des § 34 AO noch Verfügungsberechtigter i. S. des § 35 AO ist.

Beispiel 2:

Der Rechtsanwalt wurde von seinem Mandanten zum Testamentsvollstrecker bestellt. Ihm unterläuft in dieser Eigenschaft bei Bilanzaufstellung grob fahrlässig ein Fehler. Bei diesem Sachverhalt kann bei Vorliegen der sonstigen Voraussetzungen eine Haftung nach § 69 AO für den Rechtsanwalt in Betracht kommen, weil er Vermögensverwalter ist.

78 Im Rahmen eines nicht besonders ausgestalteten und erweiterten Mandatsverhältnisses haftet der Rechtsanwalt nicht nach § 35 AO für **Erbschaftsteuerschulden** des Mandanten (FG Berlin 17. 1. 89, EFG 1990, 28, Rev. eingelegt). Zieht der Anwalt auftragsgemäß Nachlaßwerte auf einem Anderkonto zusammen und stellt er die Gelder sodann vor Zahlung der ErbSt dem außerhalb des Geltungsbereichs des ErbStG wohnhaften Berechtigten zur Verfügung, haftet er auch nicht nach § 20 Abs. 6 Satz 2 ErbStG für die nicht gezahlte ErbSt.

Die AO 77 enthält für Rechtsanwälte/Notare **kein Haftungsprivileg** mehr, wonach vor Ergehen des Haftungsbescheids im berufsgerichtlichen Verfahren eine Verletzung der Berufspflichten festgestellt werden mußte. Die Finanzverwaltung muß jedoch **vor** Erlaß eines Haftungsbescheides gegen Rechtsanwälte/Notare der zuständigen Berufskammer gem. § 191 Abs. 2 AO Gelegenheit zur Stellungnahme geben. Die **Frist** für die Abgabe der Stellungnahme soll nach Nr. 4 AEAO zu § 191 AO im allgemeinen 2 Monate betragen. Die Stellungnahme kann in dringenden Fällen auch fernmündlich eingeholt werden. Eine versehentlich unterlassene Aufforderung zur Stellungnahme kann nachgeholt werden. Wird die Stellungnahme innerhalb der von der Finanzbehörde zu setzenden Frist nicht abgegeben, kann auch vor Eingang der Stellungnahme ein Haftungsbescheid ergehen. Ist ein **Rechtsanwalt zugleich als Steuerberater zugelassen,** so ist die **Anhörung beider Berufskammern** vor Erlaß eines Haftungsbescheids gegen ihn erforderlich (FG Rheinland-Pfalz 18. 1. 85 rkr., EFG S. 426). 79

bb) Ansprüche aus dem Steuerschuldverhältnis

Weitere Voraussetzung für die Haftung nach § 69 AO ist das Bestehen von Ansprüchen aus dem Steuerschuldverhältnis. Eine abschließende Aufzählung der sich aus dem Steuerschuldverhältnis ergebenden Ansprüche enthält § 37 AO. Hierzu gehören: 80

a) der **Steueranspruch** und der **Steuervergütungsanspruch,**
b) der **Haftungsanspruch** des Steuergläubigers (§§ 69 ff. AO),
c) der Anspruch auf eine **steuerliche Nebenleistung,** z. B. Verspätungszuschläge, Zinsen, Säumniszuschläge, Zwangsgelder und Kosten,
d) der **Erstattungsanspruch** aufgrund eines **Einzelsteuergesetzes,** z. B. überzahlte ESt oder LSt gem. §§ 36 Abs. 4 und 42 EStG,
e) der **Erstattungsanspruch** nach **§ 37 Abs. 2 AO,**

Ansprüche auf **Strafen** und **Geldbußen** gehören **nicht** zu den Ansprüchen aus dem Steuerschuldverhältnis. 81

cc) Vorsätzliche oder grob fahrlässige Verletzung auferlegter Pflichten

Die Ansprüche aus dem Steuerschuldverhältnis müssen von dem Rechtsanwalt oder Notar als Vertreter i. S. des § 69 AO infolge vorsätzlicher oder grob fahrlässiger Verletzung der ihnen auferlegten Pflichten **nicht** oder **nicht rechtzeitig festgesetzt oder erfüllt** werden. 82

83 Vorsatz ist das Wissen und Wollen des rechtswidrigen Erfolges. **Grobe Fahrlässigkeit** liegt vor, wenn die verkehrserforderliche Sorgfalt in besonders schwerem Maße verletzt wird.

84 Nach § 34 Abs. 1 AO haben die gesetzlichen Vertreter und Vermögensverwalter alle Pflichten zu erfüllen, die den von ihnen Vertretenen auferlegt sind. Dazu gehören z. B. die **Buchführungs-, Erklärungs-, Mitwirkungs- oder Auskunftspflichten** (§§ 140 ff., 90, 93 AO), die Verpflichtung, **Steuern** zu **zahlen** und die **Vollstreckung** in dieses Vermögen zu **dulden** (§ 77 AO).

Beispiel:

Ein Rechtsanwalt als Konkursverwalter hat alle Pflichten des Gemeinschuldners zu erfüllen. Er hat die Bücher hinsichtlich des konkursbefangenen Vermögens zu führen und alle für die Festsetzung der vor oder infolge der Konkurseröffnung entstandenen Steuern notwendigen Steuererklärungen abzugeben und die Auskünfte, Nachweise usw. zu geben. Erfüllt der Rechtsanwalt als Konkursverwalter wissentlich oder grob fahrlässig die erwähnten Pflichten nicht, dann liegt eine vorsätzliche oder grob fahrlässige Verletzung ihm auferlegter Pflichten vor.

dd) Umfang der Haftung

85 Die gesetzlichen Vertreter und Vermögensverwalter haften nach § 69 AO dem Umfange nach, **soweit** Ansprüche aus dem Steuerschuldverhältnis durch ihre schuldhafte Pflichtverletzung nicht oder nicht rechtzeitig festgesetzt oder erfüllt werden. Sie haften demnach **anteilig**. Das ergibt sich aus dem Wort „soweit".

Beispiel:

Der Anspruch aus dem Steuerschuldverhältnis wurde in Höhe von 1 000 DM nicht erfüllt. War die schuldhafte Pflichtverletzung des Vermögensverwalters aber nur für eine Nichterfüllung von 600 DM kausal, so haftet er nur in Höhe von 600 DM.

86 Die Haftung umfaßt auch nach § 69 Satz 2 AO die infolge der Pflichtverletzung zu zahlenden **Säumniszuschläge**.

ee) Geltendmachung der Haftung

87 Soweit eine Haftung nach § 69 AO in Betracht kommt, kann die Finanzbehörde den Haftungsschuldner durch **Haftungsbescheid** nach § 191 Abs. 1 AO in Anspruch nehmen.

b) Lohnsteuerhaftung

Der Rechtsanwalt/Notar haftet als **Arbeitgeber** nach § 42 d EStG   88
- für die LSt, die er einzubehalten und abzuführen hat,
- für die LSt, die er beim LStJA einzubehalten und abzuführen hat,
- für die ESt (LSt), die aufgrund fehlerhafter Angaben im Lohnkonto, in der LSt-Bescheinigung oder im Lohnzettel verkürzt wird.

Der **Arbeitgeber haftet nicht,** soweit er seiner Anzeigepflicht genügt hat.   89
Sobald der Arbeitgeber nämlich erkennt, daß der LSt-Abzug in zu geringer Höhe vorgenommen worden ist, hat er dies gem. §§ 38 Abs. 4, 41 c Abs. 4 EStG dem Betriebsstätten-FA anzuzeigen, wenn er die LSt nicht nachträglich einbehalten kann oder von seiner Berechtigung hierzu keinen Gebrauch macht.

Soweit der Arbeitgeber haftet, sind er und der Arbeitnehmer **Gesamt-**   90
schuldner. Das Betriebsstätten-FA kann die Steuerschuld oder Haftungsschuld nach **pflichtgemäßem Ermessen gegenüber jedem Gesamtschuldner** geltend machen. Der Arbeitgeber kann auch dann in Anspruch genommen werden, wenn der Arbeitnehmer zur ESt veranlagt wird.

Bei der Ermessensentscheidung sind nach ständiger Rechtsprechung des   91
BFH weitgehend die Umstände des Einzelfalles maßgebend. Die Entscheidung ist nach Recht und Billigkeit zu treffen. Sie hat die Interessen des Arbeitgebers, seiner Arbeitnehmer und des FA abzuwägen (BFH 10. 1. 64, BStBl III 213 und 26. 7. 74, BStBl II 756). Die Rechtsprechung des BFH hat den Vorrang der Arbeitgeber-Haftung immer stärker eingeschränkt, wie sich aus der folgenden Übersicht (vgl. NWB F. 6, 2715 f.) ergibt:

Gegen vorrangige Inanspruchnahme des Arbeitgebers spricht: 92
- LSt kann ebenso **einfach** und ebenso **glatt vom Arbeitnehmer nachgefordert** werden (BFH 26. 7. 74, BStBl II 756).
- Arbeitnehmer ist bereits aus Praxis **ausgeschieden,** so daß Arbeitgeber seinen Regreßanspruch verfolgen müßte (BFH 14. 4. 67, BStBl III 469).
- **Arbeitnehmer** wird zur **ESt veranlagt** (BFH 12. 1. 68, BStBl II 324), § 42 d Abs. 3 Satz 2 EStG schließt allerdings vorrangige Inanspruchnahme des Arbeitgebers nicht aus.

- **Besonders schwierige Rechtsfrage.** Arbeitgeber kann **kein großer Vorwurf** gemacht werden (BFH 15. 11. 74, BStBl 1975 II 297).

93 Für vorrangige Inanspruchnahme des Arbeitgebers spricht:
- Nachforderung von LSt in **meist kleineren Beträgen** in einer **Vielzahl von Fällen** (BFH 16. 3. 62, BStBl III 282 und 6. 3. 80, BStBl II 289).
- Nachforderung von LSt zwar nur für einen Arbeitnehmer; aber **Musterprozeß** für Vielzahl dahinter stehender Nachforderungen geplant (BFH 17. 8. 73, BStBl 1974 II 8).
- **Grober Verstoß** gegen Arbeitgeber-Pflichten (BFH 5. 2. 71, BStBl II 353).

94 Kein Auswahlermessen des Finanzamts:
- Zunächst **erfolgloser Versuch** des FA, die **LSt vom Arbeitnehmer nachzufordern** (BFH 18. 7. 58, BStBl III 384).
- **Berichtigung** des ESt-Bescheides des Arbeitnehmers **nicht** mehr **möglich** (BFH 26. 7. 74, BStBl II 756).
- Anwendung bestimmter **Steuerberechnungs-Methode** durch Arbeitgeber, die das FA trotz Kenntnis **nicht beanstandete** (BFH 20. 7. 62, BStBl 1963 III 23).
- **Falsche Auskunft** durch das FA (BFH 24. 11. 61, BStBl 1962 III 37); bestimmte Einkünfte in Manteltarif als steuerfrei bezeichnet (BFH 18. 9. 81, BStBl II 801).

95 In den vorstehend erwähnten Fällen hat das FA **keinen Ermessensspielraum** mehr, weil entweder die Inanspruchnahme des Arbeitnehmers ausgeschlossen und damit das Vorgehen gegen den Arbeitgeber nach dem Legalitätsprinzip zwangsläufig ist oder weil die Inanspruchnahme des Arbeitgebers – unbeschadet der Frage einer Rangfolge – unbillig ist.

96 Wird der Arbeitgeber – Rechtsanwalt/Notar – als **Haftungsschuldner** in Anspruch genommen, so ist ein **Haftungsbescheid** gem. § 191 AO zu erlassen.

97 Für die Inanspruchnahme des Arbeitgebers ist jedoch dann kein Haftungsbescheid und kein Leistungsgebot erforderlich, soweit der Arbeitgeber
- die einzubehaltende LSt angemeldet hat oder
- nach Abschluß einer LSt-Außenprüfung seine Zahlungsverpflichtung schriftlich anerkennt.

c) Haftung bei Praxiserwerb

Übereignet ein Rechtsanwalt/Notar seine Praxis im ganzen, dann haftet der Erwerber bei Vorliegen bestimmter Voraussetzungen nach § 75 AO für bestimmte Steuern und bestimmte Steuerabzugsbeträge. Vgl. hierzu i. e. Rdnr. 1190 ff.   98

5. Auskunftsverweigerung der Rechtsanwälte und Notare   ▶ BSt-RA-030 ◀

Literatur: *Bilsdorfer,* Auskunftsverweigerungsrecht im Besteuerungsverfahren, NWB F. 2, 5483.

Rechtsanwälte können nach § 102 Abs. 1 Nr. 3 a und b AO über das, was ihnen in ihrer **Eigenschaft als Verteidiger oder Rechtsanwalt** anvertraut oder bekanntgegeben ist, die **Auskunft verweigern.** Dieses Verweigerungsrecht besteht auch bei Beratung oder Vertretung in **Steuersachen.** Nicht hierher gehört, was dem Anwalt in **privater** Eigenschaft anvertraut oder bekanntgeworden ist.   99

Anvertraut ist das, was schriftlich oder mündlich im Vertrauen auf die Verschwiegenheit mitgeteilt worden ist.   100

Bekanntwerden erfolgt u. a. durch Mitteilung, Einsicht in Schriftstücke, Beobachtungen. Was bereits allgemein bekannt war, ist jedoch nicht bekanntgeworden.   101

§ 102 AO sieht **keine Belehrungspflicht** vor. Sie ist jedoch nicht verboten, wenn zu erkennen ist, daß eine Auskunftsperson ihr Auskunftsverweigerungsrecht aus § 102 AO nicht kennt.   102

Die **Gehilfen** des weigerungsberechtigten Rechtsanwalts sind ebenfalls nach § 102 Abs. 2 AO privilegiert. Darunter fallen z. B. Referendare, Assessoren, Bürovorsteher, Schreibkräfte, Boten, Lehrlinge, mithelfende Familienangehörige, **nicht** jedoch Chauffeure, Hausmeister, Hausangestellte, Putzfrauen. Es ist nicht erforderlich, daß der Gehilfe in einem Arbeitsverhältnis zum Rechtsanwalt steht. Das Merkmal der faktischen Mitarbeit genügt. Gehilfen sind alle Personen, deren sich der Weisungsberechtigte zur Ausübung seines Berufes bedient.   103

Das Auskunftsverweigerungsrecht aus § 102 Abs. 1 Nr. 3 AO entfällt jedoch für einen Rechtsanwalt, der als **Bevollmächtigter fremdes Vermögen** verwaltet; denn in diesem Fall ist der Rechtsanwalt nicht Aus-   104 kunftsperson, sondern er hat selbst den Finanzbehörden gegenüber alle Pflichten zu erfüllen, die seinem Auftraggeber obliegen. Nach § 35 AO hat der Rechtsanwalt, wenn er als Verfügungsberechtigter im eigenen oder fremden Namen auftritt, die Pflichten eines gesetzlichen Vertreters (§ 34 Abs. 1 AO), soweit er sie rechtlich und tatsächlich erfüllen kann. Er hat die steuerlichen Pflichten der Personen zu erfüllen, die er vertritt. Insbesondere hat er dafür zu sorgen, daß die Steuern aus den Mitteln entrichtet werden, die er verwaltet. Allerdings kann der Rechtsanwalt, der den Auftrag angenommen hat, eine Forderung einzuklagen, die eingehenden Gelder in Empfang zu nehmen und an eine bestimmte Stelle abzuführen, nicht aufgrund der §§ 34, 35 AO gezwungen werden, anstelle seines Auftraggebers beim FA über die Ausführung des Auftrags Auskunft zu erteilen. Er ist vielmehr nach § 102 Abs. 1 Nr. 3 b AO berechtigt, die Auskunft zu verweigern.

105 Der Rechtsanwalt darf nach § 102 Abs. 3 AO die Auskunft nicht verweigern, wenn er von der **Verpflichtung zur Verschwiegenheit entbunden** ist. Die Entbindung von der Verpflichtung zur Verschwiegenheit gilt auch für die Hilfspersonen. Die Entbindung kann **widerrufen** werden. Sie kann auch auf einen bestimmten Gegenstand **beschränkt** werden.

106 Das Auskunftsverweigerungsrecht nach § 102 Abs. 1 Nr. 3 AO **kollidiert** mit den Mitwirkungspflichten bei der Besteuerung, so z. B. nach § 200 AO in Steuerprüfungen sowie mit der Nachweispflicht gem. § 159 AO. Nach dieser Vorschrift muß, wer behauptet, auf seinen Namen lautende Rechte und Sachen nur als Treuhänder zu besitzen, auf Verlangen der Finanzverwaltung den Eigentümer benennen, um eine Zurechnung als eigenes Vermögen mit allen Konsequenzen abzuwehren. Grundsätzlich hat § 102 AO Vorrang, so daß das FA aus der Berufung auf die Vorschrift nicht ohne weiteres negative Konsequenzen für den Rechtsanwalt ziehen darf. BFH 7. 3. 89 (BFH/NV S. 753) hat allerdings hervorgehoben, dies gelte nur, wenn **glaubhaft** gemacht werde, daß es sich um **Mandantengeld** handelt. Im entschiedenen Falle ergab die Überprüfung der Einkommens- und Vermögensverhältnisse eines Rechtsanwalts erhebliche Ungereimtheiten. Der BFH hat deshalb die Zurechnung der Einkünfte und des Vermögens aus Schweizer Depots auf den Namen des Anwalts gebilligt, obwohl er einwandte, es handle sich um Vermögen des Mandanten, dessen Eigentümer nach § 102 AO nicht genannt werden könne. Korn (ZAP F. 20, 38) rät deshalb, wer Fremdgelder verwalte, sollte für besonders **klare Verhältnisse** sorgen.

6. Vorlage von Handakten ▶ BSt-RA-035 ◀

Soweit **Auskunft verweigert** werden darf, kann nach § 104 Abs. 1 AO auch die Erstattung eines Gutachtens und die **Vorlage von Urkunden** oder **Wertsachen verweigert** werden. Unberührt bleibt jedoch die Verpflichtung der Notare zur Vorlage von Urkunden und zur Erteilung weiterer Auskünfte nach § 102 Abs. 4 Satz 2 AO, soweit für sie gesetzliche Anzeige- oder Vorlagepflichten bestehen. Vgl. hierzu Rdnr. 55 ff. 107

Nicht verweigert werden kann nach § 102 Abs. 2 AO die Vorlage von Urkunden und Wertsachen, die für die Beteiligten aufbewahrt werden, soweit der Beteiligte bei eigenem Gewahrsam zur Vorlage verpflichtet wäre. Für den Beteiligten werden aufbewahrt z. B. Durchschriften von Steuererklärungen und vom Briefwechsel mit den Finanzbehörden sowie für sie geführte Geschäftsbücher und sonstige Aufzeichnungen, die ausdrücklich in § 104 Abs. 2 Satz 2 AO genannt werden. 108

Das Vorlageverweigerungsrecht erstreckt sich beispielsweise auf Urkunden – dazu gehören auch **Handakten** und andere, den Mandanten betreffende Schriftstücke – soweit darin etwas enthalten ist, was dem Rechtsanwalt/Notar **anvertraut** oder **bekanntgeworden** ist. Vgl. dazu Rdnr. 99 ff. 109

Nach Ansicht der Finanzverwaltung (Bp-Kartei, a. a. O., Abschn. II, 3) bedeutet das, daß Anwälte z. B. ihre Handakten aber hinsichtlich **aller mit den anfallenden Gebühren zusammenhängenden Schriftstücke** offenlegen müssen, also z. B. Vereinbarungen über Sonderhonorare, Streitwertvorschläge und -festsetzungen, Kostenfestsetzungsbeschlüsse, Liquidationen einschließlich der Anforderung von Vorschüssen, Korrespondenz mit der Partei über Gebühren usw. Dagegen ist der Anwalt berechtigt, die eigentlichen Schriftsätze zum Prozeßgegenstand, und zwar sowohl die eigenen wie die der Gegenseite dem Prüfer im einzelnen vorzuenthalten. 110

Die Prüfung würde nach Meinung der Finanzverwaltung (a. a. O.) erleichtert, wenn die **Akten getrennt abgeheftet** würden nach Parteikorrespondenz, Vorgängen, welche sich auf die Kosten beziehen, und den eigentlichen Prozeßgegenstand. Dann könnte sich der Betriebsprüfer auf die Korrespondenz mit der Partei und die Vorgänge über die Kosten beschränken. Bei dem Teil der Akten, der die einzelnen Schriftsätze enthält, würde die Feststellung durch den Prüfer genügen, daß darin auch wirklich keine anderen für die Betriebsprüfung maßgeblichen Vorgänge 111 enthalten sind. Dieser **Wunsch** der Finanzverwaltung ist **gesetzlich nicht begründet.** Wer sich allerdings die Prüfung erleichtern und ihren Ablauf beschleunigen will, wird ihn trotzdem zweckmäßigerweise befolgen.

112 In einem Rechtsstreit über die Rechtmäßigkeit eines Grunderwerbsteuerbescheides kann das FG von dem **Notar,** der den Grundstückskaufvertrag beurkundet hat, **nicht pauschal** die **Vorlage** der **Handakten** zu diesem Vorgang fordern. Vielmehr kann es **nur** die **Vorlage einzelner Schriftstücke** verlangen, die den Inhalt der notariellen Urkunde ergänzen und verdeutlichen. Entscheidet das Gericht die vorgenannte Frage durch Zwischenurteil, so ist das FA in diesem Zwischenstreit Prozeßgegner des Notars, wenn es dessen Recht bestreitet, die Vorlage der Handakten zu verweigern. Wird das Weigerungsrecht des Notars bestätigt, so trägt das FA die Kosten des Zwischenstreits (BFH 17. 3. 82, BStBl II 510).

113 **Verweigert** ein – nicht am Prozeß beteiligter – **Notar** im Verfahren vor dem FG die **Vorlage seiner Handakten** und erklärt das Gericht durch Zwischenurteil gem. § 82 FGO und § 387 ZPO diese Weigerung für nicht rechtmäßig, so ist der Kläger durch diese Entscheidung **nicht beschwert.** Das gilt auch dann, wenn die Weigerung des Notars ihren Grund darin hat, daß der Kläger der Vorlage der Handakten nicht zustimmt und der Auffassung ist, diese Vorlage könne das Verfahren vor dem FG nicht fördern (BFH 17. 3. 82, BStBl II 406).

114 Auf das Vorlageverweigerungsrecht kann **verzichtet** werden. Eine Pflicht der Finanzbehörde zur **Belehrung** über das Verweigerungsrecht läßt sich aus § 104 AO nicht entnehmen. Nach Tipke/Kruse (a. a. O., § 104 Anm. letzter Abs.) soll es sich um eine Lücke im Gesetz handeln.

7. Auskünfte der Finanzverwaltung ▶ BSt-RA-040 ◀

Literatur: *Krabbe,* Verbindliche Auskunft im Steuerrecht, NWB F. 2, 4913.

115 Der Frage einer gesetzlichen Regelung einer verbindlichen Auskunft wird in der Öffentlichkeit stets starkes Interesse entgegengebracht. Entsprechende Gesetzesentwürfe sind jedoch nicht verabschiedet worden. Auch die AO 77 hat die Erwartungen der Öffentlichkeit in dieser Hinsicht nicht erfüllt. Die AO 77 beschränkt sich darauf, lediglich die verbindliche Zusage nach einer Ap (§§ 204ff. AO vgl. Rdnr. 159) zu regeln. Es wird daher weiterhin neben der gesetzlich geregelten verbindlichen Zusage aufgrund einer Ap die nicht gesetzlich geregelte Auskunft der Finanz-

behörden geben, die auch heute schon eine nicht geringe Bedeutung in der Verwaltungspraxis hat.

Eine **gesetzliche Verpflichtung zur Auskunftserteilung** besteht nach Inkrafttreten der AO – abgesehen von der verbindlichen Zusage aufgrund einer Außenprüfung – nur bei der LSt in den Fällen der **Lohnsteuer-Anrufungsauskunft** (§ 42 e EStG) und der verbindlichen **Zolltarifauskunft** sowie der **Zusage einer Zollermäßigung** (§§ 23, 26 ZG). Da die Öffentlichkeit in den letzten Jahren immer stärker die Erteilung verbindlicher Auskünfte durch die Finanzbehörden forderte, hat die Finanzverwaltung mit **BMF-Schreiben v. 24. 6. 87** (BStBl I 474) und v. 21. 2. 90 (BStBl I 146) eine bundeseinheitliche Verwaltungsanweisung zur Erteilung von verbindlichen Auskünften herausgegeben, die Auskünfte außerhalb der oben erwähnten gesetzlichen Regelungen betrifft und für den Bereich der Besitz- und Verkehrsteuern, nicht jedoch für den Bereich der Zölle und Verbrauchsteuern gilt. 116

Das BMF-Schreiben nimmt ausdrücklich Bezug auf die höchstrichterliche Rechtsprechung (vgl. BFH 4. 8. 61, BStBl III 562; 19. 3. 81, BStBl II 538 und 16. 3. 83, BStBl II 459). Danch ist die **Befugnis** der Finanzbehörden zur **Auskunftserteilung** auch ohne ausdrückliche gesetzliche Regelung als Annex zu ihrer **Regelungsbefugnis** anzusehen. Die Finanzbehörden sind nicht verpflichtet, es steht aber in ihrem **Ermessen**, Auskünfte zu erteilen. 117

In Übereinstimmung mit der genannten Rechtsprechung (vgl. BFH 1. 2. 73, BStBl II 533 zur Lohnsteuer-Anrufungsauskunft) geht das BMF-Schreiben davon aus, daß das FA an die in der Auskunft enthaltene rechtliche **Beurteilung** im **Steuerfestsetzungsverfahren gebunden** ist, die Auskunft als solche jedoch kein Verwaltungsakt ist, weil sie keine auf Rechtsgestaltung gerichtete Handlung, sondern eine reine **Wissenserklärung (Realakt)** darstellt (so Krabbe, NWB F. 2, 4914). Dem wird jedoch im Schrifttum widersprochen (vgl. Tipke/Kruse, a. a. O., vor § 204 AO, Tz. 7). Die Finanzbehörden nehmen bei der Erteilung von Auskünften bewußt **keine auf Rechtsgestaltung gerichtete Handlung** vor. Auch der Empfänger kann die Auskunft nicht anders als eine **reine Wissenserklärung** verstehen (Krabbe, a. a. O.). Daher kann gegen den Inhalt einer Auskunft weder Anfechtungs- noch Verpflichtungsklage erhoben werden. Auch die entsprechenden außergerichtlichen Rechtsbehelfe können nicht eingelegt werden. Ebenso ist eine Feststellungsklage unzulässig (BFH 1. 2. 73, BStBl II 533). 118

119 Die **Ablehnung der Erteilung einer Auskunft** dürfte allerdings ein **Verwaltungsakt** sein. Durch ihn wird für den Rechtsanwalt/Notar verbindlich darüber entschieden, daß er keinen Anspruch auf den Realakt „Auskunft" hat. Diese Beurteilung entspricht der Rechtslage bei der Ablehnung anderer Realakte, z. B. Ablehnung von Akteneinsicht. Der Rechtsanwalt/Notar kann daher gegen die Ablehnung der Auskunft **Beschwerde** und danach **Verpflichtungsklage** erheben, mit der geltend zu machen ist, daß die Auskunft in ermessensfehlerhafter Weise verweigert wurde (so zutreffend Krabbe. a. a. O.).

120 • **Zuständigkeit**

Zuständig für die Erteilung der Auskunft ist das FA, das bei **Verwirklichung des Sachverhalts** voraussichtlich zuständig sein würde. Das ist das FA, das im späteren Besteuerungs- bzw. Feststellungsverfahren örtlich zuständig wäre. Der Rechtsanwalt/Notar kann sich aber auch statt an die örtlich zuständige Finanzbehörde an die **OFD** oder das **Finanzministerium** wenden. Im übrigen sind die **übergeordneten Behörden** von der Mitwirkung an der Entscheidung der FÄ nicht ausgeschlossen.

121 • **Eintritt der Bindungswirkung**

Die Bindungswirkung tritt nicht bereits mit der Erteilung der Auskunft ein, sondern vielmehr erst dann, wenn der Rechtsanwalt/Notar **aufgrund der Auskunft wirtschaftlich disponiert** hat (vgl. BFH 4. 8. 61, BStBl III 562). Die **Bindungswirkung entfällt,**

– wenn der später verwirklichte Sachverhalt mit dem der Auskunft zugrundegelegten Sachverhalt **nicht übereinstimmt,** oder

– wenn die Rechtsvorschriften, auf denen die Auskunft beruht, **geändert** werden (BFH 4. 8. 61, a. a. O.), oder

– wenn das FA mit Wirkung für die Zukunft seine **Auskunft nachträglich abändert** (BFH 4. 8. 61 a. a. O.).

Eine **rückwirkende Abänderung** kommt nach Krabbe (a. a. O., S. 4915) nicht in Betracht, da entweder aufgrund von Treu und Glauben bereits eine Bindung eingetreten oder es von vornherein nicht zu einer Bindung gekommen ist, z. B. weil die verbindliche Auskunft durch **unlautere Mittel** erwirkt wurde.

• Auskunftsinteresse 122

An der Auskunftserteilung muß „im Hinblick auf die erheblichen steuerlichen Auswirkungen ein besonderes Interesse" bestehen. Dieses Auskunftsinteresse ist keine Tatbestandsvoraussetzung für die Ermessensentscheidung, sondern ein **Kriterium für die Ausübung des Ermessens**, das richterlich nur auf Mißbrauch nachprüfbar ist (Krabbe, a. a. O.). Gefordert ist also ein qualifiziertes Auskunftsinteresse. Da das Hauptziel des BMF-Schreibens die Verbesserung der steuerlichen Rahmenbedingungen für **Investitionsentscheidungen** der Wirtschaft ist, ist vor allem der Unternehmensbereich angesprochen, z. B. Investitionen in Wirtschaftsgütern des Anlagevermögens, Gründung von Gesellschaften, Änderung der Unternehmensform, Liquidation von Gesellschaften, Gesellschafterwechsel, Neueintritt von Gesellschaftern, Unternehmensnachfolge u. ä. Eine Auskunft kann aber auch den **außerbetrieblichen Bereich** betreffen. Von erheblichen steuerlichen Auswirkungen kann nach Krabbe (a. a. O.) bei solchen unter **10 000 DM** in der Regel nicht die Rede sein. Wir meinen, daß auch unter 10 000 DM liegende steuerliche Auswirkungen für die betroffene Praxis (= Betrieb) eines Rechtsanwalts/Notars von existentielle Bedeutung sein können. Unseres Erachtens kann keine absolute Grenze für das Auskunftsinteresse aufgestellt werden, sondern vielmehr nur eine relative Grenze, die im einzelnen die Umstände des Einzelfalles hinreichend berücksichtigt.

• Kein besonderes Auskunftsinteresse liegt vor, 123

- wenn der **Sachverhalt** bereits **verwirklicht** ist,
- wenn die Erzielung eines **Steuervorteils** im Vordergrund steht, z. B. bei Steuersparmodelle (Verlustzuweisungsgesellschaften, Bauherrengemeinschaften, Erwerbergemeinschaften usw.),
- Sachverhalte, bei denen die Auskunft dazu dient, festzustellen, **wie weit man steuerlich gehen** kann, ohne daß ein Gestaltungsmißbrauch (§ 42 AO), eine verdeckte Gewinnausschüttung, eine verdeckte Einlage oder eine Gewinnminderung (§ 1 AStG) vorliegt,
- wenn zu der Rechtsfrage eine **gesetzliche Regelung**, eine **höchstrichterliche Entscheidung** oder eine **Verwaltungsanweisung** in absehbarer Zeit zu **erwarten** ist.

Die Erzielung eines steuerlichen Vorteils ist nach Krabbe (a. a. O.) aber dann nicht für eine Auskunftserteilung hinderlich, wenn bei einer wirtschaftlich oder sonst sinnvollen Gestaltung auch steuerliche Gesichtspunkte berücksichtigt werden, z. B. bei Gestaltung von Gesellschaftsverträgen einschließlich Gewinnverteilungsabreden, Übertragung von Einkunftsquellen auf Kinder, Gestaltung von Konzernumlageverträgen.

124 • **Antragserfordernisse**
Der Auskunftsantrag muß folgende **formale Anforderungen** erfüllen:
- **Schriftlicher Antrag,**
- Genaue **Bezeichnung des Antragstellers,**
- **Darlegung** des besonderen steuerlichen **Auskunftsintersses,**
- Ausführliche **Schilderung des Rechtsproblems** mit eingehender Begründung des eigenen Standpunkts. Es beschleunigt die Beantwortung, wenn auch davon abweichende Meinungen in Rechtsprechung und Schrifttum angeführt werden. Keine Beantwortung theoretischer Fragen (Klausurfragen).
- **Ernsthafte Planung** des Sachverhalts muß zumindest **glaubhaft** gemacht werden.
- Erklärung, daß über zur Beurteilung gestellten Sachverhalt bei **keiner anderen Finanzbehörde verbindliche Auskunft beantragt** wurde.
- **Versicherung,** daß alle für Erteilung der Auskunft und für Beurteilung erforderlichen Angaben gemacht wurden und der Wahrheit entsprechen.

125 Bei **Nichterfüllung** der vorstehenden **formalen Anforderungen** wird die Finanzbehörde die Erteilung der Auskunft ablehnen. Das dürfte bei der Arbeitsbelastung der Finanzverwaltung nicht ermessensfehlerhaft sein. Das FA braucht keine eigenen Ermittlungen durchzuführen. Bei **unvollständiger** Darstellung des Sachverhalts kann es Ergänzungen anfordern.

8. Außenprüfung ▶ BSt-RA-045 ◀

Literatur: *Bilsdorfer*, Die Außenprüfung, NWB F. 17, 893; *Wittkowski/Wittkowski*, Durchführung von Betriebsprüfungen, BBK F. 27, 2073.
Verwaltungsanweisungen: Allgemeine Verwaltungsvorschrift für die Betriebsprüfung – Betriebsprüfungsordnung – (BpO), BMF 17. 12. 87, BStBl I 802; Ermittlungen bei Kreditinstituten – sog. Bankenerlaß, BMF 31. 12. 79, BStBl I 590; Anwendungserlaß zur AO (AE AO), BMF 24. 9. 87, BStBl I 664 i. d. F. v. 7. 12. 90, BStBl I 818.

126 Außenprüfungen sind notwendige Übel: Maßnahmen, die eine Gesellschaft erfahrungsgemäß braucht, und eine Belastung für den einzelnen.

Jede Steuerprüfung bedeutet auch für den Rechtsanwalt/Notar einen Eingriff des Staates in den persönlichen Wirkungs- und Lebenskreis. Es ist nützlich, die Rechtsgrundlagen für diesen staatlichen Eingriff zu kennen und parat zu haben, über den Ablauf des Prüfungsverfahrens und bestimmte steuerliche Grundsatzfragen Bescheid zu wissen.

So mancher befürchtet, bei einer Betriebsprüfung dem Prüfer und Steuerfachmann hilflos ausgeliefert zu sein. Das stimmt nicht! Unsere Rechtsordnung schützt den Bürger vor ungesetzlichen Ein- und Übergriffen. Außenprüfungen sind, wie gesagt, notwendige Übel, und die nächste kommt bestimmt. Übrigens haben sie eine Doppelfunktion, nicht nur das Steueraufkommen zu sichern, sondern auch für Gerechtigkeit zu sorgen. Und das ist immerhin ein gewisser Trost.

Spätestens dann, wenn sich ein Prüfer angemeldet hat, sollte man die folgenden kurzen Hinweise zum Prüfungsablauf lesen, damit man weiß, was rechtens ist und wie man sich wehren kann.

a) Zulässigkeit der Außenprüfung

Auch der Freiberufler und damit der Rechtsanwalt/Notar unterliegt grundsätzlich der Außenprüfung (§ 193 Abs. 1 AO). **Zweck** ist eine genaue Überprüfung seiner Steuererklärungen an Hand der von ihm geführten Bücher und Aufzeichnungen. Eine Prüfung beim Rechtsanwalt/Notar ist aber auch zulässig im

- **Rechtsmittelverfahren** zur Klärung streitiger Fragen rechtlicher oder tatsächlicher Art durch Untersuchung des ganzen Steuerfalles (§§ 365, 367 Abs. 2 AO);
- **Vollstreckungsverfahren** zur Ermittlung der Vermögens- und Einkommensverhältnisse des Vollstreckungsschuldners (§ 49 Abs. 2 AO);
- **Erlaßverfahren** zum Nachweis, daß die Einziehung des geschuldeten Betrags ein unbillige Härte darstellt;
- **Stundungsverfahren** zur Prüfung der sachlichen Notwendigkeit einer Stundung;
- bei **Sonderprüfungen**, z. B. Nachprüfung der Wechselsteuer.

Eine Außenprüfung beim Rechtsanwalt/Notar ist aber auch in seiner Eigenschaft als **Arbeitgeber** möglich, soweit er verpflichtet ist, für Rechnung eines anderen Steuern zu entrichten oder einzubehalten und abzuführen (§ 193 Abs. 2 Nr. 1 AO). Auch der **Erbe** eines Rechtsanwalts/Notars als dessen **Gesamtrechtsnachfolger** kann geprüft werden.

129 Eine Prüfung beim Rechtsanwalt/Notar ist ferner möglich, wenn die für die Besteuerung erheblichen **Verhältnisse aufklärungsbedürftig** sind und eine Prüfung im FA nach Art und Umfang des zu prüfenden Sachverhalts nicht zweckmäßig ist (§ 193 Abs. 2 Nr. 2 AO).

Beispiele:

a) Rechtsanwalt/Notar beschäftigt in der Praxis Personal. Eine Überprüfung des LSt-Abzugs der Angestellten ist möglich.

b) Ein Rechtsanwalt/Notar hat umfangreiche und vielgestaltige Einkünfte aus Kapitalvermögen und Vermietung und Verpachtung. Auch hier ist eine Außenprüfung zulässig.

b) Praxisgröße und Prüfungshäufigkeit

130 Die Praxen werden in die Größenklassen Großbetrieb (G), Mittelbetrieb (M) und Kleinbetrieb (K) eingeordnet. Ab 1. 1. 1989 gelten für freie Berufe und damit für Rechtsanwälte/Notare folgende Größenmerkmale:

	G DM	M DM	K DM
Jahresumsatz oder	über 5,15 Mio	über 927 000	über 190 000
steuerlicher Gewinn	über 721 000	über 155 000	über 36 000

131 **Jahresumsatz** ist der Umsatz laut Veranlagung oder Steuererklärung oder Voranmeldung einschließlich Umsätze in Zollfreigebieten.

132 **Steuerlicher Gewinn** des Rechtsanwalts/Notars ist der Gewinn laut Veranlagung oder Steuererklärung + Sonderabschreibungen (außer nach § 6 Abs. 2 EStG – Bewertungsfreiheit für geringwertige Wirtschaftsgüter).

133 Im Durchschnitt werden geprüft: Großbetriebe alle 4,7 Jahre, Mittelbetriebe alle 9 Jahre und Klein- bzw. Kleinstbetriebe alle 35 Jahre.

c) Was geprüft wird

134 Die Außenprüfung dient der Ermittlung der steuerlichen Verhältnisse des Rechtsanwalts/Notars. Sie kann **eine** oder **mehrere** Steuerarten, **einen** oder **mehrere** Besteuerungszeiträume umfassen oder sich auf

Außenprüfung

bestimmte Sachverhalte **beschränken** (§ 194 AO). Im einzelnen entscheidet die Finanzbehörde hierüber nach pflichtgemäßen Ermessen. Die AO bietet die Möglichkeit, Prüfungspunkte bereits in der Prüfungsanordnung abzugrenzen.

Beispiele:

Die Prüfungsanordnung kann lauten auf

a) Prüfung aller Steuern des Rechtsanwalts in den Jahren 1989 bis 1991 einschließlich oder
b) Prüfung der Umsatz- und Einkommensteuer 1989 bis 1991 oder
c) Prüfung der Betriebsausgaben 1989 bis 1991 oder
d) Prüfung der Abschreibungssätze auf die Einrichtung der Praxis und neu angeschafften Schreibautomat.

d) Zeitlicher Umfang

Die AO enthält keine Angaben zum zeitlichen Umfang einer Betriebsprüfung, d. h. auf welchen Zeitraum sie sich erstrecken soll. Hierzu bestimmt jedoch § 4 BpO – das ist die Allgemeine Verwaltungsvorschrift für die Betriebsprüfung v. 17. 12. 1987 (BStBl I 802) –, daß bei Klein- und Mittelbetrieben der Prüfungszeitraum nicht über die letzten drei Besteuerungszeiträume, für die bis zur Unterzeichnung der Prüfungsanordnung Steuererklärungen für die Ertragsteuern abgegeben wurden, zurückreichen soll.   135

Beispiel 1:

1990 ordnet FA Betriebsprüfung bei Rechtsanwalt/Notar (Mittelbetrieb) an. Letzte Prüfung endete mit 1980. ESt-Erklärung 1989 war bereits abgegeben. Die Prüfung erstreckt sich grundsätzlich auf die Jahre 1987 bis 1989. Nicht erfaßt wird 1981 bis 1986.

Beispiel 2:

Sachverhalt wie im Beispiel 1, nur ESt-Erklärung 1989 war noch nicht abgegeben. Die Prüfung erstreckt sich auf die Jahre 1986 bis 1988.

Ausnahmen vom Grundsatz des dreijährigen, in die Vergangenheit reichenden Prüfungszeitraums gelten nach § 4 Abs. 3 Satz 2 BpO, wenn   136

- wichtige Besteuerungsgrundlagen nicht ohne Erweiterung des Prüfungszeitraums festgestellt werden können oder
- mit nicht unerheblichen Steuernachforderungen oder
- mit nicht unerheblichen Steuererstattungen zu rechnen ist oder

• der Verdacht einer Steuerstraftat oder Steuerordnungswidrigkeit besteht.

137 Handelt es sich bei einer Rechtsanwalts-/Notarpraxis um einen Großbetrieb, dann soll nach § 4 Abs. 2 Satz 1 BpO der Prüfungszeitraum an den vorhergehenden Prüfungszeitraum anschließen.

Beispiel:
Die letzte Prüfung einer Anwaltspraxis (G) fand für die Jahre 1987 bis 1989 statt. Die nächste Prüfung betrifft die Jahre ab 1990.

e) Prüfungsanordnung

138 Die Finanzbehörde bestimmt nach § 196 AO den Umfang der Steuerprüfung in einer **schriftlich zu erteilenden Prüfungsanordnung**, die ein **Verwaltungsakt** i. S. des § 118 AO ff. ist. Sie muß nach § 5 BpO enthalten

- die zu prüfenden Steuerarten, z. B. ESt und USt,
- die zu prüfenden Sachverhalte,
- den Prüfungszeitraum,
- die Rechtsgrundlagen der Prüfung,
- den Namen des Betriebsprüfers und seines etwaigen Helfers,
- den voraussichtlichen Zeitpunkt des Prüfungsbeginns.

139 Soll der Umfang einer Betriebsprüfung nachträglich erweitert werden, ist nach § 5 Abs. 2 letzter Satz AO eine **ergänzende Prüfungsanordnung** zu erlassen. Der Prüfer selbst ist dazu nicht berechtigt.

140 Die Prüfungsanordnung ist – wie bereits gesagt – ein Verwaltungsakt. Um rechtlich wirksam zu werden, muß er dem Rechtsanwalt/Notar, der geprüft werden soll, **angemessene Zeit vor Beginn der Prüfung bekanntgegeben** werden, wenn der Prüfungszweck dadurch nicht gefährdet wird (§ 197 Abs. 1 AO).

141 Um dem Rechtsanwalt/Notar Gelegenheit zu geben, sich rechtzeitig auf die Prüfung durch Heraussuchen seiner Buchführungsunterlagen und Belege einzurichten, soll die Bekanntgabe des Prüfungsbeginns bei Großbetrieben in der Regel **4 Wochen** und bei Mittelbetrieben in der Regel **14 Tage vor** Beginn der Außenprüfung erfolgen (§ 5 Abs. 4 BpO).

Außenprüfung 75

Auf **Antrag** des Rechtsanwalts/Notars soll nach pflichtgemäßem Ermessen des FA der **Prüfungsbeginn** auf einen anderen Zeitpunkt **verlegt** werden, wenn dafür wichtige Gründe glaubhaft gemacht werden (§ 197 Abs. 2 AO). 142

Beispiele:
Erkrankung des Rechtsanwalts/Notars, seines steuerlichen Beraters oder eines für Auskünfte maßgeblichen Betriebsangehörigen, beträchtliche Praxisstörungen durch Umbau oder höhere Gewalt (so § 5 Abs. 5 BpO). Dem Antrag kann auch unter **Auflagen** stattgegeben werden (§ 5 Abs. 5 letzter Satz BpO).

Beispiel:
Als Auflage für Verlegung des Prüfungsbeginns gibt das FA dem zu prüfenden Rechtsanwalt auf, Vorbereitungsarbeiten für die Prüfung zu erledigen. Die Auflage muß immer **zumutbar** sein.

f) Prüfungsort

Literatur: *Wittkowski/Wittkowski*, Ort der Außenprüfung, BBK F. 27, 2105.

Seine Unterlagen (Bücher, Aufzeichnungen usw.) hat der Rechtsanwalt/ Notar in seinen Geschäftsräumen, also in der **Praxis**, vorzulegen (§ 202 Abs. 2 AO). Es kann aber auch in der Wohnung mit Einwilligung des Rechtsanwalts/Notars und unter Umständen auch in der Praxis seines Steuerberaters geprüft werden. 143

Der **Arbeitsplatz** muß dem Prüfer ein möglichst ungestörtes Arbeiten ermöglichen. Der Raum muß sauber und aufgeräumt sein. Er muß mit Tisch und Sitzgelegenheiten möbliert sein. Soweit erforderlich, muß er beleuchtbar und heizbar sein. 144

g) Der Prüfer erscheint

Der Prüfer hat, wenn er die Praxis betreten hat, sich beim Rechtsanwalt/ Notar melden zu lassen und seinen **Dienstausweis** sowie die **Prüfungsanordnung** vorzuzeigen (§ 198 AO). Der Beginn der Betriebsprüfung ist unter Angabe von Datum und Uhrzeit im **Prüfungsbericht aktenkundig** zu machen (§ 198 Satz 2 AO). 145

Der **Zeitpunkt** des Beginns ist in zweifacher Hinsicht von Bedeutung: 146
- Mit Erscheinen des Prüfers zur steuerlichen oder steuerstrafrechtlichen Prüfung werden die **Möglichkeit der Selbstanzeige** und damit das Erlangen von **Straffreiheit** u. a. bei der Steuerhinterziehung ausgeschlossen. Vgl. Rdnr. 210 ff.

- Der Ablauf der **Festsetzungsfrist** für die Steuer wird **hinausgeschoben**, wenn das FA vor Ablauf der Festsetzungsfrist mit der **Prüfung beginnt** oder den Beginn auf Antrag des Rechtsanwalts/Notars **hinausschiebt** (§ 171 Abs. 4 AO).

147 Der Beginn der Betriebsprüfung ist in beiden Fällen das **erstmalige Erscheinen** des Prüfers in der Praxis. Er muß beim erstmaligen Erscheinen in der Praxis echte Prüfungshandlungen vornehmen, z. B. Kontrolle der Buchführungsunterlagen. Nicht ausreichend sind **Scheinhandlungen**. Ein ernsthafter Prüfungsbeginn liegt nach Ansicht der Finanzverwaltung auch bei einer **Anfangsbesprechung** mit dem Rechtsanwalt/Notar oder seinem Bevollmächtigten vor.

h) Mitwirkungspflichten

aa) Mitwirkungspflichten des Rechtsanwalts/Notars

148 Mitwirkungspflichten des Rechtsanwalts/Notars bestehen in:
- spezieller Mitwirkung des Rechtsanwalts/Notars selbst,
- Auskunftserteilung durch Praxisangehörige, z. B. Bürovorsteher,
- Bereitstellung eines Raumes für den Prüfer (vgl. Rdnr. 144),
- Ermöglichung der Prüfung während der üblichen Geschäfts- oder Arbeitszeit.

149 Der Rechtsanwalt/Notar hat insbesondere **Auskünfte** zu erteilen, Aufzeichnungen, Bücher, Geschäftspapiere und andere **Urkunden** zur **Einsicht** und **Prüfung** vorzulegen. Er muß die vom Prüfer gewünschten Unterlagen heraussuchen und herbeischaffen (§ 200 Abs. 1 Satz 1 AO). Er ist ferner verpflichtet, mündlich oder schriftlich die zum Verständnis erforderlichen **Erläuterungen** zu geben (§ 194 Abs. 1 Satz 2 AO). Er braucht diese Pflichten nicht persönlich zu erledigen. Er kann sich dabei anderer geeigneter Personen bedienen. Die Auskunfts- und Mitwirkungspflicht des Rechtsanwalts/Notars erlischt jedoch nicht mit der Bestellung von Auskunftspersonen.

150 Der **Prüfer** kann **nicht verlangen,** daß ihm eine Schreib- oder Rechenmaschine zur Verfügung gestellt wird, ferner nicht, daß der Rechtsanwalt/Notar oder sein Personal sich mit Aufgaben befassen, die zu den eigentlichen Prüfungshandlungen gehören, etwa daß eine Angestellte Nachadditionen erledigt, Buchüberträge vergleicht oder daß ihm eine Schreibkraft für den Berichtsentwurf zur Verfügung gestellt wird.

In **Grenzfällen** entscheiden Billigkeit und Zweckmäßigkeit. Es dürfen 151
keine Maßnahmen getroffen werden, die die Ausübung der Prüfung hindern oder erschweren. So darf der Rechtsanwalt/Notar z. B. im Winter dem Prüfer keinen ungeheizten Raum als Arbeitsraum zur Verfügung stellen. Bestehende hinderliche oder erschwerende Maßnahmen muß der Rechtsanwalt oder Notar beseitigen. Beruflich notwendige Maßnahmen müssen jedoch vom Prüfer hingenommen werden, auch wenn sich daraus gewisse Unbequemlichkeiten ergeben.

Bei **wiederholten Verzögerungen** durch den Rechtsanwalt/Notar oder die 152
von ihm benannten Auskunftspersonen sollen nach den Umständen des Einzelfalles **Zwangsmittel** angewendet werden (§ 328 AO). Vgl. Rdnr. 167 ff. In Betracht kommen z. B. Androhung und Festsetzung eines **Zwangsgeldes** oder **Schätzung** etwa der Betriebseinnahmen, wenn nachdrückliche Hinweise des FA keine Abhilfe geschaffen haben.

Soweit **Auskunfts- und Vorlageverweigerungsrechte** des Rechtsanwalts/Notars in Betracht kommen, besteht **keine** Mitwirkungspflicht.

bb) Mitwirkung von Praxisangehörigen

Von anderen **Praxisangehörigen** können **Auskünfte eingeholt** werden, 153
wenn der Rechtsanwalt/Notar oder die von ihm benannten Personen nicht in der Lage sind, die erforderlichen Auskünfte zu erteilen (§ 200 Abs. 1 Satz 3 AO). Zu den vom Rechtsanwalt/Notar benannten Personen rechnen auch die im Laufe der Außenprüfung genannten Auskunftspersonen. Wenn Auskünfte der vom Rechtsanwalt/Notar benannten Personen unzureichend sind und der Prüfer Praxisangehörige um Auskunft ersuchen will, die nicht als Auskunftspersonen benannt worden sind, so soll der Prüfer den Rechtsanwalt/Notar **rechtzeitig** unterrichten, damit dieser ggf. andere Auskunftspersonen benennen kann (§ 7 Abs. 2 BpO). Hierdurch wird sichergestellt, daß der Prüfer Praxispersonal **ohne Kenntnis** des Rechtsanwalts/Notar **nicht befragt**.

Das Praxispersonal hat als Gehilfe des Rechtsanwalts/Notars ein **Aus-** 154
kunftsverweigerungsrecht, sofern es nicht von der Prüfung selbst betroffen ist. Vgl. zum Auskunftsverweigerungsrecht Rdnr. 103.

i) Kontrollmitteilungen

Werden bei der Betriebsprüfung Sachverhalte festgestellt, die für die 155
Besteuerung anderer Personen von Bedeutung sind, so ist deren Aus-

wertung insoweit zulässig (§ 194 Abs. 3 AO). Diese Feststellungen sind der zuständigen Finanzbehörde mitzuteilen. Diese Mitteilung nennt man **Kontrollmitteilung.** Die Ausschreibung von Kontrollmitteilungen hat jedoch zu unterbleiben, soweit der Rechtsanwalt/Notar ein **Auskunftsverweigerungsrecht** (vgl. Rdnr. 99 ff.) hat und hierauf nicht ausdrücklich verzichtet (§ 8 Abs. 1 Satz 2 BpO).

Kontrollmitteilungen beruhen auf der Überlegung, daß z. B. eine Barausgabe bei dem einen zu einer Bareinnahme bei einem anderen, eine Lastschrift bei dem einen zu einer Gutschrift bei dem anderen führen, die Schuld des einen einer Forderung des anderen entsprechen muß.

Beispiel:

Kontrollmitteilung enthält verschiedene Ausgabebeträge eines Unternehmers mit Angabe des Zahltages und des Zahlungsweges über anwaltliche Leistungen. Diese Ausgabebeträge müssen beim Rechtsanwalt unter dem betreffenden Tag als Einnahme verbucht worden sein.

Bei fehlender Verbuchung durch den Rechtsanwalt/Notar ist in der Regel der Nachweis erbracht, daß seine Einnahmeaufzeichnungen unvollständig sind. Die Kassenführung kann daher nicht ordnungsmäßig sein. Je nach Umständen des Einzelfalles wird das zur Verwerfung der Buchführung und damit zu Teil- oder Vollschätzung führen. Nichtverbuchung kann auch steuerstrafrechtlich von Bedeutung sein.

156 Gegen die Ausfertigung von Kontrollmitteilungen gibt es **kein** Rechtsmittel. Der Rechtsanwalt/Notar kann zwar die Angabe von **Namen** und **Anschriften verweigern.** Das hat für eine vom Rechtsanwalt/Notar geltend gemachte **Betriebsausgabe** zur **Folge,** daß deren **Abzug nicht zugelassen** wird (§ 160 AO).

j) Schlußbesprechung und Prüfungsbericht

Literatur: *Wittkowski/Wittkowski,* Prüfungsbericht und Einzelfragen zur Betriebsprüfung, BBK F. 27, 2089.

157 Die Schlußbesprechung ist der letzte Akt der Betriebsprüfung, bevor der Prüfer seinen Bericht schreibt und die Steuer festgesetzt wird. Ihr Zweck ist die Beseitigung von Meinungsverschiedenheiten zwischen Prüfer und Rechtsanwalt/Notar in tatsächlicher und rechtlicher Beziehung. Zwischen FA und Rechtsanwalt/Notar sollen Übereinstimmung erzielt, die Anzahl der strittigen Punkte vermindert, unnötiger Zeit- und Arbeitsaufwand erspart und Rechtsmittel vermieden werden.

Die Schlußbesprechung ist **zwingend** vorgeschrieben (§ 201 Abs. 1 AO). Sie kommt nur dann nicht in Betracht, wenn sich nach dem Prüfungsergebnis **keine Änderung** der Besteuerungsgrundlagen ergibt oder wenn der Rechtsanwalt/Notar auf die Besprechung **verzichtet**. Gegen die Verweigerung der Schlußbesprechung ist die Beschwerde gegeben. Ergibt sich durch die Prüfung keine Änderung der Besteuerungsgrundlagen, so ist dies dem Rechtsanwalt/Notar **schriftlich** mitzuteilen (§ 202 Abs. 1 Satz 3 AO). Die Finanzbehörden sind verpflichtet, den Prüfungsbericht **vor** dessen Auswertung an den Rechtsanwalt/Notar zu senden, wenn ein entsprechender Antrag gestellt wird (§ 202 Abs. 2 AO). Dadurch können gegen einzelne Prüfungsfeststellungen begründete Einwendungen noch **vor** Erlaß der Berichtigungsbescheide erhoben werden.

Der Prüfungsbericht gibt dem FA nur Unterlagen für seine Entscheidung bei der Steuerfestsetzung. Eigene **Entscheidungen** über Steueransprüche stehen dem **Prüfer** weder für die **Vergangenheit noch** für die **Zukunft** zu. Über den Steueranspruch entscheidet vielmehr das FA bei Durchführung der Berichtigungsveranlagungen. 158

k) Verbindliche Zusage

Literatur: *Krabbe,* Verbindliche Auskunft im Steuerrecht, NWB F. 2, 4913.

Im Anschluß an die Prüfung soll die Finanzbehörde dem Rechtsanwalt/Notar auf **Antrag verbindlich zusagen,** wie ein für die Vergangenheit geprüfter und im Prüfungsbericht dargestellter Sachverhalt in Zukunft steuerrechtlich behandelt wird, wenn die Kenntnis der künftigen steuerrechtlichen Behandlung für die geschäftlichen Maßnahmen des Rechtsanwalts/Notars von Bedeutung ist (§ 204 AO). 159

Verbindliche Zusagen müssen **schriftlich erteilt** und als **verbindlich** gekennzeichnet werden. **Mündlich erteilte Zusagen** haben **keine Bindungswirkung.** 160

Die **Angabe** des zugrunde gelegten **Sachverhalts** in der Zusage ist erforderlich. Allerdings genügt eine **Bezugnahme** auf den im **Prüfungsbericht** dargestellten Sachverhalt. In der Zusage müssen ferner angegeben werden die getroffene **Entscheidung,** die **Entscheidungsgründe,** die Steuern, und der **Zeitraum.** Enthält die Zusage **keine zeitliche Einschränkung,** so bleibt sie bis zu ihrer **Aufhebung oder Änderung** wirksam. Deckt sich der später **verwirklichte Sachverhalt** mit dem der verbindlichen Zusage zugrunde gelegten Sachverhalt, so ist sie für die Besteuerung **bindend.** 161

162 Bei **Änderung der Gesetzeslage** tritt die verbindliche Zusage außer Kraft, falls sie von der Änderung betroffen wird.

Die Finanzbehörde kann die verbindliche Zusage für die **Zukunft aufheben**, wenn sich die Rechtsauffassung der Verwaltung oder die Rechtsprechung geändert hat.

163 Eine **rückwirkende Aufhebung** der verbindlichen Zusage ist nur zulässig, wenn der Betroffene zustimmt oder ein schwerwiegender Mangel vorliegt, etwa wenn die Zusage von einer **sachlich unzuständigen Stelle** erteilt oder wenn sie durch **unlautere Mittel** wie Täuschung, Zwang oder Bestechung erwirkt wird.

l) Abgekürzte Außenprüfung

164 Eine abgekürzte Prüfung ist dann möglich, wenn das FA eine Außenprüfung in **regelmäßigen Zeitabständen** nach den Umständen des Falles **nicht** für erforderlich hält. Sie hat sich auf die **wesentlichen** Besteuerungsmerkmale zu beschränken (§ 203 Abs. 1 AO). Eine abgekürzte Prüfung hat dieselben Voraussetzungen und löst dieselben Rechtsfolgen wie eine andere Prüfung aus. Ihre Anordnung liegt im pflichtgemäßen Ermessen des FA. Alle Vorschriften über die Außenprüfung finden Anwendung. Allerdings ist eine **Schlußbesprechung** und eine **antragsgebundene Zusendung** des Prüfungsberichts **vor** seiner Auswertung gesetzlich **nicht** vorgeschrieben.

m) Erhöhte Bindung des Finanzamts nach Außenprüfung

165 Nach Auswertung des Prüfungsberichts setzt das FA ggf. in einem geänderten Steuerbescheid die Steuer anderweitig fest. Diesen Steuerbescheid darf das FA **nicht** nochmals wegen neuer Tatsachen oder Beweismittel ändern (§ 173 Abs. 2 AO). Nachdem das FA Gelegenheit hatte, den Steuerfall umfassend zu prüfen, soll der Rechtsanwalt/Notar darauf vertrauen können, daß sich nun das FA durch die Steuerfestsetzungen in erhöhtem Maße gebunden hat. Das gilt nur dann nicht, wenn eine Steuerhinterziehung oder leichtfertige Steuerverkürzung vorliegt.

166 Steuerfestsetzungen können unter dem **Vorbehalt der Nachprüfung** erfolgen (§ 164 AO). Nach einer Betriebsprüfung ist der Vorbehalt **aufzuheben**, wenn sich **keine Änderungen** gegenüber der Steuerfestsetzung unter Vorbehalt der Nachprüfung ergeben (§ 164 Abs. 3 Satz 3 AO).

n) Erzwingbarkeit der Außenprüfung

Literatur: *Klein*, Zwangsmittel im Besteuerungsverfahren, NWB F. 2, 5237.

167 Die Duldung einer Außenprüfung kann erzwungen werden. Zwangsmaßnahmen sind (§ 328 Abs. 1 AO):
- Zwangsgeld (§ 329 AO),
- Ersatzvornahme (§ 330 AO),
- unmittelbarer Zwang (§ 331 AO).

Das einzelne Zwangsgeld darf 5 000 DM nicht übersteigen. Es kann zur Durchführung mehrerer Anordnungen mehrfach festgesetzt werden.

Bei der Ersatzvornahme kann das FA als Vollstreckungsbehörde einen anderen mit der Vornahme der Handlung auf Kosten des Rechtsanwalts/ Notars beauftragen.

Beispiel:
Der zu prüfende Rechtsanwalt weigert sich, die für die Prüfung benötigten Buchführungsunterlagen im Keller auszusortieren und heraufzubringen. Der Prüfer kann damit einen anderen auf Kosten des Anwalts beauftragen.

168 Haben die vorgenannten Zwangsmaßnahmen keinen Erfolg, kann die Finanzbehörde den Rechtsanwalt/Notar zur Handlung, Duldung oder Unterlassung zwingen oder die **Handlung selbst vornehmen**.

Beispiel:
Zwangsweises Öffnen eines Raumes oder eines Tresors.

169 Die **vorsätzliche Behinderung** einer Außenprüfung kann den Tatbestand der **Steuerhinterziehung** (§ 370 Abs. 1 Nr. 2 AO) erfüllen, weil die Finanzbehörde pflichtwidrig über steuerlich erhebliche Tatsachen in Unkenntnis gelassen wird.

o) Rechtsbehelfe gegen Maßnahmen der Außenprüfung

170 Gegen bestimmte Verwaltungsakte der Finanzbehörde ist eine **förmliche Beschwerde** gegeben (§ 349 AO). Verwaltungsakt ist jede Verfügung, Entscheidung oder andere hoheitliche Maßnahme, durch die die Finanzbehörde gegenüber dem Rechtsanwalt/Notar einen Einzelfall regelt (§ 118 AO).

171 Verwaltungsakte, die mit der **Beschwerde angegriffen** werden können, sind z. B. die Ankündigung oder Anordnung, daß zu einer bestimmten

Zeit eine Prüfung stattfinden soll; denn darin liegt die Aufforderung zur Duldung der Außenprüfung. Es kann dagegen z. B. eingewendet werden, daß der angesetzte Zeitpunkt wegen der Teilnahme an einem Kongreß unzumutbar sei; daß die Prüfungsanordnung Fehler enthalte; der Prüfungszeitraum oder die zu prüfenden Steuern nicht genau bezeichnet seien.

172 Ferner kann man Beschwerde einlegen gegen die **Ablehnung** einer beantragten Außenprüfung, gegen deren Abbruch, z. B. wegen Feststellung günstiger Tatsachen, oder gegen Unterbrechung der Prüfung, ebenso gegen die Anordnung, Auskunft über bestimmte Sachverhalte zu erteilen oder bestimmte Unterlagen vorzulegen, Hilfskräfte zu stellen und Hilfsdienste zu leisten, gegen Ablehnung einer Schlußbesprechung oder Erteilung eines Prüfungsberichts.

173 Beschwerde kann man auch einlegen, wenn man den **Prüfer** für **befangen** hält. Gesetzlich besteht jedoch kein derartiges Ablehnungsrecht. Mit der Beschwerde kann jedoch der Rechtsanwalt/Notar **nicht** gegen bestimmte vom Prüfer vertretene **Rechtsansichten**, gegen das Ergebnis der **Schlußbesprechung** oder gegen den **Prüfungsbericht** vorgehen. Er kann jedoch den berichtigten **Steuerbescheid** mit dem **Einspruch** anfechten. Denn erst der Steuerbescheid trifft eine verbindliche Regelung. Erst durch den Steuerbescheid wird der Rechtsanwalt/Notar in seinen Rechten verletzt.

174 Die **Beschwerdefrist** beträgt einen Monat nach Bekanntgabe des Verwaltungsakts. Sie kann **schriftlich** eingereicht oder zur **Niederschrift** des FA erklärt werden. Es genügt, wenn aus dem Schriftstück hervorgeht, wer den Rechtsbehelf eingelegt hat. Einlegung durch Telegramm ist zulässig. Eine unrichtige Bezeichnung der Beschwerde schadet nicht. Das Beschwerdeverfahren ist **kostenfrei**.

175 Die Beschwerde hat **keine aufschiebende Wirkung**. Wenn der Rechtsanwalt/Notar sich gegen die Anordnung einer Prüfung wendet, wird der Prüfungsbeginn grundsätzlich nicht hinausgeschoben. Das FA kann die **Aussetzung der Vollziehung** des Verwaltungsakts „Außenprüfung" anordnen (§ 361 AO). Es muß bei seiner Ermessensentscheidung stets darauf achten, daß nicht vollendete Tatsachen geschaffen werden, die dem Rechtsanwalt/Notar schaden.

176 Das FA kann der förmlichen Beschwerde **abhelfen**, sonst hat es sie der **OFD** zur Entscheidung vorzulegen. Gegen die Entscheidung der OFD ist der **Finanzrechtsweg** gegeben.

Statt der förmlichen Beschwerde kann der Rechtsanwalt/Notar **Dienstaufsichtsbeschwerde** einlegen. Sie setzt nicht das Vorliegen eines Verwaltungsakts voraus, kann aber trotzdem gegen ihn gerichtet werden. Sie ist auch gegen sonstige Maßnahmen im Zusammenhang mit der Prüfung zulässig, z. B. gegen mündliche oder schriftliche Ankündigungen; Meinungsäußerungen, Auskünfte, organisatorische Akte, Verhalten (Benehmen) des Prüfers. 177

Die Dienstaufsichtsbeschwerde ist an **keine Frist** gebunden. Sie kann mündlich erhoben werden. Schriftform ist jedoch stets zweckmäßig. Auch die Entscheidung über die Dienstaufsichtsbeschwerde ergeht **kostenfrei**. Auch die Dienstaufsichtsbeschwerde muß das FA zur Kenntnis nehmen. Sie landet also nicht im Papierkorb. Das FA muß den Rechtsanwalt/ Notar über die Art der Erledigung benachrichtigen. Bleibt die Dienstaufsichtsbeschwerde beim FA ohne Erfolg, kann weitere Dienstaufsichtsbeschwerde bei der OFD eingelegt werden. Die Dienstaufsichtsbeschwerde eröffnet jedoch keinen Finanzrechtsweg. 178

Es ist **ratsam**, stets **sofort förmliche Beschwerde** statt einer Dienstaufsichtsbeschwerde einzulegen. Das FA oder die OFD müssen zur Entscheidung über beide vielfach tatsächliche Feststellungen treffen, den Prüfer oder andere Personen hören. Das nimmt Zeit in Anspruch. Es ist daher möglich, daß bei den Ermittlungen der Finanzbehörden zur Entscheidung über die Dienstaufsichtsbeschwerde die Frist von einem Monat zur Einlegung der förmlichen Beschwerde abläuft und dadurch diese Rechtsbehelfsmöglichkeit verlorengeht. 179

9. Außenprüfung und Strafverfahren ▶ BSt-RA-050 ◀

Literatur: *Wittkowski/Wittkowski,* Einleitung eines Steuerstrafverfahrens im Rahmen einer Betriebsprüfung, NWB F. 13, 631.

Im Verlauf einer Prüfung kann sich der Verdacht einer Steuerstraftat oder Steuerordnungswidrigkeit ergeben, wenn zureichende tatsächliche Anhaltspunkte für die Tat vorliegen. Ein einfacher Tatverdacht reicht aus. Es genügt der Anschein des Vorliegens eines Steuervergehens. 180

Beispiel:
Der Prüfer stellt mehrere nicht verbuchte Einnahmen fest.

Das **Strafverfahren** ist **eingeleitet**, sobald die Finanzbehörde eine Maßnahme trifft, die erkennbar darauf abzielt, gegen jemanden wegen einer 181

Steuerstraftat strafrechtlich vorzugehen (§ 397 Abs. 1 AO). Die Maßnahme ist unter Angabe des Zeitpunkts **unverzüglich in den Akten** zu vermerken (§ 397 Abs. 2 AO).

182 Bei Einleitung eines Steuerstrafverfahrens laufen Besteuerungsverfahren und strafrechtliches Ermittlungsverfahren **nebeneinander.** Im Besteuerungsverfahren sind dann **Zwangsmittel** (§ 328 AO; vgl. Rdnr. 167 ff.) gegen den Rechtsanwalt/Notar **unzulässig,** wenn er dadurch gezwungen würde, sich wegen einer von ihm begangenen Steuerstraftat oder Steuerordnungswidrigkeit **selbst** zu **belasten** (§ 393 Abs. 1 AO).

183 Sowohl für den Rechtsanwalt/Notar als auch für den Prüfer ist wichtig, genau zu wissen, ob die weitreichenden Mitwirkungspflichten im Betriebsprüfungsverfahren (vgl. Rdnr. 148 ff.) noch erzwungen werden können. Deshalb ist vorgeschrieben (§ 9 BpO), daß bei Auftauchen des Verdachts einer Steuerstraftat, für deren Ermittlung die Finanzbehörde zuständig ist, die für die Bearbeitung dieser Straftat **zuständige Stelle unverzüglich** zu **unterrichten** ist. Hinsichtlich des Sachverhalts, auf den sich der Verdacht bezieht, dürfen die Ermittlungen (§ 194 AO) beim Rechtsanwalt/Notar erst fortgesetzt werden, wenn ihm die Einleitung des Strafverfahrens **mitgeteilt** worden ist (vgl. § 9 Satz 2 BpO), so daß Klarheit über die verfahrensrechtliche Situation besteht.

184 Eine **Belehrung** des Rechtsanwalts/Notars hat dabei, soweit die Feststellungen auch für Zwecke des Strafverfahrens verwendet werden können, darüber zu erfolgen, daß seine Mitwirkung im Besteuerungsverfahren nicht mehr erzwungen werden kann (§ 9 Satz 3 BpO). Die Belehrung ist unter Angabe von **Datum und Uhrzeit aktenkundig** zu machen und **auf Verlangen schriftlich** zu **bestätigen** (§ 9 Satz 4 BpO).

185 Entsprechendes gilt beim **Verdacht einer Steuerordnungswidrigkeit,** allerdings gelten nicht die Regelungen in Rdnr. 183 letzter Satz, 184, wenn von der Durchführung eines Bußgeldverfahrens nach § 47 des Gesetzes über Ordnungswidrigkeiten abgesehen wird (§ 10 BpO).

10. Straffreiheit durch Selbstanzeige ▶ BSt-RA-055 ◀

Literatur: *von Fürstenberg,* Vermeidung des Steuerstrafverfahrens durch rechtzeitige Selbstanzeige, NWB F. 13, 643; *Obermeier,* Gesetz über die strafbefreiende Erklärung von Einkünften aus Kapitalvermögen und von Kapitalvermögen, NWB F. 2, 5349.

186 Über allgemeines (Steuer-)Strafrecht berichten wir im Rahmen dieses Buches nicht, dazu verweisen wir auf das einschlägige Schrifttum, z. B.

Suhr/Naumann/Bilsdorfer, Steuerstrafrecht-Kommentar, 4. Auflage, Verlag NWB. Hier berichten wir nur über die steuerlich relevante Selbstanzeige und darüber, was zu geschehen hat, wenn sich im Laufe einer Betriebsprüfung der Verdacht einer Steuerstraftat oder einer Steuerordnungswidrigkeit ergibt.

a) Allgemeines

Ein Rechtsanwalt/Notar, der sich einer Steuerhinterziehung oder einer leichtfertigen Steuerverkürzung schuldig gemacht hat, hat die Möglichkeit, sich durch Selbstanzeige Straffreiheit zu verschaffen. 187

Selbstanzeige besteht darin, daß unrichtige oder unvollständige Angaben bei der Finanzbehörde berichtigt oder ergänzt oder unterlassene Angaben nachgeholt werden (§ 371 Abs. 1 AO). Zur strafbefreienden Nacherklärung bei nicht deklarierten **Kapitaleinkünften** siehe Art. 17 StRG 1990 v. 25. 7. 88 (BStBl I 224) und Obermeier, NWB F. 2, 5349. 188

b) Wer kann Selbstanzeige erstatten?

Selbstanzeige kann erstatten: 189
- Der **Täter** – auch mittelbarer Täter oder Nebentäter (§ 25 Abs. 1 StGB),
- der **Mittäter** (§ 25 Abs. 2 StGB),
- der **Anstifter** (§ 26 StGB),
- der **Gehilfe** (§ 27 StGB).

In der Regel wird der Anwalt/Notar **persönlich** Selbstanzeige erstatten. Er kann sie aber auch durch einen **bevollmächtigten Vertreter** abgeben lassen. Eine derartige Selbstanzeige ist aber nur dann wirksam, wenn sie aufgrund eines nach der Tat erteilten ausdrücklichen Auftrags abgegeben wird. Die Vorschriften über die Geschäftsführung ohne Auftrag (§ 677 ff. BGB) können nicht angewandt werden. 190

Beispiel:
Ein Rechtsanwalt nimmt an einer auswärtigen Kammerveranstaltung teil. Während seiner Abwesenheit erstattet sein Steuerberater **ohne Auftrag** des Anwalts Selbstanzeige. Sie ist unwirksam, selbst wenn der Anwalt sie nach seiner Rückkehr nachträglich genehmigt.

Die Selbstanzeige gibt dem Täter einer Steuerhinterziehung oder leichtfertigen Steuerverkürzung einen **persönlichen Strafaufhebungsgrund**. 191

Daraus folgt, daß die von einem Mittäter erklärte Selbstanzeige regelmäßig nicht zugunsten des anderen Mittäters wirkt. Etwas anderes gilt nur dann, wenn der Erstatter der Anzeige ausdrücklich und nachweislich vom Mittäter beauftragt worden ist, sie auch mit Wirkung für ihn abzugeben.

192 Wenn für das FA nicht sofort erkennbar ist, ob der Auftrag zur Erstattung einer Selbstanzeige für einen Mittäter oder sonstigen Tatbeteiligten gilt, so bedeutet das noch nicht, daß die von einem Beauftragten erklärte Selbstanzeige für den Dritten nicht wirkt. Nach dem **Untersuchungsgrundsatz** hat das FA die Aufklärungspflicht, ob Mittäter oder sonstige Tatbeteiligte an der Steuerhinterziehung beteiligt waren oder ob die Selbstanzeige ggf. auch in deren Auftrag abgegeben wurde (vgl. i. e. von Fürstenberg, a. a. O., S. 645).

193 Ob tatsächlich ein Auftrag zur Selbstanzeige bereits erklärt war oder nicht, wird sich in der Praxis nachträglich kaum feststellen lassen. Daher muß der Berater – bis zum Beweis des Gegenteils – im Mandanteninteresse darauf bestehen, daß tatsächlich ein Auftrag zur Selbstanzeige vorlag und daß die diesbezügliche Behauptung des Mandanten keine bloße **Schutzbehauptung** ist; denn Selbstanzeige ist auch in **verdeckter Stellvertretung** möglich (von Fürstenberg, a. a. O., S. 645).

c) Wo ist Selbstanzeige zu erstatten?

194 Nach § 371 Abs. 1 AO ist die Selbstanzeige „bei der **Finanzbehörde**" zu erstatten, die **örtlich und sachlich zuständig** ist. Die Finanzbehörde in diesem Sinne sind der Bundesminister der Finanzen, die Länderfinanzminister bzw. -senatoren, die Oberfinanzdirektionen sowie die Finanzämter und Hauptzollämter. Ob Selbstanzeige auch wirksam gegenüber **Außenprüfer und Steuerfahndungsprüfer** der Finanzbehörden erstattet werden kann, ist streitig. Auch wenn in der Praxis eine Selbstanzeige gegenüber diesen Personen als wirksam angesehen wird, ist **Vorsicht** geboten. Ratsam ist vielmehr immer Abgabe vor den oben genannten Finanzbehörden. Wird eine Selbstanzeige bei anderen Behörden abgegeben, z. B. Polizei, Staatsanwaltschaft, Strafgericht usw., so erfolgt keine Abgabe „bei der Finanzbehörde". Straffreiheit tritt in derartigen Fällen nur ein, wenn die Selbstanzeige von der unzuständigen Behörde an die zuständige Finanzbehörde weitergeleitet wird und dort rechtzeitig eintrifft. Die Wahl des unrichtigen Weges geht zu Lasten des Täters.

Eine wirksame Selbstanzeige liegt bei **Übergabe an irgendeinen Behörden-** 195
angestellten – Außenprüfer, Fahndungsprüfer, Beamter der Straf- und
Bußgeldsachenstelle – nur dann vor, wenn dieser die Anzeige als Bote
des Selbstanzeige erstattenden Rechtsanwalts/Notars rechtzeitig bei der
zuständigen Finanzbehörde abliefert (vgl. i. e. von Fürstenberg, a. a. O.,
S. 646).

Bezieht sich die Selbstanzeige auf **mehrere Steuerarten**, für die **verschie-** 196
dene Finanzbehörden sachlich und örtlich zuständig sind, und kennt sich
der Anwalt/Notar, der Selbstanzeige erstattet, in der Organisation der
Finanzverwaltung nicht aus, so muß es nach von Fürstenberg (a. a. O.,
S. 646) genügen, wenn die Selbstanzeige bei der Finanzbehörde erstattet
wird, von der erwartet werden kann, daß sie sie an die zuständige Finanzbehörde weiterleitet.

d) Form der Selbstanzeige

Eine besondere Form ist für die Selbstanzeige nicht vorgeschrieben. Sie 197
kann daher mündlich oder zur Niederschrift erstattet werden. Zur Vermeidung von Zweifeln und aus Beweisgründen ist auf jeden Fall **Schrift-**
form oder Erklärung zur **Niederschrift** ratsam. Die Erklärung braucht
weder das Wort „Selbstanzeige" noch einen Hinweis auf § 371 AO zu
enthalten. Nach von Fürstenberg (a. a. O.) soll eine Unterschrift gleichfalls nicht erforderlich sein.

e) Inhalt der Selbstanzeige

Der eine Selbstanzeige erstattende Rechtsanwalt/Notar muß unrichtige 198
oder unvollständige Angaben berichtigen oder ergänzen oder unterlassene Angaben nachholen (§ 371 Abs. 1 AO). Er muß also unrichtige
oder unvollständige Angaben **richtigstellen** oder sonst, soweit bisher
keine Angaben gemacht worden sind, **richtige und vollständige** Angaben
machen. Er muß „Material liefern". Ein Antrag auf Durchführung einer
Außenprüfung oder keine näheren Einzelheiten enthaltene Erklärungen
reichen nicht aus.

Die Angaben müssen so **vollständig** sein, daß das FA, ohne weiter auf 199
den guten Willen des Rechtsanwalts/Notars angewiesen zu sein, ohne
langwierige Ermittlungen die Steuer festsetzen oder frühere Steuerfest-
zungen berichtigen kann. Sind derartige Angaben wegen mangelhafter
Aufzeichnungen und Buchführungsunterlagen nicht möglich, kann der

Rechtsanwalt/Notar dem FA einen schlüssig begründeten Schätzungsvorschlag machen, der eher zu hoch als zu niedrig sein sollte; denn wenn sich später eine zu hohe Schätzung herausstellen sollte, kann gegen berichtigte Steuerbescheide immer noch **Einspruch** eingelegt werden (vgl. i. e. von Fürstenberg, a. a. O., S. 647).

200 Nicht ungefährlich ist die sog. **gestufte Selbstanzeige,** bei der zunächst dem Grunde nach Selbstanzeige erstattet wird mit dem Hinweis, bestimmte Angaben unverzüglich nachzuholen oder genauer darzulegen. Denn ob das FA mit einer derartigen Selbstanzeige einverstanden ist, läßt sich vorher nicht sagen.

f) Fristgerechte Nachzahlung

201 Sind Steuerverkürzungen bereits eingetreten und Steuervorteile erlangt, tritt für den an der Tat Beteiligten Straffreiheit nur ein, soweit er die zu seinen Gunsten **hinterzogenen Steuern** innerhalb der ihm bestimmten, angemessenen Frist **entrichtet** (§ 371 Abs. 3 AO). Wird nicht oder nicht in voller Höhe gezahlt, kann in Höhe der nicht gezahlten Beträge Bestrafung bzw. Ahndung erfolgen.

202 Auch wenn die gesetzte **Zahlungsfrist ohne Schuld** des Rechtsanwalts/ Notars versäumt wird, tritt keine Straffreiheit ein. Bei Fristversäumnis kommt auch **keine** Wiedereinsetzung in den vorigen Stand (§ 110 AO) in Betracht. **Vor** Fristablauf kann jedoch ein Antrag auf **Fristverlängerung** oder auf Bewilligung von **Teilzahlungen** gestellt werden.

203 Werden **Nebenleistungen,** wie Säumniszuschläge, Hinterziehungszinsen oder Verspätungszuschläge, nicht fristgerecht gezahlt, so tritt trotzdem Straffreiheit ein, da steuerliche Nebenleistungen keine Steuern sind (vgl. § 3 AO).

204 Die Frist zur Nachzahlung der hinterzogenen Steuer bestimmt die **Straf- und Bußgeldsachenstelle** im allgemeinen einvernehmlich mit der Veranlagungsstelle. Die Steuerfestsetzung braucht nicht rechtskräftig zu sein. Durch Einlegung eines **Rechtsbehelfs** wird die Zahlungsfrist nicht hinausgeschoben.

205 Es muß eine „angemessene" **Frist** gesetzt werden. Bei dieser Frage ist die wirtschaftliche Lage des Täters mit zu berücksichtigen. Für die Angemessenheit der Frist kommt es auf die Umstände des Einzelfalles an.

Gegen die Fristsetzung ist der **Finanzrechtsweg nicht gegeben** (BFH 17. 12. 81, BStBl 1982 II 352). 206

Auf die **Bedeutung der Zahlungsfrist** muß in dem berichtigten Steuerbescheid hingewiesen werden. Fehlt ein diesbezüglicher Hinweis, wird keine Zahlungsfrist in Lauf gesetzt (von Fürstenberg, a. a. O., S. 649). 207

Eine **unangemessene, also zu kurze Frist**, hat keine Rechtswirkungen. Wird eine zu kurze unangemessene Fristsetzung im Verfahren festgestellt, so wird es bis zum Ablauf einer angemessenen Frist ausgesetzt (vgl. § 228 StPO). 208

Wird die Steuer innerhalb der angemessen Frist nicht nachentrichtet, tritt keine Straffreiheit ein. Die Frist kann **nachträglich nicht verlängert** werden. Aussetzung der Vollziehung (§ 361 AO) und Stundung im Besteuerungsverfahren (§ 222 AO) verlängern **nicht** die strafrechtliche Zahlungsfrist (vgl. i. e. von Fürstenberg, a. a. O., S. 650). 209

g) Für Selbstanzeige kann es zu spät sein

Die Möglichkeit, **Straffreiheit** wegen Steuerhinterziehung durch Selbstanzeige zu erlangen, besteht **nicht** mehr, wenn 210

- **vor** der Berichtigung, Ergänzung oder Nachzahlung
  - ein **Amtsträger der Finanzbehörde** zur steuerlicher Prüfung oder zur **Ermittlung** einer Steuerstraftat oder einer Steuerordnungswidrigkeit **erschienen** ist (§ 371 Abs. 2 Nr. 1 a AO) oder
  - dem Täter oder seinem Vertreter die **Einleitung des Straf- oder Bußgeldverfahrens** wegen der Tat **bekanntgegeben** worden ist (§ 371 Abs. 2 Nr. 1 b AO) oder
- die **Tat** im Zeitpunkt der Berichtigung, Ergänzung oder Nachholung **ganz oder zum Teil bereits entdeckt** war und der Täter dies wußte oder bei verständiger Würdigung der Sachlage damit rechnen mußte (§ 371 Abs. 2 Nr. 2 AO).

Die vorgenannten Tatbestände haben für die strafbefreiende Selbstanzeige eine sog. **Sperrwirkung.**

aa) Erscheinen des Prüfers

Wenn **vor** Berichtigung, Ergänzung oder Nachholung ein Amtsträger zur steuerlichen Nachprüfung oder zur Ermittlung einer Steuerstraftat oder einer Steuerordnungswidrigkeit erscheint, tritt Straffreiheit nicht ein (§ 371 Abs. 2 Nr. 1 a AO). 211

212 **Amtsträger** sind u. a. Beamte und alle anderen Personen, die sonst dazu bestellt sind, Aufgaben der öffentlichen Verwaltung wahrzunehmen (§ 7 AO). Wegen der in Betracht kommenden Finanzbehörden vgl. Rdnr. 194. Ein Amtsträger kann demnach sowohl ein beamteter als auch nicht beamteter, also ein angestellter Betriebsprüfer sein.

213 „**Erschienen**" ist der Amtsträger, wenn er am Prüfungsort ins Blickfeld des Rechtsanwalts/Notars tritt, wobei er dessen Praxis bzw. Wohnung noch nicht betreten zu haben braucht. Eine telefonische oder schriftliche **Ankündigung**, z. B. durch Übersenden der Prüfungsanordnung, reicht nicht aus. Wird der Rechtsanwalt/Notar zur Vorlage und Prüfung von Unterlagen zum FA bestellt, so ist sein **Eintreten in das Dienstzimmer** des zuständigen Prüfers als dessen Erscheinen beim Anwalt/Notar anzusehen, so daß keine Selbstanzeige mehr möglich ist (von Fürstenberg, a. a. O.).

214 Die **Sperrwirkung** ist grundsätzlich **persönlich** auf den Täter **begrenzt**, bei dem der Amtsträger erschienen ist. Demnach kann ein Mittäter bzw. Teilnehmer an der Steuerhinterziehung noch wirksam Selbstanzeige erstatten, sofern kein anderer Ausschlußgrund vorliegt.

215 Der Prüfer muß mit der ernsthaften Absicht zu prüfen erschienen sein. **Scheinhandlungen** reichen nicht aus. Eine derartige Handlung liegt vor, wenn ein Prüfer nur zum Schein einige Prüfungshandlungen kurz vor Jahresende vornimmt und dann die Prüfung abbricht, um sie im nächsten Jahr fortzusetzen.

216 **Sachlich** erstreckt sich die Sperrwirkung nicht auf alle Steuerarten und Steuerabschnitte, sondern nur auf die Steuerverfehlungen, die in der angeordneten Prüfung entdeckt werden können. Erscheint z. B. ein LSt-Außenprüfer zur LSt-Prüfung bei einem Rechtsanwalt/Notar, so ergibt sich daraus keine Sperrwirkung für eine Selbstanzeige auf dem Gebiet der Grunderwerbsteuer (vgl. i. e. von Fürstenberg, a. a. O., S. 652).

217 Der **Umfang** der Sperrwirkung ergibt sich aus der Prüfungsanordnung, die die Steuerarten, Sachverhalte und Prüfungszeiträume bestimmt. In dem vorgenannten Umfang ist nach Erscheinen des Prüfers eine Selbstanzeige ausgeschlossen.

218 Nach **Abschluß der Außenprüfung**, d. h., wenn das FA die Steuerbescheide usw. abgesandt hat, die aufgrund der Prüfung berichtigt oder erstmalig

erlassen wurden, kann Selbstanzeige jedoch für solche Steuerhinterziehungen bzw. leichtfertige Steuerverkürzungen wieder erstattet werden, die der Prüfer nicht entdeckt hat.

bb) Bekanntgabe der Einleitung eines Straf- oder Bußgeldverfahrens

Straffreiheit tritt ferner nicht ein, wenn dem Täter oder seinem Vertreter die Einleitung des Straf- oder Bußgeldverfahrens wegen der Tat bekanntgegeben worden ist (§ 371 Abs. 1 Nr. 1 b AO). 219

Tat ist der strafprozessuale Straftatbegriff i. S. des § 264 StPO. 220

Das **Strafverfahren** ist **eingeleitet**, sobald die Finanzbehörde die Polizei, die Staatsanwaltschaft, einer ihrer Hilfsbeamten oder der Strafrichter Maßnahmen trifft, die erkennbar darauf abzielen, gegen jemanden wegen einer Steuerstraftat strafrechtlich vorzugehen (§ 397 Abs. 1 AO). Das gilt auch für das Bußgeldverfahren (§ 410 Abs. 1 Nr. 6 AO). 221

Die Maßnahmen sind unter Angabe des Zeitpunkts unverzüglich in den **Akten** zu **vermerken** (§ 397 Abs. 2 AO). 222

Die **Einleitung** des Strafverfahrens ist dem Beschuldigten **spätestens mitzuteilen**, wenn er dazu aufgefordert wird, Tatsachen darzulegen oder Unterlagen vorzulegen, die im Zusammenhang mit der Straftat stehen, derer er verdächtigt ist (§ 397 Abs. 3 AO). Eine bestimmte **Form** ist für die Bekanntgabe nicht vorgeschrieben; sie kann mündlich, schriftlich oder auch durch konkludente Handlungen erfolgen. 223

Die Einleitung des Straf- oder Bußgeldverfahrens muß dem **Täter** oder **seinem Vertreter** bekanntgegeben worden sein. Täter in diesem Sinne können auch Teilnehmer der Tat sein. Vertreter sind nicht nur gesetzliche Vertreter oder Bevollmächtigte, sondern auch Personen, die wegen ihrer besonderen Beziehungen zum Täter als Adressat für die Bekanntgabe der Einleitung eines Steuerstrafverfahrens in Betracht kommen. Es ist demnach keine rechtsgeschäftliche oder gesetzliche Vertretungsmacht notwendig (vgl. i. e. von Fürstenberg, a. a. O.). 224

Nach Einstellung des Straf- und Bußgeldverfahrens lebt die Möglichkeit zur Selbstanzeige wieder auf, wenn kein Verdacht auf eine Steuerstraftat oder Steuerordnungswidrigkeit bestehen bleibt. 225

cc) Entdeckung der Tat

Straffreiheit tritt schließlich nicht ein, wenn die Tat im Zeitpunkt der Berichtigung, Ergänzung oder Nachholung ganz oder zum Teil bereits 226 entdeckt war und der Täter dies wußte oder bei verständiger Würdigung der Sachlage damit rechnen mußte (§ 371 Abs. 2 Nr. 2 AO).

227 **Entdeckt** ist eine Tat, wenn eine nicht zum Täterkreis gehörende Person das Vorliegen einer Steuerverfehlung erkannt hat. Zu diesem Kreis gehören aber nicht die Ehefrau oder der steuerliche Berater, da dies Personen sind, die das Vertrauen des Täters besitzen. Entdeckung der Tat liegt z. B. vor, wenn die Behörde davon soviel weiß, daß sie nach ihrem pflichtgemäßen Ermessen die Strafverfolgung betreiben muß (vgl. i. e. von Fürstenberg, a. a. O., S. 654).

228 **Kenntnis** hat der Täter von der Entdeckung, wenn er aus ihm bekannten Tatsachen folgern kann, daß die Tat nicht verborgen geblieben ist. Dieser positiven Kenntnis von der Entdeckung ist gleichgestellt, wenn der Täter bei verständiger Würdigung der Sachlage mit der Entdeckung rechnen muß. Die **irrige Annahme der Entdeckung** allein hindert die Wirksamkeit der Selbstanzeige jedoch nicht.

h) Selbstanzeige bei leichtfertiger Steuerverkürzung

229 Eine Geldbuße wird nicht festgesetzt, soweit der Täter unrichtige oder unvollständige Angaben bei einer Finanzbehörde **berichtigt** oder **ergänzt** oder unterlassene Angaben **nachholt**, bevor ihm oder seinem Vertreter die Einleitung eines Straf- oder Bußgeldverfahrens wegen der Tat bekanntgegeben worden ist und er die verkürzten Steuern **fristgerecht nachzahlt** (§ 378 Abs. 3 AO).

230 Bei einer leichtfertigen Steuerverkürzung, die z. B. bei einer Prüfung aufgedeckt wird, ist für den Rechtsanwalt/Notar eine ordnungsmäßige und rechtzeitige Berichtigung besonders schwierig, da er etwas berichtigen muß, von dem er positiv – im Gegensatz zum Vorsatzdelikt Steuerhinterziehung – keine Kenntnis hat. Er kann abweichend von der Selbstanzeige bei Steuerhinterziehung (vgl. Rdnr. 210) noch **nach Erscheinen des Prüfers Selbstanzeige** bei leichtfertiger Steuerverkürzung erstatten. Das ist selbst dann möglich, wenn der Prüfer die Tat in ihrem gesamten Ausmaß bereits entdeckt hat (vgl. von Fürstenberg, a. a. O., S. 655, m. w. N.).

231 Eine **Anerkennung des Prüfungsberichts** ohne jede weitere berichtigende Mitwirkung reicht indessen als Selbstanzeige nicht aus.

232 Eine **ausreichende Aufklärungspflicht** leistet der Rechtsanwalt/Notar, wenn er durch eigene Tätigkeit einen wesentlichen Beitrag zur Ermög-

lichung einer richtigen Steuerfestsetzung leistet. Dabei ist die **Mitverwendung** des vom Prüfer ohne Mitwirkung des Rechtsanwalts/Notars festgestellten Materials möglich, wenn er darüber hinaus durch eine eigene Tätigkeit weiteres **Material liefert.**

Keine ausreichende Aufklärungshilfe liegt z. B. vor, wenn ein Rechtsanwalt/Notar nur einen Antrag auf Durchführung einer Prüfung stellt oder wenn er lediglich zu Beginn der Prüfung erklärt, seine Buchführung sei stark vernachlässigt und dadurch seien Steuerverkürzungen möglich oder wenn er zu Prüfungsbeginn freiwillig seine Buchführung vorlegt oder wenn er die durch die Prüfung festgestellten Steuern sofort bezahlt. 233

Stellt der Prüfer für ein Jahr Steuerverkürzungen fest, und erklärt der Anwalt/Notar nunmehr, daß auch in anderen Jahren die gleichen Verkürzungen in etwa der gleichen Höhe vorgekommen sein können, so kann eine Selbstanzeige auch für das erste Jahr wirksam sein. 234

Nach **Einleitung des Straf- oder Bußgeldverfahrens** ist in Fällen leichtfertiger Steuerverkürzung keine Selbstanzeige mehr möglich (§ 378 Abs. 3 Satz 1 AO). 235

Leistet der Rechtsanwalt/Notar **Aufklärungshilfe** während der Prüfung und wird erst **danach** das Straf- und Bußgeldverfahren eröffnet, bleibt die durch seine Mitarbeit erstattete Selbstanzeige rechtswirksam, weil sie bereits **vor** Einleitung des Verfahrens erstattet worden war. 236

i) Beispiele:

Die folgenden Beispiele richtiger bzw. fehlerhafter Selbstanzeigen sind dem Beitrag von von Fürstenberg (NWB F. 13, 643 ff.) entnommen. 237

- **Form und Inhalt der Selbstanzeige** 238
  - Ein Rechtsanwalt/Notar hatte die Aufnahme der anwaltlichen Tätigkeit dem FA nicht angezeigt. Die Abgabe seiner Steuererklärung ist eine Selbstanzeige.
  - Gibt ein Rechtsanwalt/Notar eine LSt-Anmeldung verspätet ab, enthält sie konkludent die entsprechende Selbstanzeige.
  - Ein Rechtsanwalt/Notar schreibt dem FA mit der Überschrift „Selbstanzeige gemäß § 371 AO". Er teilt mit, daß seine vor vier Jahren abgegebene Steuererklärung falsch gewesen sei. Keine wirksame Selbstanzeige, weil sein Schreiben keine berichtigenden und ergänzenden Angaben enthält, aus denen sich die früher verkürzte Steuer ergibt.

239 • **Keine wirksame Selbstanzeige**
- Erklärung des Rechtsanwalts/Notars „Selbstanzeige erstatten zu wollen";
- Antrag auf Durchführung einer Außenprüfung;
- Mitteilung, abgegebene Steuererklärungen seien unrichtig;
- Zurverfügungstellung der Buchhaltung;
- Anerkennung eines Prüfungsergebnisses als richtig;
- stillschweigende Nachzahlung verkürzter Steuerbeträge.

240 • **Beginn der Sperrwirkung**
- Prüfer P will bei Rechtsanwalt R prüfen. Er begibt sich deshalb in das Praxisgebäude, in dem R in den oberen Stockwerken seine Wohnung hat. Er trifft niemanden an. Er hinterläßt daher eine schriftliche Nachricht, daß er am übernächsten Tag wiederkommen werde. Dieses Schreiben gibt P

- der in der Praxis tätigen Putzfrau mit der Bitte, es an ihren Chef weiterzuleiten;

- in den am Gartentor befindlichen Briefkasten des R, weil das Praxisgebäude verschlossen ist.

In beiden Fällen ist die Sperrwirkung eingetreten. P war zur Prüfung an dem hierfür geeigneten Ort „Praxis" erschienen. Hieran ändert nichts, daß er im Fall der Alternative die Praxis nicht hat betreten können.

- Prüfer P erscheint gelegentlich einer Dienstfahrt am Montag bei Rechtsanwalt R und kündigt ihm an, er wolle am Mittwoch derselben Woche die dem R bereits vor Wochen angekündigte Außenprüfung durchführen. Ursprünglich war für diese Prüfung ein anderer Termin vereinbart worden. R kann hier am Montag und auch noch am Dienstag wirksam Selbstanzeige erstatten; denn P war am Montag gelegentlich einer anderen Diensthandlung, nicht zum Zwecke der Durchführung der Außenprüfung, bei R erschienen.

241 • **Scheinhandlungen**

- Eine Prüfung wird nur deshalb kurz vor Jahresende angesetzt, um den mit Jahresende erfolgenden Ablauf der Festsetzungsfrist zu hemmen (§ 171 Abs. 4 AO). Das bloße Erscheinen des Prüfers bewirkt noch keine Sperrwirkung. Es handelt sich um eine Scheinhandlung. Der Prüfer hat nicht in Prüfungsabsicht gehandelt.

- Ebenso handelt es sich um eine Scheinhandlung, wenn ein Prüfer kurz vor Jahresende einige Prüfungshandlungen vornimmt, dann aber die Prüfung abbricht, um sie im nächsten Jahr fortzusetzen.

242–259 *(Einstweilen frei)*

C. Die laufende Besteuerung
I. Einkommensteuer in ABC-Form

Inhaltsübersicht

	Rdnr.
Absetzung für Abnutzung (AfA)	260
Aktivierung von Anschaffungen und Absetzung für Abnutzung (§ 7 EStG)	261
Angehörige; Verträge	283
Anzahlungen	284
Arbeitnehmer	285
Arbeitsverhältnis	286
Arbeitszimmer	287
Auflagen	335
Aufzeichnungspflicht von Betriebsausgaben nach § 4 Abs. 5 EStG	336
Ausbildungsdienstverhältnisse	337
Ausbildungskosten	338
Ausländische Besteuerung	339
Auslandsdienstreisen	340
Auslandsgeschäftsreisen	341
Außerordentliche Einkünfte	342
Aussetzungszinsen	351
Beginn der freiberuflichen Tätigkeit	352
Behinderte	353
Beiträge	354
Berufsfortbildungskosten	355
Berufskleidung	356
Berufsunfähigkeitsversicherung	357
Beteiligungen	358
Betriebsausgaben	359
Betriebsunterbrechungsversicherung	367
Betriebseinnahmen	368
Betriebsvermögen	369
Bewirtungskosten	373
Brandversicherung	402
Bürgschaft	403
Bürogemeinschaft	404
Büro- und Geschäftsräume	405
Darlehen	414
Diebstahlversicherung	415
Dienstgang	416
Dienstreise	417
Dienstverhältnis	418
Direktversicherung	419

Doppelbesteuerungsabkommen 420
Doppelte Haushaltsführung 421
Durchlaufende Posten 422
Ehegatten-Arbeitsverhältnisse,
 -Darlehens- und -Mietverträge 429
Ende der freiberuflichen Tätigkeit 452
Entnahme 453
Erbauseinandersetzung 454
Erbfall 455
Ermäßigter Steuersatz 456
Eröffnung einer Praxis 457
Erwerb einer Praxis 458

Fachanwalt 459
Fachliteratur 460
Fachtagungen 461
Fachzeitschriften 462
Fahrten zwischen Wohnung und Betriebs-/Arbeitsstätte ... 463
Fahrtkosten 464
Feuerversicherung 465
Flugzeug 466
Forderungen 467
Fortbildungskosten 468
Freiberufliche Tätigkeit 481
Freibetrag für freie Berufe 482
Freier Mitarbeiter 486

Gebäude 487
Geldbußen, Ordnungsgelder, Verwarnungsgelder,
 Auflagen, Weisungen 488
Geldgeschäfte 494
Gemischte Tätigkeiten 500
Gerichtskosten 501
Geringwertige Wirtschaftsgüter 502
Geschäftsgang 509
Geschäftsreise 510
Geschenke 511
Gewerbliche Tätigkeit 519
Gewinnbeteiligung 520
Grundstücke und Gebäude 521
Gruppenreise 542
Gruppenversicherung 543

Habilitation 544
Haftpflichtversicherung 545
Haftung 546
Hausratversicherung 547
Hilfsgeschäfte 548
Hilfskräfte 555
Hinterziehungszinsen 556
Hochschulstudium 560
Honorare und Honorarforderungen 561

Invaliditätsversicherung 568

Jahresabschluß 569

Einkommensteuer in ABC-Form

Kaskoversicherung 570
Kauf einer Praxis 571
Kinder-Arbeitsverhältnisse, -Darlehens- und -Mietverträge . 572
Kongresse 594
Konkursverwaltung 595
Kontokorrentzinsen 596
Kraftfahrzeugkosten 609
Kranken-, Krankentagegeldversicherung 648
Kunstgegenstände 649

Leasing 650
Lebensversicherung 652
Lehrgänge 653
Lohnsteuer 654

Mietverträge 655
Mitarbeit 656
Motorrad/Motorroller 657

Nichteheliche Lebensgemeinschaft 658
Nichtselbständige Tätigkeit 659
Notaranderkonto 660

Ordnungsgelder 661

Pauschalierung der Lohnsteuer 662
Pensionszusage 663
Personengesellschaft 669
Personenversicherungen 670
Praxis -aufgabe
    -eröffnung
    -erwerb
    -kauf
    -veräußerung 671
Privatvermögen 672
Prozeßkosten 673
Prüfungstätigkeit 674

Raten für Praxiskauf und -veräußerung 675
Rechtsreferendare 676
Rechtsschutzversicherung 677
Referendare 678
Reisekosten 679
Renten für Praxiskauf und -veräußerung 709
Repräsentationsaufwendungen 710
Rückstellungen 721

Sachverständigengebühren 725
Sachversicherungen 726
Schadensersatz 727
Schuldzinsen 728
Selbständige, nichtselbständige, gewerbliche Tätigkeit 729
Seminare 763
Sozialversicherung 764
Sozietät 765
Sterbegeldumlagen 766
Steuerermäßigung 767

Steuernachforderungszinsen 768
Steuersatz, ermäßigter 769
Strafverfahrenskosten 770
Studienkosten des Kindes als Betriebsausgaben 771
Studienreisen 772
Stundungszinsen 773

Tantieme 774
Tarifvergünstigung 775
Teilentgeltliche Rechtsgeschäfte 776
Teilleistungen 777
Telefonkosten 778
Teppiche 785
Testamentsvollstreckung 786
Treuhandtätigkeit 787

Übernachtungskosten 788
Umsatzbeteiligung 789
Unangemessene Aufwendungen 790
Unfallkosten 791
Unfallversicherung 792
Unterhaltung von Geschäftsfreunden 793
Unterhaltsrenten 794

Veräußerung der Praxis 795
Veräußerungsrenten 796
Verkauf von Praxisgegenständen 797
Verlustausgleich, Verlustabzug 798
Verluste 807
Vermögensverwaltung 808
Verpflegungsmehraufwendungen 809
Versicherungen 810
Versorgungsbeiträge 831
Versorgungsrenten 832
Versorgungszusage 833
Vertreter 834
Verwarnungsgelder 835
Vorab entstandene Betriebsausgaben 836
Vorschüsse 837
Vorsorgeaufwendungen (für Ehegatten und Kinder) 842

Weisungen 843

Zeitschriften, Zeitungen 844
Zeugengebühren 845
Zinsen 846
Zukunftssicherungsleistungen 847

• Absetzung für Abnutzung (AfA)

Vgl. „Aktivierung . . . " Rdnr. 261 ff.; „Büro- und Geschäftsräume", 260
Rdnr. 405 ff.; „Grundstücke und Gebäude", Rdnr. 521 ff.; „Kraftfahrzeugkosten", Rdnr. 609 ff.

• Aktivierung von Anschaffungen und Absetzung für Abnutzung (§ 7 EStG) ▶ BSt-RA-060 ◀

Literatur: M. *Söffing,* Aktivierung und Angemessenheit von Aufwendungen für betrieblich genutzte Personenkraftwagen, NWB F. 3, 7283; *Körner,* Anschaffungskosten in der Handels- und Steuerbilanz, BuW 1991, 6.

Verwaltungsanweisungen: Abschn. 42 ff. EStR; BMF 15. 1. 76, Ertragsteuerrechtliche Behandlung von Mietereinbauten und Mieterumbauten, BStBl I 66; BMF 3. 5. 85, Ertragsteuerrechtliche Behandlung von zum Anlagevermögen gehörenden Nutzungsrechten, die durch Baumaßnahmen des Nutzungsberechtigten entstanden sind, BStBl I 188.

1. Aktivierung von Anschaffungskosten

Wenn eine Anschaffung auf der Aktivseite der Bilanz anzusetzen ist, 261
spricht man von Aktivierung. Hieraus ergibt sich, daß sich die Frage der Aktivierung nur stellt, wenn der Rechtsanwalt/Notar seinen Gewinn nach § 4 Abs. 1 EStG ermittelt.

Zu aktivieren sind **Wirtschaftsgüter des Betriebsvermögens** (vgl. Rdnr. 262
369 ff.). Eng mit der Frage der Aktivierung ist die **Absetzung für Abnutzung** verknüpft. Hierzu führt § 7 Abs. 1 Satz 1 EStG aus:

„Bei Wirtschaftsgütern, deren Verwendung oder Nutzung durch den Steuerpflichtigen zur Erzielung von Einkünften sich erfahrungsgemäß auf einen Zeitraum von mehr als einem Jahr erstreckt, ist jeweils für ein Jahr der Teil der Anschaffungsoder Herstellungskosten abzusetzen, der bei gleichmäßiger Verteilung dieser Kosten auf die Gesamtdauer der Verwendung oder Nutzung auf ein Jahr entfällt."

Diese Vorschrift stellt auch die Verbindung zur Gewinnermittlung durch 263
Überschußrechnung (§ 4 Abs. 3 EStG) her; denn nach § 4 Abs. 3 Satz 3 EStG sind die Vorschriften über die Absetzung für Abnutzung (AfA) zu befolgen. Erfolgswirksam ist daher – unabhängig von der Frage der Aktivierung – nur die AfA.

Der Begriff des **aktivierungspflichtigen Wirtschaftsguts ist sehr weit** zu fas- 264
sen. Man unterscheidet bewegliche und unbewegliche, abnutzbare und nichtabnutzbare sowie materielle und immaterielle Wirtschaftsgüter. Die Aufteilung ist im Hinblick auf die unterschiedlichen Rechtsfolgen wichtig.

265 Beispiele für aktivierungspflichtige Wirtschaftsgüter:
Grundstücke und Gebäude (vgl. Rdnr. 521 ff.); Büro- und Geschäftsräume (vgl. Rdnr. 405 ff.); Kraftfahrzeugkosten (vgl. Rdnr. 609 ff.); Nutzungsrechte (vgl. BFH 26. 10. 87, BStBl 1988 II 348); Geschäftswert (§§ 255 Abs. 4, 266 Abs. 2 A. I. 2. HGB).

266 **Nicht zu aktivieren** sind die geringwertigen Wirtschaftsgüter (vgl. Rdnr. 502 ff.), Aufwendungen für Wirtschaftsgüter, die im Anschaffungsjahr verbraucht werden (z. B. Kraftstoff, Büromaterial u. ä.) sowie andere laufenden Betriebsausgaben (z. B. Löhne, Miete u. ä.) und Erhaltungsaufwendungen.

267 Für **immaterielle Wirtschaftsgüter** (Beispiele vgl. Rdnr. 273) des Anlagevermögens ist ein Aktivposten nur anzusetzen, wenn sie entgeltlich erworben wurden (§ 5 Abs. 2 EStG). Dies gilt auch bei Gewinnermittlung gem. § 4 Abs. 1 und Abs. 3 EStG (BFH 22. 1. 80, BStBl II 244).

268 Es ist nur das dem Rechtsanwalt/Notar **gehörende** Wirtschaftsgut zu aktivieren, wobei wirtschaftliches Eigentum ausreicht (vgl. BFH 3. 8. 88, BStBl 1989 II 21). Ist z. B. die Ehefrau Miteigentümerin des Wirtschaftsguts, so ist grundsätzlich nur der ideelle Teil des Rechtsanwalts/Notars zu aktivieren. Ausnahmsweise kann bezüglich des fremden Teils ein Nutzungsrecht zu aktivieren sein, wenn es entgeltlich erworben wurde (vgl. BFH 26. 10. 87, BStBl 1988 II 348, 353).

269 Bei teils betrieblicher und teils privater Nutzung **(gemischter Nutzung)** sind unbewegliche im Gegensatz zu beweglichen Wirtschaftsgütern (vgl. „Kraftfahrzeugkosten", Randr. 609 ff.) in mehrere Wirtschaftsgüter aufzuteilen, wenn jene in unterschiedlichen Nutzungs- und Funktionszusammenhängen stehen (vgl. BFH 26. 11. 73, BStBl 1974 II 132; 13. 7. 77, BStBl 1978 II 6; Abschn. 13 b Abs. 2, 14 Abs. 4 EStR; kritisch Jehner, DStR 1990, 6, 9).

270 Zur Aktivierung von **Mieterein- und umbauten** vgl. BFH 26. 2. 75, BStBl II 443 und BMF 15. 1. 76, BStBl I 66; zu Nutzungsrechten, die durch **Baumaßnahmen des Nutzungsberechtigten** entstanden sind, vgl. BMF 3. 5. 85, BStBl I 188.

2. Absetzung für Abnutzung
a) Abnutzbare Wirtschaftsgüter
Der AfA unterliegen 271
- **bewegliche Wirtschaftsgüter** (§ 7 Abs. 1 Sätze 1, 2, 4 und 5 sowie Abs. 2 EStG); z. B. Kraftfahrzeuge (vgl. Rdnr. 609 ff.), Büro- und Geschäftsausstattung (vgl. Rdnr. 409 ff.), Betriebsvorrichtungen und Scheinbestandteile (§ 95 Abs. 2 BGB); vgl. i. e. Abschn. 42 Abs. 2 bis 4 EStR; 272
- **immaterielle Wirtschaftsgüter** (§ 7 Abs. 1 Sätze 1 bis 3 und 5 EStG); z. B. Nutzungsrechte (BFH 31. 10. 78, BStBl 1979 II 401; 22. 1. 80, BStBl II 68; 2. 8. 83, BStBl II 735), ggf. auch Computerprogramme (vgl. BFH 3. 7. 87, BStBl II 728, 787; 5. 2. 88, BStBl II 737; 2. 9. 88, BStBl 1989 II 160); vgl. i. e. Abschn. 31 a Abs. 1 EStR; 273
- **unbewegliche Wirtschaftsgüter, die keine Gebäude oder Gebäudeteile sind** (§ 7 Abs. 1 Sätze 1, 2 und 5 EStG), z. B. Außenanlagen wie Einfriedungen bei Betriebsgrundstücken und Straßenzufahrten (BFH 1. 7. 83, BStBl II 687), sonstige Mietereinbauten und Mieterumbauten (vgl. BMF 15. 1. 76, BStBl I 66, Nr. 6 und 7); 274
- **Gebäude und Gebäudeteile** (§ 7 Abs. 4, 5 und 5 a EStG), vgl. Abschn. 42 Abs. 7 und 8 EStR und „Grundstücke und Gebäude", Rdnr. 521 ff. 275

Voraussetzung ist, daß die Wirtschaftsgüter zur **Erzielung von Einkünften** verwendet werden (vgl. BFH 6. 3. 79, BStBl II 551; 7. 10. 86, BStBl 1987 II 330) und einer **wirtschaftlichen oder technischen Abnutzung unterliegen** (vgl. BFH 2. 12. 77, BStBl 1978 II 164; 31. 8. 86, BStBl II 355). 276

b) Bemessungsgrundlage für die Absetzung für Abnutzung
Bemessungsgrundlage für die AfA sind grundsätzlich die **Anschaffungs- oder Herstellungskosten** (Körner, BuW 1991, 6) des Wirtschaftsguts oder der an deren Stelle tretende Wert (vgl. z. B. bei Einlagen und Eröffnung des Betriebs § 6 Abs. 1 Nr. 5 und 6 EStG). Bei **unentgeltlichem Erwerb** vgl. §§ 7 und 11 d EStDV; vgl. auch Abschn. 43 EStR. 277

c) Höhe der Absetzung für Abnutzung
Die AfA ist im Rahmen der **betriebsgewöhnlichen Nutzungsdauer** vorzunehmen, die nach allgemeinen Erfahrungssätzen zu schätzen ist. So wird grundsätzlich bei Personenkraftwagen eine Nutzungsdauer von 4 Jah- 278

ren (vgl. „Kraftfahrzeugkosten", Rdnr. 609 ff.), bei Büromöbeln eine solche von 10 Jahren und bei Büroschreibmaschinen eine solche von 5 Jahren zugrunde gelegt (vgl. „Büro- und Geschäftsräume", Rdnr. 409 ff.).

279 Die AfA ist in dem Jahr in Anspruch zu nehmen, in dem sie angefallen ist. Ist aber eine AfA, die sich nach der betriebsgewöhnlichen Nutzungsdauer richtet (z. B. nach § 7 Abs. 1, 2 oder 4 Satz 2 EStG), versehentlich unterblieben, so kann sie in der Weise **nachgeholt** werden, daß die noch nicht abgesetzten Buchwerte entsprechend der bei dem Wirtschaftsgut angewandten Absetzungsmethode auf die noch verbleibende Restnutzungsdauer verteilt werden (vgl. BFH 21. 2. 67, BStBl III 386); anderes gilt bei starren AfA-Sätzen, z. B. § 7 Abs. 4 Satz 1 EStG.

280 Die AfA **beginnt** in dem Jahr, in dem das Wirtschaftsgut angeschafft, hergestellt, eingelegt oder in dem der Betrieb eröffnet worden ist. Ein Wirtschaftsgut ist in dem Zeitpunkt angeschafft, in dem der Erwerber das wirtschaftliche Eigentum erlangt; das ist regelmäßig der Zeitpunkt, in dem Besitz, Nutzen, Lasten und Gefahr auf ihn übergehen.

281 Im **Jahr der Anschaffung** o. ä. kann nur der auf den Rest des Jahres entfallende AfA-Betrag angesetzt werden. Die Finanzverwaltung läßt es jedoch aus Vereinfachungsgründen zu, daß für die in der ersten Hälfte eines Wirtschaftsjahres angeschafften oder hergestellten Wirtschaftsgüter der für das gesamte Wirtschaftsjahr in Betracht kommende AfA-Betrag und für die in der zweiten Häfte des Wirtschaftsjahrs angeschafften oder hergestellten Wirtschaftsgüter die Hälfte des für das gesamte Wirtschaftsjahr in Betracht kommenden AfA-Betrags angesetzt wird (Abschn. 44 Abs. 2 Satz 2 EStR).

282 Als AfA-Methode kommt bei beweglichen Wirtschaftsgütern des Anlagevermögens die lineare (§ 7 Abs. 1 Sätze 1 und 2 EStG) oder die degressive AfA (§ 7 Abs. 2 EStG; bei Bilanzierung vgl. BFH 24. 1. 90, BStBl II 681) in Betracht (zur AfA bei unbeweglichen Wirtschaftsgütern vgl. „Grundstücke und Gebäude", Rdnr. 521 ff.). Daneben kann der Rechtsanwalt/Notar noch § 7g EStG in Anspruch nehmen, wenn die Voraussetzungen gegeben sind (Beispielsrechnung zu den einzelnen AfA-Methoden vgl. M. Söffing, NWB F. 3, 7283); zur geplanten Sonder-AfA für die neuen Bundesländer und Berlin vgl. StÄndG 1991.

● **Angehörige; Verträge**

283 vgl. „Ehegatten-Arbeitsverhältnisse . . .", Rdnr. 429 ff.; „Kinder-Arbeitsverhältnisse . . .", Rdnr. 572 ff.

- **Anzahlungen**

vgl. „Vorschüsse", Rdnr. 837 ff. 284

- **Arbeitnehmer**

vgl. „Selbständige ... Tätigkeit", Rdnr. 729 ff.; „Lohnsteuer", Rdnr. 285
860 ff.

- **Arbeitsverhältnis**

vgl. „Ehegatten-Arbeitsverhältnisse ...", Rdnr. 429 ff; „Kinder-Arbeits- 286
verhältnisse ...", Rdnr. 572 ff.; „Lohnsteuer", Rdnr. 860 ff.

- **Arbeitszimmer** ▶ BSt-RA-065 ◀

Literatur: *Bock,* Häusliches Arbeitszimmer, Einnahme des Augenscheins und vorherige Benachrichtigung des Betroffenen, DStZ A 1982, 234; *Fischer,* Zur Problematik der Anerkennung eines häuslichen Arbeitszimmers, DB 1984, 1377; *Zeitler,* Aktuelle Fragen zur steuerlichen Behandlung des Arbeitszimmers, BB 1984, 1422; *Bowitz,* Anerkennung der Kosten eines häuslichen Arbeitszimmers als Werbungskosten auf Zuruf?, DStZ A 1986, 143; *Klein,* Abschreibungsfähigkeit von antiken Möbeln, FR 1986, 249; *Biedermann,* Das häusliche Arbeitszimmer im Steuerrecht, 2. Aufl., Stuttgart, 1987; *Rt,* Ermittlung der auf ein häusliches Arbeitszimmer entfallenden anteiligen Aufwendungen, DStZ E 1987, 52; *Wollny,* Anm. zum BFH-Beschluß v. 22. 6. 87, BB 1988, 534, FR 1988, 138; *Thomas,* AfA auf Arbeitszimmer im Miteigentum von Ehegatten, KFR F. 6 EStG § 9, 3/88, 199; *Lück,* Anm. zu BFH 18. 3. 88, BFH/NV 1988, 773 – Liege im Arbeitszimmer –, DStZ A 1988, 467; *Leu,* Berechnung der AfA für privat angeschaffte, später aber beruflich oder betrieblich genutzte bewegliche Wirtschaftsgüter, DStZ A 1988, 486; *Günther,* Förderung selbstgenutzten Wohneigentums – Kürzung der Bemessungsgrundlage bei einem steuerlich nicht anerkannten Arbeitszimmer?, DB 1988, 2330; *Stephan,* Drittaufwand nach dem Beschluß des Großen Senats des BFH vom 26. 10. 87 sowie dem BFH-Urteil vom 12. 2. 88, DB 1988, 2477; *Müller,* Durchgangszimmer als häusliches Arbeitszimmer, KFR F. 6 EStG § 9, 1/89, 25; *Paus,* Anm. zu BFH 19. 8. 88, BStBl II 1000 – Durchgangszimmer –, DStZ A 1989, 75; *Märkle/Franz,* Die im Miteigentum mehrerer Personen stehende eigengenutzte Wohnung, BB 1989, 258; *Obermeier,* Aufwendungen für ein Arbeitszimmer zur Abwicklung vererbten Betriebsvermögens, KFR F. 3 EStG § 4, 9/89, 313; *ders.,* Umwidmung von Wirtschaftsgütern, KFR F. 3 EStG § 7, 1/89, 351; *Neufang/Lentschig,* Steuern sparen mit dem Arbeitszimmer, Inf 1990, 59; *Obermeier,* Das selbstgenutzte Wohneigentum ab 1987, 2. Aufl., mit Einleger (Stand: Juli 1990), Anm. 43 ff.; *Irrgang/Turnbull,* Eigenbetrieblich genutzte Grundstücksteile „von untergeordneter Bedeutung", KFR F. 3, EStG § 4, 6/90, 247; *Speich,* Sofortabschreibung für geringwertige Wirtschaftsgüter, NWB F. 3, 7387; *Lück,* Antiquitäten im Steuerrecht, DStZ A 1990, 216.

Verwaltungsanweisungen: Abschn. 14, 164 b EStR; Abschn. 44, 45, LStR; OFD Köln 18. 9. 84, Steuerliche Behandlung von Aufwendungen für ein häusliches Arbeitszimmer, BB 1984, 2108; OFD Düsseldorf 11. 9. 86, Ermittlung der auf ein häusliches Arbeitszimmer entfallenden anteiligen Aufwendungen, BB 1986, 2144; OFD Köln 9. 2. 87, Aufwendungen für ein häusliches Arbeitszimmer: Nutzung für den Beruf und für Ausbildungszwecke (§ 10 Abs. 1 Nr. 7 EStG), FR 1987, 348; OFD Köln 9. 2. 87, Häusliches Arbeitszimmer in einem in Miteigentum beider Ehegatten stehenden Wohngebäude (§ 9 Abs. 1 Satz 1, § 21 a EStG), FR 1987, 348; OFD Köln 9. 2. 87, Häusliches Arbeitszimmer in einer nach dem 31. 12. 86 hergestellten oder angeschafften eigenen Wohnung: Absetzung für Abnutzung (§ 9 Abs. 1 Satz 1 und Satz 3 Nr. 7 EStG), FR 1987, 349; OFD Münster, Verbesserung der Abschreibungsbedingungen für Wirtschaftsgebäude – Zum Zeitpunkt des Bauantrags, BB 1987, 1095; OFD Köln 16. 12. 87, Aufwendungen für ein häusliches Arbeitszimmer bei Arbeitnehmern, FR 1988, 191, DB 1988, 524; OFD Düsseldorf 24. 10. 88, Abzug von AfA nach § 7 b, § 7 Abs. 4 und 5 EStG bei den Einkünften aus Vermietung und Verpachtung und nichtselbständiger Arbeit, wenn bei einem im Alleineigentum eines Ehegatten stehenden Gebäude ein Arbeitszimmer ausschließlich von dem anderen Ehegatten genutzt wird, DB 1988, 2384; BMF 25. 10. 90, § 10 e EStG, BStBl I 626, Abs. 21.

1. Allgemeines

287 Nachstehende Grundsätze gelten bei **selbständiger und nichtselbständiger Tätigkeit.** Soweit sich im einzelnen Abweichungen ergeben, wird bei den entsprechenden Ausführungen auf die Unterschiede hingewiesen.

288 Ein Raum wird nur dann als Arbeitszimmer anerkannt, wenn er **so gut wie ausschließlich betrieblich/beruflich genutzt** wird. Eine etwaige Benutzung für andere (private) Zwecke muß dabei von so untergeordneter Bedeutung sein, daß sie steuerlich außer Betracht bleiben kann (BFH 21. 2. 66, BStBl III 219; 10. 3. 70, BStBl II 458; 19. 10. 70, BStBl 1971 II 17; 27. 10. 78, BStBl 1979 II 80; Abschn. 45 Satz 1 LStR). Eine betriebliche Nutzung liegt auch vor, wenn der Raum zur **Abwicklung vererbten Betriebsvermögens** benutzt wird (BFH 30. 3. 89, BStBl II 509, m. Anm. Obermeier, KFR F. 3 EStG § 4, 9/89, 313).

289 Besteht eine **nicht nur untergeordnete Mitbenutzung für private Zwecke,** so können die Aufwendungen wegen des Aufteilungs- und Abzugsverbots auch nicht teilweise berücksichtigt werden (zum Aufteilungs- und Abzugsverbot vgl. BFH 27. 11. 78, BStBl 1979 II 213; 21. 11. 86, BStBl 1987 II 262, m. w. N.; kritisch hierzu z. B. Paus, DStZ A 1989, 75; das Verbot gilt jedoch nicht beim Zusammentreffen von Betriebsausgaben/ Werbungskosten und Sonderausgaben – Berufsausbildungskosten, z. B. Promotion –, BFH 22. 6. 90, BStBl II 901). Es liegen aber keine privaten

Zwecke vor, wenn ein Anwalt/Notar das Arbeitszimmer teilweise für eine ehrenamtliche Tätigkeit nutzt, für die er lediglich eine steuerfreie Aufwandsentschädigung bezieht; zudem enthält § 3c EStG nur ein Abzugs-, aber kein Aufteilungsverbot (FG Berlin 21. 6. 85 rkr., EFG 1986, 173, m. w. N.; a. A. FG Rheinland-Pfalz 24. 2. 86 rkr., EFG S. 282, 473; FG Hamburg 31. 8. 87 rkr., EFG 1988, 66).

Die **Grenze für die unschädliche private Mitbenutzung** liegt bei 10 % (vgl. HFR 1987, 241). Eine private Nutzung von 15,5 % ist nach der Rspr. des BFH nicht mehr von untergeordneter Bedeutung (BFH 21. 11. 86, BStBl 1987 II 262). 290

In die Gesamtwürdigung ist auch einzubeziehen, ob in dem Raum **private Gegenstände aufbewahrt** werden (BFH 16. 2. 90, BFH/NV S. 763; 18. 3. 88, BFH/NV S. 556; vgl. auch FG Münster 29. 9. 71 rkr., EFG 1972, 177; FG Schleswig-Holstein 14. 12. 76 rkr., EFG 1977, 208; FG Berlin 3. 6. 77 rkr., EFG 1978, 15). 291

Hinsichtlich der beruflichen Nutzung trifft den Rechtsanwalt oder Notar die **Feststellungslast** (FG Baden-Württemberg 15. 12. 83 rkr., EFG 1984, 340; vgl. auch BFH 7. 7. 83, BStBl II 760; zur **Aufklärungspflicht des FG** vgl. BFH 19. 4. 84, BFH/NV 1986, 202). 292

Selbst wenn nach der Gesamtwürdigung ein Raum nicht als Arbeitszimmer anerkannt werden kann, sind die Kosten der **Einrichtungsgegenstände**, die ausschließlich betrieblich/beruflich verwendet werden (z. B. Schreibtisch), steuerlich abzusetzen (BFH 18. 2. 77, BStBl II 464). 293

2. Indizien für die Annahme eines Arbeitszimmers

Im einzelnen werden fünf Kriterien überprüft (BFH 18. 3. 88, BFH/NV S. 556), die jedoch nur **Indizien, nicht aber Voraussetzungen** darstellen (BFH 26. 4. 85, BStBl II 467; kritisch Bowitz, DStZ A 1986, 143): 294

a) Erfordern Art und Umfang der Tätigkeit einen besonderen Raum?

Bei **Rechtsanwälten und Notaren** kann selbst dann vom Erfordernis eines Arbeitszimmers ausgegangen werden, wenn die Praxis in gesonderten Räumen geführt wird; denn es ist durchaus üblich, daß im häuslichen Arbeitszimmer z. B. Akten studiert, Schriftsätze verfaßt oder Literatur ausgewertet wird. Da die **Notwendigkeit** des Arbeitszimmers ohne Schwierigkeiten glaubhaft gemacht werden kann, kommt es nicht darauf an, ob dieses Kriterium durch BFH 30. 3. 89 (BStBl II 509) entwertet worden ist (kritisch dazu Obermeier, KFR F. 3 EStG § 4, 9/89, 313). 295

296 Entscheidend ist, ob es sich um eine ausschließliche berufliche Nutzung oder um eine nicht nur untergeordnete private (Mit-)Benutzung handelt. Auf die **Intensität der beruflichen Nutzung kommt es grundsätzlich nicht an** (BFH 26. 4. 85, BStBl II 467; FG Rheinland-Pfalz 30. 1. 85 rkr., EFG S. 391; a. A. FG Baden-Württemberg 29. 11. 79 rkr., EFG 1980, 230; 23. 10. 80 rkr., EFG 1981, 122); denn auch bei anderen Arbeitsmitteln ist nicht die Häufigkeit, sondern allein die Tatsache der beruflichen Nutzung und die Abgrenzung zur privaten Nutzung entscheidend.

b) **Ist die Wohnung so groß, daß der Familie für das Wohnbedürfnis genügend Raum zur Verfügung bleibt und deshalb eine gewisse Vermutung dafür spricht, daß der Arbeitsraum privat nicht benutzt wird?**

297 Das ist z. B. nicht der Fall, wenn der größte Raum als „Arbeitszimmer" deklariert wird und für das Wohnen nur noch Küche, Bad und Schlafzimmer übrigbleiben.

c) **Liegt der Arbeitsraum von den Privaträumen baulich getrennt und ist deshalb die private Nutzung nicht wahrscheinlich?**

298 Dieses Kriterium ist nicht erfüllt, wenn sich der Arbeitsbereich in einem im übrigen privat genutzten Wohnraum befindet. Eine bauliche Trennung ist selbst dann zu verneinen, wenn ein Wohnzimmer durch einen **Raumteiler** abgegrenzt ist; denn dieser bewirkt lediglich eine optische Trennung, läßt aber nicht zwei gegeneinander abgetrennte Räume entstehen (FG Rheinland-Pfalz 23. 5. 89 rkr., EFG 1990, 171).

299 Ein **Durchgangszimmer** kann nur dann ein Arbeitszimmer sein, wenn es nicht ständig durchquert werden muß, um andere privat genutzte Räume zu erreichen (BFH 18. 10. 83, BStBl 1984 II 110; kritisch Fischer, DB 1984, 1377). Schädlich ist z. B. der Durchgang zum Familienwohnzimmer (FG Hamburg 30. 8. 89 rkr., EFG 1990, 57), nicht aber zu einem selten privat genutzten Balkon (FG Rheinland-Pfalz 18. 3. 85 rkr., EFG S. 392; anders aber, wenn Balkon, Terrasse und Garten nur über das Arbeitszimmer erreicht werden können, BFH 18. 3. 88, BFH/NV S. 556), einer Abstellkammer, einem nur selten genutzten Gästezimmer, einem Schlafzimmer (BFH 19. 8. 88, BStBl II 1000, m. Anm. Müller, KFR F. 6 EStG § 9, 1/89, 25; BFH 19. 8. 88, BFH/NV 1989, 219; FG Köln 28. 1. 86 rkr., EFG S. 283) oder ähnlichem handelt (vgl. BFH 16. 12. 83, HFR 1984, 217). Das gelegentliche Durchqueren des Zimmers steht der Anerkennung als Arbeitszimmer nicht entgegen, wenn es sehr intensiv für betrieb-

liche/berufliche Zwecke benutzt wird (FG Baden-Württemberg 18. 4. 89 rkr., EFG 1990, 347).

Unschädlich ist auch, wenn das Arbeitszimmer nur durch einen Wohnraum erreicht werden kann (sog. **gefangenes Zimmer,** FG Rheinland-Pfalz 17. 12. 84 rkr., EFG 1985, 343). Somit kann auch ein im Dachgeschoß gelegener Galerieraum als Arbeitszimmer anerkannt werden (FG Schleswig-Holstein 7. 4. 87 nrkr., EFG S. 453; a. A. FG Baden-Württemberg 22. 9. 86 rkr., EFG 1987, 70). 300

d) **Ist der Arbeitsraum wie ein Wohnraum eingerichtet und soll damit offenbar auch eine private Nutzung ermöglicht und gefördert werden?**
Die **Ausstattung mit Musikinstrumenten** (z. B. Klavier, Flügel) wird ebenso gegen ein Arbeitszimmer sprechen wie das Aufstellen eines **Fernsehgerätes** bzw. einer **Stereoanlage** (FG Rheinland-Pfalz 14. 11. 90 nrkr., NWB EN-Nr. 149/91). 301

Befindet sich in einem anwaltlichen Arbeitszimmer jedoch eine **Couchgarnitur,** so kommt es auf die Umstände und die Überzeugungskraft des Anwalts an, ob das FA eine private Mitbenutzung annimmt. Wenn er Mandanten oder Mitarbeiter zu Besprechungen empfängt, so wird die Einrichtung mit einer Couchgarnitur nicht zu beanstanden sein (vgl. BFH 26. 4. 85, BStBl II 467, für Geschäftsführer). 302

Eine **Liege** ist unschädlich, wenn sie dazu benutzt wird, um sich im Liegen auf die Arbeit zu konzentrieren, Akten zu lesen, Schriftsätze zu diktieren und sich zwischen diesen Arbeiten auszuruhen (vgl. BFH 18. 3. 88, BFH/NV S. 773, für Richter am OLG, mit kritischer Anm. Lück, DStZ A 1988, 467; ebenso für Klappcouch: FG Berlin 16. 8. 88 rkr., EFG 1989, 17, m. w. N.). 303

Eine **besonders wertvolle Ausstattung** des Arbeitszimmers allein kann nicht zur Annahme einer privaten Mitbenutzung führen (vgl. Zeitler, BB 1984, 1422; a. A. OFD Köln 16. 12. 87, FR 1988, 191). Bei selbständiger Tätigkeit ist lediglich eine an § 4 Abs. 5 Nr. 7 EStG orientierte Angemessenheitsprüfung durchzuführen (vgl. Rdnr. 710 ff.). 304

e) **Sprechen die soziale und wirtschaftliche Stellung und die Größe der Familie für die Mitbenutzung des Arbeitsraums?**

3. **Prüfung durch das Finanzamt**
Im Regelfall reicht es aus, wenn **glaubhaft** gemacht wird, daß der Raum ein Arbeitszimmer ist. In Zweifelsfällen wird das FA weitere Ermittlun- 305

gen anstellen, die bis zur **Ortsbesichtigung** gehen können. In diesen Fällen muß sich aber der Prüfer des FA vorher ankündigen (OFD Köln 16. 12. 87, FR 1988, 191; a. A. Bock, DStZ A 1982, 234).

4. Anteil des Arbeitszimmers

306 Die auf das häusliche Arbeitszimmer entfallenden anteiligen Aufwendungen sind nach dem Verhältnis der nach den §§ 42 bis 44 der Zweiten Berechnungsverordnung (II. BV, BStBl 1990 I 736) ermittelten **Wohnfläche der Wohnung zur Fläche des häuslichen Arbeitszimmers aufzuteilen** (BFH 18. 10. 83, BStBl 1984 II 112; 18. 3. 88, BFH/NV S. 777).

307 Die wichtigsten vorzunehmenden Abrechnungen von der Grundfläche sind:
- Zubehörräume, z. B. Keller, Waschküche, § 42 Abs. 4 Nr. 1 der II. BV;
- Hobbyräume, § 42 Abs. 4 Nr. 3 der II. BV;
- Geschäftsräume, § 42 Abs. 4 Nr. 4 der II. BV;
- Abzug für Putz 3 %, § 43 Abs. 3 der II. BV;
- Treppen und Treppenabsätze, § 43 Abs. 4 Nr. 2 der II. BV;
- 50 % der Grundfläche von Räumen und Raumteilen mit einer lichten Höhe von ein Meter bis unter zwei Meter und Schwimmbäder, § 44 Abs. 1 Nr. 2 der II. BV;
- Grundfläche von Räumen und Raumteilen mit einer lichten Höhe von weniger als einem Meter, § 44 Abs. 1 Nr. 3 der II. BV;
- Balkone, Loggien, Dachgärten und gedeckte Freisitze, § 44 Abs. 2 der II. BV;
- 10 % der Grundfläche für die Verkehrsflächen, § 44 Abs. 3 der II. BV.

308 Die Wohnflächenberechnung kann für alle nach dem 30. 6. 1956 bezugsfertig gewordenen, im steuerbegünstigten Wohnungsbau errichteten Wohnungen aus dem nach den §§ 82, 83 des Zweiten **Wohnungsbaugesetzes** ergangenen Bescheid entnommen werden.

Beispiel:

309 Die Gesamtfläche (Nutzfläche) beträgt 200 qm. Davon entfallen 50 qm auf Nebenräume und 30 qm auf das Arbeitszimmer.
Bei der Ermittlung des Anteils muß die Fläche des Arbeitszimmers zu der Gesamtwohnfläche (einschließlich Arbeitszimmer) ins Verhältnis gesetzt werden (BFH 10. 4. 87, BStBl II 500; 18. 3. 88, BFH/NV S. 777; OFD Düsseldorf 11. 9. 86, DB S. 2144; OFD Köln 16. 12. 87, FR 1988, 191; a. A. z. B. Zeitler, BB 1984, 1422). Es ergibt sich somit ein Anteil von 20 %.

310 Entscheidet sich der Rechtsanwalt/Notar, betrieblich/beruflich genutzte **Nebenräume** (z. B. einen im Keller gelegenen Archivraum) in die Kostenrechnung einzubeziehen, so sind die Kosten nach dem Verhältnis des gesamten betrieblich/beruflich genutzten Bereichs (betrieblich/beruflich

genutzte Haupt- und Nebenräume) zu der Gesamtfläche (Haupt- und Nebenräume) aufzuteilen. Nicht möglich ist es dagegen, allein den oder die betrieblich genutzten Nebenräume in die Berechnung einzubeziehen. In diesem Fall würde der auf die betrieblich genutzten Räume entfallende Anteil zu hoch angesetzt, weil der auf die außerbetrieblich genutzten Nebenräume entfallende Kostenanteil unberücksichtigt bliebe (BFH 5. 9. 90 X R 3/89, BFHE 161, 549; a. A. OFD Köln 16. 12. 87, FR 1988, 191: Nur Einbeziehung der betrieblich/beruflich genutzten Nebenräume; a. A. OFD Düsseldorf 11. 9. 86, DB S. 2144, die das Arbeitszimmer entsprechend § 44 Abs. 1 Nr. 2 der II. BV nur zur Hälfte ansetzen will, wenn es nicht zur Wohnfläche gehört; vgl. auch Rt, DStZ E 1987, 52).

5. Abziehbare Aufwendungen
a) Direkt zurechenbare Aufwendungen

Beispiele:

Einrichtung, wie z. B. Schreibisch, Stuhl, Lampe, Regale; allgemeine Ausstattung mit neutralen Wirtschaftsgütern, wie z. B. Vorhänge, Teppiche, Bilder; Schönheitsreparaturen. 311

Aufwendungen, die direkt dem Arbeitsraum zugeordnet werden können, können in voller Höhe abgesetzt werden, wenn die Anschaffungs- oder Herstellungskosten für das einzelne Wirtschaftsgut **800 DM nicht übersteigen**. Dies gilt bei selbständiger und nichtselbständiger Tätigkeit (§§ 6 Abs. 2, 9 Abs. 1 Nr. 7 Satz 2 EStG). Diese Grenze ist **bei Gewinneinkünften und bei Überschußeinkünften netto**, d. h. ohne USt, zu verstehen (Abschn. 86 Abs. 5 EStR ; Abschn. 44 Abs. 3 Satz 1 LStR); vgl. auch „Geringwertige Wirtschaftsgüter" Rdnr. 502 ff. und Speich, NWB F. 3, 7387). 312

Anschaffungs- oder Herstellungskosten von **mehr als 800 DM** sind auf die Kalenderjahre der voraussichtlichen gesamten Nutzungsdauer des Arbeitsmittels zu verteilen und in jedem dieser Jahre anteilig als Betriebsausgaben oder Werbungskosten zu berücksichtigen. Aus Vereinfachungsgründen kann im Jahr der Anschaffung oder Herstellung für die im ersten Halbjahr angeschafften oder hergestellten Arbeitsmittel der volle und für die im zweiten Halbjahr angeschafften oder hergestellten Arbeitsmittel der halbe Jahresbetrag abgezogen werden (Abschn. 86 Abs. 5 EStR, Abschn. 44 Abs. 3 LStR). 313

Wenn es sich um eine **besonders wertvolle Einrichtung** handelt (zur Absetzung bei antiken Möbeln vgl. BFH 31. 1. 86, BStBl II 355; Klein, FR 314

1986, 249, Lück, DStZ A 1990, 216), ist bei den Gewinneinkünften gemäß § 4 Abs. 5 Nr. 7 EStG eine Angemessenheitsprüfung durchzuführen (vgl. Rdnr. 710 ff.), während es bei Überschußeinkünften keine Begrenzung der Aufwendungen gibt (BFH 13. 1. 84, BStBl II 315; 12. 1. 90, BStBl II 423).

Beispiel bei Gewinneinkünften:

315 Rechtsanwalt Karl Meiler kauft einen Schreibtisch für 200 000 DM. Angemessen wäre aber nur ein Schreibtisch für 5 000 DM.
Gem. § 4 Abs. 5 Nr. 7 EStG, der nur die krassen Fälle erfaßt (Abschn. 20 Abs. 20 Satz 2 EStR), würde sich bei einer Nutzungsdauer von 10 Jahren je Veranlagungszeitraum eine Absetzung von 500 DM ergeben.

316 Wird ein Wirtschaftsgut nach einer einkommensteuerrechtlich unbeachtlichen Nutzung als Arbeitsmittel verwendet (sog. **Umwidmung**), so sind die weiteren Absetzungen von den Anschaffungs- oder Herstellungskosten einschließlich Umsatzsteuer nach der voraussichtlichen gesamten Nutzungsdauer des Wirtschaftsguts in gleichen Jahresbeträgen zu bemessen. Der auf den Zeitraum vor der Verwendung als Arbeitsmittel entfallende Teil der Anschaffungs- oder Herstellungskosten des Wirtschaftsguts gilt als abgesetzt (fiktive Absetzung); BFH 2. 2. 90, BStBl II 684; vgl. auch BFH 14. 2. 89, BStBl II 922, m. Anm. Obermeier, KFR F. 3 EStG § 7, 1/89, 351; Abschn. 44 Abs. 3 Sätze 7 und 8 LStR; kritisch von Bornhaupt, BB 1989, 1534; vgl. auch Leu, DStZ A 1988, 486. Diese Grundsätze gelten auch bei geschenkten Wirtschaftsgütern (BFH 16. 2. 90, BStBl II 883).

Beispiel

317 Anschaffung eines Schrankes im Januar 1986 zum Preis von 1 600 DM. Umwidmung im Januar 1991. Nutzungsdauer 10 Jahre.
Eine fiktive AfA für 5 Jahre (= 800 DM) ist verbraucht. Es verbleibt noch ein AfA-Volumen von 800 DM, das auf die restliche Nutzungsdauer zu verteilen ist. Da der Betrag 800 DM nicht übersteigt, könnte er auch im Jahr der erstmaligen Verwendung als Arbeitsmittel in voller Höhe abgezogen werden (§§ 6 Abs. 2, 9 Abs. 1 Nr. 7 Satz 2 EStG; BFH 16. 2. 90, BStBl II 883; von Bornhaupt, BB 1989, 1534; Abschn. 44 Abs. 3 Satz 9 LStR; OFD Köln 16. 12. 87, FR 1988, 19; ausführlich Obermeier, Wohneigentum, Anm. 56 ff.).

b) Nicht direkt zurechenbare Aufwendungen

318 Handelt es sich um eine **gemietete Wohnung,** so sind die auf die gesamte Wohnung entfallenden Mietaufwendungen auf das Arbeitszimmer und die übrige Wohnung aufzuteilen. Zu den aufzuteilenden Kosten zählen Versicherungen (auch Hausrat), Verwaltungs-, Heizungs- und Strom-

Einkommensteuer/Arbeitszimmer

kosten (zur Schätzung der Nebenkosten vgl. Hessisches FG 22. 3. 90 rkr., EFG S. 577) sowie Reinigungskosten (nicht aber Aufwendungen für die Reinigung durch die Ehefrau im Rahmen der ehelichen Unterstützungspflicht, BFH 27. 10. 78, BStBl 1979 II 80, bzw. die im gemeinsamen Haushalt lebende Mutter, FG des Saarlands 31. 5. 89 rkr., EFG S. 453).

319 Bei einer **eigenen Eigentumswohnung** oder einem **eigenen Haus** sind folgende Aufwendungen aufzuteilen: Gebäude-AfA (§ 7 Abs. 4 bzw. Abs. 5 EStG, § 82a EStDV usw.); auf Gebäude entfallende Schuldzinsen und Geldbeschaffungskosten; Reparaturen am Gebäude; laufende Kosten wie Grundsteuer, Versicherungen (auch Hausrat), Verwaltungs-, Heizungs-, Stromkosten, Wassergeld, Kaminkehrer- und Müllabfuhrgebühren, Reinigungskosten (vgl. auch Rdnr. 318; BFH 18. 10. 83, BStBl 1984 II 112).

320 Zur Berücksichtigung **vorweggenommener und nachträglicher Aufwendungen** vgl. Seitrich, BB 1986, 1200.

c) Problem: Arbeitszimmer im Miteigentum

321 Steht die Wohnung, in der sich das Arbeitszimmer befindet, im Miteigentum (der Ehegatten), so kann der Nutzende die volle **Arbeitszimmer-AfA** ansetzen, wenn der Anteil des Arbeitszimmers an der Wohnung nicht seinen Miteigentumsanteil übersteigt; ist der Anteil des Arbeitszimmers größer, so bleibt die Arbeitszimmer-AfA auf die Höhe des Miteigentumsanteils beschränkt (vgl. BFH 12. 2. 88, BStBl II 764, m. Anm. Thomas, KFR F. 6 EStG § 9, 3/88, 199; zu den Auswirkungen vgl. auch Märkle/Franz, BB 1989, 258; BFH 18. 3. 88, BFH/NV S. 777; Wollny, FR 1988, 138 zu einem BFH-Beschl. 22. 6. 87 IX R 38/81 nach Art. 1 Nr. 7 BFH – EntlG, mit dem der BFH die Revision gegen FG Berlin 14. 10. 80, EFG 1981, 337 zurückgewiesen hat).

322 Entsprechendes gilt für die **übrigen Grundstücksaufwendungen** (z. B. Zinsaufwendungen); Abschn. 45 Satz 6 LStR; zum Miteigentum vgl. i. e. Obermeier, Wohneigentum, Anm. 60 ff.

▷ **Gestaltungshinweis:**

323 Ist der Anteil des Arbeitszimmers an der Wohnung größer als der Miteigentumsanteil, so ist eine **entgeltliche Nutzungsvereinbarung** anzuraten. Entsprechendes gilt, wenn bei einer im Alleineigentum stehenden Wohnung das Arbeitszimmer ausschließlich von dem anderen Ehegatten genutzt wird (vgl. OFD Düsseldorf 24. 10. 88, DB S. 2384).

6. Auswirkung auf § 10e EStG

324 Werden Teile der Wohnung nicht zu eigenen Wohnzwecken genutzt, so ist die **Bemessungsgrundlage** um den auf den nicht zu eigenen Wohnzwecken entfallenden Teil **zu kürzen** (§ 10e Abs. 1 Satz 6 EStG; vgl. auch Günther, DB 1988, 2330, zur Kürzung der Bemessungsgrundlage bei einem steuerlich nicht anerkannten Arbeitszimmer).

Beispiel:

325 Anschaffungskosten Wohnung 500 000 DM (davon Grundstück 100 000 DM), daher Bemessungsgrundlage gemäß § 10e EStG 450 000 DM. Arbeitszimmer 10 %.

Es ist folgende Berechnung durchzuführen:

Bemessungsgrundlage	450 000 DM
abzüglich Anteil Arbeitszimmer	45 000 DM
Bemessungsgrundlage § 10e EStG	405 000 DM
Abzugsbetrag des § 10e EStG: 5 %, maximal	15 000 DM

(Geplante Erhöhung durch StÄndG 1991 für Herstellung oder Anschaffung nach dem 31. 12. 90 auf 16 500 DM.)

7. Arbeitszimmer im Betriebsvermögen

a) Notwendiges Betriebsvermögen

326 Grundstücke und Grundstücksteile, die **ausschließlich und unmittelbar für eigenbetriebliche Zwecke genutzt** werden, gehören regelmäßig zum notwendigen Betriebsvermögen (BFH 19. 12. 72, BStBl 1973 II 477; Abschn. 14 Abs. 1 Satz 1 EStR). Bei der **Veräußerung** der Wohnung oder des Hauses zählt der auf das Arbeitszimmer entfallende Mehrerlös zu den Einkünften aus selbständiger Arbeit.

327 Entsprechendes gilt bei der **Entnahme** des Arbeitszimmers, z. B. durch eine Nutzung zu eigenen Wohnzwecken (zu den Voraussetzungen vgl. BFH 31. 1. 85, BStBl II 395). Der Entnahmewert ist der Teilwert (§ 6 Abs. 1 Nr. 4 EStG).

328 Eine **Übertragung der stillen Reserven** gem. § 6b EStG ist möglich.

329 Wenn jemand nur Miteigentümer der Wohnung oder des Hauses ist, kann das **Arbeitszimmer** auch nur **in Höhe des Miteigentumsanteils notwendiges Betriebsvermögen** sein (BFH 26. 1. 78, BStBl II 299; a. A. Hessisches FG 27. 7. 89 rkr., EFG 1990, 165, unter Hinweis auf BFH 12. 2. 88, BStBl II 764 – vgl. Rdnr. 321: Auch der betrieblich genutzte Gebäudeanteil der Ehefrau sei notwendiges Betriebsvermögen).

b) Untergeordnete Bedeutung

Eigenbetrieblich genutzte Gebäudeteile brauchen nach Auffassung der Finanzverwaltung jedoch nicht als Betriebsvermögen behandelt zu werden, wenn ihr Wert im Verhältnis zum Wert des ganzen Grundstücks von untergeordneter Bedeutung ist. Das ist in der Regel der Fall, wenn der Wert des eigenbetrieblich genutzten Grundstücks- einschließlich Gebäudeteils **weder mehr als ⅕ des Werts des ganzen Grundstücks noch mehr als 20 000 DM beträgt** (Abschn. 14 Abs. 2 EStR; kritisch hierzu BFH 21. 2. 90, BStBl II 578, m. Anm. Irrgang/Turnbull, KFR F. 3 EStG § 4, 6/90, 247). 330

Für die Frage, ob ein Grundstücksteil „von untergeordneter Bedeutung" ist, kann sich der Rechtsanwalt/Notar darauf berufen, daß **Nebenräume** i. S. des § 42 Abs. 4 Nr. 1 der II. BV ausschließlich privat genutzt werden (BFH 21. 2. 90, BStBl II 578). 331

▷ Gestaltungshinweis:

Eine Behandlung des **Arbeitszimmers als notwendiges Betriebsvermögen sollte in der Regel unterbleiben**, wenn der Grundstücksteil von untergeordneter Bedeutung ist; denn es kann – langfristig gesehen – grundsätzlich von einem Wertzuwachs beim Grundvermögen ausgegangen werden. Gleichwohl kann man auch in diesem Fall **sämtliche Gebäudeaufwendungen** als **Betriebsausgaben** abziehen (Abschn. 14 Abs. 6 Satz 4 EStR; vgl. aber Rdnr. 359). Abziehbar ist auch die AfA; denn es besteht nämlich dieselbe Rechtslage wie beim Arbeitszimmer, das im Rahmen von Einkünften aus nichtselbständiger Arbeit genutzt wird (Wirtschaftsgut im Privatvermögen); ebenso Biedermann, Anm. 60; a. A. Heisel, NWB F. 17 a, 747. 332

c) Absetzung für Abnutzung

Wenn der Antrag auf Baugenehmigung (vgl. dazu OFD Münster 8. 5. 87, BB S. 1095) nach dem 31. 3. 1985 gestellt worden ist, sind die verbesserten AfA-Sätze für Wirtschaftsgebäude anzuwenden. 333

Die erhöhten AfA-Sätze betragen:
bei § 7 Abs. 4 EStG jährlich 4 %;
bei § 7 Abs. 5 EStG
in den ersten 4 Jahren jeweils 10 %,
in den darauffolgenden 3 Jahren jeweils 5 %,
in den darauffolgenden 18 Jahren jeweils 2,5 %.

(Einzelheiten zur AfA bei Wirtschaftsgebäuden bzw. Wirtschaftsgebäudeteilen vgl. Zitzmann, DB 1986, 106; Roland, DStZ A 1986, 64.)

8. Nachträgliches Bekanntwerden des Arbeitszimmers

334 Nachträglich bekanntgewordene Tatsachen (z. B. Arbeitszimmer) können selbst bei einem bestandskräftigen Bescheid berücksichtigt werden, wenn den Steuerpflichtigen am nachträglichen Bekanntwerden kein **grobes Verschulden** trifft (§ 173 Abs. 1 Nr. 2 AO). Das FG des Saarlandes (25. 10. 89 rkr., EFG 1990, 147) hat hierzu ausgeführt, von einem nicht auf dem Gebiet des Steuerrechts tätigen Juristen könne nicht generell erwartet werden, daß ihm die Voraussetzungen zur Anerkennung eines häuslichen Arbeitszimmers bekannt seien. Unabhängig davon, ob diesem Urteil gefolgt werden kann, sind die dort aufgestellten Grundsätze auf Rechtsanwälte und Notare nicht übertragbar.

● **Auflagen**

335 vgl. „Geldbußen . . .", Rdnr. 489 ff.

● **Aufzeichnungspflicht von Betriebsausgaben nach § 4 Abs. 5 EStG**

336 vgl. „Bewirtungskosten", Rdnr. 373 ff., insbesondere Rdnr. 390 ff.

● **Ausbildungsdienstverhältnisse**

337 vgl. „Fortbildungskosten", Rdnr. 468 ff., insbesondere Rdnr. 470; „Kinder-Arbeitsverhältnisse . . .", Rdnr. 572 ff., insbesondere Rdnr. 584 ff.

● **Ausbildungskosten**

338 vgl. „Fortbildungskosten", Rdnr. 468 ff.

● **Ausländische Besteuerung**

339 vgl. „Reisekosten", Rdnr. 679 ff., insbesondere Rdnr. 704 ff.

● **Auslandsdienstreisen**

340 vgl. „Reisekosten", Rdnr. 703 ff.

● **Auslandsgeschäftsreisen**

341 vgl. „Reisekosten", Rdnr. 703 ff.

● **Außerordentliche Einkünfte (§ 34 EStG)** ▶ BSt-RA-070 ◀

Literatur: *Möhring/Seebrecht*, Steuerrechtliche Fragen zu den Vergünstigungen für Testamentsvollstrecker und Vormund, BB 1977, 1561; *Oswald*, Zur steuerlichen

Begünstigung von Entschädigungen gemäß § 24 Nr. 1 Einkommensteuergesetz, insbesondere von Entlassungsabfindungen, DStZ A 1979, 351; *Puhl,* Änderungen der Einkommenbesteuerung außerordentlicher Einkünfte im Rahmen der Steuerreform 1990, DB 1988, 1917; *Stuhrmann,* Einkommensteuerermäßigungen bei außerordentlichen Einkünften, NWB F. 3, 6917; *E. Schmidt,* Zur Anwendung des § 34 Abs. 3 EStG, FR 1989, 198.
Verwaltungsanweisungen: Abschn. 200 EStR; Abschn. 120 LStR.

Außerordentliche Einkünfte unterliegen einem ermäßigten Steuersatz (§ 34 EStG). Bei einem Rechtsanwalt/Notar kommt diese Steuerermäßigung vor allem bei **Veräußerungsgewinnen** (§ 34 Abs. 2 Nr. 1 EStG, vgl. Rdnr. 1214 ff.) und bei Einkünften, die die **Vergütung für eine mehrjährige Tätigkeit** sind, in Betracht (§ 34 Abs. 3 EStG). 342

Letztere Möglichkeit besteht bei **gewerblicher, selbständiger und nichtselbständiger Tätigkeit** (Blümich/Lindberg, § 34 EStG, Rz. 102; Abschn. 200 Abs. 3 Satz 2 EStR; a. A. für gewerbliche Einkünfte BFH 22. 5. 75, BStBl II 765). Nach der Verwaltungsmeinung soll die Tarifvergünstigung zwar grundsätzlich nur bei Gewinnermittlung nach **§ 4 Abs. 3 EStG** eintreten (ebenso der BFH 28. 6. 73, BStBl II 729). Diese Einschränkung ist aber nur insoweit zu rechtfertigen, als der Vergütungsanspruch nicht zu aktivieren war (vgl. Puhl, DB 1988, 1917, 1921); denn nach § 34 Abs. 3 EStG kann kein falscher Bilanzansatz korrigiert werden. War eine Aktivierung aber nicht möglich (z. B. bei einem schwebenden Geschäft, vgl. auch „Honorare und Honorarforderungen", Rdnr. 561 ff.), so muß § 34 Abs. 3 EStG auch anwendbar sein. 343

§ 34 Abs. 3 EStG setzt voraus, daß aufgrund der Vorschriften der Einkunftsermittlung eine Zusammenballung von Einkünften eintritt, die bei Einkünften aus **nichtselbständiger Arbeit** auf wirtschaftlich vernünftigen Gründen beruht und bei **anderen Einkünften** nicht dem vertragsgemäßen oder dem typischen Ablauf entspricht (Abschn. 200 Abs. 1 Satz 4 EStR). Diese Verwaltungsmeinung, die nicht von der ständigen BFH-Rechtsprechung abweicht und die z. B. die Einkünfte aus selbständiger Arbeit benachteiligt, ist weder durch den Wortlaut noch durch Sinn und Zweck des § 34 Abs. 3 EStG gedeckt (ausführlich dazu Blümich/Lindberg, § 34 EStG, Rz. 109, m. w. N.). 344

Nach der BFH-Rechtsprechung ist **§ 34 Abs. 3 EStG bei selbständiger Tätigkeit nur anwendbar,** wenn 345
- sich der Rechtsanwalt während mehrerer Jahre ausschließlich mit einer Sache beschäftigt und die Vergütung dafür in einem Jahr erhalten hat oder

- er die Vergütung für eine sich über mehr als 12 Monate erstreckende Sondertätigkeit erhalten hat, die von der übrigen Tätigkeit abgrenzbar ist und nicht zum regelmäßigen Gewinnbetrieb gehört (BFH 10. 5. 61, BStBl III 354; 28. 6. 73, BStBl II 729; 22. 5. 75, BStBl II 765; Abschn. 200 Abs. 3 Satz 1 EStR).

Beispiel:
Rechtsanwalt/Notar schreibt ein Buch und benötigt dafür mehr als ein Jahr. Er erhält das Honorar in einem Betrag.

346 Diese einschränkende Behandlung führt jedoch dazu, daß – wie schon das Beispiel zeigt – die Tarifvergünstigung des § 34 Abs. 3 EStG bei Einkünften aus selbständiger Arbeit in den seltensten Fällen zur Anwendung kommt, da die **berufstypischen Tätigkeiten eines Rechtsanwalts/Notars breit gefächert** sind (vgl. „Selbständige . . . Tätigkeit", Rdnr. 729 ff., insbesondere Rdnr. 734 f.).

Beispiele für Versagung des § 34 Abs. 3 EStG:

347 Konkursverwaltung (RFH 28. 7. 38, RStBl S. 809); Beratung bei der Aufstellung von Bilanzen (RFH 13. 7. 39, RStBl S. 1055); mehrjährige Prozeßführung (BFH 24. 1. 85 IV R 328/84, n. v.); Aufstellung eines Nachlasses (RFH 8. 4. 43, RStBl S. 428); Testamentsvollstreckung (BFH 28. 6. 73, BStBl II 729; vgl. auch Rdnr. 1272 ff.); Vermögensverwaltung (BFH 22. 5. 75, BStBl II 765).

348 Um dieses ungünstige Ergebnis zu vermeiden, empfiehlt es sich bei solchen Dauertätigkeiten, die Vergütung – soweit möglich – **laufend in Rechnung zu stellen** und zu vereinnahmen (vgl. Möhring/Seebrecht, BB 1977, 1561).

349 Von einer **Zusammenballung** i. S. des § 34 Abs. 3 EStG ist auch auszugehen, wenn die Vergütung während eines Kalenderjahres in mehreren Teilbeträgen gezahlt wird (BFH 11. 6. 70, BStBl II 639; 30. 7. 71, BStBl II 802) oder – ausnahmsweise (BFH 21. 6. 90, BFH/NV S. 772) – wenn die Zahlungen in zwei Jahren eingehen, dies aber der Rechtsanwalt/Notar nicht zu vertreten hat (BFH 16. 9. 66, BStBl 1967 III 2). Eine Zusammenballung ist aber nicht anzunehmen, wenn die Parteien die Vergütung bereits durch ins Gewicht fallende Teilzahlungen auf mehrere Jahre verteilt haben (BFH 10. 2. 72, BStBl II 529).

350 Die **Berechnung** hat sich ab 1990 verändert. Da **Hauptanwendungsfall** des § 34 Abs. 3 EStG der eines **nichtselbständig Tätigen** ist, folgt ein entsprechendes Beispiel (vgl. Abschn. 200 Abs. 5 EStR):

Ein alleinstehender Arbeitnehmer erhält im Kalenderjahr 1990 eine Lohnnachzahlung von 92 000 DM, die wirtschaftlich auf mehrere Kalenderjahre entfällt. Ferner hat er laufende Einnahmen aus nichtselbständiger Arbeit von 70 000 DM. Die Werbungskosten übersteigen nicht den Arbeitnehmer-Pauschbetrag. Die abziehbaren Sonderausgaben und sonstigen Abzüge betragen 10 000 DM.

Von den Einkünften aus nichtselbständiger Arbeit entfallen auf

laufende Einkünfte (70 000 − $\frac{70\,000}{162\,000}$ × 2 000 DM =)	69 136 DM
außerordentliche Einkünfte (92 000 − $\frac{92\,000}{162\,000}$ × 2 000 DM =)	+ 90 864 DM
Einkünfte aus nichtselbständiger Arbeit	160 000 DM
Sonderausgaben und sonstige Abzüge	− 10 000 DM
zu versteuerndes Einkommen	150 000 DM
davon ab: außerordentliche Einkünfte	− 90 864 DM
	59 136 DM
Einkommensteuer (Grundtabelle) aus 59 136 DM =	14 124 DM
zuzüglich ⅓ der außerordentlichen Einkünfte	+ 30 288 DM
	89 424 DM
Einkommensteuer (Grundtabelle) aus 89 424 DM =	25 972 DM
Unterschiedsbetrag	11 848 DM
Multipliziert mit dem Faktor 3 =	35 544 DM
zuzüglich Einkommensteuer auf zu versteuerndes Einkommen ohne Nachzahlung	14 124 DM
Einkommensteuerschuld	49 668 DM

Dieser Betrag übersteigt nicht die Einkommensteuer, die sich ohne Anwendung des § 34 Abs. 3 EStG ergäbe.

- **Aussetzungszinsen**
vgl. „Hinterziehungszinsen", Rdnr. 556 ff. 351

- **Beginn der freiberuflichen Tätigkeit**
vgl. Rdnr. 1080 ff., 1082 ff. 352

- **Behinderte**
vgl. „Kraftfahrzeugkosten", Rdnr. 609 ff., 646. 353

- **Beiträge**
354 zu einer Standesorganisation (Anwalts-, Notarkammer) sind Betriebsausgaben (§ 4 Abs. 4 EStG) oder Werbungskosten (§ 9 Abs. 1 Satz 3 Nr. 3 354

EStG). Eine Ausnahme besteht bei Versorgungsbeiträgen (vgl. „Versicherungen", Rdnr. 810 ff., 812).

- **Berufsfortbildungskosten**

355 vgl. „Fortbildungskosten", Rdnr. 468 ff.

- **Berufskleidung**
  (§§ 4 Abs. 4, 9 Abs. 1 Satz 3 Nr. 6 EStG) ▶ BSt-RA-075 ◀

356 Die Anschaffung bürgerlicher Kleidung zählt zu den Kosten der Lebensführung (§ 12 Nr. 1 EStG). Abziehbar sind nur die Aufwendungen für **typische Berufskleidung** (so ab 1990 in § 9 Abs. 1 Satz 3 Nr. 6 EStG), also Ausgaben (Anschaffungen und Instandhaltung) für Robe (vgl. BFH 24. 1. 58, BStBl III 117), weiße Hemden und Kragen, die zur Robe getragen werden (vgl. BFH 3. 7. 59, BStBl III 328), nicht aber für weiße Hemden in Normalausführung, die auch zu anderen Gelegenheiten getragen werden können (vgl. FG Münster 26. 7. 67 rkr., EFG S. 567).

- **Berufsunfähigkeitsversicherung**

357 vgl. „Versicherungen", Rdnr. 810 ff., 811, 820.

- **Beteiligungen**

358 vgl. „Geldgeschäfte", Rdnr. 494 ff.

- **Betriebsausgaben (§ 4 Abs. 4 EStG)** ▶ BSt-RA-080 ◀

Literatur: *Söhn* (Hrsg), Die Abgrenzung der Betriebs- und Berufssphäre von der Privatsphäre, Köln 1980; *Peter* (Hrsg), ABC der abzugsfähigen/nichtabzugsfähigen Ausgaben, B 13 Betriebsausgaben/Sonderbetriebsausgaben, NWB F. 3c, 3955.
Verwaltungsanweisungen: Abschn. 20 Abs. 1, 117 ff. EStR.

1. Begriff

359 Betriebsausgaben sind die Aufwendungen, die durch den Betrieb, also die Praxis, veranlaßt sind (§ 4 Abs. 4 EStG). Ausgaben in diesem Sinn sind **Aufwendungen in Geld oder Geldeswert,** auch im Wege der Verteilung (AfA), nicht jedoch Aufwendung von Freizeit. **Drittaufwand** ist **nicht** begünstigt (BFH 20. 9. 90, BStBl 1991 II 82, m. Anm. LS, DStR 1990, 766 und Kemmer, KFR F. 3 EStG § 4, 4/91, 57).

360 Betriebsausgaben müssen mit Rücksicht auf den Betrieb gemacht werden und mit ihm unmittelbar oder mittelbar zusammenhängen. Eine **betriebliche Veranlassung** ist stets dann anzunehmen, wenn **objektiv** ein Zusammenhang mit dem Betrieb besteht und **subjektiv** die Aufwendungen zur

Einkommensteuer/Betriebsausgaben

Förderung des Betriebs gemacht werden. Dabei setzen Betriebsausgaben stets zwingend einen solchen objektiven Zusammenhang voraus, während die subjektive Absicht, mit der Ausgabe den Betrieb zu fördern, nicht in jedem Fall notwendiges Merkmal des Betriebsausgabenbegriffs ist; denn auch unfreiwillige Ausgaben und Zwangsaufwendungen – z. B. Zerstörung des Betriebsfahrzeugs – können Betriebsausgaben sein (BFH 28. 11. 80, BStBl 1981 II 368; Söhn, FR 1980, 301). Der Begriff der Veranlassung setzt einen inneren wirtschaftlichen Zusammenhang mit dem Betrieb voraus; ein rein rechtlicher Zusammenhang ist nicht ausreichend (BFH 18. 4. 72, BStBl II 757).

Zu vorab entstandenen Betriebsausgaben vgl. Rdnr. 1087; zu nachträglichen Betriebsausgaben vgl. Rdnr. 1248 ff. 361

Die betriebliche ist von der **privaten Veranlassung** abzugrenzen (vgl. § 12 Nr. 1 EStG; Abschn. 20 Abs. 1, 117 ff. EStR). 362

Beispiele für private Veranlassung:
Aufwendungen für Kleidung und Schuhe – ausgenommen typische Berufskleidung (vgl. Rdnr. 356) –, für Bewirtung anläßlich eines Geburtstages, für gesellschaftliche Veranstaltungen.

Grundsätzlich sind die Höhe der Aufwendungen, ihre Notwendigkeit, Üblichkeit und Zweckmäßigkeit für die Anerkennung als Betriebsausgaben ohne Bedeutung. Eine **Angemessenheitsprüfung** findet jedoch bei solchen Aufwendungen statt, die die Lebensführung berühren (§ 4 Abs. 5 Nr. 7 EStG; vgl. dazu Rdnr. 710 ff.). Dazu zählen alle Aufwendungen, die zu den Kosten der Lebensführung des Steuerpflichtigen oder anderer Personen gehören würden, wenn sie nicht durch den Betrieb veranlaßt wären. Gemeint sind damit vor allem Aufwendungen, die durch die betriebliche **Repräsentation** mitveranlaßt sind, wie z. B. die Ausstattung von **Büro- und Geschäftsräumen** (vgl. Rdnr. 409 ff.) und die Unterhaltung von **Pkw** (vgl. Rdnr. 609 ff.; vgl. zum ganzen Absatz BFH 8. 10. 87, BStBl II 853, m. w. N.). 363

2. Arten der Betriebsausgaben

Hier sind drei Gruppen zu unterscheiden: 364

- Die **in vollem Umfang als Betriebsausgaben abziehbaren** Aufwendungen, z. B. Löhne und Gehälter (vgl. Rdnr. 860 ff.), Raumkosten (vgl. Rdnr. 405 ff.), Büro- und Geschäftsausstattung (vgl. Rdnr. 409 ff.).
- Betriebsausgaben, die **nicht oder nicht vollabziehbar** sind, z. B. nach § 3c EStG, § 160 AO sowie § 4 Abs. 5 und 7 EStG (vgl. Rdnr. 365).

- Gemischte (teils betriebliche, teils private) **Aufwendungen**, die nur insoweit als Betriebsausgaben abziehbar sind, als die betriebliche Veranlassung leicht und einwandfrei abgrenzbar ist (vgl. „Kraftfahrzeugkosten", Rdnr. 609 ff.; „Telefonkosten", Rdnr. 778 ff.).

3. Nichtabziehbare Betriebsausgaben nach § 4 Abs. 5 EStG

Literatur: *Böhme,* Die Jagd im Steuerrecht, DStZ A 1985, 612; *Brosch,* Nichtabziehbare Betriebsausgaben nach § 4 Abs. 5 EStG, BBK F. 13, 3189; *Korten,* Lohnaufwand als nichtabzugsfähige Betriebsausgabe?, DB 1989, 1309.

Verwaltungsanweisungen: Abschn. 20, 20a EStR.

365 Nach § 4 Abs. 5 EStG dürfen folgende Betriebsausgaben den Gewinn nicht mindern:

- **Geschenkaufwendungen** für Personen, die nicht Arbeitnehmer des Rechtsanwalts oder Notars sind, wenn die Anschaffungs- oder Herstellungskosten der dem Empfänger im Wirtschaftsjahr zugewendeten Gegenstände insgesamt 75 DM nicht übersteigen (Nr. 1, vgl. Rdnr. 511 ff.);
- Teile von **Bewirtungsaufwendungen** (Nr. 2, vgl. Rdnr. 373 ff.);
- Aufwendungen für Einrichtungen des Rechtsanwalts oder Notars, soweit sie der Bewirtung, Beherbergung oder Unterhaltung von Personen, die nicht Arbeitnehmer des Rechtsanwalts oder Notars sind, dienen **(Gästehäuser)** und sich außerhalb des Ortes eines Betriebs des Steuerpflichtigen befinden (Nr. 3);
- Aufwendungen für **Jagd oder Fischerei**, für **Segeljachten** oder **Motorjachten** sowie für ähnliche Zwecke und für die hiermit zusammenhängenden Bewirtungen (Nr. 4; vgl. auch Korten, DB 1989, 1309; Böhme, DStZ A 1985, 612);
- **Mehraufwendungen für Verpflegung,** soweit sie 140 % der höchsten Tagegeldbeträge des Bundesreisekostengesetzes übersteigen (Nr. 5, vgl. Rdnr. 681, 691 ff.).
- Aufwendungen für **Fahrten des Steuerpflichtigen zwischen Wohnung und Betriebsstätte** und für **Familienheimfahrten,** soweit sie die sich in entsprechender Anwendung von § 9 Abs. 1 Nr. 4 und 5 und Abs. 2 EStG ergebenden Beträge übersteigen (Nr. 6, vgl. Rdnr. 629 ff.);
- **Unangemessene Repräsentationsaufwendungen** (Nr. 7, vgl. Rdnr. 710 ff.);
- **Geldbußen, Ordnungsgelder und Verwarnungsgelder** (Nr. 8, vgl. Rdnr. 488 ff.).

• Zinsen auf hinterzogene Steuern nach § 235 AO (Nr. 8a, vgl. Rdnr. 556 ff.).

4. Geltendmachung der Betriebsausgaben

Die Betriebsausgaben sind gesondert in der Gewinnermittlung nach § 4 Abs. 1 bzw. Abs. 3 EStG aufzuführen. Sie sind grundsätzlich (ggf. Schätzung der Anteile bei gemischten Aufwendungen; für Kraftfahrzeugkosten vgl. Rdnr. 609 ff.; für Telefonkosten vgl. Rdnr. 778 ff.) **nachzuweisen oder glaubhaft zu machen** (z. B. bei kleineren Aufwendungen). Eine Glaubhaftmachung ist nicht ausreichend, wenn besondere Nachweise erforderlich sind (vgl. z. B. § 4 Abs. 5 Nr. 2 EStG). Besondere **Aufzeichnungspflichten** ergeben sich z. B. aus § 4 Abs. 7 EStG (vgl. dazu Rdnr. 390 ff.).   366

• **Betriebsunterbrechungsversicherung**

vgl. „Versicherungen", Rdnr. 810 ff., 824.   367

• **Betriebseinnahmen**

sind alle Zugänge in Geld oder Geldeswert, die durch die Praxis veranlaßt sind, in erster Linie Honorare (vgl. Rdnr. 561 ff.), Vorschüsse (vgl. Rdnr. 837 ff.) und Einnahmen aus Hilfsgeschäften (vgl. Rdnr. 548 ff.).   368

• **Betriebsvermögen** ▶ BSt-RA-085 ◀

Literatur: *Wassermeyer,* Die Abgrenzung des Betriebsvermögens vom Privatvermögen in Söhn (Hrsg), Die Abgrenzung der Betriebs- oder Berufssphäre von der Privatsphäre, Köln 1980, 315; *Woerner,* Notwendiges und gewillkürtes Betriebsvermögen – eine überholte Entscheidung?, StbJb 1989/90, 207.

Verwaltungsanweisungen: Abschn. 14, 14a EStR.

Notwendiges Betriebsvermögen sind alle Wirtschaftsgüter, die der Praxis dergestalt dienen, daß sie objektiv erkennbar zum unmittelbaren Einsatz in der Praxis bestimmt sind (st. BFH-Rspr., z. B. 3. 8. 77, BStBl 1978 II 53, m. w. N.; Woerner, StbJb 1989/90, 207, 210, m. w. N., in FN 9).   369

Gewillkürtes Betriebsvermögen sind alle Wirtschaftsgüter, die subjektiv bestimmt und objektiv geeignet sind, die bestimmte Praxis zu fördern (vgl. z. B. BFH 23. 5. 85, BStBl II 517; 17. 4. 86, BStBl II 607; Woerner, StbJb 1989/90, 207, auch zur Kritik an dem Begriff „gewillkürtes Betriebsvermögen"; vgl. auch Wassermeyer, a. a. O., der – ausgehend vom   370

Veranlassungsprinzip – objektive Umstände nur als Beweisanzeichen für den Willen des Rechtsanwalts/Notars betrachtet).

371 Rechtsprechung und Finanzverwaltung lassen bei Gewinnermittlung nach § 4 Abs. 3 EStG die Bildung von gewillkürten Betriebsvermögens nicht zu (BFH 7. 10. 82, BStBl 1983 II 101; kritisch Blümich/Müller-Gatermann/Dankmeyer, § 4 EStG Rz. 162; Woerner, StbJb 1989/90, 207, 229 f., jeweils m. w. N.).

372 Die Wirtschaftsgüter, die weder notwendiges noch gewillkürtes Betriebsvermögen sind, bezeichnet man als **notwendiges Privatvermögen**.
Vgl. auch zu den Gewinnermittlungsvorschriften, Rdnr. 8 ff.; „Aktivierung . . .", Rdnr. 261 ff.; „Geldgeschäfte", Rdnr. 494 ff.; „Grundstücke und Gebäude", Rdnr. 521 ff.; „Kraftfahrzeugkosten", Rdnr. 609 ff.

- **Bewirtungskosten (§ 4 Abs. 5 Nr. 2 EStG)** ▶ BSt-RA-090 ◀

Literatur: *Puhl*, Der Abzug der Aufwendungen für Bewirtung (§ 4 Abs. 5 Ziff. 2 EStG 1975), FR 1975, 3; *el*, Bewirtung von Geschäftsfreunden im Privathaushalt, DB 1974, 1887; *el*, Kundschaftstrinken und Bewirtungskosten, DB 1975, 955; *Güldenagel*, Zur Abzugsfähigkeit von Bewirtungskosten bei fehlender Namensangabe des bewirtenden Steuerpflichtigen in einer Gaststättenrechnung, DB 1986, 1494; *el*, Nachweis von Bewirtungskosten – Angabe des bewirtenden Unternehmers, DB 1986, 1691; *Risse*, Unangemessene Bewirtungskosten als Betriebsausgaben BB 1986, 2099; *Lempenau*, Betriebsausgaben und Gewinnermittlung, DB 1987, 113; *el*, Angemessenheit von Bewirtungskosten, DB 1987, 612; *Bordewin*, Aufzeichnungspflichten bei Bewirtungsaufwendungen, NWB F. 3, 6887; *el*, Kundschaftsessen und Kundschaftstrinken, DB 1988, 1825; *Günther*, Zur Abzugsfähigkeit von Bewirtungsaufwendungen, NSt 1988/16 Bewirtungsaufwendungen – Darstellung 1; *Kremerskothen*, Abzug von Bewirtungsaufwendungen als Betriebsausgaben, BBK F. 8, 1075; *E. Schmidt*, Zur Neuregelung der Bewirtungskosten, BB 1988, 1938; *Sauren*, Die Einschränkung der Abzugsfähigkeit der Bewirtungsaufwendungen gemäß dem SteuerreformG 1990, DStZ A 1989, 189; *Schnell*, Ab 1990: Eingeschränkter Bewirtungskostenabzug, LSW Gr. 5, 1521 (12/1989); *Wollny/Baumdicker*, Bewirtungskosten, LSW Gr. 4/61, 1 (6/1989); *Kuhn* Eingeschränkte Berücksichtigung von Bewirtungskosten nach dem Steuerreformgesetz 1990, DB 1989, 2400; *E. Schmidt*, Bewirtungen bei Besprechungen, FR 1990, 245; *Horlemann*, Nochmals – eingeschränkte Berücksichtigung von Bewirtungskosten nach dem SteuerreformG 1990, Zugleich eine Erwiderung auf Kühn in DB 1989, 2400, DB 1990, 1006; *Neufang*, Bewirtungskosten – nach der Neuregelung richtig beraten!, Inf. 1990, 301; *Steinhauff*, Aufwendungen für den gemeinsamen Besuch von Nachtlokalen mit Geschäftsfreunden, KFR F. 3 EStG § 4, 7/90, 281; *Bordewin*, Abzug von Bewirtungskosten als Betriebsausgaben, NWB F. 3, 7493; *Stuber/Nägele*, Reisekosten, Bewirtung, Repräsentation, 20. Aufl., 1990; *Richter/Richter*, Reise- und Bewirtungskosten, Herne/Berlin 1991; *Horle-*

mann, EStÄR 1990: Einschränkung des Betriebsausgabenabzugs für Bewirtungsaufwendungen, DStR 1990, 728; *Späth*, Anforderungen an Gaststättenrechnungen – Zulässigkeit von Ergänzungen, DStZ A 1990, 559.
Verwaltungsanweisungen: Abschn. 20 Abs. 7 bis 11 EStR; BMF 29. 11. 74, ESt-ReformG, BStBl I 946, 951; BMF 14. 7. 75, ESt-rechtliche Behandlung von Bewirtungsaufwendungen und von Mehraufwendungen für Verpflegung, BStBl I 922.

1. Allgemeines

Bei Rechtsanwälten/Notaren sind Bewirtungskosten unter **denselben Voraussetzungen wie bei anderen Steuerpflichtigen** abziehbar (BFH 6. 12. 63, BStBl 1964 III 134). Nach diesem Urteil sollen zwar bei freien Berufen strenge Anforderungen an die Darlegungs- und Nachweispflicht gestellt werden, weil bei ihnen nach der Lebenserfahrung Bewirtungskosten, insbesondere, wenn sie außerhalb des Büros anfallen, häufig mit der privaten Lebensführung zusammenhängen sollen. Soweit darin eine Einschränkung der abziehbaren Aufwendungen für diese Personengruppe zu sehen ist, könnte dem aus Gleichbehandlungsgründen nicht gefolgt werden. Nach § 4 Abs. 5 Satz 3 EStG bleibt § 12 Nr. 1 EStG unberührt. Somit ist § 4 Abs. 5 Nr. 2 EStG nur anwendbar, wenn die Aufwendungen objektiv ausschließlich oder doch weitaus überwiegend durch den Betrieb veranlaßt sind. Liegt der unmittelbare Anlaß für die Aufwendungen in der **persönlichen Sphäre** (z. B. bei einer Geburtstagsfeier, einem Jubiläum – anders bei Firmenjubiläum, vgl. BFH 8. 3. 90 IV R 108/88, NWB EN-Nr. 1750/90, einer Hochzeit, einer Feier anläßlich der Geburt eines Kindes o. ä.), so scheidet die berufliche Veranlassung aus, selbst wenn der Steuerpflichtige – durch die Einladung von Geschäftsfreunden und Angestellten – auch berufliche Zwecke verfolgt haben mag (BFH 15. 5. 86, BFH/NV S. 657, 12. 12. 68, BStBl 1969 II 239; 24. 9. 80, BStBl 1981 II 108; zum Aufteilungs- und Abzugsverbot BFH 19. 10. 70, BStBl 1971 II 17; anders bei der USt BFH 12. 12. 85, BStBl 1986 II 216). § 12 Nr. 1 EStG findet auch insoweit Anwendung, als eine Personengesellschaft derartige Kosten zugunsten ihrer einkommensteuerpflichtigen Gesellschafter übernimmt (BFH 28. 4. 83, BStBl II 668).

373

Nach § 52 Abs. 5 EStG ist § 4 Abs. 5 Nr. 2 EStG **erstmals für das Wirtschaftsjahr anzuwenden, das nach dem 31. 12. 89 endet.** Die wichtigsten Änderungen sind, daß auch die Bewirtung von Arbeitnehmern unter Nr. 2 fällt, daß aber ein geschäftlicher Anlaß (vgl. Rdnr. 382 ff.) vorliegen

374

muß. Eine Einschränkung besteht darin, daß nur 80 % der angemessenen Aufwendungen abziehbar sind (vgl. Rdnr. 386 ff.). Erleichterungen gegenüber der früheren Rechtslage ergeben sich aus § 4 Abs. 5 Nr. 2 Sätze 2 und 3 EStG (vgl. Rdnr. 391).

375 § 4 Abs. 5 Nr. 2 EStG ist **nur bei Unternehmern, nicht bei Arbeitnehmern** anzuwenden (für diesen Personenkreis vgl. BFH 23. 3. 84, BStBl II 557; 21. 10. 86, BFH/NV 1987, 241, jeweils für Aufwendungen zugunsten unterstellter Mitarbeiter; BFH 16. 3. 84, BStBl II 433, für Aufwendungen zugunsten von Kunden seines Arbeitgebers). Ein Abzug der Bewirtungsaufwendungen ist aber auch bei Arbeitnehmern ausgeschlossen, wenn der Anlaß in der persönlichen Sphäre liegt (BFH 8. 3. 90 IV R 108/88, NWB EN-Nr. 1750/90, für Dienstjubiläum; vgl. auch Rdnr. 373).

2. Begriff der Bewirtung

376 Der Begriff der Bewirtung setzt voraus, daß **andere Personen eingeladen** werden. § 4 Abs. 5 Nr. 2 EStG ist daher nicht anwendbar, wenn der Rechtsanwalt bzw. Notar allein ißt (vgl. BFH 30. 1. 86, BStBl II 488; zum Essen bei Mandanten vgl. BFH 14. 4. 88, BStBl II 771; zum Essen auf Geschäftsreisen vgl. „Reisekosten", Rdnr. 689 ff.). Liegt eine Bewirtung in diesem Sinn vor, so zählen auch die Aufwendungen, die auf den Rechtsanwalt bzw., Notar entfallen, zum Bewirtungsvorgang und damit zu den Betriebsausgaben i. S. von § 4 Abs. 5 Nr. 2 EStG (vgl. BFH 25. 2. 88, BStBl II 581; 30. 1. 86, BStBl II 488).

377 Bewirtungskosten sind Aufwendungen für **Essen, Trinken und Rauchen;** dazu zählen auch **Nebenkosten,** die zwangsläufig im Zusammenhang mit der Bewirtung anfallen, z. B. Kosten für die Garderobe und Toilette (BFH 25. 3. 88, BStBl II 655, unter 3.). Werden neben dieser Bewirtung im engeren Sinn auch noch **andere Leistungen** (z. B. Varieté, Striptease und ähnliches) geboten, und steht der geforderte **Gesamtpreis** in einem offensichtlichen Mißverhältnis zu dem Wert der verzehrten Speisen und/ oder Getränke, so richtet sich die Beurteilung der Aufwendungen nicht mehr nach § 4 Abs. 5 Nr. 2 EStG, sondern nach § 4 Abs. 5 Nr. 7 EStG (BFH 16. 2. 90, BStBl II 575, m. Anm. Steinhauff, KFR F. 3 EStG § 4, 7/90, 281; BFH 16. 2. 90. BFH/NV S. 698; FG Berlin 19. 6. 90 rkr., EFG 1991, 15).

378 Anderes gilt, wenn nicht ein Gesamtpreis, sondern getrennte **Entgelte** zu zahlen sind, z. B. bei Fahrtkosten (Puhl, FR 1975, 3), Aufwendungen für

Musik, Saalmiete (FG Berlin 7. 11. 84, rkr., EFG 1985, 387), Übernachtung (Wolff-Diepenbrock in Littmann/Bitz/Meincke, §§ 4, 5 Rdnr. 1684, unter Hinweis auf die Unterscheidung zwischen Bewirtung, Beherbergung und Unterhaltung in § 4 Abs. 5 Nr. 3 EStG; a. A. el, DB 1975, 376).

379 Werden anläßlich einer **geschäftlichen Besprechung** lediglich Getränke, Tabakwaren o. ä. in geringem Umfang angeboten, so handelt es sich um eine übliche Geste der Höflichkeit und nicht um eine Bewirtung i. S. von § 4 Abs. 5 Nr. 2 EStG (E. Schmidt, FR 1990, 245; a. A. wohl Abschn. 20 Abs. 11 EStR; zum Nachweis vgl. Rdnr. 391).

3. Bewirtete Personen

380 Bewirtete Personen können (auch potentielle) **Geschäftsfreunde**, Klienten, Lieferanten u. ä. Personen, ab 1990 **auch Arbeitnehmer**, sein. Eine Ausnahme besteht nur, wenn die Bewirtung insgesamt nicht aus geschäftlichem Anlaß geschieht (vgl. Rdnr. 382 ff.).

381 Im Rahmen der Bewirtung von Geschäftsfreunden können auch **eigene Angehörige und Angehörige der Geschäftsfreunde** gem. § 4 Abs. 5 Nr. 2 EStG bewirtet werden.

4. Geschäftlicher Anlaß

382 Neben der betrieblichen Veranlassung (vgl. Rdnr. 373) muß der Rechtsanwalt bzw. Notar die Personen aus geschäftlichem Anlaß bewirten. Dieses Merkmal gilt **erst ab dem Wirtschaftsjahr, das nach dem 31. 12. 1989 endet** (§ 52 Abs. 5 EStG). Unter geschäftlichem Anlaß versteht man insbesondere die Pflege, Intensivierung und Anbahnung von Geschäftsbeziehungen.

383 Der Umfang des Tatbestandsmerkmals „aus geschäftlichem Anlaß" ist noch nicht abschließend geklärt. Es soll jedenfalls die reinen **betriebsinternen Bewirtungen der Arbeitnehmer** (z. B. bei Betriebsfeiern, Betriebsausflügen usw.) **ausschließen** (zur Behandlung beim Arbeitnehmer vgl. Abschn. 72, 73 Abs. 2 LStR), da eine Kürzung dieser Aufwendungen auf höchstens 80 % nicht gerechtfertigt erschien (BTDrucks. 11/2529, 226 und 11/2536, 76); wohl auch andere Aufwendungen, die als **innerbetriebliche** anzusehen sind oder die nicht der unmittelbare Anbahnung von

Geschäftsbeziehungen dienen (Kühn, DB 1989, 2400; E. Schmidt, BB 1988, 1938; a. A. Sauren, DStZ A 1989, 189; Sarrazin, NWB F. 3 b, 3837; Abschn. 20 Abs. 8 Satz 3 EStR).

Beispiele für fehlenden Anlaß:

384 Bewirtungen von Prüfern des FA bzw. der Sozialversicherungsträger, für den Betrieb tätigen selbständigen Handwerker, anläßlich des Besuchs einer Schulklasse, im Rahmen einer Öffentlichkeitsarbeit (z. B. Veranstaltung einer Kunstausstellung).

385 Bei der Prüfung, ob ein geschäftlicher Anlaß besteht, ist nicht auf die Bewirtung der einzelnen Personen, sondern auf den **einheitlichen Bewirtungsvorgang** abzustellen, d. h., es ist zu untersuchen, ob der Vorgang seinem Charakter nach geschäftlich oder intern ist (vgl. Wolff-Diepenbrock in Littmann/Bitz/Meincke, §§ 4, 5 Rdnr. 1686 a; kritisch Schmidt/ Heinicke, § 4 Anm. 101 a bb; enger Abschn. 20 Abs. 8 Satz 7 EStR, der nur dann einen geschäftlichen Anlaß verneint, wenn ausschließlich Arbeitnehmer bewirtet werden; a. A. Neufang, Inf 1990, 301, der die Bewirtungskosten aufteilen und die auf die Arbeitnehmer entfallenden Aufwendungen ungekürzt anerkennen will; ebenso Niedersächsisches FG 8. 6. 89 VI 433/88 rkr., NWB EN-Nr. 1737/90; unseres Erachtens wegen des Gesetzeswortlauts abzulehnen). Bei betrieblichen Veranstaltungen ist die Bewirtung z. B. von Angehörigen oder Personen, die zur Gestaltung beitragen, unschädlich (Abschn. 20 Abs. 8 Satz 8 EStR). Ist der geschäftliche Anlaß zu bejahen, so gilt § 4 Abs. 5 Nr. 2 EStG auch für den Teil der Aufwendungen, der auf den an der Bewirtung teilnehmenden Rechtsanwalt bzw. Notar und dessen Arbeitnehmer entfällt (Abschn. 20 Abs. 8 Satz 6 EStR).

5. 80 % der angemessenen Aufwendungen

386 Das Gesetz ist verwirrend. Man wird es wohl dahingehend verstehen müssen, daß **zunächst die angemessenen und nachgewiesenen Aufwendungen** (vgl. hierzu Rdnr. 390 ff.) festzustellen sind und dann eine **Begrenzung auf 80 %** vorzunehmen ist (vgl. BFH 16. 2. 90, BStBl II 575; Wolff-Diepenbrock in Littmann/Bitz/Meincke, §§ 4, 5, Rdnr. 1687; Schmidt/ Heinicke, § 4 Anm. 101 c; Abschn. 20 Abs. 8 Satz 5 EStR; zur Anwendung der 80 %-Regelung auf [mit]bewirtete Arbeitnehmer vgl. Rdnr. 383, 385).

Beispiele:

Tatsächliche und nachgewiesene Aufwendungen 2 000 DM; angemessen wären 1 500 DM; abziehbar sind 1 200 DM. 387

Wären in diesem Fall 3 000 DM angemessen, so wären 1 600 DM abziehbar.

Wären nur 1 000 DM nachgewiesen, so wären nur 800 DM abziehbar.

Nach der zutreffenden BFH-Rechtsprechung ist jede **einzelne Aufwendung** für die Bewirtung und/oder anderweitige Unterhaltung auf ihre Angemessenheit zu prüfen. Es kann nicht ein Gesamtposten „Bewirtungs- und Unterhaltungsaufwand für Geschäftsfreunde" gebildet und ins Verhältnis zu anderen Betriebsmerkmalen gesetzt werden (zur Begründung vgl. im einzelnen BFH 16. 2. 90, BStBl II 575). 388

Bei der Prüfung, ob die Aufwendungen nach der allgemeinen Verkehrsauffassung als angemessen anzusehen sind, kann man sich **nicht an absoluten Betragsgrenzen orientieren** (BFH 16. 2. 90, BStBl II 575, unter Aufhebung von FG Düsseldorf 14. 11. 85, EFG 1986, 220; 16. 2. 90, BFH/NV S. 698); es ist vielmehr auf die Umstände des Einzelfalls abzustellen. **Kriterien** für die Beurteilung können z. B. die Größe des Unternehmens, die Höhe der Umsätze und Gewinne und die Bedeutung für den angestrebten Geschäftserfolg sein (vgl. BFH 16. 2. 90, BStBl II 575). 389

6. Nachweise

a) Allgemeines

Der Rechtsanwalt bzw. Notar hat **Höhe und betriebliche Veranlassung** nachzuweisen (§ 4 Abs. 5 Nr. 2 Satz 2 EStG). Diese Aufwendungen sind **einzeln und getrennt** von den sonstigen Betriebsausgaben aufzuzeichnen. Ist diese Voraussetzung nicht erfüllt, so dürfen die Aufwendungen bei der Gewinnermittlung nicht berücksichtigt werden (§ 4 Abs. 7 EStG), selbst wenn der Steuerpflichtige Höhe und betriebliche Veranlassung in anderer Weise nachweist oder glaubhaft macht (BFH 30. 1. 86, BStBl II 488). Dies gilt auch in Bagatellfällen (BFH 14. 9. 89, BFH/NV 1990, 495, unter Aufhebung von FG Berlin 26. 7. 88, EFG 1989, 165; wie BFH auch FG Düsseldorf 29. 9. 88 rkr., EFG 1989, 104, zu Aufwendungen nach § 4 Abs. 5 Nr. 1 EStG). 390

Die Angaben sind **schriftlich** zu machen. Für Wirtschaftsjahre, die nach dem 31. 12. 1989 enden, ist die Verwendung des amtlichen Vordrucks 391 nicht mehr erforderlich (§ 52 Abs. 5 EStG). Die Finanzverwaltung verzichtet auf die Angaben, wenn es sich bei der „Bewirtung" um eine **übliche Geste der Höflichkeit** handelt, z. B. bei Anbieten von Getränken, Tabakwaren u. ä. in geringem Umfang anläßlich einer geschäftlichen Besprechung (Abschn. 20 Abs. 11 EStR: Ausnahme bei Bewirtung in einer Gaststätte; zur Frage, ob in diesem Fall überhaupt eine Bewirtung vorliegt, vgl. Rdnr. 379).

392 Die gesonderte und geordnete Ablage von Bewirtungsbelegen genügt nur dann der Vorschrift des § 4 Abs. 7 EStG, wenn zusätzlich die Summe der Aufwendungen periodisch und zeitnah auf einem **besonderen Konto oder vergleichbaren anderen Aufzeichnungen** eingetragen wird (BFH 26. 2. 88, BStBl II 613, m. Anm. Gassner, KFR F. 3 EStG § 4, 9/88, 217). Dies gilt auch bei Gewinnermittlung nach § 4 Abs. 3 EStG (BFH 10. 3. 88, BStBl II 611, m. Anm. Gassner, KFR F. 3 EStG § 4, 9/88, 217; BFH 26. 10. 88, BFH/NV 1989, 571). Das Schriftstück über die Angaben ist sechs Jahre aufzubewahren (§ 147 Abs. 1 Nr. 5 und Abs. 3 AO).

393 Eine **zeitnahe Verbuchung** setzt voraus, daß die Aufzeichnungen regelmäßig innerhalb einer Frist von 10 Tagen erstellt werden müssen, ausnahmsweise allenfalls einen Monat aufgeschoben werden dürfen (BFH 11. 3. 88, BFH/NV 1989, 22). Eine erstmals nach Ablauf des Geschäftsjahres vorgenommene Verbuchung ist ebenso keine zeitnahe Aufzeichnung wie die summenmäßige Erfassung nach Ablauf des Geschäftsjahres aufgrund einer geordneten Sammlung von Belegen (BFH 22. 1. 88, BStBl II 535; 25. 3. 88, BStBl II 655; 31. 7. 90, BStBl 1991 II 28; Niedersächsisches FG 8. 6. 89 VI 433/88 rkr., NWB EN-Nr. 1737/90, keine Nachholung).

b) Bewirtung in Gaststätte (§ 4 Abs. 5 Nr. 2 Satz 3 EStG)

394 Hat die Bewirtung in einer Gaststätte stattgefunden, so **genügen Angaben zu dem Anlaß und den Teilnehmern der Bewirtung;** die **Rechnung** über die Bewirtung ist beizufügen (§ 4 Abs. 5 Nr. 2 Satz 3 EStG). Ab 1990 ist die Rechnung nicht mehr vom Inhaber der Gaststätte zu unterschreiben.

395 Der **Anlaß** der Bewirtung (vgl. Rdnr. 382 ff.) ist konkret anzugeben; es genügt eine stichwortartige Aufzeichnung, die auf den betrieblichen Zusammenhang abstellt, z. B. Mandant XY, Besprechung in Strafsache Z. Az. XXX.

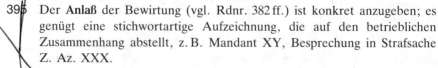

Einkommensteuer / Bewirtungskosten 129

Zu den **Teilnehmern der Bewirtung** (vgl. Rdnr. 380 f.) gehören nach dem 396
Gesetz ab 1990 auch der Bewirtende und dessen Arbeitnehmer (ebenso
zum bisherigen Recht: BFH 25. 2. 88, BStBl II 581; Abschn. 20 Abs. 10
Satz 2 EStR; a. A. Paus, DStZ A 1986, 543). Die Namen der Teilnehmer,
ggf. die Firma sind anzugeben. Die Adresse ist nicht erforderlich (en, DB
1975, 1244; a. A. Puhl, FR 1975, 3).

Auf die Angabe der Namen kann verzichtet werden, wenn ihre Feststel- 397
lung dem Steuerpflichtigen nicht zugemutet werden kann (BFH 25. 2. 88,
BStBl II 581), z. B. bei Betriebsbesichtigungen oder ähnlichen Anlässen.
In diesen Fällen sind die Zahl der Teilnehmer der Bewirtung sowie eine
die Personengruppe kennzeichnende Sammelbezeichnung anzugeben
(Abschn. 20 Abs. 10 Sätze 3 bis 5 EStR; vgl. auch Puhl, FR 1975, 3).

Die **Rechnung** muß die Elemente enthalten, die – bei anderen Bewirtun- 398
gen – der Steuerpflichtige selbst aufzeichnen müßte, also Ort und Tag
der Bewirtung sowie Höhe und Art der Aufwendungen (bei letzterem
genügt die Angabe „Speisen und Getränke"). Es ist grundsätzlich auch
der Bewirtende anzugeben (Wolff-Diepenbrock in Littmann/Bitz/Meincke,
§§ 4, 5 Rdnr. 1694; bei Rechnungen über 200 DM BFH 27. 6. 90, BStBl
II 903, Ergänzung möglich; 2. 10. 90, BStBl 1991 II 174, unter Aufhebung FG Hamburg 1. 3. 85, EFG 1986, 274; wie BFH Abschn. 20 Abs.
9 Satz 4 EStR; Späth, DStZ A 1990, 559; a. A. Güldenagel, DB 1986,
1494). Nicht erforderlich sind Angaben über die Adresse der Gaststätte
(Wolff-Diepenbrock, a. a. O., a. A. Abschn. 20 Abs. 9 Satz 3 EStR; vgl.
auch BMF 29. 11. 74, BStBl I 946, 951; Späth, BB 1974, 1389).

Das **Beifügen der Rechnung** in § 4 Abs. 5 Satz 3 EStG bedeutet, daß die 399
zusätzlichen Angaben und die Rechnung grundsätzlich zusammenzufügen
sind; es ist ausreichend, wenn Angaben und Rechnung jederzeit zusammengefügt werden können (Abschn. 20 Abs. 9 Sätze 5 bis 7 EStR).

c) **Sonstige Bewirtung (§ 4 Abs. 5 Nr. 2 Satz 2 EStG)**

Es sind folgende Angaben zu machen: Ort, Tag, Teilnehmer (vgl. Rdnr. 400
380 f., 396 f.) und Anlaß der Bewirtung (vgl. Rdnr. 395) sowie Höhe der
Aufwendungen. Hier genügt der Ausweis eines Gesamtbetrags.

7. Umsatzsteuer

401 Der Eigenverbrauchsbesteuerung unterliegen unangemessene oder hinsichtlich Höhe und betriebliche Veranlassung nicht nachgewiesene Bewirtungskosten (BFH 16. 2. 90, BFH/NV S. 698), nicht aber die 20%ige Kürzung gem. § 4 Abs. 5 Nr. 2 EStG (§ 1 Abs. 1 Nr. 2 Satz 2 Buchst. c UStG) in der Fassung des Gesetzes zur steuerlichen Förderung des Wohnungsbaus und zur Ergänzung des SteuerreformG 1990 v. 22. 12. 89, BGBl I 2408, BStBl I 505, Art. 7 Nr. 1). Bei abweichendem Wirtschaftsjahr können dadurch Härten auftreten, daß die einkommensteuerrechtliche Änderung bereits 1989 zu beachten ist (§ 52 Abs. 5 EStG), während die umsatzsteuerrechtliche Regelung erst ab 1990 gilt. Dies könnte dadurch gelöst werden, daß für diese Fälle die umsatzsteuerrechtliche Regelung bereits 1989 berücksichtigt wird (Kühn, DB 1989, 2400, der alternativ einen Erlaßantrag vorschlägt).

● **Brandversicherung**
402 vgl. „Versicherungen", Rdnr. 810 ff., 824, 825.

● **Bürgschaft**
403 vgl. „Geldgeschäfte", Rdnr. 494 ff., 496, 497.

● **Bürogemeinschaft**
404 vgl. „Selbständige . . . Tätigkeit", Rdnr. 729 ff., 753; Rdnr. 1426 ff.

● **Büro- und Geschäftsräume** ▶ BSt-RA-095 ◀

Literatur: *Klein,* Abschreibungsfähigkeit von antiken Möbeln, FR 1986, 249; *Obermeier,* Das selbstgenutzte Wohneigentum ab 1987, 2. Aufl. mit Einleger (Stand: Juli 1990), Anm. 52 ff.; *Beater,* Zur Abgrenzung von Herstellungs- und Erhaltungsaufwand bei Softwareumstellungen, DStR 1990, 201; *Lück,* Antiquitäten im Steuerrecht, DStZ A 1990, 216.

1. Raumkosten

405 Kosten für Büro- und Geschäftsräume sind Betriebsausgaben (§ 4 Abs. 4 EStG). Während bei **gemieteten Räumen** die Miete anzusetzen ist, zählen zu den Raumkosten bei **eigenen Büroräumen** die AfA (vgl. dazu „Grundstücke und Gebäude", Rdnr. 521 ff.) und die Finanzierungskosten (zum **häuslichen Arbeitszimmer** vgl. „Arbeitszimmer", Rdnr. 319, 322).

Außerdem sind noch die **Nebenkosten** als Betriebsausgaben abziehbar, 406
z. B. Aufwendungen für Reinigung, Heizung und Beleuchtung. Bei einem
häuslichen Arbeitszimmer sind die Gesamtaufwendungen für das Haus
bzw. die Wohnung nur insoweit als Betriebsausgaben/Werbungskosten
anzuerkennen, als sie auf den betrieblichen/beruflichen Teil entfallen
(vgl. i. e. „Arbeitszimmer", Rdnr. 318 ff.).

Raumkosten sind **nicht darauf zu untersuchen, ob sie angemessen** sind, da 407
für die Ausübung des Berufs eine Kanzlei erforderlich ist. Außerdem
besteht für den Rechtsanwalt/Notar vielfach nur eine eingeschränkte
Wahlmöglichkeit, da verschiedene Kriterien zu berücksichtigen sind, z. B.
zentrale Lage (vor allem bei Notarräumen) oder exklusive Gegend (bei
entsprechender Klientel).

Ist ein Rechtsanwalt Leiter einer Rechtsabteilung eines Unternehmens 408
oder Justitiar einer Bank, und stellt ihm das Unternehmen bzw. die Bank
kostenlos Büroräume zur Verfügung, so ist die marktübliche Miete
Betriebseinnahme und gleichzeitig Betriebsausgabe (RFH 19. 12. 28,
StuW 1929 Nr. 174).

2. Büro- und Geschäftsausstattung

Im Gegensatz zu den Raumkosten sind die Aufwendungen für die Büro- 409
und Geschäftsausstattung einer **Angemessenheitsprüfung** zu unterziehen
(vgl. „Repräsentationsaufwendungen", Rdnr. 710 ff., 714 ff.).

Die angemessene Büro- und Geschäftsausstattung ist zu **aktivieren** und im 410
Rahmen der Nutzungsdauer **abzuschreiben** (vgl. i. e. „Aktivierung von
Anschaffungen und Absetzung für Abnutzung", Rdnr. 261 ff.), wenn es
sich nicht um geringwertige Wirtschaftsgüter des Anlagevermögens (vgl.
i. e. Rdnr. 502 ff.) oder um Erhaltungsaufwand handelt (vgl. Beater,
DStR 1990, 201, zur Abgrenzung von Herstellungs- und Erhaltungsaufwand bei Softwareumstellungen). Zur Behandlung einer **geleasten** Einrichtung vgl. Rdnr. 650.

Die **betriebsgewöhnliche Nutzungsdauer** richtet sich nach den einzelnen 411
Wirtschaftsgütern. Tendenziell ist sie bei Büromöbeln (ca. 10 Jahre)
höher als bei technischen Geräten (z. B. Schreibmaschine ca. 5 Jahre). In
Anbetracht des technischen Wandels dürfte bei Computern die Nutzungsdauer noch niedriger liegen (ca. 3. Jahre).

Bei ständig als Arbeitsmittel in Gebrauch befindlichen Möbelstücken 412
(z. B. Schreibtisch und Schreibtischsessel) kann eine AfA wegen techni-

scher Abnutzung auch dann in Betracht kommen, wenn die Gegenstände schon alt sind und im Wert steigen (so zu **100 Jahre alten Möbeln** BFH 31. 1. 86, BStBl II 355; vgl. auch Klein, FR 1986, 249; Lück, DStZ A 1990, 216).

413 **Kunstgegenstände anerkannter Meister** sind im Regelfall weder einer wirtschaftlichen noch einer technischen Abnutzung zugänglich. In diesen Fällen ist allenfalls eine Abschreibung auf den niedrigeren Teilwert wegen einer Wertminderung, z. B. infolge Stilwandels (Änderung in der Kunstrichtung) und einem damit verbundenen Sinken der Marktpreise möglich (BFH 2. 12. 77, BStBl 1978 II 164).

Vgl. auch „Arbeitszimmer", Rdnr. 311 ff.

- **Darlehen**

414 vgl. „Geldgeschäfte", Rdnr. 494 ff.; „Ehegatten-Arbeitsverhältnisse . . .", Rdnr. 429 ff., 446, 448 f.; „Kinder-Arbeitsverhältnisse . . .", Rdnr. 572 ff.

- **Diebstahlversicherung**

415 vgl. „Versicherungen", Rdnr. 810 ff., 824, 825.

- **Dienstgang**

416 vgl. „Reisekosten", Rdnr. 679 ff., 682 ff.

- **Dienstreise**

417 vgl. „Reisekosten", Rdnr. 679 ff., 682 ff.

- **Dienstverhältnis**

418 vgl. „Ehegatten-Arbeitsverhältnisse . . .", Rdnr. 429 ff.; „Kinder-Arbeitsverhältnisse . . .", Rdnr. 572 ff.; Lohnsteuer, Rdnr. 860 ff.

- **Direktversicherung**

419 vgl. „Ehegatten-Arbeitsverhältnisse . . .", Rdnr. 429 ff.; Lohnsteuer, Rdnr. 891 ff.; „Versicherungen", Rdnr. 810 ff, 819 f.

- **Doppelbesteuerungsabkommen**

420 vgl. „Reisekosten", Rdnr. 679 ff., 703 ff.

● **Doppelte Haushaltsführung** ▶ BSt-RA-100 ◀

Notwendige Mehraufwendungen, die einem Arbeitnehmer wegen einer 421
aus beruflichem Anlaß begründeten doppelten Haushaltsführung entstehen, können als Werbungskosten abgezogen werden (§ 9 Abs. 1 Nr. 5 EStG). Eine doppelte Haushaltsführung ist zu bejahen, wenn der Arbeitnehmer außerhalb des Ortes, in dem er einen eigenen Hausstand unterhält, beschäftigt ist und auch am Beschäftigungsort wohnt (vgl. i. e. Abschn. 43 LStR, auch zur Höhe der anzuerkennenden Aufwendungen). Diese Grundsätze gelten auch bei Gewinneinkünften (BFH 13. 8. 87, BStBl 1988 II 53; 29. 4. 76, BStBl II 558; Abschn. 20a Abs. 6 EStR). Zur Abzugsbeschränkung bei Familienheimfahrten vgl. "Kraftfahrzeugkosten", Rdnr. 609 ff., 647.

● **Durchlaufende Posten**
(§ 4 Abs. 3 Satz 2 EStG) ▶ BSt-RA-105 ◀

Literatur: *Meyer,* Zur Behandlung umsatzsteuerlicher Vorgänge im Rahmen der Einkünfte aus Vermietung und Verpachtung unter besonderer Berücksichtigung des § 9b Abs. 2 EStG, DStZ A 1985, 195.

Verwaltungsanweisungen: Abschn. 17 EStR.

Betriebseinnahmen und Betriebsausgaben, die im Namen und für Rech- 422
nung eines anderen vereinnahmt und verausgabt werden, sind durchlaufende Posten. Sie **scheiden bei der Gewinnermittlung durch Überschußrechnung** (vgl. Rdnr. 1 ff., 15 ff.) aus (§ 4 Abs. 3 Satz 2 EStG). Dies gilt auch bei der Gewinnermittlung durch Betriebsvermögensvergleich (**§ 4 Abs. 1 EStG,** vgl. Rdnr. 1 ff, 8 ff.), da diese Fremdgelder in der Buchführung durch Ansatz eines entsprechenden Aktiv- bzw. Passivpostens auszuweisen sind.

Beispiel:

Ausgaben des Rechtsanwalts für die von seinen Mandanten geschuldeten Gerichts- 423
kosten und Zeugen- und Sachverständigengebühren (vgl. §§ 49, 68 GKG) und die Zahlungen der Mandanten zur Bestreitung bzw. zum Ausgleich solcher Ausgaben (vgl. auch Rdnr. 978 ff.).

Der Begriff des durchlaufenden Postens setzt daher die **Einnahme und die** 424
entsprechende Ausgabe voraus. Dabei ist es unerheblich, ob die Einnahme vor der Ausgabe erfolgt – dies ist der eigentliche Tatbestand des durchlaufenden Postens –, oder ob die Einnahme nachträglich eine zuvor im Namen und für Rechnung eines anderen vorgenommene Auslage ersetzen soll (sog. Auslagenersatz, BFH 18. 12. 75, BStBl 1976 II 370).

425 Hat der Rechtsanwalt in seiner Gewinnermittlung **fehlerhaft** einen durchlaufenden Posten als Betriebseinnahme erfaßt, und ist der entsprechende ESt-Bescheid bereits bestandskräftig geworden, so kann er die entsprechende Ausgabe im Zeitpunkt der Verausgabung als Betriebsausgabe behandeln; denn durchlaufende Posten sind gewinneutral zu behandeln (vgl. BFH 18. 12. 75, BStBl 1976 II 370). Entsprechendes gilt im umgekehrten Fall (Ausgabe wird als Betriebsausgabe behandelt), wenn nicht bereits eine Berichtigung nach § 173 Abs. 1 Nr. 1 AO vorzunehmen ist.

426 Hat der Rechtsanwalt/Notar Gelder in fremden Namen und für fremde Rechnung verausgabt, **ohne daß er entsprechende Gelder vereinnahmt,** so kann er in dem Wirtschaftsjahr, in dem er nicht mehr mit der Erstattung der verausgabten Gelder rechnen kann, in Höhe des nicht erstatteten Betrags eine Betriebsausgabe ansetzen. Soweit der nicht erstattete Betrag noch in einem späteren Wirtschaftsjahr erstattet wird, ist er als Betriebseinnahme zu behandeln (Abschn. 17 Abs. 2 Sätze 3 und 4 EStR).

427 Die von den Mandanten geschuldeten und vom Rechtsanwalt verauslagten Gerichtskosten, Zeugengebühren usw. sind bei diesem **ausnahmsweise** nur dann keine durchlaufenden Posten, wenn sie dieser ohne Abrechnung mit den Mandanten auf eigene Rechnung leistet. Eine Zahlung auf eigene Rechnung liegt aber nicht vor, wenn der Rechtsanwalt von seinem Recht auf Vorschußleistung (vgl. §§ 675, 669 BGB) keinen Gebrauch macht und die Gerichtskosten usw. erst nach Beendigung des Mandats abrechnet (BFH 4. 10. 84, BFH/NV 1986, 215).

428 Keine durchlaufenden Posten, sondern Betriebseinnahmen und Betriebsausgaben sind Zahlung und Erstattung von **Porti, Telefon- und Reisekosten sowie vereinnahmte und verausgabte USt** (BFH 19. 2. 75, BStBl II 441; FG Hamburg 17. 11. 89 rkr., EFG 1990, 624; vgl. auch FG Köln 2. 11. 88 nrkr., EFG 1989, 110; a. A. Meyer, DStZ A 1985, 195).

Vgl. auch „Vorschüsse", Rdnr. 837 ff.

• Ehegatten-Arbeitsverhältnisse, -Darlehens- und -Mietverträge ▶ BSt-RA-110 ◀

Literatur: *Neufang,* Arbeitsverhältnisse mit Ehegatten, Inf 1987, 321; *Maier,* Ehegatten-Arbeitsverhältnisse und ihre steuerliche Anerkennung, BB 1987, 2279; *Neufang,* Arbeitsverhältnisse mit Ehegatten, Inf 1987, 321; *Söffing,* Tantiemezahlungen an Familienangehörige, NWB F. 3, 7111; *el,* Arbeitsverhältnisse mit Ehegatten sowie Kindern und Mindestbarentlohnung, DB 1988, 937; *el,* Arbeitsverträge über gelegentliche Hilfeleistungen von Kindern, DB 1988, 2026; *Pinkos,*

Renaissance des betriebsexternen Vergleichs bei Ehegatten-Arbeitsverhältnissen, DB 1989, 2508; *Wolff-Diepenbrock,* Überweisungen auf ein Oder-Konto bei Ehegattenverträgen – Beschluß des Großen Senats v. 27. 11. 1989, DStR 1990, 104; *Dietrich,* Überweisung des Gehalts an Arbeitnehmerehegatten auf ein Oder-Konto, KFR F. 3 EStG § 4, 3/90, 109; *Söffing,* Arbeitsverhältnis zwischen Angehörigen bei Zurverfügungstellung des Arbeitslohns als Darlehen, NWB F. 3, 7413; *ders.,* Überweisung von Arbeitslohn eines Arbeitnehmer-Ehegatten, NWB F. 3, 7487; *Scholtz,* Arbeitsverhältnisse und Mietverhältnisse zwischen Ehegatten, KFR F. 3 EStG § 4, 8/90, 315; *Stuhrmann,* Arbeitsverhältnisse zwischen Ehegatten, NWB F. 3, 7607; *Assmann,* Anerkennung und Durchführung von Ehegattenarbeitsverhältnissen, BuW 1991, 14; *Carl,* Arbeitsverträge zwischen Ehegatten, Inf 1991, 12.

Verwaltungsanweisungen: Abschn. 23 EStR; Abschn. 69 LStR; BMF 4. 9. 84, Steuerrechtliche Behandlung von Aufwendungen des Arbeitgebers für die betriebliche Altersversorgung des im Betrieb mitarbeitenden Ehegatten, BStBl I 495; BMF 11. 4. 85, Darlehensverträge zwischen nahen Angehörigen, BStBl I 180; BMF 9. 1. 86, Altersversorgung, BStBl I 7; BMF 1. 7. 88, Schenkweise begründete Darlehensschulden, BStBl I 210.

1. Allgemeines

Oft ist es **vorteilhaft,** ein Ehegatten-Arbeitsverhältnis einzugehen. 429

Vorteile: Gewährung steuerfreier Gehaltsteile, z. B. Arbeitnehmer-Pauschbetrag 430 von 2 000 DM (§ 9a Satz 1 Nr. 1 EStG), Abfindungen wegen Auflösung des Dienstverhältnisses (§ 3 Nr. 9 EStG), Geburtsbeihilfen bis 700 DM (§ 3 Nr. 15 EStG); Zahlung vermögenswirksamer Leistungen; Versorgungszusage (vgl. Rdnr. 663 ff.); Möglichkeiten der Pauschalierung, z. B. für Teilzeitbeschäftigte (§ 40a EStG, vgl. Rdnr. 880 ff.), für Zukunftssicherungsleistungen (§ 40b EStG, vgl. Rdnr. 891 ff.); Erwerb von Ansprüchen aus der gesetzlichen Renten-, Kranken- und Arbeitslosenversicherung; Reduzierung des Versorgungsausgleichs bzw. eines Zugewinnausgleichs im Falle der Scheidung (Neufang, Inf 1987, 321).

Nachteile: Zahlung von Kranken-, Renten- und Arbeitslosenversicherungsbeiträ- 431 gen.

Arbeitsverhältnisse zwischen Ehegatten werden steuerrechtlich nur dann 432 anerkannt, wenn sie **klar und eindeutig vereinbart** und auch **tatsächlich vollzogen** worden sind. Vertragsgestaltung und Vertragsdurchführung sind daraufhin zu überprüfen, ob sie auch zwischen fremden Dritten üblich wären (sogenannter **Fremdvergleich**). Wie Ehegatten-Arbeitsverhältnisse werden Arbeitsverhältnisse eines beherrschenden Gesellschafters einer **Personengesellschaft** mit seinem Ehegatten behandelt (BFH 17. 7. 84, BStBl 1986 II 48).

Halten die Vereinbarungen dem Fremdvergleich nicht stand, so können 433 auch etwaige Zahlungen, z. B. unregelmäßige Zahlungen sowie die gezahlten Lohnsteuern und Sozialabgaben, **nicht als Betriebsausgaben** anerkannt werden (BFH 14. 7. 88, BFH/NV 1989, 155).

2. Vertragsabschluß

434 Es muß ein Leistungsaustausch auf arbeitsrechtlicher Grundlage gewollt sein. Der Vertrag muß **zivilrechtlich wirksam** und eindeutig sein. Er muß vor Beginn des Arbeitsverhältnisses abgeschlossen werden. **Rückwirkende Verträge** werden **nicht anerkannt** (BFH 29. 11. 88, BStBl 1989 II 281, zu Tantiemezahlungen an Kinder). Die arbeits- und sozialversicherungsrechtliche Behandlung hat für die steuerrechtliche Beurteilung nur Indizwirkung (BFH 28. 7. 83, BStBl 1984 II 60).

435 Arbeitsverträge müssen nicht **schriftlich** abgeschlossen werden (BFH 10. 8. 88, BStBl 1989 II 137). Um Nachweisschwierigkeiten zu vermeiden, ist jedoch die Schriftform anzuraten.

3. Vertragsgestaltung

436 Das Arbeitsverhältnis muß inhaltlich (sachlich) dem entsprechen, was auch bei **Arbeitsverhältnissen unter Fremden** üblich ist (Ausnahme bei vorehelichem Arbeitsverhältnis, BFH 21. 10. 66, BStBl 1967 III 22 und Abschn. 69 Abs. 2 Satz 7 LStR; zur Anerkennung von wechselseitigen Ehegatten-Arbeitsverträgen vgl. BFH 12. 10. 88, BStBl 1989 II 354; FG Saarland 13. 9. 90 rkr., EFG 1991, 13; in der Regel keine Anerkennung, BFH 20. 5. 88, BFH/NV 1989, 19, zum Unterarbeitsverhältnis vgl. FG Hamburg 23. 8. 89 rkr., EFG 1990, 170). Die **Entlohnung** darf nicht unangemessen hoch sein. Das ist an Hand eines betriebsinternen Fremdvergleichs, in Ausnahmefällen an Hand eines betriebsexternen Vergleichs festzustellen (zuletzt BFH 31. 5. 89, DB S. 1903; kritisch Pinkos, DB 1989, 2058; vgl. auch BMF 4. 9. 84, BStBl I 495).

437 **Angemessen** ist also die Entlohnung nur dann, wenn vergleichbare Arbeitnehmer einen entsprechenden Arbeitslohn erhalten (BFH 10. 3. 88, BStBl II 877). Beschäftigt der Rechtsanwalt keine Arbeitnehmer in vergleichbarer Position (z. B. wenn der Ehegatte als einziger für die Buchführung zuständig ist), so ist entscheidend, ob eine Entlohnung in dieser Höhe bei anderen Kanzleien üblich ist.

438 Der Anerkennung eines Ehegatten-Arbeitsverhältnisses steht nicht entgegen, daß der vereinbarte Arbeitslohn **unüblich niedrig** ist, sofern aus dem

Mißverhältnis zwischen Leistung und Gegenleistung nicht auf einen mangelnden rechtsgeschäftlichen Bindungswillen zu schließen ist (BFH 28. 7. 83, BStBl 1984 II 60; el, DB 1988, 937; vgl. auch BFH 22. 3. 90, BStBl II 776).

Gelegentliche Hilfeleistungen bei untergeordneten Tätigkeiten, die üblicherweise auf familienrechtlicher Grundlage erbracht werden (vgl. §§ 1353, 1356 BGB bzw. § 1619 BGB), z. B. Reinigung des Arbeitszimmers (BFH 27. 10. 78, BStBl 1979 II 80), eignen sich nicht als Inhalt eines mit einem Fremden zu begründenden Arbeitsverhältnisses (BFH 17. 3. 88, BStBl II 632; kritisch el, DB 1988, 2026 und Rößler, DStZ A 1988, 543; vgl. auch FG Hamburg 23. 8. 89 rkr., EFG 1990, 170). Anderes gilt jedoch, wenn es sich **nicht nur um geringfügige Hilfsleistungen** handelt, die üblicherweise auf vertraglicher Grundlage erbracht werden (BFH 25. 1. 89, BStBl II 453, zu Aushilfstätigkeiten erwachsener Kinder). 439

4. Vertragsdurchführung

Die Rechtsprechung des BFH verlangt außerdem zu Recht, daß der Ehegatten-Arbeitsvertrag entsprechend der Vereinbarung **tatsächlich durchgeführt** wird. Dazu gehört insbesondere, daß der Arbeitnehmer seine Arbeitsleistung erbringt. 440

5. Übliche Entlohnung

Im übrigen muß der Arbeitnehmer die **übliche Entlohnung erhalten**. Nicht anzuerkennen ist eine Gestaltung, wonach der Arbeitnehmer-Ehegatte für seine tatsächlich geleistete Arbeit aufgrund eines an sich ernstlich und eindeutig geschlossenen Vertrags eine „Entlohnung" z. B. erst bei späterer Auflösung des Arbeitsverhältnisses oder kalenderjährlich (BFH 30. 6. 89, BFH/NV 1990, 224) oder verzögert (BFH 11. 10. 89, BFH/NV 1990, 364) oder „wenn es die wirtschaftlichen Verhältnisse des Unternehmens erlauben" erhalten würde; denn unter Fremden sind derartige Gehalts- und Lohnabreden nicht üblich (BFH 27. 11. 89, BStBl 1990 II 160; vgl. auch BFH 13. 12. 89, BStBl 1990 II 454). 441

6. Freie Verfügung über Lohn

Die tatsächliche Durchführung des Ehegatten-Arbeitsverhältnisses erfordert außerdem, daß der Arbeitnehmer-Ehegatte über die Entlohnung frei und uneingeschränkt vom Arbeitgeber-Ehegatten verfügen kann. Die 442 vereinbarte Entlohnung muß deshalb ersichtlich **in den Einkommens- und Vermögensbereich des Arbeitnehmer-Ehegatten**, der vom Einkommens- und Vermögensbereich des Arbeitgeber-Ehegatten klar und eindeutig getrennt ist, gelangen.

Beispiele:

443 **Anerkannt** werden folgende Gestaltungen:
- Barzahlung
- Überweisung auf ein Konto des Arbeitnehmer-Ehegatten, selbst wenn der Arbeitgeber-Ehegatte unbeschränkte Verfügungsvollmacht über das Konto besitzt (BFH 15. 1. 80, BStBl II 350; 27. 11. 89, BStBl 1990 II 160).

444 **Nicht anerkannt** werden folgende Gestaltungen:
- Regelmäßige Gutschrift des Gehaltsschecks auf dem privaten Konto des Arbeitgeber-Ehegatten (BFH 28. 2. 90, BStBl II 548);
- Überweisung auf ein Konto des Arbeitgeber-Ehegatten (BFH 8. 8. 90, BStBl 1991 II 16), über das dem Arbeitnehmer-Ehegatten nur ein Mitverfügungsrecht zusteht (BFH 15. 1. 80, BStBl II 350; 16. 5. 90, BFH/NV S. 772);
- Überweisung auf ein Konto, das auf beide Ehegatten lautet (sogenanntes Oder-Konto), da die Geldbeträge zwar den betrieblichen Bereich, nicht aber den Vermögensbereich des Arbeitgeber-Ehegatten verlassen haben (BFH 27. 11. 89, BStBl 1990 II 160, m. Anm. Dietrich, KFR F. 3 EStG § 4, 3/90, 109, Wolff-Diepenbrock, DStR 1990, 104; 10. 4. 90, BStBl II 741, m. Anm. Scholtz, KFR F. 3 EStG § 4, 8/90, 315; kritisch zu dieser Rspr. z. B. Söffing, NWB F. 3, 7487; Verfassungsbeschwerde, Az. des BVerfG: 2 BvR 802/90). Dies gilt unabhängig davon, weshalb es ursprünglich zu dieser Art der Überweisung gekommen ist und warum diese später beibehalten wurde (BFH 7. 2. 90, BStBl II 429).
- Überweisung im Laufe zweier Jahre jeweils dreimal auf ein Oder-Konto der Eheleute, auch wenn im übrigen der Arbeitnehmer-Ehegatte den Arbeitslohn unmittelbar von einem betrieblichen Konto abgehoben hat (BFH 21. 2. 90, BStBl II 636). Bar ausgezahlte Beträge können aber insoweit als Betriebsausgaben abziehbar sein, als die Barzahlungen in jeweils zusammenhängenden Zeiträumen geleistet wurden und aus dieser Zahlungsweise geschlossen werden kann, daß wenigstens in den Zeiträumen der Barauszahlungen die Einkommens- und Vermögenssphären der Eheleute klar und eindeutig getrennt waren (BFH 16. 5. 90, BStBl II 908).

445 Die Entscheidung vom 27. 11. 89 (BStBl 1990 II 160), die der Große Senat des BFH auch mit der Kontinuität der höchstrichterlichen Rechtsprechung begründet, ist **verfassungsgemäß**. Dies folgt aus Entscheidungen des BVerfG, in denen es zum einen den Fremdvergleich für sachgemäß erachtet (z. B. BVerfG 24. 1. 62, BStBl I 506; 27. 3. 85, Inf S. 310) und zum anderen gegen die Auffassung des BFH keine Bedenken geäußert hat, eine Überweisung des Lohns auf das private Konto des Arbeit-

geber-Ehegatten sei nicht ausreichend, selbst wenn der Arbeitnehmer-Ehegatte hierüber eine unbeschränkte Verfügungsvollmacht hat (BVerfG 26. 7. 84, Inf S. 453; a. A. Söffing, NWB F. 3, 7487, 7491).

Eine **anschließende Darlehensvereinbarung** steht der Anerkennung des Arbeitsverhältnisses auch dann nicht entgegen, wenn der Arbeitnehmer-Ehegatte jeweils im Fälligkeitszeitpunkt über den an ihn auszuzahlenden Netto-Arbeitslohn ausdrücklich dadurch verfügt, daß er den Auszahlungsanspruch in eine – zinslose – Darlehensforderung umwandelt (BFH 17. 7. 84, BStBl 1986 II 48; 31. 10. 89, BFH/NV 1990, 759, m. Anm. Söffing, NWB F. 3, 7413). Wird der Arbeitslohn jedoch – ohne eine solche Verfügung des Arbeitnehmer-Ehegatten – im Betrieb stehengelassen, so ist ein wie unter Fremden üblicher Darlehensvertrag mit eindeutiger Zins- und Rückzahlungsvereinbarung sowie Sicherung der Darlehenssumme abzuschließen (BFH 24. 1. 90, BFH/NV S. 695, m. w. N.; 14. 10. 81, BStBl 1982 II 119; 23. 4. 75, BStBl II 579; FG Baden-Württemberg 6. 12. 89 rkr., EFG 1990, 415). 446

Eine **Schenkung des Arbeitslohns** an den Arbeitgeber-Ehegatten ist unschädlich, wenn die Schenkung nicht im engen zeitlichen Zusammenhang mit der Lohnzahlung steht (BFH 4. 11. 86, BStBl 1987 II 336). 447

7. Miet- und Darlehensverträge

Die vorstehenden Ausführungen gelten entsprechend auch für die tatsächliche Durchführung eines Mietverhältnisses zwischen Ehegatten (BFH 27. 11. 89, BStBl 1990 II 160; Hessisches FG 23. 1. 90 rkr., EFG S. 428; FG des Saarlandes 14. 12. 89 rkr., EFG 1990, 345, zur darlehensweisen Überlassung der Mietzinsen). Sind danach Mietzinszahlungen keine Betriebsausgaben, so handelt es sich um eine unentgeltliche Überlassung. Die unentgeltlich eingeräumte Nutzungsbefugnis ist kein einlagefähiges Wirtschaftsgut (BFH 10. 4. 90, BStBl II 741, m. Anm. Scholtz, KFR F. 3 EStG § 4, 8/90, 315). 448

Bei Darlehensverträgen sind klare und eindeutige Vereinbarungen zumindest über eine angemessene Verzinsung und Rückzahlung des Darlehens (BFH 14. 11. 86, BFH/NV 1987, 414) sowie bei Darlehen mit Gesamtlaufzeit von mehr als vier Jahren eine Sicherung der Summe notwendig (BFH 7. 11. 90, DB 1991, 628); zu schenkweise zugewendeten Geldbeträgen vgl. auch BFH 20. 3. 87, BStBl 1988 II 603; Nichtanwendungserlaß, BMF 1. 7. 88, BStBl I 210, bei zeitlichem Zusammenhang zwischen Schenkung und Darlehensgewährung, selbst wenn mehrere 449

Urkunden vorliegen; bei Eintritt in einen bestehenden Darlehensvertrag vgl. BFH 22. 5. 84, BStBl 1985 II 243; Nichtanwendungserlaß, BMF 11. 4. 85, BStBl I 180).

8. Nichteheliche Lebensgemeinschaften

450 Diese Grundsätze sind auf Verträge zwischen Partnern einer nichtehelichen Lebensgemeinschaft nicht anwendbar (vgl. hierzu BFH 14. 4. 88, BStBl II 670; BVerfG 12. 3. 85, BStBl II 475).

9. Lohnsteuerpauschalierung

451 Zur LSt-Pauschalierung nach § 40a EStG vgl. Rdnr. 880 ff.; nach § 40b EStG vgl. Rdnr. 891 ff.

- **Ende der freiberuflichen Tätigkeit**
452 vgl. Rdnr. 1080 f., 1203 ff.

- **Entnahme**
453 vgl. „Gründstücke und Gebäude", Rdnr. 537 ff.

- **Erbauseinandersetzung**
454 vgl. Rdnr. 1122, 1247.

- **Erbfall**
455 vgl. „Selbständige . . . Tätigkeit", Rdnr. 761 ff.; Beginn und Ende der freiberuflichen Tätigkeit, Rdnr. 1121 f., 1246 f.

- **Ermäßigter Steuersatz**
456 vgl. „Außerordentliche Einkünfte", Rdnr. 342 ff. und für Praxisveräußerung Rdnr. 1203 ff.

- **Eröffnung einer Praxis**
457 vgl. Rdnr. 1082 ff.

- **Erwerb einer Praxis**
458 vgl. Rdnr. 1084 ff.

- **Fachanwalt**
459 vgl. „Fortbildungskosten", Rdnr. 468 ff., 470.

- **Fachliteratur**
460 vgl. „Fortbildungskosten", Rdnr. 468 ff., 478 ff.

- **Fachtagungen**
  vgl. „Fortbildungskosten", Rdnr. 468 ff., 470, 472 ff.   461

- **Fachzeitschriften**
  vgl. „Fortbildungskosten", Rdnr. 468 ff., 478 ff.   462

- **Fahrten zwischen Wohnung und Betriebs-/Arbeitsstätte**
  vgl. „Kraftfahrzeugkosten" Rdnr. 609 ff., 629 ff.   463

- **Fahrtkosten**
  vgl. „Kraftfahrzeugkosten", Rdnr. 609 ff.; „Reisekosten", Rdnr. 679 ff.   464

- **Feuerversicherung**
  vgl. „Versicherungen", Rdnr. 810 ff., 824, 825.   465

- **Flugzeug**
  vgl. „Repräsentationskosten", Rdnr. 710 ff., 715.   466

- **Forderungen**
  vgl. „Honorare ...", Rdnr. 561 ff.   467

- **Fortbildungskosten**   ▶ BSt-RA-115 ◀

1. Abgrenzung Ausbildung – Fortbildung

Literatur: *von Bornhaupt,* Abgrenzung von Ausbildungskosten und Fortbildungskosten in der jüngsten Rechtsprechung des BFH, BB 1975, 876; *E. Schmidt,* Abgrenzung Aus- und Fortbildungskosten überholt, FR 1984, 217; *Richter,* Kosten eines Zweitstudiums Ausbildungs- oder Fortbildungskosten?, NWB F. 6, 2823; *Meier,* Die Steuerrechtsprechung zu den Ausbildungs- und Fortbildungskosten bei den steuer- und wirtschaftsberatenden Berufen, StB 1987, 103; *Drenseck,* Die Abgrenzung der Betriebsausgaben und Werbungskosten von den Lebenshaltungskosten, DB 1987, 2483; *Wittmann,* Zur Abzugsfähigkeit von Promotionskosten als Werbungskosten – zugleich Anm. zu BFH 7. 8. 87 VI R 60/84, FR 1988, 273; *Schall,* Aufwendungen zur Vorbereitung auf die Steuerberaterprüfung, KFR F. 6 EStG § 9, 5/90, 295.

Verwaltungsanweisungen: Abschn. 103, 180 EStR; Abschn. 34, 59, 83 LStR.

Während Aufwendungen für die Berufsausbildung oder die Weiterbildung in einem nicht ausgeübten Beruf gemäß § 10 Abs. 1 Nr. 7 EStG   468 nur bis zu einem Höchstbetrag von 900 DM (bzw. 1 200 DM bei auswärtiger Unterbringung) angesetzt werden können, sind die **Fortbildungskosten** als Betriebsausgaben oder Werbungskosten **unbeschränkt abziehbar.**

469 **Fortbildungskosten** dienen dem Ziel, die Kenntnisse und Fähigkeiten in einem ausgeübten Beruf zu vertiefen, zu erweitern und der Entwicklung der Verhältnisse anzupassen, um die berufliche Existenz zu sichern oder im ausgeübten Beruf aufzusteigen. Demgegenüber werden Aufwendungen für die **Berufsausbildung** bzw. für die Weiterbildung in einem ausgeübten Beruf geleistet, um die für die Ausübung eines Berufs notwendigen fachlichen Fertigkeiten und Kenntnisse zu erwerben, die als Grundlage für einen zukünftigen Beruf notwendig sind. Hierzu zählen auch Aufwendungen zum Erwerb von Fertigkeiten und Kenntnissen, die die Grundlage dafür bilden sollen, um von einer Berufs- oder Erwerbsart zu einer anderen überzuwechseln (BFH 26. 4. 89, BStBl II 616). Die Grenzziehung zwischen Aus- und Fortbildung ist im Einzelfall oft schwierig (vgl. BVerfG 22. 5. 84, Inf S. 406).

Beispiele für Fortbildungskosten:

470 Aufwendungen im Rahmen sog. **Ausbildungsdienstverhältnisse** (das sind Dienstverhältnisse, deren Inhalt eine Berufsausbildung ist, vgl. BFH 26. 4. 89, BStBl II 616; Richter, NWB F. 6, 3079), also eines Rechtsreferendars (BFH 12. 8. 83, BStBl II 718), auch bei einstufiger Ausbildung (BFH 24. 9. 85, BStBl 1986 II 184, m. w. N.); auch Aufwendungen zur Vorbereitung auf eine im Rahmen dieser Ausbildung vorgesehene Abschlußprüfung, z. B. für Fachliteratur sowie Gebühren und Reisekosten für den Besuch von Kursen und Repetitorien (BFH 10. 12. 71, BStBl 1972 II 251); Aufwendungen für anzuerkennende **Kongresse, Seminare und Studienreisen** (vgl. dazu Rdnr. 472 ff.); für die **Promotion** (BFH 7. 8. 67, BStBl III 789); für den Erwerb des **Fachanwalts** (z. B. für Steuerrecht); für die **Steuerberaterprüfung** (vgl. BFH 19. 1. 90, BStBl II 572, m. Anm. Schall, KFR F. 6 EStG § 9, 5/90, 295, hinsichtlich eines in einem Wirtschaftsprüfungs- und Steuerberatungsunternehmen angestellten Diplomkaufmanns).

Beispiele für Ausbildungskosten:

471 Kosten eines **Hochschulstudiums,** selbst wenn es sich um ein ergänzendes oder um ein Zweitstudium handelt. Es spielt dabei keine Rolle, ob aufgrund des Erststudiums bereits ein Beruf ausgeübt wird (vgl. z. B. BFH 13. 3. 81, BStBl II 439); aber Fortbildungskosten, wenn kein weiterer Hochschulabschluß angestrebt wird (BFH 23. 6. 78, BStBl II 543, auch zur Darlegungspflicht); Aufwendungen zur Erlangung der **Doktorwürde,** selbst dann, wenn die Doktorprüfung erst nach Eintritt in das Berufsleben abgelegt wird (BFH 7. 8. 67, BStBl III 777, 779; 10. 12. 71, BStBl 1972 II 251), anders jedoch bei sog. Ausbildungsdienstverhältnissen (BFH 7. 8. 87, BStBl II 780; FG Köln 28. 6. 90, EFG S. 574).

2. Studienreisen, Kongresse

Literatur: *Ebling,* Die steuerliche Anerkennung von Aufwendungen für Gruppen-Informationsreisen ins Ausland und für Reisen zu Fachtagungen im Ausland, BB 1981, 313; *Richter,* Über die steuerliche Anerkennung von Aufwendungen für Auslandsgruppenreisen zu Informationszwecken (Fachkonkongresse, Fachtagungen, Studienreisen), DStR 1982, 469; *o. V.,* Ertragsteuerliche Beurteilung von Aufwendungen für Fachtagungen, Lehrgänge und Kongresse, DB 1983, 1741; *Hottmann,* Ertragsteuerliche Behandlung von Studienreisen im Ausland, StBp 1984, 84; *Carl,* Steuerliche Anerkennung von Geschäfts-, Studien- und Informationsreisen, DStR 1989, 519; *Landwehr,* Steuerliche Behandlung von Inlandsreisekosten, NSt Nr. 8/1989, Reisekosten – Inland – Darstellung 1; *Halaczinsky,* Steuerliche Behandlung der Reisekosten ab 1990 bei Unternehmern und Freiberuflern, Inf 1990, 147; *Kretzschmar,* Aufwendungen für Lehrgang zur Erlangung der Zusatzbezeichnung „Sportmedizin", KFR F. 6 EStG § 9, 1/90, 95; *Berwanger,* Ärztliche Fortbildungskosten zur Erlangung der Zusatzbezeichnung „Sportmedizin", KFR F. 3 EStG § 4, 9/90, 317; *von Bornhaupt,* Fortbildungsveranstaltungen für Ärzte an Wintersportorten, NWB F. 3, 7559; *Kühr,* Reisespesen, Fachtagungen und Umzugskosten im Steuerrecht, 2. Aufl., 1990; *Schraml,* Urlaubsreisen im zeitlichen Zusammenhang mit Dienstreisen, NWB F. 6, 3331.

Verwaltungsanweisungen: Abschn. 117a EStR; Abschn. 35 LStR.

Nach § 12 Nr. 1 Satz 2 EStG dürfen Aufwendungen für die Lebensführung nicht abgezogen werden, auch wenn sie der Förderung des Berufs oder der Tätigkeit des Rechtsanwalts oder Notars dienen. Die Aufwendungen sind aber als Betriebsausgaben (Werbungskosten) abziehbar, wenn die **betriebliche (berufliche) Verursachung bei weitem überwiegt,** private Gesichtspunkte also nur eine ganz untergeordnete Rolle spielen (BFH 16. 10. 86, BStBl 1987 II 208). Dies gilt für Einzel- und Gruppenreisen, Fachtagungen, Lehrgänge und Kongresse (BFH 14. 7. 88, BStBl 1989 II 19). 472

Ob die allgemeine Lebensführung nur in ganz untergeordneter Weise berührt ist, muß im Einzelfall unter Berücksichtigung aller Umstände geprüft werden. Entscheidend ist der ganz überwiegende betriebliche (berufliche) **Zweck** der Reise bzw. des Aufenthalts, der nach **objektiven Merkmalen** genügend klar erkennbar sein muß (BFH 19. 10. 89, BStBl 1990 II 134; Schraml, NWB F. 6, 3331; kritisch zur BFH-Rspr. Carl, DStR 1989, 519). Die BFH-Rechtsprechung hat einige Kriterien entwickelt, die für bzw. gegen betriebliche (berufliche) Veranlassung sprechen (vgl. z.B. BFH 27. 11. 78, BStBl 1979 II 213; 15. 12. 82, BStBl 1983 II 409). 473

Für betriebliche (berufliche) Aufwendungen können z.B. folgende Merkmale sprechen: 474

- Zuschnitt des Reiseprogramms auf die besonderen betrieblichen (beruflichen) Bedürfnisse und Gegebenheiten des einzelnen Teilnehmers (BFH 4. 12. 74, BStBl 1975 II 379);

- homogener Teilnehmerkreis;

- straffe und lehrgangsmäßige Organisation; wenig Raum für Privatinteressen;

- Nachweis der Teilnahme an den einzelnen Veranstaltungen (BFH 4. 8. 77, BStBl II 829), möglichst durch Testate, aber auch durch Aufzeichnungen, Arbeitsmaterialien o. ä. (BFH 13. 2. 80, BStBl II 386; vgl. Ebling, BB 1981, 313);

- bei Arbeitnehmern die Gewährung von Dienstbefreiung, Sonderurlaub oder Zuschüssen.

475 **Gegen betriebs- oder berufsbedingte Aufwendungen** können z. B. folgende Merkmale sprechen:

- Besuch bevorzugter Ziele des Tourismus sowie häufiger Ortswechsel (BFH 28. 10. 76, BStBl 1977 II 203, Lehrgang über deutsches Notariatsrecht in Italien; 27. 11. 78, BStBl 1979 II 213, Rundreise Amerika; 14. 4. 88, BStBl II 633, Rundreise Brasilien; BFH 19. 10. 89, BStBl 1990 II 134, m. Anm. Kretzschmar, KFR F. 6 EStG § 9, 1/90, 95, Fortbildungslehrgänge Laax-Flims/Schweiz und Wolkenstein/Dolomiten; BFH 15. 3. 90, BStBl II 736, m. Anm. Berwanger, KFR F. 3 EStG § 4, 9/90, 317, Fortbildungslehrgang in Sulden am Ortler; FG Rheinland-Pfalz 18. 6. 90 rkr., EFG S. 566, Davos);

- Einbeziehung vieler Wochenenden und Feiertagen, die zur freien Verfügung stehen; Möglichkeiten zur Freizeitgestaltung (BFH 5. 9. 90, BStBl II 1059, lange Mittagspause; 15. 5. 90, BFH/NV 1991, 37);

- Mitnahme des Ehegatten oder anderer Angehöriger, soweit dies nicht aus betrieblichen (beruflichen) Gründen veranlaßt ist (BFH 13. 2. 80, BStBl II 386; 12. 4. 79, BStBl II 513);

- vorausgehende oder anschließende Urlaubsreise;

- entspannende oder kostspielige Beförderung, z. B. Schiffsreise (BFH 14. 7. 88, BStBl 1989 II 19).

476 Ergibt sich aufgrund vorstehender Merkmale, daß die Reise insgesamt nicht weitaus betrieblichen/beruflichen Charakter hat, so können aber trotzdem die **rein betrieblichen/beruflichen Aufwendungen** als Betriebsausgaben/Werbungskosten anerkannt werden, wenn diese leicht und einwandfrei abgrenzbar sind, z. B. Kongreßgebühren, Pauschalen u. ä. (vgl. BFH 5. 12. 68, BStBl 1969 II 235; 1. 4. 71, BStBl II 524; 15. 3. 90, BStBl II 736). Die Fahrtkosten zählen aber in diesen Fällen in vollem Umfang zu den nicht abziehbaren Kosten der Lebensführung.

3. Abziehbare Aufwendungen

Vgl. „Reisekosten", Rdnr. 679 ff.; „Kraftfahrzeugkosten", Rdnr. 609 ff. 477
Daneben sind die unmittelbaren Fortbildungskosten abziehbar, z. B. 478
Kongreßgebühren, Aufwendungen für Fachbücher, Fachzeitschriften,
Loseblattsammlungen (Fachliteratur), u. ä.
Unter den Begriff „**Fachzeitschriften**" fallen weder regionale (BFH 5. 4. 479
62, BStBl III 368) noch überregionale Tageszeitungen (BFH 30. 6. 83,
BStBl II 715), auch nicht Zeitungen wie „Der Spiegel" oder „Die Zeit"
(BFH 7. 9. 89, BStBl 1990 II 19) bzw. „Test" (vgl. BFH 27. 4. 90, BFH/
NV S. 701), es sei denn, daß ein zweites Exemplar dieser Zeitungen in
der Praxis ausgelegt wird. Als Betriebsausgaben (Werbungskosten)
abziehbar sind aber nach BFH 12. 11. 82 (DB 1983, 372) die Aufwendungen für den Bezug des „Handelsblatts"; entsprechendes muß auch für
vergleichbare Spezialzeitungen, z. B. für „Blick durch die Wirtschaft",
gelten.
Zur Fachliteratur gehören nicht **allgemeine Nachschlagewerke** (z. B. 480
Brockhaus-Enzyklopädie, BFH 29. 4. 77, BStBl II 716). Anderes dürfte
für einen Duden gelten, der in der Praxis verwendet wird.

- **Freiberufliche Tätigkeit**

vgl. „Selbständige ... Tätigkeit", Rdnr. 729 ff., insbesondere Rdnr. 734 f. 481

- **Freibetrag für freie Berufe**
  (§ 18 Abs. 4 EStG a. F.)   ▶ BSt-RA-120 ◀

Verwaltungsanweisung: Abschn. 148 EStR a. F.

Nach dem letztmals 1989 geltenden § 18 Abs. 4 EStG a. F. werden bei 482
der Ermittlung des Einkommens **5 % der Einnahmen aus freier Berufstätigkeit** (vgl. „Selbständige ... Tätigkeit", Rdnr. 729 ff., 734 f.) höchstens jedoch **1 200 DM jährlich**, abgesetzt, wenn die Einkünfte aus freier
Berufstätigkeit die anderen Einkünfte überwiegen. Dieser Freibetrag ist
auch dann nach den tatsächlich zugeflossenen Einnahmen zu berechnen,
wenn der Gewinn durch Betriebsvermögensvergleich ermittelt wird (BFH
10. 8. 72, BStBl II 902).

§ 18 Abs. 4 EStG a. F. ist auch dann anwendbar, wenn es sich um negative 483
Einkünfte, also einen **Verlust** handelt (vgl. aber BFH 8. 3. 90, BFH/NV
S. 566). Beim Zusammentreffen des steuerfreien Betrags mit einem Verlustabzug (§ 10 d EStG) ist der Freibetrag vor dem Verlustabzug zu berücksichtigen (BFH 1. 12. 61, BStBl 1962 III 185).

484 Bei **Zusammenveranlagung** ist jeder Ehegatte hinsichtlich des Freibetrags für sich zu behandeln. Dies gilt für die Frage, ob die Einkünfte aus freier Berufstätigkeit die anderen Einkünfte überwiegen (BFH 3. 8. 61, BStBl III 466). Sind beide Ehegatten freiberuflich tätig, so steht jedem Ehegatten der Freibetrag zu.

485 Bei **gemeinsamer Berufsausübung** durch freiberuflich Tätige (z. B. bei einer Anwaltsgemeinschaft) kann jeder den Freibetrag in voller Höhe in Anspruch nehmen. Die Betriebseinnahmen sind anteilig zuzurechnen. Aus Vereinfachungsgründen ist eine Aufteilung nach dem Gewinnverteilungsschlüssel möglich (Abschn. 148 Abs. 3 EStR a. F.).

● **Freier Mitarbeiter**

486 vgl. „Selbständige . . . Tätigkeit", Rdnr. 729 ff. und 744.

● **Gebäude**

487 vgl. „Grundstücke und Gebäude", Rdnr. 521 ff.

● **Geldbußen, Ordnungsgelder, Verwarnungsgelder, Auflagen, Weisungen (§ 4 Abs. 5 Satz 1 Nr. 8 EStG)**   ▶ BSt-RA-125 ◀

Literatur: *Kuhlmann,* Zur Abzugsfähigkeit von Strafverfahrenskosten, DB 1985, 1613; *Forchhammer,* Rückwirkung des Abzugsverbots für Geldbußen verfassungswidrig?, FR 1986, 84; *von Lishaut,* Verfassungsrechtliche Bedenken gegen die rückwirkende Einfügung des § 4 Abs. 5 Satz 1 Nr. 8 EStG, FR 1986, 452; *Söffing,* Verfassungsmäßigkeit von Geldbußen, NWB F. 3, 6493; *Jesse,* Das Abzugsverbot für Geldbußen nach § 4 Abs. 5 Satz 1 Nr. 8 EStG, DB 1987, 810; *Söffing,* Abzug von Geldbußen, NWB F. 3, 7659.

Verwaltungsanweisungen: Abschn. 25 EStR; FM Nordrhein-Westfalen 26. 2. 91, Folgerungen aus dem Beschl. des BVerfG 23. 1. 90, DB S. 575.

488 Nach § 4 Abs. 5 Satz 1 Nr. 8 EStG dürfen die von einem Gericht oder einer Behörde im Geltungsbereich dieses Gesetzes oder von Organen der Europäischen Gemeinschaften festgesetze Geldbußen, Ordnungsgelder und Verwarnungsgelder den **Gewinn nicht mindern.** Dasselbe gilt für Leistungen zur Erfüllung von Auflagen oder Weisungen, die in einem berufsgerichtlichen Verfahren erteilt werden, **soweit** die Auflagen oder Weisungen **nicht** lediglich der Wiedergutmachung des durch die Tat verursachten Schadens dienen.

489 Unter diese Vorschrift fallen nicht Geldstrafen, sonstige Rechtsfolgen vermögensrechtlicher Art, bei denen der Strafcharakter überwiegt, und

Leistungen zur Erfüllung von Auflagen und Weisungen, die als Kosten der Lebensführung bereits nach § 12 Nr. 4 EStG vom Abzug ausgeschlossen sind, soweit die Auflagen oder Weisungen nicht lediglich der Wiedergutmachung des durch die Tat verursachten Schadens dienen.

§ 4 Abs. 5 Satz 1 Nr. 8 EStG gilt auch **rückwirkend** (§ 52 Abs. 3 a EStG 1984). Dies ist verfassungsgemäß (BFH 21. 5. 87, BFH/NV S. 636; BVerfG 23. 1. 90, BStBl II 483; vgl. aber von Lishaut, FR 1986, 452; Forchhammer, FR 1986, 84). 490

Bislang war umstritten, ob § 4 Abs. 5 Satz 1 Nr. 8 EStG auch insoweit verfassungsmäßig ist, als **vorteilabschöpfende Geldbußen** unter das Abzugsverbot fallen (verneinend BFH, Vorlagebeschluß an das BVerfG 21. 10. 86, BStBl 1987 II 212, Gründe in BFH/NV 1987, 152; vgl. auch Jesse, DB 1987, 810; Söffing, NWB F. 3, 6493). Dazu hat das BVerfG (23. 1. 90, BStBl II 483) entschieden, daß – entsprechend der Praxis der Obergerichte – bei der Bemessung der Geldbuße nur der um die absehbare ESt verminderte Betrag zugrunde zu legen und die Regelung damit mit dem GG vereinbar sei. Der auf die Abschöpfung des wirtschaftlichen Vorteils (Mehrerlöses) entfallende Teil einer Geldbuße kann auch dann nicht als Betriebsausgabe abgezogen werden, wenn bei der Bemessung der Geldbuße unter Verstoß gegen den allgemeinen Gleichheitssatz (Art. 3 Abs. 1 GG) die auf den abgeschöpften Mehrerlös entfallende ESt und GewSt nicht berücksichtigt wurde (BFH 24. 7. 90, DB S. 2350, m. Anm. Söffing, NWB F. 3, 7659; 20. 6. 90, BFH/NV 1991, 32, 38, ggf. Billigkeitsmaßnahme; FM Nordrhein-Westfalen 26. 2. 91, DB S. 575, ggf. rückwirkende Gesetzesänderung. 491

Strafverfahrenskosten sind Betriebsausgaben, wenn sie betrieblich veranlaßt sind, selbst wenn die Geldbuße o. ä. nach § 4 Abs. 5 Satz 1 Nr. 8 EStG vom Abzug ausgeschlossen ist (BFH 19. 2. 82, BStBl II 467; vgl. auch BFH 21. 6. 89, BStBl II 831, m.w.N.; Abschn. 25 Abs. 7, 120 Abs. 2 EStR). 492

Die **Rückzahlung von Ausgaben** i. S. von § 4 Abs. 5 Satz 1 Nr. 8 Sätze 1 und 2 EStG darf den Gewinn nicht erhöhen (§ 4 Abs. 5 Satz 1 Nr. 8 Satz 3 EStG). 493

● Geldgeschäfte ▶ BSt-RA-130 ◀

Literatur: *Breimann*, Verluste von Darlehensforderungen bei Angehörigen der freien Berufe als Betriebsausgaben abzugsfähig, StBp 1976, 257; *Leingärtner*, Zugehörigkeit einer Darlehensforderung zum Betriebsvermögen eines Steuerberaters, RWP/B 1980, 1206.
Verwaltungsanweisung: Abschn. 142 Abs. 3 EStR.

1. Grundsatz: Keine betriebliche Veranlassung

494 Bereits der RFH hat in st. Rspr. entschieden, daß Aufwendungen eines Freiberuflers aus der Hingabe von Darlehen, der Übernahme von Bürgschaften, dem Erwerb von Beteiligungen und ähnlichen **Geldgeschäften** selbst dann keine Betriebsausgaben sind, wenn dadurch Aufträge für die freiberufliche Tätigkeit gewonnen werden sollen (RFH 27. 8. 30, RStBl 1931, 104; 20. 2. 35, RStBl S. 870). An diese Rspr. hat der BFH angeknüpft und die genannten Geldgeschäfte gleichfalls als **berufsfremde Vorgänge** bezeichnet, die bei der Gewinnermittlung außer Betracht bleiben müssen (z. B. BFH 22. 1. 81, BStBl II 564; 9. 10. 86, BFH/NV 1987, 708).

495 Dieser Grundsatz gilt unabhängig davon, ob der Rechtsanwalt oder Notar den Gewinn nach § 4 Abs. 1 oder Abs. 3 EStG ermittelt; denn ein bilanzierender Angehöriger der freien Berufe kann nicht in demselben Umfang wie ein Gewerbetreibender gewillkürtes Betriebsvermögen (vgl. Rdnr. 370 f.) bilden. Der Umfang des Betriebsvermögens wird vielmehr durch die Erfordernisse des Berufs abgegrenzt (BFH 23. 5. 85, BStBl II 517; a. A. Breimann, StBp 1976, 257).

2. Ausnahmen

496 Sind jedoch die vorgenannten Geldgeschäfte als **Hilfsgeschäfte** zur freiberuflichen Tätigkeit anzusehen, so sind entsprechende Aufwendungen betrieblich veranlaßt. Dies ist dann der Fall, wenn das **Geldgeschäft kein eigenes wirtschaftliches Gewicht** hat (insbesondere keine Erzielung von zusätzlichen Einnahmen) und die Möglichkeit **ausgeschlossen** ist, daß **persönlich-private Gründe** für die Übernahme der Bürgschaft bzw. ein anderes Geldgeschäft allein- oder mitentscheidend sind (vgl. auch Rdnr. 369; BFH 24. 8. 89, BStBl 1990 II 17).

Beispiele:

497 • Geschäfte zur **Sicherung eigener Forderungen** (BFH 22. 4. 80, BStBl II 571; 15. 10. 81, BStBl 1982 II, 340; Leingärtner, RWP/B 1980, 1206);

• Unter Umständen auch, wenn ein **Beratungsauftrag** von einer Bürgschaftszusage o. ä. **abhängig** gemacht wird, und sich für den Rechtsanwalt bzw. Notar auch unter Berücksichtigung des Bürgschaftsrisikos ein betrieblicher Nutzen ergibt (vgl. BFH 24. 8. 89, BStBl 1990 II 17; vgl. auch Niedersächsisches FG 16. 2. 81, EFG 1982, 13, bestätigt durch BFH 12. 1. 84 IV R 89/81, n. v.).

- **Beteiligung** an einer Kapitalgesellschaft, wenn die Tätigkeit der Kapitalgesellschaft die eigene berufliche Tätigkeit ergänzt (BFH 22. 1. 81, BStBl II 564; 11. 3. 76, BStBl II 380), oder wenn mit der Gesellschaft eine auf die Vergabe von Aufträgen gerichtete Geschäftsbeziehung besteht oder geschaffen werden soll (BFH 14. 1. 1982, BStBl II 345; 23. 11. 78, BStBl 1979 II 109).
- Entsprechendes gilt bei **Darlehenshingabe** (BFH 14. 1. 82, BStBl II 345).

Das BVerfG hat die Rechtsprechung des BFH als **verfassungsrechtlich unbedenklich** bezeichnet (BVerfG 9. 5. 69, HFR S. 346; 7. 1. 88, HFR 1989, 215). 498

3. Geltendmachung eines Verlustes

Aufwendungen für betrieblich veranlaßte Geldgeschäfte können bei der Gewinnermittlung nach § 4 Abs. 3 EStG in dem Zeitpunkt gewinnmindernd berücksichtigt werden, in dem der Verlust feststeht (BFH 2. 9. 71, BStBl 1972 II 334; 23. 11. 78, BStBl 1979 II 109; Leingärtner, RWP/B 1980, 1206; anders noch BFH 8. 10. 64, HFR 1965, 23; a. A. FG Köln 20. 4. 83 rkr., EFG 1984, 64, absetzbar nur gemäß § 7 Abs. 1 Satz 4 EStG). 499

Zur Geltendmachung eines Verlustes bei Gewinnermittlung nach § 4 **Abs. 1 EStG** vgl. Rdnr. 4 ff., 8 ff.

- **Gemischte Tätigkeiten**

vgl. „Selbständige . . . Tätigkeit", Rdnr. 729 ff., 750 ff. 500

- **Gerichtskosten**

vgl. „Durchlaufende Posten", Rdnr. 422 ff., 423. 501

- **Geringwertige Wirtschaftsgüter (§§ 6 Abs. 2, 9 Abs. 1 Nr. 7 Satz 2 EStG)** ▶ BSt-RA-135 ◀

Literatur: *Römer*, Zur Neuregelung der Bewertungsfreiheit von geringwertigen Wirtschaftsgütern ab 1977, BB 1980, 774; *Horlemann*, Geringwertige Wirtschaftsgüter (§ 6 Abs. 2 EStG 1983), DStZ A 1985, 22; *Speich*, Sofortabschreibung für geringwertige Wirtschaftsgüter, NWB F. 3, 7387.

Verwaltungsanweisungen: Abschn. 40, 86 Abs. 5 EStR; Abschn. 44 Abs. 3 LStR.

Die Anschaffungs- oder Herstellungskosten oder – im Fall der Einlage bzw. der Betriebseröffnung – der an deren Stelle tretende Wert (§ 6 502

Abs. 1 Nr. 5 und 6 EStG) von abnutzbaren beweglichen Wirtschaftsgütern des Anlagevermögens können **in voller Höhe** als Betriebsausgaben oder Werbungskosten **abgesetzt** werden, wenn die Anschaffungs- oder Herstellungskosten oder der an deren Stelle tretende Wert für das einzelne Wirtschaftsgut **800 DM nicht übersteigen.**

Beispiele:

503 Bilder, Bücher, Möbel, Rechengeräte, Computerprogramme (Abschn. 31a EStR), Lampen usw.

504 Die Sofortabschreibung gilt bei **selbständiger und nichtselbständiger Tätigkeit** (§§ 6 Abs. 2, 9 Abs. 1 Nr. 7 Satz 2 EStG). Die Grenze von 800 DM ist **bei Gewinneinkünften** und **bei Überschußeinkünften netto, d. h. ohne USt** zu verstehen (Abschn. 86 Abs. 5 EStR; Abschn. 44 Abs. 3 Satz 1 LStR).

505 Die Inanspruchnahme von §§ 6 Abs. 2, 9 Abs. 1 Nr. 7 Satz 2 EStG ist **nur im Wirtschaftsjahr** der Anschaffung, Herstellung oder Einlage des Wirtschaftsguts oder der Eröffnung des Betriebs möglich. Hat der Rechtsanwalt/Notar in diesem Wirtschaftsjahr von der Sofortabschreibung keinen Gebrauch gemacht, so kann er sie in einem späteren Jahr nicht nachholen (vgl. BFH 17. 3. 82, BStBl II 545).

506 Die Sofortabschreibung ist nur möglich, wenn das **Wirtschaftsgut einer selbständigen Nutzung fähig** ist. Dies ist dann nicht der Fall, wenn es nach seiner betrieblichen Zweckbestimmung nur zusammen mit anderen Wirtschaftsgütern des Anlagevermögens genutzt werden kann und die in den Nutzungszusammenhang eingefügten Wirtschaftsgüter technisch aufeinander abgestimmt sind (§ 6 Abs. 2 Satz 2 EStG; vgl. auch Satz 3). Selbständig nutzungsfähig sind auch Wirtschaftsgüter, die zur Erstausstattung der Kanzlei gehören, z. B. Möbel und die Bibliothek (vgl. BFH 29. 7. 66, BStBl 1967 III 61; 17. 5. 68, BStBl II 566; ausführlich hierzu Speich, NWB F. 3, 7387, 7389).

507 Bei Gewinneinkünften setzt die Sofortabschreibung voraus, daß die Wirtschaftsgüter unter Angabe des Tages der Anschaffung, Herstellung oder Einlage des Wirtschaftsguts oder der Eröffnung des Betriebs und der Anschaffungs- oder Herstellungskosten oder des nach § 6 Abs. 1 Nr. 5 oder 6 EStG an deren Stelle tretenden Werts in einem besonderen, laufend zu führenden **Verzeichnis** aufgeführt sind. Das Verzeichnis braucht nicht geführt zu werden, wenn diese Angaben aus der Buchführung ersichtlich sind (gesondertes Konto).

Einkommensteuer/Geschenke

Die Finanzverwaltung **verzichtet auf diese Aufzeichnungen,** wenn die Anschaffungs- oder Herstellungskosten, vermindert um einen darin enthaltenen Vorsteuerbetrag (§ 9b Abs. 1 EStG), für das einzelne Wirtschaftsgut nicht mehr als 100 DM betragen. Diese Erleichterung gilt bei Gewinnermittlung nach § 4 Abs. 1 und Abs. 3 EStG (Abschn. 31 Abs. 3, 40 Abs. 4 Satz 4, Abs. 5 Satz 2 EStR). 508

- **Geschäftsgang**

vgl. „Reisekosten", Rdnr. 679 ff., 682 ff. 509

- **Geschäftsreise**

vgl. „Reisekosten", Rdnr. 679 ff., 682 ff. 510

- **Geschenke (§ 4 Abs. 5 Nr. 1 EStG)**   ▶ BSt-RA-140 ◀

Literatur: *Brandenberg,* Spenden als nicht abzugsfähige Betriebsausgaben? Ein Beitrag zu § 4 Abs. 5 Nr. 1 EStG, DStR 1985, 722; *xx,* Spenden sind keine Geschenke – Eine Erwiderung zu DStR 1985, 722, DStR 1985, 752; *Schwarz,* Aufwendungen für Geschenke im Einkommensteuer- und Umsatzsteuerrecht, NSt 1989/18 Geschenke – Darstellung 1; *Sarrazin,* Änderungen des EStG durch die Steuerreform 1990 im Bereich der Unternehmensbesteuerung, NWB F. 3b, 3877; *Schoor,* Abzug von Geschenken, StWK Gr. 4, 411.

Verwaltungsanweisungen: Abschn. 20 Abs. 2 bis 6 EStR; BMF 3. 8. 81, Aufwendungen für Geschenke als Betriebsausgaben. BB 1981, 1383; OFD Münster 14. 4. 89, dto., S – 2145 – 38 – St 11 – 31.

Geschenke an Personen, die **nicht Arbeitnehmer** des Steuerpflichtigen sind, dürfen den Gewinn nur mindern, wenn die Anschaffungs- oder Herstellungskosten der dem Empfänger im Wirtschaftsjahr zugewendeten Gegenstände insgesamt 75 DM nicht übersteigen (§ 4 Abs. 5 Nr. 1 EStG). Die Grenze von 75 DM gilt **erstmals für Wirtschaftsjahre, die nach dem 31. 12. 1989 enden** (§ 52 Abs. 5 EStG i. d. F. des Wohnungsbauförderungsgesetzes vom 22. 12. 1989, BStBl I 505); die **bisherige Wertgrenze** betrug 50 DM. 511

Bei den Beträgen von 50 bzw. 75 DM handelt es sich um eine **Freigrenze** und nicht um einen Freibetrag; d. h., wenn die Grenze – auch nur geringfügig – überschritten ist, entfällt der Betriebsausgabenabzug in voller Höhe. 512

513 Die Grenze gilt aber nicht, wenn die **Gegenstände ausschließlich betrieblich nutzbar** sind (vgl. z. B. BMF 3. 8. 81, BB S. 1383 und OFD Münster 14. 4. 89, S – 2145 – 38 – St 11 – 31 für von Pharma-Unternehmen geschenkte Arztpraxisgegenstände wie Blutdruckmeßgeräte oder Notfallkoffer).

514 Der Betriebsausgabenabzug setzt eine **betriebliche Veranlassung** voraus. Privat veranlaßte Geschenke gehören zu den Kosten der Lebensführung; sie dürfen den Gewinn nicht mindern (vgl. § 12 Nr. 1 EStG). Berühren die Geschenke den betrieblichen und den privaten Bereich, so sind sie wegen des Aufteilungs- und Abzugsverbots steuerrechtlich nicht zu berücksichtigen.

515 **Spenden** sind keine Geschenke (BFH 25. 11. 87, BStBl 1988 II 220; xx, DStR 1985, 752; a. A. z. B. Brandenberg, DStR 1985, 722), da § 10 b EStG als lex specialis vorgeht (vgl. auch § 4 Abs. 6 EStG).

516 Geschenke sind **unentgeltliche Zuwendungen**. Die Unentgeltlichkeit setzt objektiv das Fehlen einer Gegenleistung und subjektiv die Einigung der Parteien hierüber voraus (vgl. § 518 BGB). Werden jedoch Aufwendungen im Hinblick auf eine Gegenleistung des Empfängers gemacht, und sind diese Aufwendungen betrieblich veranlaßt, so fallen diese nicht unter § 4 Abs. 5 Nr. 1 EStG; sie sind in vollem Umfang als Betriebsausgaben abziehbar.

Beispiel:

Ein Rechtsanwalt läßt sich von einem Schreiner Büroeinbauten fertigen. Er verzichtet dafür auf einen Teil seines Honorars.

517 Gegenstand eines Geschenks können neben **Geld** und **Sachzuwendungen** auch **unentgeltliche Dienstleistungen** oder **andere geldwerte Vorteile** sein.

518 Für Arbeitnehmer gilt § 4 Abs. 5 Nr. 1 EStG und damit die Grenze von 50 bzw. 75 DM nicht (BFH 13. 1. 84, BStBl II 315).

- **Gewerbliche Tätigkeit**

519 vgl. „Selbständige . . . Tätigkeit", Rdnr. 729 ff., insbesondere Rdnr. 747 ff.

- **Gewinnbeteiligung**

520 vgl. Rdnr. 1116 ff. und 1240.

Einkommensteuer/Grundstücke und Gebäude

● **Grundstücke und Gebäude (§§ 6 Abs. 1 Nr. 1 und 4, 7 Abs. 4, 5 und 5a, 52 Abs. 15 EStG).** ▶ BSt-RA-145 ◀

Literatur: *Roland,* Die neuen Abschreibungsbedingungen für Wirtschaftsgebäude und für Heizungs- und Warmwasseranlagen, DStZ A 1986, 63; *Zitzmann,* Das Gesetz zur Verbesserung der Abschreibungsbedingungen für Wirtschaftsgebäude und für moderne Heizungs- und Warmwasseranlagen, DB 1986, 103; *Boveleth,* Absetzungen für Abnutzungen bei Gebäuden nach einer steuerfreien Entnahme, NWB F. 3, 6579; *Söffing,* Die einkommensteuerrechtliche Behandlung von Gebäuden und Gebäudeteilen, NWB F. 3, 6783; *Stuhrmann,* AfA-Bemessungsgrundlage einer steuerfrei entnommenen Wohnung bei späterer Vermietung, FR 1988, 18; *Hiller,* Steuerfreie Bodengewinne durch die Steuerreform 1990, Inf 1988, 516; *Seithel,* Neue Möglichkeiten der steuerfreien Entnahme von Grund und Boden nach dem Steuerreform-Gesetz 1990, DStR 1989, 55; *Korn,* Ertragsteuerfreie Grundstücksentnahme durch Bau einer Eigen- oder Altenteilerwohnung nach dem Steuerreformgesetz 1990, KÖSDI 1989, 7633; *Heisel,* Eigene Wohnung und ertragsteuerliches Betriebsvermögen, NWB F. 17, 1031; *Sarrazin,* Änderungen des EStG durch die Steuerreform 1990 im Bereich der Unternehmensbesteuerung, NWB F. 3b, 3877, 3882; *Christoffel,* Steuerfreie Entnahme für Wohnungen mit Sozialbindung, StWK Gruppe 5, 521; *Hiller,* Die Buchwertentnahme von Gebäuden nach § 6 Abs. 1 Nr. 4 letzter Satz EStG, Inf 1990, 127; *Obermeier,* Das selbstgenutzte Wohneigentum ab 1987, 2. Auflage, Herne/Berlin 1988, mit Einleger (Stand: Juli 1990).

Verwaltungsanweisungen: Abschn. 42 ff. EStR; BMF 12. 11. 86, Übergangsregelung nach § 52 Abs. 15 und 21 EStG bei Wohnungen im Betriebsvermögen, BStBl I 528; OFD Münster 17. 8. 87, Absetzungen für Abnutzung bei Gebäuden nach einer steuerfreien Entnahme, BB 1987, 1791; OFD Köln 19. 11. 87, Absetzungen für Abnutzung bei Gebäuden nach einer steuerfreien Entnahme, FR 1988, 72; OFD Münster 23. 12. 87, Absetzungen für Abnutzung bei Gebäuden nach einer steuerfreien Entnahme, DStR 1988, 151.

1. Grundstücke

Zur **Aktivierung** vgl. „Aktivierung von Anschaffungen und Absetzung für Abnutzung", Rdnr. 261 ff. 521

Grund und Boden ist mit den Anschaffungskosten anzusetzen (§ 6 Abs. 1 522 Nr. 2 EStG). Er unterliegt nicht der AfA. Allenfalls kann der niedrigere Teilwert angesetzt werden (§ 6 Abs. 1 Nr. 2 Satz 2, Nr. 1 Satz 3 EStG).

2. Gebäude

a) Allgemeines

Zur **Aktivierung** vgl. Rdnr. 261 ff. 523

524 Gebäude unterliegen der AfA. Bei **Anschaffung eines bebauten Grundstücks** ist der Kaufpreis nach dem Verhältnis der Verkehrswerte oder Teilwerte auf den Grund und Boden und auf das Gebäude aufzuteilen. Dies gilt auch bei der Anschaffung von Eigentumswohnungen (BFH 15. 1. 85, BStBl II 252).

b) Möglichkeiten der Absetzung für Abnutzung

525 Die AfA-Möglichkeiten für Gebäude ergeben sich aus § 7 Abs. 4, 5 und 5a EStG, wobei die Voraussetzungen im einzelnen unterschiedlich sind:

526 • **§ 7 Abs. 4 Satz 1 Nr. 1 EStG:** Betriebsvermögen, keine Wohnzwecke, Bauantrag nach dem 31. 3. 85: AfA 4 % jährlich;

527 • **§ 7 Abs. 4 Satz 1 Nr. 2 Buchst. a) EStG:** Wenn Voraussetzungen der Nr. 1 nicht erfüllt und Gebäude nach dem 31. 12. 24 fertiggestellt: AfA 2 % jährlich;

528 • **§ 7 Abs. 4 Satz 1 Nr. 2 Buchst. b) EStG:** Wenn Voraussetzungen der Nr. 1 nicht erfüllt und Gebäude vor dem 1. 1. 25 fertiggestellt: AfA 2,5 % jährlich;

529 • **§ 7 Abs. 5 Nr. 1 EStG:** Bei Herstellung oder Anschaffungskosten im Jahr der Fertigstellung und Gebäuden i. S. von § 7 Abs. 4 Nr. 1 EStG:

Im Jahr der Fertigstellung oder Anschaffung und
in den folgenden 3 Jahren jeweils 10 %,
in den folgenden 3 Jahren jeweils 5 %,
in den folgenden 18 Jahren jeweils 2,5 %.

530 • **§ 7 Abs. 5 Satz 1 Nr. 2 EStG:** Bei Herstellung oder Anschaffung im Jahr der Fertigstellung und Gebäuden i. S. von § 7 Abs. 4 Nr. 2 EStG:

Im Jahr der Fertigstellung oder Anschaffung und
in den folgenden 7 Jahren jeweils 5 %,
in den folgenden 6 Jahren jeweils 2,5 %,
in den folgenden 36 Jahren jeweils 1,25 %.

531 • **§ 7 Abs. 5 Nr. 2 EStG:** Bei Herstellung oder Anschaffung im Jahr der Fertigstellung und Gebäuden i. S. von § 7 Abs. 4 Nr. 2 EStG sowie Bauantrag oder Erwerb nach dem 28. 2. 89 und Dienen von Wohnzwecken:

Im Jahr der Fertigstellung oder Anschaffung und
in den folgenden 3 Jahren jeweils 7 %,
in den folgenden 6 Jahren jeweils 5 %,
in den folgenden 6 Jahren jeweils 2 %,
in den folgenden 24 Jahren jeweils 1,25 %.

Im Fall der Anschaffung ist § 7 Abs. 5 EStG nur anwendbar, wenn der Hersteller für das veräußerte Gebäude weder AfA nach Satz 1 oder 2 vorgenommen noch erhöhte oder Sonder-AfA in Anspruch genommen hat (§ 7 Abs. 5 Satz 3 EStG). 532

§ 7 Abs. 4 und 5 EStG sind auf **Gebäudeteile**, die selbständige unbewegliche Wirtschaftsgüter sind, sowie auf **Eigentumswohnungen** und auf im Teileigentum stehende Räume entsprechend anzuwenden (§ 7 Abs. 5a EStG). 533

Die AfA nach § 7 Abs. 4 EStG ist im Gegensatz zur AfA bei beweglichen Wirtschaftsgütern (vgl. dazu Abschn. 44 Abs. 2 Satz 2 EStR) auf Monate **aufzuteilen**. Die AfA nach § 7 Abs. 5 EStG ist im Jahr der Anschaffung oder Herstellung des Gebäudes in Höhe des **vollen Jahresbetrags** abzuziehen (BFH 19. 2. 74, BStBl II 704), wenn das Gebäude in diesem Jahr ausschließlich zur Erzielung von Einkünften verwendet wird. 534

Der **Wechsel** zwischen den AfA-Methoden nach § 7 Abs. 5 EStG sowie zwischen den AfA-Methoden nach § 7 Abs. 4 EStG und § 7 Abs. 5 EStG ist grundsätzlich unzulässig (BFH 10. 3. 87, BStBl II 618; zu den Ausnahmen vgl. Abschn. 44 Abs. 8 Sätze 2 bis 5 EStR). 535

Eine **Nachholung** unterlassener AfA (bzw. Kürzung bei überhöhter AfA) ist nicht möglich, da es sich um starre AfA-Sätze handelt. In diesen Fällen ergibt sich dann ein anderer AfA-Zeitraum (BFH 20. 1. 87, BStBl II 491; 11. 12. 87, BStBl 1988 II 335). 536

3. Entnahme

a) Grundsatz: Entnahme steuerpflichtig

Entnahmen sind mit dem Teilwert anzusetzen (§ 6 Abs. 1 Nr. 5 EStG). Die im Grund und Boden liegenden stillen Reserven (Teilwert abzüglich Buchwert) sind beim Betriebsvermögen grundsätzlich der Besteuerung zu unterwerfen. 537

b) Ausnahmen

Von diesem Grundsatz bestehen folgende Ausnahmen: 538

- **Entnahme zu eigenen Wohnzwecken und zu Wohnzwecken eines Altenteilers** (§ 52 Abs. 15 Sätze 6 bis 9, 11 EStG), letzteres allerdings strittig (für Begünstigung der Altenteilerwohnung z. B. Zeitler, BB 1987, 238, 243; a. A. z. B. Wacker, Inf 1987, 54, 88); 539

540 • **Entnahme zum Bau einer Eigen- oder Altenteilerwohnung** (§ 52 Abs. 15 Sätze 10 und 11 EStG);

541 • **Entnahme zur Vermietung mit Sozialbindung** (§ 6 Abs. 1 Nr. 4 Satz 4 EStG).

Zu den einzelnen Voraussetzungen vgl. Obermeier, Das selbstgenutzte Wohneigentum ab 1987, Anm. 399 ff., und Einleger, zu Anm. 399 ff.

• **Gruppenreise**

542 vgl. „Fortbildungskosten", Rdnr. 468 ff., 472 ff.

• **Gruppenversicherung**

543 vgl. „Versicherungen", Rdnr. 810 ff., 822.

• **Habilitation**

544 vgl. „Fortbildungskosten", Rdnr. 468 ff., 470.

• **Haftpflichtversicherung**

545 vgl. „Versicherungen", Rdnr. 810 ff., 811, 818.

• **Haftung**

546 vgl. „Lohnsteuer", Rdnr. 869 ff. und „Rückstellungen", Rdnr. 721 ff, 723.

• **Hausratversicherung**

547 vgl. „Versicherungen", Rdnr. 810 ff., 825.

• **Hilfsgeschäfte**

Literatur: Vgl. Literatur zu den Verweisungen.

548 Zu den betrieblichen Vorgängen (Betriebseinnahmen bzw. Betriebsausgaben) gehören nicht nur die Beratung, Beurkundung u. ä., sondern **alle mit der Praxis verbundenen Handlungen**. Die Geschäfte, die über die eigentliche Tätigkeit des Anwalts/Notars hinausgehen, die aber zur Abwicklung dieser Tätigkeit notwendig sind oder die der Geschäftsbetrieb mit sich bringt, nennt man Hilfsgeschäfte.

Hilfsgeschäfte sind z. B. folgende Rechtsgeschäfte: 549

• **Verkauf von Praxisgegenständen,** z. B. Büro- und Geschäftsausstattung 550
sowie Kraftfahrzeuge (vgl. Rdnr. 623f., auch zur Frage, ob bei Ansatz
eines Privatanteils der gesamte Veräußerungserlös als Betriebseinnahme anzusetzen ist);

• **Tätigkeit als Mitglied des Juristischen Prüfungsamtes,** Mitarbeit bei 551
einem **Fachinstitut** oder bei einem **Hochschullehrer,** Übernahme eines
Schiedsrichteramtes u. ä. (vgl. i. e. „Selbständige, nichtselbständige,
gewerbliche Tätigkeit", Rdnr. 729ff., 734f.);

• **Geldgeschäfte** nur ausnahmsweise, wenn sie kein eigenes Gewicht 552
haben und die Möglichkeit ausgeschlossen ist, daß persönliche-private
Gründe hierfür allein- oder mitentscheidend sind (vgl. i. e. „Geldgeschäfte", Rdnr. 494ff.).

Betriebliche Vorgänge sind zwar auch **durchlaufende Posten.** Sie scheiden 553
jedoch bei der Gewinnermittlung nach § 4 Abs. 1 und Abs. 3 EStG aus
(vgl. i. e. „Durchlaufende Posten", Rdnr. 422ff.).

Zinsgutschriften auf einem **Notaranderkonto** sind dem Treugeber im Jahr 554
der Gutschrift zuzurechnen (§ 39 Abs. 2 Nr. 1 AO), da er der kontoführenden Bank Kapital überläßt. Die Guthabenzinsen zählen daher beim
Notar nicht zu den Einnahmen aus freier Berufstätigkeit. Vgl. i. e.
„Anderkonten", Rdnr. 46ff.

• **Hilfskräfte**

vgl. „Selbständige . . . Tätigkeit", Rdnr. 729ff., 757ff. 555

• **Hinterziehungszinsen**
  (§ 4 Abs. 5 Satz 1 Nr. 8 a EStG) ▶ BSt-RA-150 ◀

Literatur: *Korn,* Ertragsteuerliche Beurteilung von Steuerzinsen, Zuschlägen und
Nebenleistungen nach der Steuerreform 1990, KÖSDI 1989, Nr. 4, 7596; *Krabbe,*
Verzinsung hinterzogener Steuern, NWB F. 2, 5251; *Streck/Mack,* Steuerzinsen –
Gestaltungs- und Beratungsempfehlungen für die Praxis, DStR 1989, 119; *Gast-de
Haan,* Verfassungswidrigkeit des Abzugsverbots für Hinterziehungszinsen gem.
§ 4 Abs. 5 Nr. 8a EStG n. F.?, StVj 1990, 76; *Apitz,* Behandlung steuerlicher
Nebenleistungen im betrieblichen und privaten Bereich im Hinblick auf das Steu-
erreformG 1990, StBp 1990, 91.

Zu den nichtabziehbaren Betriebsausgaben zählen auch **Hinterziehungs-** 556
zinsen auf Betriebssteuern (z. B. USt, GewSt) i. S. des § 235 AO, § 4

Abs. 5 Satz 1 Nr. 8a EStG. Diese Regelung, die durch das Steuerreformgesetz 1990 (25. 7. 88, BGBl I 1093, BStBl I 224) eingefügt wurde, gilt erstmals ab 1990 (§ 52 Abs. 5 EStG).

557 Das Abzugsverbot für Hinterziehungszinsen ist zu Recht **verfassungsrechtlich umstritten** (vgl. Krabbe, NWB F. 2, 5251, 5254 a. E.; ausführlich Gast-de Haan, StVj 1990, 76).

558 **Hinterziehungszinsen** auf Personensteuern (ESt, KSt, VSt) sind weder als Sonderausgaben noch als Betriebsausgaben abziehbar (§ 12 Nr. 3 EStG; § 10 Nr. 2 KStG).

559 Nach dem ab 1990 geltenden § 10 Abs. 1 Nr. 5 EStG sind Zinsen nach den §§ 233a (für Steuernachforderung), 234 (für Stundung) und 237 AO (für Aussetzung der Vollziehung) als Sonderausgaben abziehbar, **wenn sie nicht bereits Werbungskosten oder Betriebsausgaben** (vgl. hierzu BFH 23. 11. 88, BStBl 1989 II 116, m. w. N.) sind (vgl. auch Abschn. 121 EStR). In § 10 Abs. 1 Nr. 5 EStG handelt es sich um eine abschließende Aufzählung; Bankzinsen für Finanzierung privater Steuern sind daher keine Sonderausgaben.

● **Hochschulstudium**

560 vgl. „Fortbildungskosten", Rdnr. 468 ff., 471.

● **Honorare und Honorarforderungen** ▶ BSt-RA-155 ◀

1. Allgemeines

561 Zu den Honoraren zählen **sämtliche Zugänge in Geld und Geldeswert**, also auch Einnahmen aus einer Rentenvereinbarung für den Rechtsanwalt und dessen Ehefrau, die als Gegenleistung für anwaltliche Beratungs- und Betreuungstätigkeit gezahlt wird (BFH 26. 3. 87, BStBl II 597, m. Anm. Clausnitzer, KFR F. 3 EStG § 18, 1/87, 187).

2. Gewinnermittlung nach § 4 Abs. 1 EStG

562 Die Honorarforderungen eines Rechtsanwalts oder Notars sind bei Gewinnermittlung durch Betriebsvermögensvergleich (§ 4 Abs. 1 EStG) zu aktivieren, **wenn die vertragliche Leistung vollendet**, d. h., der erteilte Auftrag ausgeführt ist. Auf den Zeitpunkt der Rechnungsstellung kommt es nicht an.

Ausnahmsweise sind auch **Teilleistungen** zu aktivieren, wenn sie selbständig abrechenbar sind. Dies ist unter Berücksichtigung der bürgerlich-rechtlichen Vorschriften zu entscheiden, die für das jeweilige Rechtsgeschäft gelten (BFH 8. 12. 82, BStBl 1983 II 369; vgl. auch § 16 BRAGO). 563

Beispiele:

Abschluß einer Instanz, selbst wenn sich der Auftrag auf mehrere Instanzen erstreckt; 564

länger als drei Monate dauerndes Ruhen des Verfahrens infolge eines Gerichtsbeschlusses;

Sondervereinbarung mit Mandanten, daß bereits vor Beendigung des Auftrags Anspruch auf einen Teil des Honorars besteht (koordinierter Ländererlaß mit Zustimmung BMF, z. B. FM Bayern 14. 5. 62, ESt-Kartei OFD München-Nürnberg, § 6 Abs. 1 Nr. 2 EStG, K. 6.1).

Aufwendungen für die Ausführung von Aufträgen, die bis zum Bilanzstichtag noch nicht zu aktivierungspflichtigen Honoraransprüchen geführt haben, sind aktivierungspflichtig, wenn die **Aufwendungen von einigem Gewicht** sind und sich einem bestimmten Auftrag eindeutig zurechnen lassen (BFH 28. 1. 60, BStBl III 291). Dies ist nach den Verhältnissen des Einzelfalls zu beurteilen. 565

Zu aktivieren ist auch der **abgezinste Versorgungsanspruch**, wenn der Rechtsanwalt für seine laufende Berufstätigkeit kein Honorar, sondern nur eine nicht verfallbare Altersversorgung erhält (BFH 4. 11. 65, BStBl 1966 III 67). 566

Zur Passivierung von Vorschüssen vgl. Rdnr. 837 ff.

3. Gewinnermittlung nach § 4 Abs. 3 EStG

Vorstehende Ausführungen gelten bei der Überschußrechnung (§ 4 Abs. 3 EStG) nicht. Bei dieser kommt es auf den **Zufluß** (§ 11 Abs. 1 EStG) an. 567

• Invaliditätsversicherung

vgl. „Versicherungen", Rdnr. 810 ff., 811, 820. 568

• Jahresabschluß

vgl. „Rückstellungen", Rdnr. 721 ff., 723. 569

• Kaskoversicherung
570 vgl. „Versicherungen", Rdnr. 810 ff., 824, 825.

• Kauf einer Praxis
571 vgl. Rdnr. 1084 ff., 1089 ff.

• Kinder-Arbeitsverhältnisse, -Darlehens- und -Mietverträge ▶ BSt-RA-160 ◀

Literatur: *Neufang,* Steuersparende Arbeitsverhältnisse mit Kindern, Inf 1987, 543; *Brandenberg,* Schenkweise begründete Darlehen zwischen Eltern und Kindern, NWB F. 3, 6773; *Stuhrmann,* Arbeitsverhältnisse zwischen Eltern und Kindern, NWB F. 3, 6757; *Schall,* Arbeitsverhältnisse mit minderjährigen Kindern – Einschaltung eines Ergänzungspflegers als Voraussetzung für steuerliche Anerkennung?, DStZ A 1989, 616; *Rößler,* Nochmals: Arbeitsverhältnisse mit minderjährigen Kindern – Einschaltung eines Ergänzungspflegers als Voraussetzung der steuerlichen Anerkennung, DStZ A 1990, 141.

Verwaltungsanweisungen: Abschn. 23 Abs. 3, Abs. 4 EStR.

Vgl. auch Literatur zu Ehegatten-Arbeitsverhältnissen (vor Rdnr. 429 ff.).

1. Allgemeines

572 Für die Anerkennung von Verträgen mit Kindern gelten die Grundsätze, die zu **Verträgen mit Ehegatten** entwickelt wurden (vgl. Rdnr. 429 ff.), entsprechend (zu Aushilfsarbeitsverhältnissen vgl. BFH 25. 1. 89, BStBl II 453; 30. 6. 89, BFH/NV 1990, 224).

573 Neben den **Vorteilen,** die bereits bei Ehegatten-Arbeitsverträgen beschrieben sind, bestehen noch folgende Kriterien, die aus steuerrechtlicher Sicht für Arbeitsverträge mit Kindern sprechen:

574 Verlagerung von Einkunftsquellen, daher Milderung der Progression, Inanspruchnahme von Vorsorgepauschale und Grundfreibetrag durch das Kind; Minderung der zumutbaren Belastung gemäß § 33 Abs. 3 EStG.

575 **Negativ** können sich die eigenen Einkünfte bzw. Bezüge des Kindes beim Unterhaltshöchstbetrag des § 33 a Abs. 1 EStG und beim Ausbildungsfreibetrag des § 33 a Abs. 2 EStG auswirken.

2. Zivilrechtliche Wirksamkeit

576 Verträge zwischen Eltern und minderjährigen Kindern können darüber hinaus steuerlich nur anerkannt werden, wenn sie **bürgerlich-rechtlich wirksam** vereinbart worden sind (BFH 31. 5. 89, BStBl 1990 II 10).

Einkommensteuer/Kinder-Arbeitsverhältnisse 161

Arbeitsverträge sind ohne Einschaltung eines Ergänzungspflegers wirksam, wenn die Eltern das Kind gemäß § 113 Abs. 1 Satz 1 BGB zum Abschluß eines Dienstvertrags ermächtigt haben (FG Rheinland-Pfalz 28. 8. 86 rkr., EFG 1987, 234; FG Köln 12. 12. 89 nrkr., EFG 1990, 344; Neufang, Inf 1987, 543; Schall, DStZ A 1989, 616; a. A. FG Rheinland-Pfalz 12. 12. 88 rkr., EFG 1989, 274; Rößler, DStZ A 1990, 141). 577

Beispiele für unwirksame Verträge:

- Gesetzwidrige Arbeitsverhältnisse, z. B. bei Verstoß gegen § 5 Jugendarbeitsschutzgesetz (Niedersächsisches FG 14. 10. 87 rkr., EFG 1988, 599); 578

- Schenkung von Geld durch bloße Umbuchung vom Kapitalkonto ohne notarielle Beurkundung (BFH 31. 5. 89, BStBl 1990 II 10); 579

- Grundstücksgeschäfte, z. B. Nießbrauchsbestellung, ohne Einschaltung eines Ergänzungspflegers, selbst wenn das zuständige Vormundschaftsgericht die Bestellung eines Pflegers abgelehnt hat (BFH 31. 10. 89, DB 1990, 915); 580

- vgl. auch „Ehegatten-Arbeitsverhältnisse . . .", Rdnr. 429 ff. 581

Wird das minderjährige Kind volljährig und damit unbeschränkt geschäftsfähig, so kann es zivilrechtlich den schwebend unwirksamen Vertrag genehmigen (§ 108 Abs. 3 BGB). Steuerrechtlich wirkt die Genehmigung jedoch nicht zurück (BFH 31. 10. 89, DB 1990, 915). 582

Nach § 41 AO können auch unwirksame Rechtsgeschäfte der Besteuerung zugrunde gelegt werden, soweit und solange die Beteiligten das wirtschaftliche Ergebnis dieses Rechtsgeschäfts gleichwohl eintreten und bestehen lassen. Diese Vorschrift wird aber auf Verträge zwischen nahen Angehörigen **nicht angewendet** (BFH 31. 10. 89, DB 1990, 915; verfassungsgemäß, BVerfG 20. 11. 84, FR 1985, 283). 583

3. Studienkosten des Kindes: Verlagerung in den betrieblichen Bereich durch Ausbildungsdienstverhältnis?

Literatur: *Hußmann*, Ausbildungskosten als Betriebsausgaben bzw. Unterhalt?, DB 1985, 2225; *Paus*, Abgrenzung zwischen Ausbildung und Fortbildung bei Studienkosten, Inf 1985, 490; *el,* Ausbildungsverträge zwischen Eltern und Kindern, DB 1987, 458; *Henninger*, Arbeitsverhältnisse zwischen Eltern und Kindern, StLex 3, 4 (4–7), 121; *Richter*, Aufwendungen des Arbeitgebers und des Arbeitnehmers im Rahmen eines Ausbildungsverhältnisses, NWB F. 6, 3079.

a) Ausgangslage

Studienkosten der Kinder wirken sich über den **Kinderfreibetrag** (§ 32 EStG), den **Ausbildungsfreibetrag** (§ 33 a Abs. 2 EStG) bzw. über den 584

Unterhaltshöchstbetrag (§ 33 a Abs. 1 EStG) nur zu einem geringen Teil steuerrechtlich aus. Es wäre daher verlockend, wenn ein Anwalt/Notar diese Ausbildungskosten in den betrieblichen Bereich verlagern könnte.

b) Möglichkeit über Ausbildungsdienstverhältnis?

585 Es ist denkbar, mit dem Sohn oder der Tochter ein sogenanntes Ausbildungsdienstverhältnis abzuschließen. Unter einem solchen Vertrag ist ein **Dienstverhältnis zu verstehen, dessen Inhalt eine Berufsausbildung ist.** Das Kind müßte sich darin verpflichten, das Jurastudium ordnungsgemäß zu betreiben (insbesondere auch die geforderten Leistungsnachweise vorzulegen), während der Semesterferien in zumutbarem Umfang in der Kanzlei mitzuhelfen und nach Abschluß der Ausbildung für einen gewissen Zeitraum (5 Jahre) in der elterlichen Kanzlei zu arbeiten; letzteres müßte durch eine Vertragsstrafe sichergestellt sein.

c) Rechtsprechung des Bundesfinanzhofs

586 Ausbildungsdienstverhältnisse haben die Rechtsprechung des BFH unter zwei Gesichtspunkten beschäftigt, zum einen – aus der Sicht des Auszubildenden –, ob Ausbildungskosten – im Gegensatz zur Regelung im Sonderausgabenbereich – Werbungskosten sein können (vgl. „Fortbildungskosten", Rdnr. 468 ff.), zum anderen – aus der Sicht des Ausbildenden –, ob das Entgelt Betriebsausgaben sind. Die in jüngerer Zeit entschiedenen Fälle der zweiten Gruppe betrafen Ausbildungsdienstverhältnisse in der Land- und Forstwirtschaft (BFH 22. 3. 90, BStBl II 776; 13. 11. 86, BStBl 1987 II 121). In diesen Urteilen hat der BFH zutreffend entschieden, daß **grundsätzlich auch privatrechtliche Ausbildungsdienstverhältnisse steuerrechtlich anzuerkennen** sind, selbst wenn sie zwischen nahen Angehörigen abgeschlossen worden sind.

d) Voraussetzungen für die steuerrechtliche Anerkennung

587 Das im Rahmen eines Dienstverhältnisses gezahlte Entgelt zählt zu den Betriebsausgaben, wenn es durch den Betrieb veranlaßt ist (§ 4 Abs. 4 EStG). Bei **Verträgen zwischen nahen Angehörigen** ist nur dann von einer betrieblichen Veranlassung auszugehen, wenn sie klar und eindeutig vereinbart und auch tatsächlich vollzogen sind. Vertragsgestaltung und Vertragsdurchführung sind daraufhin zu überprüfen, ob sie auch zwischen fremden Dritten üblich wären (sogenannter **Fremdvergleich**; vgl. „Ehegat-

ten-Arbeitsverhältnisse", Rdnr. 432 ff.). Diese Grundsätze gelten auch bei Ausbildungsdienstverhältnissen (BFH 13. 11. 86, BStBl 1987 II 121).

e) Problem: Üblichkeit

Das Arbeitsverhältnis muß inhaltlich (sachlich) dem entsprechen, was auch bei Arbeitsverhältnissen unter Fremden üblich ist. Mit anderen Worten: Wenn ein Anwalt/Notar mit einem fremden Dritten einen solchen Arbeitsvertrag nicht abschließen würde, wird ihn das FA nicht anerkennen, wenn Vertragspartner ein naher Angehöriger ist. 588

Danach wird z. B. ein **Vertrag mit der Tochter anerkannt**, der die **Ausbildung zur Rechtsanwaltsgehilfin** zum Gegenstand hat, da vergleichbare Verträge auch mit fremden Dritten abgeschlossen werden. Höchst **zweifelhaft** erscheint jedoch die steuerrechtliche Anerkennung, wenn ein Anwalt/Notar **dem Sohn oder der Tochter im Rahmen eines Ausbildungsdienstverhältnisses ein Studium finanziert**, weil er einen entsprechenden Vertrag einem fremden Dritten wohl nicht anbieten würde. 589

Dies entspricht auch der **früheren finanzgerichtlichen Rechtsprechung**. So hat der BFH (10. 5. 66, BStBl III 490) z. B. Aufwendungen eines Vaters, die mit der **Meisterprüfung seines bei ihm als Gesellen arbeitenden Sohnes** zusammenhingen, nicht als Betriebsausgaben anerkannt, weil die Übernahme der Kosten in erster Linie auf familiären Überlegungen beruht habe und betriebliche Gründe nur mitbestimmend gewesen seien; denn es sei nicht üblich, einen fremden Arbeitnehmer auf Betriebskosten zum Nachfolger heranzubilden (vgl. aber BFH 14. 12. 90, DStR 1991, 378). 590

Auf dieser Linie liegt auch das Urteil des BFH vom 4. 9. 56 (BStBl III 304). In diesem Urteil hat er die von einem Unternehmen getragenen **Ausbildungskosten des künftigen Schwiegersohns** für den mehrjährigen Besuch einer Fachschule nicht als Betriebsausgaben anerkannt, obwohl der Schwiegersohn später den Betrieb leiten sollte; denn Studienkosten für Kinder seien auch dann keine Betriebsausgaben, wenn die Kinder eine Spezialausbildung erhielten, um später im elterlichen Betrieb tätig sein zu können. 591

Außerdem ist noch auf das BFH-Urteil 11. 10. 73 (BStBl 1974 II 200) zu verweisen. In diesem Fall ließ der Unternehmer seinen 23 Jahre alten Sohn, der weder über ausreichende kaufmännische noch technische Vorbildung verfügte, ohne vorherige Marktanalyse **zur Erforschung des** 592

Absatzmarktes auf die Dauer von 10 Monaten den amerikanischen Kontinent bereisen. Der BFH hat auch hier die betriebliche Veranlassung verneint, da die Reisekosten und das während dieser Zeit gezahlte Gehalt betrieblich weder notwendig noch üblich gewesen seien.

593 Diese Rspr. hat der BFH in seinem Urteil v. 14. 12. 90 (DStR 1991, 378) nochmals bestätigt. Es ist auch **nicht damit zu rechnen, daß die Finanzverwaltung die Finanzierung eines Studiums über ein Ausbildungsverhältnis anerkennt** (ebenso el, DB 1987, 458 m. w. N.; Henniger, StLex 3, 4 (4 bis 7), 121, 126 f.; a. A. Hußmann, DB 1985, 2225; vgl. auch Richter, NWB F. 6, 3079).

● **Kongresse**

594 vgl. „Fortbildungskosten", Rdnr. 468 ff., 470, 472 ff.

● **Konkursverwaltung**

595 vgl. „Außerordentliche Einkünfte", Rdnr. 342 ff., 347;, „Selbständige . . . Tätigkeit", Rdnr. 729 ff., 736 ff.

● **Kontokorrentzinsen** ▶ BSt-RA-165 ◀

Literatur: *Wolff-Diepenbrock,* Überlegungen zum Abzug von Schuldzinsen als Betriebsausgaben oder Werbungskosten, DB 1989, 1434; *Wfr.,* Schuldzinsenabzug: BFH contra BVerfG, DB 1990, 2239; *Bordewin,* Schuldzinsenabzug bei gemischtem Kontokorrentkonto, DStR 1990, 685; *Scholtz,* Abzug von Schuldzinsen, KFR F. 3 EStG § 4, 12/90, 401; *Söffing,* Die neue Kontokorrentschuldzinsen-Rechtsprechung des BFH, FR 1990, 693; *List,* Kontokorrentkredit-Zinsen in einkommensteuerrechtlicher Sicht, NWB F. 3, 7617; *Wacker,* Zur steuerrechtlichen Behandlung von Bankkontokorrentschulden, BB 1991, 248; *Kempermann,* Die Abgrenzung von betrieblich und privat veranlaßten Zinsen nach dem Beschl. des Großen Senats zum gemischten Kontokorrentkonto, DB 1991, 669; *Bordewin,* Schuldzinsenabzug bei gemischtem Kontokorrentkonto, DStR 1991, 409.

Verwaltungsanweisungen: Abschn. 14 a Abs. 3 Satz 2 EStR; BMF 27. 7. 87, Zuordnung einer Verbindlichkeit zum Betriebs- oder Privatvermögen, BStBl I 508; BMF 11. 5. 88, Abzug von Zinsen als Betriebsausgaben bei der Gewinnermittlung nach § 4 Abs. 3 EStG, DStZ E 1988, 172, BB 1988, 1168; OFD Münster 14. 6. 88, Zuordnung von Verbindlichkeiten zum Betriebs- oder Privatvermögen und Abzug als Privatvermögen, FR 1988, 441, DB 1988, 1573, DStR 1988, 518, BB 1988, 1442; OFD Köln, Abzug von Schuldzinsen als Betriebsausgaben, DStR 1988, 584, FR 1988, 468; OFD Münster 17. 2. 89, Zuordnung von Verbindlichkeiten zum Betriebs- oder Privatvermögen und Abzug von Schuldzinsen als

Betriebsausgaben; Zwei-Konten-Modell, DStR 1989, 216, BB 1989, 542, DB 1989, 604.

1. Allgemeines

Die steuerrechtliche Abziehbarkeit von Schuldzinsen, die bei einem Kontokorrentkonto anfallen, war in Literatur und Rechtsprechung umstritten. Dies hat zu Vorlagebeschlüssen des IV. Senats des BFH geführt, über die der Große Senat des BFH am 4. 7. 90 (BStBl II 817, m. Anm. Scholz, KFR F. 3 EStG § 4, 12/90, 401) entschieden hat. Damit ist eine Klärung der Problematik eingetreten. Die folgenden Ausführungen stellen die **Grundsätze, die der Große Senat aufgestellt hat,** dar.

596

2. Abziehbarkeit von Schuldzinsen

Schuldzinsen sind nur dann als Betriebsausgaben oder Werbungskosten anzuerkennen, wenn sie in wirtschaftlichem Zusammenhang mit einer der Einkunftsarten des EStG stehen. Der wirtschaftliche Zusammenhang zwischen den Schuldzinsen und dem Betrieb ist dann zu bejahen, wenn die Zinsen für eine **Verbindlichkeit** geleistet werden, die **durch den Betrieb veranlaßt** ist und deshalb zum Betriebsvermögen gehört. Maßgebend ist somit der **tatsächliche Verwendungszweck des Darlehens.**

597

Für das Vorliegen eines solchen Zusammenhangs ist es **unbeachtlich,** ob der Rechtsanwalt/Notar mit Darlehen finanzierte Aufwendungen auch durch eigene Mittel hätte bestreiten können oder ob der Betrieb über aktives Betriebsvermögen oder stille Reserven verfügt, die zur Deckung der Betriebsschulden herangezogen werden könnten.

598

Eine betriebliche Verbindlichkeit behält diese Eigenschaft in der Regel bis zu ihrem **Erlöschen** oder bis zur **Überführung in das Privatvermögen,** z. B. wenn der Rechtsanwalt/Notar das betrieblichen Zwecken dienende Wirtschaftsgut später entnimmt. Gleiches gilt, wenn die Darlehensmittel – entgegen der ursprünglichen Absicht – für private Zwecke verwendet werden. Umgekehrt wird auch ein Darlehen, das dem Erwerb eines zunächst privat genutzten Wirtschaftsguts diente, mit der Einlage dieses Wirtschaftsguts in den Betrieb zur Betriebsschuld.

599

3. Gemischte Kontokorrentkonten

Werden über das Kontokorrentkonto sowohl betriebliche/berufliche als auch private Zahlungen abgewickelt (sog. gemischtes Kontokorrentkonto), so sind die **Schuldzinsen aufzuteilen.**

600

601 Die Aufteilung ist grundsätzlich nach der sog. **Zinszahlenstaffelmethode** vorzunehmen. Dazu ist das Kontokorrentkonto entsprechend den privaten und betrieblichen (beruflichen) Sollbuchungen rechnerisch in zwei Unterkonten aufzuteilen. Auf dem einen Unterkonto sind die privat veranlaßten, auf dem anderen die betrieblich (beruflich) veranlaßten Sollbuchungen einzustellen.

602 Jede Habenbuchung ist grundsätzlich entsprechend dem Verhältnis aufzuteilen, in dem im Zeitpunkt ihrer Wertstellung die Debetsalden beider Unterkonten zueinander stehen. Entsprechend dieser Aufteilung ist jede Habenbuchung dem einen oder dem anderen Unterkonto gutzuschreiben. Weist nur ein Unterkonto einen Debetsaldo auf, ist eine Habenbuchung nur auf diesem Konto vorzunehmen (vgl. aber Rdnr. 605).

603 Außerdem ist eine Schätzung nach der sog. **Verhältnismethode** möglich, wenn das Konto in dem fraglichen Zeitraum ganz überwiegend einen Debetzwischensaldo aufwies und mangels abweichender Feststellungen nicht davon ausgegangen werden kann, daß die privaten Aufwendungen schwerpunktmäßig zu Zeitpunkten getätigt wurden, zu denen dem Rechtsanwalt/Notar entsprechende Guthaben zur Verfügung standen. Diese Methode teilt den Zinsaufwand nach dem – unter Umständen überschlägig ermittelten – Verhältnis betrieblicher/beruflicher und privater Auszahlungen auf.

4. Tilgung der Verbindlichkeit

604 Mit jeder Gutschrift auf dem Kontokorrentkonto wird der Teil der Schuld gemindert, den der Schuldner bestimmt. Er kann mit der kontoführenden Bank vereinbaren, daß bei einem gemischten Kontokorrentkonto mit Debetsaldo **jede Habenbuchung zunächst dem Unterkonto gutzuschreiben** ist, auf dem die **privat veranlaßten Sollbuchungen** erfaßt werden. Eine Umschuldung durch Änderung des Darlehensverwendungszwecks (so BFH 5. 6. 85, BStBl II 619) ist aber nicht möglich.

605 Mit dem BMF (27. 7. 87, BStBl I 508) kann allerdings bei gemischten Kontokorrentkonten – soweit die Vertragsparteien nichts anderes vereinbart haben – **unterstellt** werden, **daß durch laufende Geldeingänge (Habenbuchungen) vorrangig die privaten Schuldenteile getilgt** und gleichzeitig zu verbuchende Betriebsausgaben dem betrieblichen Unterkonto belastet werden (BFH 15. 11. 90, DStR 1991, 301).

5. Zwei-Konten-Theorie

Die Schwierigkeiten der Aufteilung sind zu vermeiden, wenn die betrieblichen/beruflichen und die privaten Ausgaben von unterschiedlichen Konten bestritten werden (Wacker, BB 1991, 248). Die auf dem betrieblichen Kontokorrentkonto anfallenden Schuldzinsen sind regelmäßig auch dann Betriebsausgaben, wenn Beträge vom betrieblichen auf das private Kontokorrentkonto überwiesen werden, dadurch auf dem privaten Kontokorrentkonto Verbindlichkeiten getilgt werden und ein negatives betriebliches Kontokorrentkonto entsteht. Hierbei handelt es sich um **Entnahmen** aus dem Betriebsvermögen, die die betriebliche Veranlassung des dadurch ausgelösten Mittelbedarfs grundsätzlich nicht berühren (wfr., DB 1990, 2239; Bordewin, DStR 1990, 685; Söffing, FR 1990, 693; differenzierend Bordewin, DStR 1991, 409 und BFH 15. 11. 90, DB 1991, 678).

606

6. Gewinnermittlung nach § 4 Abs. 3 EStG; Überschußeinkünfte

Vorstehende Grundsätze gelten auch für die Gewinnermittlung nach § 4 Abs. 3 EStG und für Überschußeinkünfte, insbesondere für die Einkünfte aus Vermietung und Verpachtung. Dies bedeutet eine weitere Durchbrechung des Aufteilungs- und Abzugsverbots bei gemischten Aufwendungen (anders noch BFH 18. 11. 80, BStBl 1981 II 510, 515).

607

7. Vertrauensschutz

In seinem Beschluß v. 4. 7. 90, BStBl II 817, hat der Große Senat den Erlaß von **Übergangsregelungen** der Finanzverwaltung angeregt, soweit die neuen Grundsätze des BFH für den Steuerpflichtigen nachteilig sind. Erfahrungsgemäß ist mit einem BMF-Schreiben zu rechnen.

608

- **Kraftfahrzeugkosten (§§ 4 Abs. 4, Abs. 5 Nr. 6, 9 Abs. 1 Satz 1, Satz 3 Nr. 4 und 5 EStG)** ▶ BSt-RA-170 ◀

Literatur: *Seitrich*, Aufwendungen für Fahrten zwischen zwei Arbeits- bzw. Betriebsstätten, FR 1985, 91; *Grützner*, Private Nutzung betrieblicher Personenkraftwagen, NWB F. 3, 7089; *Brosch*, Nichtabziehbare Betriebsausgaben nach § 4 Abs. 5 EStG, BBK F. 13, 3189; *Landwehr*, Steuerliche Behandlung von Inlandsreisekosten, NSt Nr. 8/1989, Reisekosten – Inland – Darstellung 1, B II. 1.; *Veigel*, Die Kfz-Kosten des Unternehmers nach der Steuerreform, Inf 1989, 289; *Woerner*, Notwendiges und gewillkürtes Betriebsvermögen – eine überholte Entscheidung?, StbJb 1989/90, 207; *Jehner*, Des Kaisers neue Kleider, DStR 1990, 6; *Assmann*, Zur Schätzung der privaten Pkw-Nutzung nach der „1%-Methode", DB 1990, 76; *M. Söffing*, Abschreibungsmöglichkeit und Angemessenheit von Aufwendungen für betrieblich genutzte Pkw, NWB F. 3, 7283; *Korn*, Aktuelle

Steuerhinweise für die Beratungspraxis und Eigenbesteuerung des Rechtsanwalts, ZAP F. 20, 33; *Kretzschmar,* Wohnung und Betriebsstätte unter einem Dach – Abzugsfähigkeit der Aufwendungen für Fahrten zu anderen Betriebsstätten, BB 1990, 971.
Verwaltungsanweisungen: Abschn. 20 a, 118, 119 Abs. 3 Nr. 1 EStR; Abschn. 31 Abs. 7, 38 LStR; OFD Hannover 27. 7. 83, Anteil der privaten Nutzung eines betrieblich/beruflich genutzten Pkw, DB 1983, 1682.

1. Allgemeines

609 Bei freiberuflicher Tätigkeit eines Rechtsanwalts/Notars gehören Personenkraftwagen (Pkw) bzw. Motorad/Motorroller bzw. Moped/Mofa (Kraftfahrzeuge – Kfz) dann zum (**notwendigen**) **Betriebsvermögen**, wenn sie zu mehr als 50 % eigenbetrieblich genutzt werden. Bei einer eigenbetrieblichen Nutzung zwischen 10 und 50 % können sie als **gewillkürtes Betriebsvermögen** behandelt werden (vgl. Abschn. 14 a Abs. 1 EStR), wenn der Gewinn nach § 4 Abs. 1 EStG durch Betriebsvermögensvergleich ermittelt wird (vgl. Rdnr. 1 ff., 8 ff.). Die Bildung gewillkürten Betriebsvermögens ist bei der Gewinnermittlung nach § 4 Abs. 3 EStG (vgl. Rdnr. 1 ff., 15 ff.) nach Meinung des BFH und der Finanzverwaltung ausgeschlossen (BFH 12. 2. 76, BStBl II 663; 7. 10. 82, BStBl 1983 II 101; Abschn. 14 Abs. 5, Abschn. 17 Abs. 7 EStR; kritisch dazu Blümich/Müller-Gatermann/Dankmeyer, § 4 Rz. 162, m.w.N.; Woerner, StbJb 1989/90, 207, 229 f.; vgl. auch „Betriebsvermögen", Rdnr. 369 ff.). Zur Behandlung eines **geleasten** Kfz vgl. Rdnr. 650.

610 Rechtsprechung und Finanzverwaltung gehen grundsätzlich davon aus, daß ein für betriebliche Zwecke eines Rechtsanwalts/Notars angeschafftes Kfz auch **privat mitbenutzt** wird (BFH 10. 7. 86, BFH/NV 1987, 27; vgl. auch BFH 11. 12. 87, BFH/NV 1989, 300; Abschn. 118 Abs. 2 EStR). Die **Kosten** sind daher auf einen betrieblichen und einen privaten Anteil aufzuteilen (BFH 19. 10. 70, BStBl 1971 II 17).

611 Gehört das **Kfz nicht zum Betriebsvermögen**, also zum Privatvermögen, so sind **Fahrtkosten in der tatsächlichen Höhe** abziehbar, d. h. der Teilbetrag der jährlichen Gesamtkosten des Pkw, der dem Anteil der betrieblichen/beruflichen Fahrten an der Jahresfahrleistung entspricht. Zu den **Gesamtkosten** gehören die Betriebsstoffkosten, die Wartungs- und Reparaturkosten, die Kosten einer Garage am Wohnort, die KraftSt, die Fahrzeugversicherungen, die AfA (vgl. Rdnr. 271 ff.) sowie die Zinsen für ein Anschaffungsdarlehen (BFH 1. 12. 82, BStBl 1983 II 17), nicht jedoch z. B. Park- und Straßenbenutzungsgebühren, Aufwendungen für In-

Einkommensteuer/Kraftfahrzeugkosten 169

sassen- und Unfallversicherungen, Aufwendungen infolge von Verkehrsunfällen (vgl. Rdnr. 626 ff.) sowie Verwarnungs- und Bußgelder (vgl. Rdnr. 488 ff.).

Anstelle der tatsächlichen Aufwendungen können bei einem Pkw **0,42 DM**, **bei einem Motorrad oder Motorroller 0,18 DM, bei einem Moped oder Mofa 0,11 DM je Fahrtkilometer** angesetzt werden (Abschn. 119 Abs. 3 Nr. 1 EStR; Abschn. 38 Abs. 2 LStR). 612

In jedem Fall sind **Fahrten zwischen Wohnung und Betriebsstätte** nur mit gewissen Kilometersätzen anzusetzen (vgl. Rdnr. 629 ff.). 613

2. Umfang der betrieblichen Nutzung

a) Nachweis

Der Rechtsanwalt/Notar trägt grundsätzlich die **objektive Beweislast (Feststellungslast)** für den Umfang der betrieblichen Fahrten (BFH 24. 6. 76, BStBl II 562). Wenn er mit dem vom FA vorgeschlagenen Privatanteil (vgl. Rdnr. 616 ff.) nicht einverstanden ist, kann er die betriebliche Nutzung durch ein **Fahrtenbuch** nachweisen. Dieses muß folgende Angaben enthalten: 614

- Gesamtfahrleistung;
- Geschäftsfahrten mit Ziel der Reise;
- Privatfahrten (Beispiel für Fahrtenbuch vgl. bei Veigel, Inf 1989, 289).

Das Fahrtenbuch ist für einen **repräsentativen Zeitraum** zu führen, wobei die meisten Autoren ein Jahr für erforderlich halten (z. B. Grützner, NWB F. 3, 7089, 7091; vgl. aber auch BFH 11. 12. 87, BFH/NV 1989, 300, der einen Zeitraum von weniger als drei Monate als nicht repräsentativ ansieht). 615

b) Schätzung

Führt der Rechtsanwalt/Notar den Nachweis nicht oder nur unzureichend, so schätzt die Finanzverwaltung gemäß Abschn. 118 Abs. 2 EStR den **privaten Nutzungsanteil ab 1990 auf mindestens 30 bis 35 % (bis einschließlich 1989: mindestens 20 bis 25 %)**. Auch dieser neue Privatanteil dürfte wohl von der Rechtsprechung zugrunde gelegt werden (zum bis 1989 geltenden Satz vgl. BFH 10. 7. 86, BFH/NV 1989, 27; 11. 12. 87, BFH/NV 1989, 300), da ja die Möglichkeit besteht, einen niedrigeren privaten Nutzungsanteil durch die Führung eines Fahrtenbuchs zu erreichen. 616

170   C. Die laufende Besteuerung

617 Wahlweise läßt die Finanzverwaltung die Schätzung nach der sog. **1 %-Methode** zu (OFD Hannover 27. 7. 83, DB S. 1682). Diese soll jedenfalls dann zur Anwendung kommen, wenn die Gesamtkosten des privatgenutzten Kfz nicht bekannt sind, z. B. weil mehrere betriebliche Fahrzeuge vorhanden sind. Bei dieser Methode, die auch für gebraucht erworbene Pkw gilt, wird der Privatanteil auf 1 % des auf volle 100 DM abgerundeten Listenpreises ohne Umsatzsteuer für ein Neufahrzeug geschätzt. Diese Schätzung führt in vielen Fällen zu sehr ungünstigen Ergebnissen (vgl. i. e. Assmann, DB 1990, 76), so daß erstere Methode vorzuziehen ist. Dieser Prozentsatz wird ab 1990 offenbar nicht erhöht (vgl. die lohnsteuerrechtliche Regelung hinsichtlich der Gestellung von Pkw in Abschn. 31 Abs. 7 Nr. 4 LStR).

618 Zu diesem Privatanteil kommen in beiden Fällen noch die **nicht absetzbaren Kostenteile für Fahrten zwischen Wohnung und Kanzlei** (vgl. Rdnr. 629 ff.).

c) **Umsatzsteuerrechtliche Behandlung**

619 Zur umsatzsteuerrechtlichen Behandlung vgl. Rdnr. 956 ff.

3. **Absetzung für Abnutzung**

620 Zu den aufzuteilenden Gesamtkosten zählt auch die Absetzung für Abnutzung (AfA). Die AfA-Bemessungsgrundlage ist nur in ganz seltenen Fällen zu kürzen (zu **unangemessenen Aufwendungen** vgl. „Repräsentationsaufwendungen", Rdnr. 710 ff.).

621 Als **AfA-Methode** kommen die linerare (§ 7 Abs. 1 EStG) und die degressive AfA (§ 7 Abs. 2 EStG), daneben die Sonderabschreibung nach § 7 g EStG in Betracht. Der Übergang von der degressiven zur linearen AfA ist möglich, nicht aber umgekehrt. Die Wahl der AfA-Methode hängt von betriebswirtschaftlichen Erwägungen ab (vgl. i. e. M. Söffing, NWB F. 3, 7283, 7286).

622 Die **voraussichtliche Nutzungsdauer bei Betriebs-Pkw** beträgt im Regelfall 4 Jahre. Bei **Privat-Pkw** mit einer durchschnittlichen Jahresfahrleistung bis zu 15 000 km ist regelmäßig eine Nutzungsdauer von 8 Jahren zugrunde zu legen. Bei einer höheren Fahrleistung ist von der voraussichtlichen Nutzungsdauer auszugehen, mindestens aber von 4 Jahren (Abschn. 38 Abs. 1 Sätze 5 und 6 LStR).

Einkommensteuer/Kraftfahrzeugkosten

Auch bei Betriebs-Pkw kann in vielen Fällen die **Verteilung auf eine höhere Nutzungsdauer als 4 Jahre vorteilhafter** sein (vgl. ausführlich Veigel, Inf 1989, 289, 291), da der Veräußerungserlös – nach bedenklicher Auffassung der Finanzverwaltung – in voller Höhe zu den Betriebseinnahmen zählt (kritisch dazu auch Jehner, DStR 1990, 6, 9, m. w. N. in FN 10). 623

Beispiel:

Bei Anschaffungskosten von 60 000 DM, einer AfA von je 25 % und einem Privatanteil von 30 % haben sich nach 4 Jahren die Anschaffungskosten nur in Höhe von 42 000 DM (70 % von 60 000 DM) ausgewirkt. Wird beim Verkauf noch ein Betrag von 30 000 DM erlöst, so verbleibt eine Auswirkung auf den Gewinn von 12 000 DM. 624

Hätte in diesem Fall der Rechtsanwalt/Notar einen AfA-Satz von 12,5 % gewählt, so hätte er keinen Veräußerungsgewinn erzielt. Die Gewinnauswirkung wäre 21 000 DM (70 % von 30 000 DM).

Diese Ausführungen zeigen, daß ein **Veräußerungsgewinn zu vermeiden** ist. Bei diesem Beispiel ist zwar der Zinsvorteil, den ein niedrigerer AfA-Zeitraum bietet, nicht berücksichtigt. Andererseits ist aber darauf hinzuweisen, daß ein größerer AfA-Zeitraum und damit eine geringere AfA zu einer kleineren Kürzung der Betriebsausgaben gem. § 4 Abs. 5 Nr. 6 EStG führt (vgl. Rdnr. 629 ff.). 625

4. Unfallkosten

Literatur: *Giloy,* Steuerliche Berücksichtigung von Verkehrsunfallschäden, NWB F. 6, 3059; *Seitrich,* Zur steuerlichen Berücksichtigung eines merkantilen Minderwerts, BB 1990, 1748.

Verwaltungsanweisungen: Abschn. 118 Abs. 3 Sätze 4 bis 7 EStR.

Ein Unfall auf einer **Privatfahrt** führt zu nichtabziehbaren Privataufwendungen (BFH 14. 11. 86, BStBl 1987 II 275), ein Unfall auf einer **betrieblichen (beruflichen) Fahrt** in voller Höhe zu Betriebsausgaben (Werbungskosten), es sei denn, daß für den Unfall private Gründe maßgebend sind (BFH 28. 11. 77, BStBl 1978 II 105; z. B. bei Alkoholfahrt, BFH 6. 4. 84, BStBl II 434; Abschn. 118 Abs. 3 Sätze 4 bis 7 EStR; vgl. ausführlich Giloy, NWB F. 6, 3059). Betriebliche (berufliche) Fahrten in diesem Sinn sind auch die Fahrten zwischen Wohnung und Betriebs-/Arbeitsstätte (vgl. Rdnr. 629 ff., 643). 626

627 Unfallkosten sind die Reparaturkosten oder – wenn die Reparatur unterblieben ist (z. B. bei Totalschaden) – die unfallbedingte Wertminderung des Kfz (BFH 19. 3. 82, BStBl II 442; Ausgangspunkt bei Betriebs-Pkw bzw. Abrechnung nach den tatsächlichen Kosten ist der „Buchwert", sonst der Zeitwert; vgl. auch ausführlich Giloy, NWB F. 6, 3059, 3065), auch Aufwendungen zur Beseitigung der eigenen Gesundheitsschäden (BFH 13. 10. 60, BStBl III 511), Kosten für Taxi, Telefon, Gutachter, Zinsen für aufgenommene Darlehen; Zahlungen an den Geschädigten, um Schadensfreiheitsrabatt zu erhalten sowie für Krankheitskosten, Verdienstausfall und Schmerzensgeld (Giloy, NWB F. 6, 3059, 3065, m. w. N.). Zu den Unfallkosten zählt auch der **merkantile Minderwert** (FG Münster 26. 1. 88 nrkr., EFG S. 558; Seitrich, BB 1990, 1748, m. w. N. zum Streitstand in FN 11 bis 23; a. A. z. B. Hessisches FG 5. 7. 79 rkr., EFG 1980, 70; vgl. auch Giloy, NWB F. 6, 3059, 3067), der nach der Methode Ruhkopf/Sahm zu berechnen ist (VersR 1962, 593; vgl. BGH 18. 9. 79, NJW 1980, 281).

628 Zu Geldbußen u. ä., Strafverteidigungs- und Verfahrenskosten vgl. „Geldbußen", Rdnr. 488 ff.

5. Fahrten zwischen Wohnung und Betriebs-/Arbeitsstätte
a) Grundsatz

629 Solche Fahrten sind zwar betriebliche (berufliche) Fahrten; sie sind aber nur **beschränkt abziehbar**. Die Sätze betragen je Entfernungskilometer bis 1988 0,36 DM, 1989 0,43 DM und ab 1990 0,50 DM, bei Benutzung eines **Motorrads oder Motorrollers** bis 1988 0,16 DM, 1989 0,19 DM und ab 1990 0,22 DM (§§ 9 Abs. 1 Satz 3 Nr. 4, 4 Abs. 5 Nr. 6 EStG); geplante Erhöhung ab 1991 auf 0,58/0,26 DM, ab 1992 auf 0,65/0,30 DM.

630 Die Sätze gelten nicht nur für Fahrten mit eigenem, sondern ab 1990 auch für Fahrten mit einem zur Nutzung überlassenen, also auch mit einem **angemieteten oder geleasten Kfz** (ebenso zur früheren Rechtslage BFH 11. 9. 87, BStBl 1988 II 12, strittig).

631 Erledigt der Rechtsanwalt/Notar anläßlich der Fahrten Wohnung – Betriebs-/Arbeitsstätte **Termine bei Gerichten oder Behörden** an einem Ort, der nicht an der direkten Fahrtstrecke zwischen Wohnung und Kanzlei liegt, so sind die Fahrtkosten nur beschränkt abziehbar (FG Rheinland-Pfalz 3. 2. 81 rkr., EFG S. 593). Die durch die Umwegstrecke bedingten Mehraufwendungen sind in voller Höhe als Betriebsausgaben/Werbungskosten abziehbar (BFH 17. 2. 77, BStBl II 543; 25. 3. 88, BStBl

Einkommensteuer/Kraftfahrzeugkosten

II 655; vgl. 12. 10. 90, BStBl 1991 II 134; OFD Münster 23. 10. 90, NWB EN-Nr. 1980/90).

Werden die Fahrten mit **anderen Verkehrsmitteln** (z. B. Taxi) durchgeführt, so sind die tatsächlichen Kosten abziehbar (zum Belastungsvergleich von Taxifahrten mit Fahrten mit Geschäfts-Pkw vgl. Veigel, Inf 1989, 289, 293). 632

Es besteht eine unterschiedliche Interessenlage, wenn der Pkw ein betriebliches oder privates Fahrzeug ist. Bei einem **Betriebs-Pkw** wird der Rechtsanwalt/Notar daran interessiert sein, den Anteil der Fahrten zwischen Wohnung und Kanzlei möglichst gering zu halten, da insoweit der betriebliche Aufwand gekürzt wird. Anderes gilt bei einem **privaten Pkw**, bei dem sich hohe Aufwendungen für Fahrten zwischen Wohnung und Kanzlei einkünftemindernd auswirken. 633

Es sind die **tatsächlichen Fahrten** zwischen Wohnung und Kanzlei zugrunde zu legen (BFH 25. 3. 88, BStBl II 655). Es dürfte aber nicht zu beanstanden sein, wenn im Zweifel die Fahrten auf 180 Hin- und Rückfahrten geschätzt werden (Korn, ZAP F. 20, 33, 39; a. A. BFH, a. a. O.). 634

Hat der Rechtsanwalt/Notar **mehrere Wohnungen**, so können Fahrten von und zu der von der Kanzlei weiter entfernt liegenden Wohnung nur dann berücksichtigt werden, wenn sich dort der Mittelpunkt der Lebensinteressen befindet und sie nicht nur gelegentlich aufgesucht wird (§ 9 Abs. 1 Nr. 4 Satz 3 EStG, vgl. i. e. Abschn. 20 a Abs. 1 Sätze 3 bis 6 EStR; Abschn. 42 Abs. 3 LStR; BFH 3. 10. 85, BStBl 1986 II 95; 13. 12. 85, BStBl 1986 II 221). 635

b) Berechnung

Die Finanzverwaltung eröffnet **zwei Möglichkeiten**, um den nichtabziehbaren Teil der Fahrtkosten i. S. von § 4 Abs. 5 Nr. 6 EStG zu ermitteln. Zum einen kann der Rechtsanwalt/Notar die Fahrten Wohnung – Kanzlei nach den Tabellen der deutschen Automobilklubs errechnen. Der Unterschied zwischen den so ermittelten Aufwendungen und den unter Zugrundelegung der Kilometer-Pauschbeträge errechneten abziehbaren Betriebsausgaben ist als nichtabziehbare Betriebsausgabe dem Gewinn hinzuzurechnen (Abschn. 20 a Abs. 2 Sätze 2 und 3 EStG). 636

Beispiel:
Fahrten Wohnung – Kanzlei 4 000 km
Kosten je km Fahrleistung laut Automobilklub 0,75 DM
Abziehbar nach §§ 9 Abs. 1 Nr. 4, 4 Abs. 5 Nr. 6 EStG ab 1990 0,25 DM 637

Nichtabziehbar: 4 000 × 0,50 DM = 2 000 DM.

Dieser Betrag ist dem Gewinn hinzuzurechnen.

638 Im Regelfall dürfte die **Anwendung dieser Tabellensätze zu ungünstigen Ergebnissen** führen. Es ist daher die zweite Möglichkeit zu empfehlen, die die tatsächlichen Aufwendungen je km Fahrleistung mit den Pauschbeträgen des § 9 Abs. 1 Nr. 4 EStG vergleicht (Abschn. 20 a Abs. 2 Sätze 4 bis 7 EStR). Zu diesen Aufwendungen zählen nicht die Sonder-AfA (BFH 25. 3. 88, BStBl II 655).

Beispiel:

639
Gesamtfahrleistung	30 000 km
davon Fahrten Wohnung – Kanzlei	4 000 km
Gesamtaufwand (einschließlich AfA)	18 000 DM
tatsächliche Kosten je km (18 000 DM : 30 000 km) =	0,60 DM
Nichtabziehbar je km (0,60 DM − 0,25 DM) =	0,35 DM,

insgesamt also 1 400 DM. Dieser Betrag ist dem Gewinn hinzuzurechnen.

c) Ausnahme: Außergewöhnliche Kosten

640 Mit den Pauschbeträgen sind die gewöhnlichen Kosten des Pkw abgegolten.

Beispiele für gewöhnliche Kosten:

641 Parkgebühren für das Abstellen des Pkw während der Arbeitszeit (BFH 2. 2. 79, BStBl II 372); anteilige Zinsen für Anschaffungsdarlehen (BFH 30. 11. 79, BStBl 1980 II 138; 1. 10. 82, BStBl 1983 II 17).

642 Außergewöhnliche Kosten können **neben den Pauschbeträgen** berücksichtigt werden (BFH 13. 11. 70, BStBl 1971 II 101).

Beispiele für außergewöhnliche Kosten:

643 Unfallkosten, wenn der Unfall auf dem Weg Wohnung – Kanzlei geschieht (BFH 23. 6. 78, BStBl II 457; 14. 7. 78, BStBl II 595); auf Fahrt zur Einnahme des Mittagessens in der Nähe der Kanzlei (BFH 18. 12. 81, BStBl 1982 II 261; BFH 28. 3. 90 IV R 353/84); auf Umwegfahrt zum Betanken des Pkw (BFH 11. 10. 84, BStBl 1985 II 10); zur Abholfahrt bzw. Leerfahrt des Ehegatten vgl. BFH 3. 8. 84, BStBl II 800; 26. 6. 87, BStBl II 818; zur Wertminderung vgl. BFH 9. 11. 79, BStBl 1980 II 71; zum Austauschmotor vgl. BFH 29. 1. 82, BStBl II 325; keine Anerkennung der Aufwendungen bei Alkoholfahrt (BFH 6. 4. 84, BStBl II 434); bei Probefahrt (BFH 23. 6. 78, BStBl II 457); bei Fahrt, die nicht von der Wohnung aus angetreten oder an der Wohnung beendet wird (BFH 25. 3. 88, BStBl II 706).

d) Ausnahme: Zwei Betriebsstätten

Fahrten zwischen zwei Betriebsstätten (vgl. BFH 19. 9. 90, BStBl 1991 II 97) sind **in vollem Umfang abziehbar**, selbst wenn sich eine Betriebsstätte am Wohnsitz befindet (BFH 31. 5. 78, BStBl II 564; 29. 3. 79, BStBl II 700; 13. 7. 89, BStBl 1990 II 23). Fahrten zwischen **Wohnung** und Betrieb sind aber anzunehmen, wenn die auswärtige Betriebsstätte als Mittelpunkt der beruflichen Tätigkeit täglich oder fast täglich angefahren wird und der Betriebsstätte am Hauptwohnsitz nur untergeordnete Bedeutung beizumessen ist, oder wenn sich zwar in der Wohnung eine weitere Betriebsstätte befindet, dieser Teil der Wohnung aber von der übrigen Wohnung baulich nicht getrennt ist und keine in sich geschlossene Einheit bildet (BFH 15. 7. 86, BStBl II 744) oder wenn sich in der Wohnung nur ein häusliches Arbeitszimmer befindet (BFH 7. 12. 88, BStBl 1989 II 421; 19. 9. 90, BStBl 1991 II 97, m. Anm. Kretzschmar, KFR F. 3 EStG § 4, 3/91, 31; Seitrich, FR 1985, 91).

644

Die Abzugsbeschränkung der §§ 9 Abs. 1 Nr. 4, 4 Abs. 5 Nr. 6 EStG unterbleibt jedoch, wenn durch nach außen erkennbare Umstände die häusliche Privatsphäre zugunsten eines eindeutig betrieblichen Bereichs (z. B. wegen der besonderen Art der Ausstattung oder der zusätzlichen Nutzung für Mandantenbesuche) zurücktritt (offengelassen in BFH 7. 12. 88, BStBl 1989 II 421; vgl. Kretzschmar, BB 1990, 971; FG des Saarlandes 7. 10. 83 rkr., EFG 1984, 112; Hessisches FG 27. 3. 90 nrkr., EFG 1991, 67).

Liegen bei einem Rechtsanwalt/Notar und Hochschullehrer **Betriebsstätte und Arbeitsstätte in verschiedenen Orten,** und ist die Teilstrecke von der Wohnung bis zur Anwaltskanzlei auch zurückzulegen, um von hier aus zur Arbeitsstätte zu gelangen, so sind die Pkw-Kosten auf der ersten Teilstrecke als Betriebsausgaben und auf der zweiten Teilstrecke als Werbungskosten zu berücksichtigen. Trotz der begrenzten Fahrtstrecke von der Betriebs- zur Arbeitsstätte unterliegen die Werbungskosten der Abzugsbeschränkung des § 9 Abs. 1 Satz 3 Nr. 4 EStG; denn der Rechtsanwalt/Notar verläßt – anders als bei einer Fahrt zwischen zwei Betriebsstätten – den betrieblichen Bereich (BFH 25. 2. 88, BStBl II 766).

645

e) Ausnahme: Behinderte

Behinderte, deren Grad der Behinderung mindestens 70 % beträgt, sowie Behinderte, deren Grad der Behinderung weniger als 70 %, aber mindestens 50 % beträgt, und die in ihrer Bewegungsfähigkeit im Stra-

646

ßenverkehr erheblich beeinträchtigt sind, können gemäß §§ 4 Abs. 5 Nr. 6, 9 Abs. 2 EStG die **tatsächlichen Aufwendungen** ansetzen. Diese Voraussetzungen sind durch amtliche Unterlagen nachzuweisen (vgl. Abschn. 194 Abs. 5 und 6 EStR).

6. Doppelte Haushaltsführung – Familienheimfahrten

647 Für Familienheimfahrten anläßlich einer anzuerkennenden doppelten Haushaltsführung (vgl. dazu Abschn. 20a Abs. 6 EStR; Abschn. 43 LStR) gelten die **Einschränkungen,** die bei Fahrten zwischen Wohnung und Kanzlei beschrieben sind, entsprechend (§§ 4 Abs. 5 Nr. 6, 9 Abs. 1 Nr. 4 und 5 EStG).

- **Kranken-, Krankentagegeldversicherung**

648 vgl. „Versicherungen", Rdnr. 810 ff., 811.

- **Kunstgegenstände**

649 vgl. „Arbeitszimmer", Rdnr. 314 f.; „Büro- und Geschäftsräume", 649 Rdnr. 409 ff; „Repräsentationsaufwendungen", Rdnr. 710 ff.

- **Leasing** ▶ BSt-RA-175 ◀

650 Eine Zurechnung zum **Vermögen des Leasingnehmers** kommt nach der BFH-Rechtsprechung (26. 1. 70, BStBl II 264; 30. 5. 84, BStBl II 825) vor allem dann in Betracht, wenn

- der Leasinggegenstand speziell auf die Verhältnisse des Leasingnehmers zugeschnitten ist und nach Ablauf der Grundmietzeit nur noch bei ihm sinnvolle Verwendung finden kann oder

- die betriebsgewöhnliche Nutzungsdauer des Leasinggegenstandes und die Grundmietzeit sich annähernd decken (vgl. für Finanzierungsleasing mit Vollamortisation über unbewegliche Wirtschaftsgüter; BMF 9. 6. 87, BStBl I 440; 21. 3. 72, BStBl I 188; über bewegliche Wirtschaftsgüter: BMF 19. 4. 71, BStBl I 264; mit Teilamortisation: BMF 22. 12. 75, BB 1976, 73; hierzu Kaligin, DStZ A 1985, 235; Meier, FR 1986, 137; Schulz, BB 1986, 2173) oder

- die betriebsgewöhnliche Nutzungsdauer zwar erheblich länger als die Grundmietzeit ist, jedoch dem Leasingnehmer ein Recht auf Mietverlängerung oder Kauf zusteht, bei dessen Ausübung nur ein geringer Mietzins oder Kaufpreis zu entrichten ist.

Einkommensteuer/Motorrad/Motorroller 177

In diesen Fällen hat der Leasingnehmer das Wirtschaftsgut zu aktivieren (vgl. Rdnr. 261 ff., auch zur AfA). Die Leasingraten sind in einen – erfolgsneutralen – Tilgungsanteil und einen – sofort abziehbaren – Zins- und Kostenteil aufzuteilen (BMF 21. 3. 72, BStBl I 188; 19. 4. 71, BStBl I 264).

Bleibt jedoch der **Leasinggeber wirtschaftlicher Eigentümer**, ist **ihm** das 651 Wirtschaftsgut zuzurechnen (vergleichbar einem Mietvertrag). Die Leasingraten sind grundsätzlich laufende Betriebsausgaben (zur periodengerechten Zurechnung bei den verschiedenen Gewinnermittlungsarten vgl. Rdnr. 1 ff.; vgl. auch BMF 19. 4. 71, BStBl I 264; 21. 3. 72, BStBl I 188). Eine Ausnahme besteht bei Vereinbarungen degressiver Leasingraten. Die über eine lineare Verteilung hinausgehenden Beträge sind als Rechnungsabgrenzungsposten oder Anschaffungskosten für ein Nutzungsrecht zu aktivieren und für die Jahre, in denen die Leasingraten hinter der linearen Verteilung zurückbleiben, gewinnmindernd aufzulösen (BFH 12. 8. 82, BStBl II 696; Übergangsregelung: BMF 10. 10. 83, BStBl I 431; a. A. z. B. Forster, Festschrift für Döllerer, S. 147, m. w. N.).

- **Lebensversicherung**

vgl. „Versicherungen", Rdnr. 810 ff., 811. 652

- **Lehrgänge**

vgl. „Fortbildungskosten", Rdnr. 468 ff., 472 ff. 653

- **Lohnsteuer**

vgl. Rdnr. 860 ff. 654

- **Mietverträge**

vgl. „Ehegatten-Arbeitsverhältnisse . . .", Rdnr. 429 ff., insbesondere 655 Rdnr. 448; „Kinder-Arbeitsverhältnisse . . .", Rdnr. 572 ff.

- **Mitarbeit**

vgl. „Ehegatten-Arbeitsverhältnisse . . .", Rdnr. 429 ff., 439; „Hilfsge- 656 schäfte", Rdnr. 548 ff.; „Kinder-Arbeitsverhältnisse . . .", Rdnr. 572; „Selbständige . . . Tätigkeit", Rdnr. 729 ff., 734 f., 739 ff.

- **Motorrad/Motorroller**

vgl. „Kraftfahrzeugkosten", Rdnr. 609 ff.; „Reisekosten", Rdnr. 679 ff., 657 686 f.

● **Nichteheliche Lebensgemeinschaft**
658 vgl. „Ehegatten-Arbeitsverhältnisse", Rdnr. 450.

● **Nichtselbständige Tätigkeit**
659 vgl. „Selbständige . . . Tätigkeit", Rdnr. 729 ff., insbesondere Rdnr. 739 ff.

● **Notaranderkonto**
660 vgl. Rdnr. 46 ff. und „Hilfsgeschäfte", Rdnr. 554.

● **Ordnungsgelder**
661 vgl. „Geldbußen . . .", Rdnr. 488 ff.

● **Pauschalierung der Lohnsteuer**
662 vgl. Rdnr. 872 ff.

● **Pensionszusage (§ 6a EStG)** ▶ BSt-RA-180 ◀

Literatur: *Schoor,* Das Ehegattenarbeitsverhältnis, FR 1988, 573; *Lempenau,* Fremdvergleich als Nachweisvoraussetzungen für Pensionszusage an Arbeitnehmer-Ehegatten, KFR F. 3 EStG § 6a, 1/90, 13; *Koenen,* Betriebliche Altersversorgung – Gestaltungsalternativen und ihre steuerlichen Wirkungen, DB 1990, 1425; *Chevallerie,* Pensionsrückstellungen und Steuerersparnisse, DB 1990, 1678; *Gerstner,* Steuerfragen der betrieblichen Altersversorgung, NWB F. 3, 7685.

Verwaltungsanweisungen: Abschn. 41 EStR.

1. Allgemeines

663 Für unmittelbare Pensionszusagen müssen Rückstellungen in der Handelsbilanz gebildet werden (§ 249 HGB). Nach dem Grundsatz der Maßgeblichkeit der Handelsbilanz hat die handelsrechtliche **Passivierungspflicht** die Passierungspflicht für Pensionszusagen in der Steuerbilanz zur Folge, wenn die Voraussetzungen des § 6a Abs. 1 Nr. 1 bis 3 EStG vorliegen.

664 Für laufende Pensionen und Anwartschaften auf Pensionen, die vor dem 1. 1. 87 rechtsverbindlich zugesagt worden sind (**Altzusagen**), gilt nach Art. 28 des Einführungsgesetzes zum HGB in der durch Gesetz v. 19. 12. 85 (BGBl I 2355, BStBl I 94) geänderten Fassung weiterhin das handels- und steuerrechtliche **Passivierungswahlrecht**; insoweit sind die Anwei-

Einkommensteuer/Pensionszusage 179

sungen in Abschn. 41 EStR 1984 mit Ausnahme des Abs. 24 Sätze 5 und 6 weiter anzuwenden (Abschn. 41 Abs. 1 Satz 3 EStR).

Die Versorgungszusage ist **zu Zukunftssicherungsleistungen abzugrenzen** 665 (vgl. dazu LSt-Pauschalierung nach § 40b EStG, Rdnr. 891 ff.). Zukunftssicherungsleistungen des Arbeitgbers sind gegenwärtig zufließender Arbeitslohn, die späteren Leistungen erhält der Arbeitnehmer im steuerrechtlichen Sinn nicht mehr aufgrund des Dienstverhältnisses. Kein gegenwärtig zufließender Arbeitslohn liegt vor, wenn der Arbeitgeber dem Arbeitnehmer eine Versorgung aus eigenen, erst im Zeitpunkt der Zahlung bereitzustellenden Mitteln zusagt; in diesem Fall unterliegen nur die späteren, aufgrund der Zusage geleisteten Versorgungsbezüge der LSt (BFH 7. 2. 90, BStBl II 1062).

2. Pensionszusage an Arbeitnehmer-Ehegatten

Pensionszusagen sind auch zugunsten des in der Kanzlei mitarbeitenden 666 nahen Angehörigen (insbesondere Ehegatten) im Rahmen eines steuerlich anerkannten Arbeitsverhältnisses (vgl. Rdnr. 429 ff.) möglich. Eine Rückstellung kann aber nur gebildet werden, wenn und soweit die Versorgungszusage eindeutig vereinbart und ernsthaft gewollt, sowie dem Grunde und der Höhe nach ausschließlich betrieblich veranlaßt ist. Die **Ernsthaftigkeit** einer getroffenen Vereinbarung ist insbesondere dann zu verneinen, wenn nach den Umständen des Einzelfalls bereits bei Erteilung der Zusage mit einer späteren Inanspruchnahme aus der Verpflichtung nicht zu rechnen ist.

Die Pensionszusage ist nur dann **betrieblich veranlaßt,** wenn und soweit 667 mit hoher Wahrscheinlichkeit eine vergleichbare Zusage auch einem familienfremden Arbeitnehmer in der Kanzlei erteilt worden wäre (**Fremdvergleich;** BFH 16. 5. 90, BStBl II 1044), wobei die entsprechende Prüfung vorrangig nach dem Inhalt der Vereinbarungen vorzunehmen ist. Unabhängig davon kann eine betriebliche Veranlassung auch dann bejaht werden, wenn durch die Versorgungszusage **besondere Arbeitsleistungen** berücksichtigt werden sollen oder die Altersversorgung **an Stelle einer Sozialversicherungsrente** zugesagt wird (BFH 14. 7. 89, BStBl II 969, m. w. N.). In letzterem Fall sind die Zuführungen nur insoweit als betrieblicher Aufwand anzuerkennen, als es sich rechnerisch um die Ansammlung der Beträge handelt, die bei der gesetzlichen Rentenversicherung die Funktion von **Arbeitgeberbeiträgen** erfüllen. Fiktive Arbeitnehmerbeiträge sind nicht zu berücksichtigen (BFH 7. 2. 90, BFH/NV 1991/80). Dies gilt nur für ersparte Arbeitgeberbeiträge, die **ab Erteilung der Pensionszusage** angefallen wären (also keine Nachholung möglich, BFH 14. 7. 89, BStBl II 969; 21. 6. 90 X R 155–156/87).

668 Nach der Rechtsprechung des BFH (14. 7. 89, BStBl II 969) ist die Pensionszusage **nicht betrieblich veranlaßt**, wenn einem 36jährigen Arbeitnehmer-Ehegatten eine dienstzeitunabhängige Invaliditätsrente in Höhe von 75 % der Aktivbezüge zugesagt wird (kritisch hierzu Lempenau, KFR F. 3 EStG § 6a, 1/90, 13).

- **Personengesellschaft**

669 vgl. Rdnr. 1302 ff. und „Selbständige . . . Tätigkeit", Rdnr. 753 ff.

- **Personenversicherungen**

670 vgl. „Versicherungen", Rdnr. 810 ff.

- **Praxis**

671
- -aufgabe, vgl. Rdnr. 1241 ff.
- -eröffnung vgl. Rdnr. 1082 ff.
- -erwerb vgl. Rdnr. 1084 ff. und 1089 ff.
- -kauf vgl. Rdnr. 1084 ff. und 1089 ff.
- -veräußerung vgl. Rdnr. 1203 ff., 1246 f.

- **Privatvermögen**

672 vgl. „Betriebsvermögen", Rdnr. 369 ff.; „Kraftfahrzeugkosten", Rdnr. 609 ff.; „Versicherungen", Rdnr. 810 ff.

- **Prozeßkosten**

673 vgl. „Rückstellungen", Rdnr. 721 ff., 723 f.

- **Prüfungstätigkeit**

674 vgl. „Hilfsgeschäfte", Rdnr. 548 ff.; „Selbständige . . . Tätigkeit", Rdnr. 729 ff., 734 f.

- **Raten für Praxiskauf und -veräußerung**

675 vgl. Rdnr. 1097 ff. und 1227 ff.

• **Rechtsreferendare**
vgl. „Selbständige . . . Tätigkeit", Rdnr. 729 ff., 745, 1444. 676

• **Rechtsschutzversicherung**
vgl. „Versicherungen", Rdnr. 810 ff., 811, 818. 677

• **Referendare**
vgl. „Selbständige . . . Tätigkeit", Rdnr. 729 ff., 745, 1444. 678

• **Reisekosten (§§ 4 Abs. 4, Abs. 5 Nr. 5, 9 Abs. 1 Satz 1, Abs. 4 EStG)** ▶ BSt-RA-185 ◀

Literatur: *Landwehr,* Steuerliche Behandlung von Inlandsreisekosten, NSt 1989/9, Reisekosten – Inland – Darstellung 1; *Halaczinsky,* Steuerliche Behandlung der Reisekosten ab 1990 bei Unternehmern und Freiberuflern, Inf 1990, 147; *Stuber/ Nägele,* Reisekosten, Bewirtung, Repräsentation, 20. Aufl., 1990; *Kühr,* Reisespesen, Fachtagungen und Umzugskosten im Steuerrecht, 2. Aufl., 1990; *o. V.,* Tabellen zu den Reisekosten und Reisekostenvergütungen bei Geschäftsreisen und Dienstreisen privater Arbeitnehmer ab 1991, DB Beil. Nr. 2/91; *Richter/Richter,* Reise- und Bewirtungskosten, Herne/Berlin 1991; *Schraml,* Urlaubsreisen im zeitlichen Zusammenhang mit Dienstreisen, NWB F. 6, 3331.

Verwaltungsanweisungen: Abschn. 20 a, 119 EStR; Abschn. 37 bis 40 LStR; BMF 29. 1. 91, Tabellen für Auslandsdienst- und -geschäftsreisen 1991, BStBl I 227, Änderung BMF 10. 4. 91 IV B 6 – S 2353 – 30/91, IV B 1 – S 2228 – 3/91, NWB F. 6, 3341.

1. Allgemeines

Reisekosten gehören zu den **Betriebsausgaben,** wenn sie durch den Betrieb veranlaßt sind (§ 4 Abs. 4 EStG; vgl. „Betriebsausgaben", Rdnr. 359 ff.). Sie sind **Werbungskosten** bei nichtselbständiger Arbeit, wenn sie zur Erwerbung, Sicherung und Erhaltung der Einnahmen aufgewendet werden (§ 9 Abs. 1 Satz 1 EStG). Unternimmt der Rechtsanwalt bzw. Notar die Reise auch aus **privaten Gründen,** so ist der betriebliche oder berufliche Anteil nur dann als Betriebsausgaben bzw. Werbungskosten abziehbar, wenn die Aufwendungen – ggf. im Wege der Schätzung – leicht und einwandfrei aufgeteilt werden können (vgl. § 12 Nr. 1 EStG; Abschn. 119 Abs. 2 Sätze 7 und 8 EStR; Abschn. 37 Abs. 1 Sätze 2 und 3 LStR; vgl. Schraml, NWB F. 6, 3331). 679

Zu den **Reisekosten** gehören Fahrtkosten, Verpflegungsmehraufwendungen, Übernachtungskosten und Reisenebenkosten, nicht aber mittelbare Kosten, z. B. Bekleidungskosten, Aufwendungen für die Anschaffung von Koffern und anderer Reiseausrüstung sowie der Verlust der Geld- 680 börse (BFH 4. 7. 86, BStBl II 771; Abschn. 119 Abs. 1 EStR; Abschn. 37 Abs. 1 Sätze 1 und 4 LStR).

681 Im Bereich der Reisekosten ist im EStG lediglich die Höhe der Verpflegungsmehraufwendungen geregelt (§§ 4 Abs. 5 Nr. 5, 9 Abs. 4 EStG). Diese Bestimmungen haben für Wirtschaftsjahre, die nach dem 31. 12. 1989 enden, eine Änderung erfahren (§ 52 Abs. 5 EStG i. d. F. des Wohnungsbauförderungsgesetzes vom 22. 12. 1989, BStBl I 505; im folgenden bezeichnet mit „Rechtslage ab 1990"). Definitionen und die Höhe der übrigen Reisekosten ergeben sich aus den EStR bzw. LStR, die teilweise von den früheren Regelungen abweichen.

2. Geschäftsreise, Geschäftsgang bzw. Dienstreise, Dienstgang

a) Rechtslage bis einschließlich 1989

682 Eine **Geschäftsreise (Dienstreise)** lag vor, wenn der Rechtsanwalt/Notar aus betrieblichen oder beruflichen Gründen in einer Entfernung von mindestens 15 km von seiner regelmäßigen Betriebsstätte oder Stätte der Berufsausübung vorübergehend tätig wird. Trat er die Reise von der Wohnung aus an, so mußte die Mindestentfernung von 15 km auch von der Wohnung aus gegeben sein (vgl. i. e. Abschn. 119 Abs. 2 Sätze 1 bis 6 EStR 1987; Abschn. 25 Abs. 2 LStR 1987).

683 Ein **Geschäftsgang (Dienstgang)** lag vor, wenn die Entfernung weniger als 15 km betrug (Abschn. 119 Abs. 2 Sätze 11 und 12 EStR 1987; Abschn. 25 Abs. 4 Sätze 2 und 3 LStR 1987).

b) Rechtslage ab 1990

684 Ab 1990 wurden die Voraussetzungen für die Anerkennung von **Geschäftsreisen (Dienstreisen)** verschärft. So setzt eine Geschäftsreise (Dienstreise) voraus, daß der Rechtsanwalt/Notar mindestens 20 km von seiner Wohnung und von seiner regelmäßigen Betriebsstätte oder Stätte der Berufsausübung tätig ist (Abschn. 119 Abs. 2 Sätze 1 bis 5 EStR; Abschn. 37 Abs. 3 LStR). Beträgt die Entfernung weniger als 20 km, so liegt ein **Geschäftsgang (Dienstgang)** vor (Abschn. 119 Abs. 2 Satz 10 EStR; Abschn. 37 Abs. 4 Satz 1 LStR).

685 Wird ein Geschäftsgang (Dienstgang) mit einer Geschäftsreise (Dienstreise) oder umgekehrt verbunden, so gilt die auswärtige Tätigkeit insgesamt als Geschäftsreise (Dienstreise), Abschn. 119 Abs. 2 Satz 11 EStR; Abschn. 37 Abs. 4 Satz 2 LStR.

Einkommensteuer/Reisekosten 183

3. Fahrtkosten

Fahrtkosten sind in der **tatsächlichen Höhe** abziehbar. Sie können durch Vorlage von Fahrkarten, Quittungen von Reisebüros oder Tankstellen, Fahrtenbüchern oder in ähnlicher Weise nachgewiesen werden (Abschn. 119 Abs. 3 Nr. 1 Sätze 1 und 2 EStR; Abschn. 38 Abs. 1 LStR; zu Kraftfahrzeugkosten vgl. Rdnr. 609 ff., 614 ff.). 686

Anstelle der tatsächlichen Kosten sind die **Kilometersätze** von 0,42 DM (Pkw), 0,18 DM (Motorrad/Motorroller), 0,11 DM (Moped/Mofa) bzw. 0,06 DM (Fahrrad) anzusetzen. Diese Sätze erhöhen sich für jede Person, die bei einer Dienstreise oder einem Dienstgang mitgenommen wird, bei Pkw und Motorrädern bzw. -rollern um 0,03 bzw. 0,02 DM je km. Neben den Kilometersätzen sind außergewöhnliche Aufwendungen zu berücksichtigen, z. B. für Reparaturen, die auf einem Unfall oder nicht auf Verschleiß beruhen (Abschn. 119 Abs. 3 Nr. 1 Sätze 2 ff. EStR; Abschn. 38 Abs. 2 LStR). 687

4. Übernachtungskosten

Übernachtungskosten werden in der **tatsächlichen Höhe** anerkannt (zur Angemessenheitsprüfung vgl. „Repräsentationsaufwendungen", Rdnr. 710 ff., 713). Pauschsätze werden – außer bei Auslandsreisen (vgl. Rdnr. 703) – nicht gewährt. Allerdings kann die Höhe der Übernachtungskosten geschätzt werden, wenn ihre Entstehung dem Grunde nach unbestritten ist (BFH 17. 7. 80, BStBl 1981 II 14). 688

Bei einem **Pauschalpreis für Frühstück und Übernachtung** sind die Aufwendungen bei einer Übernachtung im Inland um 7 DM, bei einer Übernachtung im Ausland um 15 % des für den Unterkunftsort maßgebenden Pauschbetrags für Verpflegungsmehraufwendungen bei einer mehrtägigen Geschäftsreise bzw. Dienstreise zu kürzen (Abschn. 119 Abs. 3 Nr. 2 EStR; Abschn. 40 Abs. 1 LStR; zum Werbungskostenabzug bzw. zur Erstattung der Übernachtungskosten vgl. Abschn. 40 Abs. 2 und 3 LStR). 689

▷ **Hinweis:**

Bei teuren Hotels empfiehlt sich daher die Vereinbarung eines Pauschalpreises für Übernachtung und Frühstück. 690

5. Verpflegungsmehraufwendungen

a) Allgemeines

691 Abziehbar sind entweder die **tatsächlichen Aufwendungen**, gekürzt um die Haushaltsersparnis und beschränkt auf einen Höchstbetrag (§§ 4 Abs. 5 Nr. 5, 9 Abs. 4 EStG), **oder** gewisse **Pauschbeträge**. Die Pauschbeträge sind jedoch nicht in vollem Umfang anzuerkennen, wenn ihre Anwendung zu einer unzutreffenden Besteuerung führen würde.

b) Rechtslage bis einschließlich 1989

Beispiel:

692

Aufwendungen für Verpflegung	75 DM
./. Haushaltsersparnis ⅕ davon: 15 DM; maximal	6 DM
Mehraufwendungen für Verpflegung	69 DM
Höchstbetrag (§ 8 EStDV; § 5 LStDV)	64 DM

(Abschn. 119 Abs. 3 Nr. 3 Sätze 1 bis 3 EStR 1987; Abschn. 25 Abs. 9 Nr. 1 Sätze 1 und 2 LStR 1987).

693 **Pauschbeträge:** Hier ist zwischen eintägigen (das sind Reisen, die am selben Kalendertag beginnen und enden) und mehrtägigen Reisen zu unterscheiden. Die Pauschalen der letzteren Reisen stehen in Klammern. Die täglichen Pauschalen betrugen bei Einkünften von

nicht mehr als 25 000 DM oder bei Verlust	31 (42) DM,
mehr als 25 000 DM, aber nicht mehr als 50 000 DM	33 (44) DM,
mehr als 50 000 DM	35 (46) DM

(vgl. i. e. Abschn. 119 Abs. 3 Nr. 3 b) EStR 1987, Abschn. 25 Abs. 9 Nr. 2 LStR 1987).

694 Die Pauschbeträge galten für einen **vollen Reisetag** bei einer ununterbrochenen Abwesenheit von mehr als 12 Stunden. Sie **ermäßigten sich** für jeden Reisetag, an dem die Abwesenheit

nicht mehr als 12 Stunden, aber mehr als 10 Stunden gedauert hat, auf ⁸⁄₁₀,

nicht mehr als 10 Stunden, aber mehr als 7 Stunden gedauert hat, auf ⁵⁄₁₀,

nicht mehr als 7 Stunden, aber mehr als 5 Stunden gedauert hat, auf ³⁄₁₀
(Abschn. 119 Abs. 3 Nr. 3 b) Sätze 5 und 6 EStR 1987; Abschn. 25 Abs. 9 Nr. 3 LStR 1987).

695 Zur Kürzung der Pauschbeträge bei ganz oder teilweise **unentgeltlicher Verpflegung von Arbeitnehmern** vgl. Abschn. 25 Abs. 9 Nr. 5 LStR.

Einkommensteuer/Reisekosten

Bei einem **Geschäfts- bzw. Dienstgang** durften Mehraufwendungen für Verpflegung nur bis zu einem Höchstbetrag von 19 DM (§ 8 Abs. 6 EStDV, § 6 Abs. 6 LStDV), bei einem Geschäftsgang ohne Einzelnachweis – bei Abwesenheit von mehr als 5 Stunden – in Höhe von 3 DM angesetzt werden (Abschn. 119 Abs. 5 EStR 1987). 696

Die **Vorsteuer** kann bei Abzug der Pauschbeträge auch pauschal ermittelt werden (vgl. § 36 UStDV; Rdnr. 1009 ff.). 697

Bis einschließlich Veranlagungszeitraum 1989 bestand bei Arbeitnehmern die Möglichkeit, daß bei einer **mehr als 12stündigen Abwesenheit von der Wohnung** arbeitstäglich ein Betrag von 3 DM als Werbungskosten angesetzt werden konnte (BFH 30. 3. 79, BStBl II 498; Abschn. 22 Abs. 4 Nr. 1 LStR 1987). Diese Vergünstigung konnte der selbständig Tätige nicht in Anspruch nehmen (BFH 9. 10. 74, BStBl 1975 II 203; 24. 1. 85, BFH/NV 1986, 200). Ab 1990 ist der Betrag von 3 DM auch bei Arbeitnehmern nicht mehr abziehbar. 698

c) Rechtslage ab 1990

Ab 1990 entfällt die Begrenzung der Haushaltsersparnis auf 6 DM. Wie bisher können höchstens 64 DM je Kalendertag angesetzt werden. 699

Beispiel:

Aufwendungen für Verpflegung	75 DM
./. Haushaltsersparnis ⅕ davon	15 DM
Mehraufwendungen für Verpflegung	60 DM

(Abschn. 119 Abs. 3 EStR; Abschn, 39 Abs. 1 LStR).

Der **Höchstbetrag und die Pauschbeträge vermindern sich** für jeden Kalendertag, an dem die Geschäfts- bzw. Dienstreise nicht mehr als 12 Stunden gedauert hat, wie folgt: 700

Dauer der Reise	Höchst- betrag	Pauschbetrag bei	
		eintägiger Reise	mehrtägiger Reise
mehr als 12 Stunden	64 DM	35 DM	46 DM
mehr als 10 Stunden	51 DM	28 DM	36 DM
mehr als 8 Stunden	32 DM	17 DM	23 DM
mehr als 6 Stunden	19 DM	10 DM	13 DM
bis 6 Stunden	19 DM	0 DM	0 DM

(vgl. i. e. Abschn. 119 Abs. 3 Nr. 3 EStR; Abschn. 39 Abs. 2 und 3 LStR; jeweils auch zur Kürzung bei unentgeltlichen Mahlzeiten).

701 Bei einem **Geschäfts- bzw. Dienstgang** dürfen die Verpflegungsmehraufwendungen – bei Abwesenheit von mehr als 6 Stunden – höchstens mit 8 DM angesetzt werden (Abschn. 119 Abs. 5 EStR; Abschn. 39 Abs. 5 LStR).

Die **Vorsteuer** kann bei Abzug der Pauschbeträge auch pauschal ermittelt werden (vgl. § 36 UStDV; Rdnr. 1009 ff.).

6. Reisenebenkosten

702 Reisenebenkosten sind abziehbar, wenn sie **nachgewiesen oder glaubhaft gemacht** sind. Hierzu zählen z. B. Aufwendungen für die Beförderung und Aufbewahrung von Gepäck, für Telefon, Telegramme, Porto, Garage, Parkplatz, für Benutzung von Straßenbahn oder Kraftwagen am Reiseort, für Schadensersatzleistungen infolge von Verkehrsunfällen (Abschn. 119 Abs. 3 Nr. 4 EStR; Abschn. 40 Abs. 4 LStR).

7. Auslandsgeschäfts- bzw. Dienstreisen

703 Für Auslandsgeschäftsreisen bis einschließlich 1989 vgl. Abschn. 119 Abs. 4 EStR 1987; für Auslandsdienstreisen bis einschließlich 1989 vgl. Abschn. 25 Abs. 11 LStR 1987; für Auslandsgeschäftsreisen ab 1990 vgl. Abschn. 119 Abs. 4 EStR; für Auslandsdienstreisen ab 1990 vgl. Abschn. 39 Abs. 4, 40 Abs. 2 Sätze 4 ff. LStR; für Pauschbeträge vgl. BMF 29. 1. 91 (BStBl I 227), Änderung BMF 10. 4. 91 (IV B 6 – S 2353 – 30/91; IV B 1 – S 2228 – 3/91).

704 Die Frage, in welcher Höhe die Aufwendungen für Auslandsgeschäfts- oder -dienstreisen abziehbar sind, ist zur Frage der ausländischen Besteuerung abzugrenzen.

705 **Einkünfte aus freier Berufstätigkeit** werden grundsätzlich im Wohnsitzstaat besteuert. Wenn jedoch die Tätigkeit im Ausland in einer festen Einrichtung ausgeübt wird, hat das Besteuerungsrecht der Staat, in dem sich die feste Einrichtung befindet (Art. 14 OECD-Musterabkommen DBA; vgl. i. e. die Zusammenstellung der DBA in BStBl 1991 I 9).

706 Auch bei **nichtselbständiger Arbeit** steht dem Wohnsitzstaat im Regelfall das alleinige Besteuerungsrecht zu. Eine Ausnahme besteht, wenn die Tätigkeit im anderen Vertragsstaat ausgeübt wird. Es verbleibt jedoch bei der ausschließlichen Besteuerung durch den Wohnsitzstaat, wenn der Arbeitnehmer seine Tätigkeit nicht länger als 183 Tage im anderen Vertragsstaat ausübt (Art. 15 OECD-Musterabkommen DBA; vgl. i. e. die Zusammenstellung der DBA in BStBl 1991 I 9; wenn kein DBA besteht,

vgl. Auslandstätigkeitserlaß in BStBl 1983 I 470). Die 183-Tage-Klausel gilt nicht im Verhältnis zu Italien.

Ausländische Einkünfte, die aufgrund eines DBA steuerfrei sind, fallen unter den **Progressionsvorbehalt** (§ 32b EStG; Ausnahme bei DBA Italien a. F., BFH 12. 1. 83, BStBl II 382, Abschn. 185 Abs. 1 Satz 3 EStR). 707

Vgl. noch „Fortbildungskosten", Rdnr. 468 ff.; „Kraftfahrzeugkosten", Rdnr. 609 ff. 708

- **Renten für Praxiskauf und -veräußerung**

vgl. Rdnr. 1100 ff.; 1230 ff. 709

● Repräsentationsaufwendungen
(§ 4 Abs. 4, Abs. 5 Nr. 7 EStG)   ▶ BSt-RA-190 ◀

Literatur: *Rutkowski*, Zur Frage unangemessener Betriebsausgaben, StBp 1987, 185; *Dehmer*, Nicht abziehbare Betriebsausgaben/Repräsentationsaufwendungen; Angemessenheit von Büroausstattungen, KFR F. 3 EStG § 4, 4/87, 33; *Langenberg*, Unangemessenheit von Anschaffungskosten eines Pkw, KFR F. 3 EStG § 4, 15/87, 249; *Brosch*, Nichtabziehbare Betriebsausgaben nach § 4 Abs. 5 EStG, BBK F. 13, 3189, 3213; *M. Söffing*, Abschreibungsmöglichkeit und Angemessenheit von Aufwendungen für betrieblich genutzte Personenkraftwagen, NWB F. 3, 7283; *Richter/Richter*, Angemessenheitsprüfung im Werbungskostenbereich, NWB F. 3, 7357; *Thomas*, Kein Werbungskostenausschluß wegen unangemessener Höhe, KFR F. 6 EStG § 9, 4/90, 231; *Stuber/Nägele*, Reisekosten, Bewirtung, Repräsentation, 20. Aufl., 1990; *Kapp*, Zur Bedeutung des Privatflugzeugurteils, DStR 1991, 408.

Verwaltungsanweisungen: Abschn. 20 Abs. 16 bis 18 EStR.

1. Grundsatz

Nach § 4 Abs. 5 Nr. 7 EStG dürfen andere als die in den Nummern 1 bis 6 bezeichneten Aufwendungen, die die Lebensführung des Steuerpflichtigen oder anderer Personen berühren, nicht den Gewinn mindern, soweit sie nach allgemeiner Verkehrsauffassung als unangemessen anzusehen sind. Nach Auffassung der Finanzverwaltung ist von dieser Vorschrift nur Gebrauch zu machen, wenn die **Aufwendungen ins Gewicht fallen und die Grenze des Angemessenen erheblich überschreiten** (Abschn. 20 Abs. 18 Satz 2 EStR). 710

Nach dem Gesetz sind die **Aufwendungen, nicht die Anschaffungskosten einer Angemessenheitsprüfung zu unterziehen.** Wären beispielsweise bei einem Personenkraftwagen (Pkw) die Anschaffungskosten überhöht, so könnte der Rechtsanwalt/Notar durch eine Gestaltung der AfA die Ange- 711 messenheitsprüfung beeinflussen, wenn dies der Nutzungsdauer entspricht; denn es müssen nur die AfA-Beträge angemessen sein (BFH 20. 8. 86, BStBl 1987 II 108; M. Söffing, NWB F. 3, 7283, 7288). Die **Betriebskosten eines Pkw** sieht der BFH im Regelfall nicht als unangemessen an (BFH 8. 10. 87, BStBl II 853, 856).

712 § 4 Abs. 5 Nr. 7 EStG gilt nur für Gewinneinkünfte, **nicht für Arbeitnehmer** (BFH 12. 1. 90, BStBl II 423; Richter/Richter, NWB F. 3, 7357; Thomas, KFR F. 6 EStG § 9, 4/90, 231; Kapp, DStR 1991, 408).

2. Beispiele:

713 Die **Finanzverwaltung** zählt in Abschn. 20 Abs. 18 Satz 1 EStR beispielhaft die **Fälle** auf, in denen sie die Angemessenheit prüft:

- Kosten der Übernachtung anläßlich einer Geschäftsreise (vgl. „Reisekosten", Rdnr. 688 ff.); hinsichtlich der Mehraufwendungen für Verpflegung Hinweis auf Sonderregelung in § 4 Abs. 5 Nr. 5 EStG (vgl. Rdnr. 691 ff.);

- Aufwendungen für die Unterhaltung und Beherbergung von Geschäftsfreunden, soweit der Abzug dieser Aufwendungen nicht schon nach § 4 Abs. 5 Nr. 3 und 4 EStG ausgeschlossen ist;

- Aufwendungen für die Ausstattung der Geschäftsräume (vgl. „Büro- und Geschäftsräume", Rdnr. 409 ff.), z. B. der Chefzimmer und Sitzungsräume;

- Aufwendungen für die Unterhaltung (vgl. aber Rdnr. 711) von Pkw (vgl. „Kraftfahrzeugkosten", Rdnr. 620) und für die Nutzung eines Flugzeugs (BFH 27. 2. 85, BStBl II 458) sowie die auf sie entfallende AfA (BFH 8. 10. 87, BStBl II 853).

3. Angemessenheitsprüfung

714 Anders als bei der Investitionszulage (vgl. BFH 2. 2. 79, BStBl II 340, 387) sind bei § 4 Abs. 5 Nr. 7 EStG feste Wertgrenzen für die Angemessenheit abzulehnen (vgl. z. B. BFH 20. 8. 86, BStBl II 904).

Außerdem ist festzustellen, daß die BFH-Rechtsprechung in den letzten Jahren großzügiger geworden ist.

Beispiele:

715 **Orientteppich** für 23 200 DM (1975) und **Orientbrücke** für 8 180 DM (1978) bei Unternehmensberater von Großbetrieben angemessen (Nutzungsdauer 15 Jahre, BFH 20. 8. 86, BStBl II 904); **Perserteppich** für 22 301 DM (1977) bei Industrievertreter (Jahresumsatz ca. 800 000 DM, Gewinn zwischen 213 000 DM und 306 000 DM jährlich) ggf. angemessen (BFH 20. 8. 86, BStBl 1987 II 108); **Porsche** für 75 180 DM und nach Unfall ein weiterer Porsche für 75 500 DM (1978) bei Inhaber einer Werbeagentur (Umsatz ca. eine Million) angemessen (BFH

8. 10. 87, BStBl II 853); Kosten für **Flugzeug** insoweit unangemessen, als sie Kosten für Linienflüge übersteigen (BFH 4. 8. 77, BStBl 1978 II 93); zur Anmietung eines **Hubschraubers** vgl. BFH 27. 2. 85, BStBl II 458; Aufwendungen für Besuch von Nachtlokalen mit Striptease- und anderen Darbietungen bei offensichtlichem Mißverhältnis zum Wert der Speisen und/oder Getränke unangemessen (BFH 16. 2. 90, BFH/NV S. 698).

Diese Beispiele zeigen, daß es auf die Umstände des jeweiligen Einzelfalls ankommt. Die Rspr. hat daher einige **Merkmale** herausgearbeitet, anhand derer die Angemessenheit geprüft werden kann (vgl. dazu die vorstehenden Zitate):

- Größe des Unternehmens;
- Umsatz und Gewinn auf längere Sicht (BFH 13. 11. 87, BFH/NV 1988, 356);
- Bedeutung des Repräsentationsaufwands für den Geschäftserfolg;
- Üblichkeit des Repräsentationsaufwands in vergleichbaren Betrieben;
- bei Verkehrsmitteln: Umfang der betrieblichen Fahrleistung und Ausstattung;
- Berührung der privaten Lebenssphäre des Steuerpflichtigen.

Bei der Angemessenheitsprüfung ist darauf abzustellen, ob ein **ordentlicher und gewissenhafter Unternehmer** angesichts der erwarteten **Vorteile und Kosten** die Aufwendungen auf sich genommen haben würde (Dehmer, KFR F. 3 EStG § 4, 4/87, 33).

4. Rechtsfolgen von unangemessenen Aufwendungen

Auch die unangemessenen Aufwendungen sind **Betriebsausgaben**. Somit gehen sämtliche Aufwendungen in die Gewinn- und Verlust-Rechnung ein. Der unangemessene Teil ist außerhalb der Bilanz **dem Gewinn wieder hinzuzurechnen** (zur USt vgl. Rdnr. 401).

Das Wirtschaftsgut wird in vollem Umfang Betriebsvermögen (BFH 8. 10. 87, BStBl II 853). Es ist daher **mit den vollen Anschaffungskosten zu bilanzieren.** Bei einem **Verkauf** ist der Veräußerungsgewinn bzw. -verlust wie folgt zu ermitteln: Veräußerungserlös ./. Buchwert. Ein Abzug der unangemessenen AfA-Beträge vom Veräußerungserlös ist nicht möglich, denn sonst würden sich die unangemessenen AfA-Teile entgegen § 4 Abs. 5 Nr. 7 EStG beim Verkauf doch auswirken.

Nimmt der Rechtsanwalt/Notar **Sonder-AfA für das Wirtschaftsgut** in Anspruch, so sind die nichtabziehbaren Betriebsausgaben an Hand der Normal-AfA zu berechnen (vgl. BFH 25. 3. 88, BStBl II 655, zu § 4 Abs. 5 Nr. 6 EStG; vgl. i. e. Brosch, BBK F. 13, 3189, 3215, auch zum Zusammentreffen unangemessenen Aufwands mit privater Nutzung des Wirtschaftsguts).

● **Rückstellungen** ▶ BSt-RA-195 ◀

Literatur: *Döllerer,* Ansatz und Bewertung von Rückstellungen in der neueren Rechtsprechung des BFH, DStR 1987, 67; *Groh,* Verbindlichkeitsrückstellung und Verlustrückstellung: Gemeinsamkeiten und Unterschiede, BB 1988, 27; *Jacobs,* Berechnung von Rückstellungen in der Steuerbilanz, DStR 1988, 238; *Kupsch,* Neuere Entwicklungen bei der Bilanzierung und Bewertung von Rückstellungen, DB 1989, 53; *Hedmeier,* Rückstellungen wegen drohender Haftung bei bestehender Versicherungsdeckung, DB 1989, 2133.

Verwaltungsanweisungen: Abschn. 31 c, 38 EStR.

1. Voraussetzungen für Rückstellungen

721 Die Bildung von Rückstellungen kommt nur in Betracht, wenn der Rechtsanwalt/Notar seinen Gewinn durch **Betriebsvermögensvergleich** (§ 4 Abs. 1 EStG, vgl. Rdnr. 1 ff., 8 ff.) ermittelt. Die Grundsätze, die zur Gewinnermittlung nach den §§ 4, 5 EStG entwickelt worden sind, gelten sinngemäß (BFH 8. 11. 79, BStBl 1980 II 146; 20. 11. 1980, BStBl 1981 II 398; vgl. § 249 Abs. 1 Satz 1 HGB).

722 Bei einem Rechtsanwalt/Notar ist die Bildung einer Rückstellung für **ungewisse Verbindlichkeiten** möglich. Dies setzt nach ständiger BFH-Rechtsprechung (vgl. z. B. 25. 8. 89, BStBl II 893) voraus, daß

- es sich um eine **betriebliche Verbindlichkeit gegenüber einem Dritten** (BFH 19. 1. 72, BStBl II 392; 26. 5. 76, BStBl II 622) **oder** eine öffentlich-rechtliche Verpflichtung (BFH 20. 3. 80, BStBl II 297; 19. 5. 83, BStBl II 670) handelt,

- die Verbindlichkeit **vor dem Bilanzstichtag wirtschaftlich verursacht** ist (BFH 24. 6. 69, BStBl II 581; 20. 3. 80, BStBl II 297; 1. 8. 84, BStBl 1985 II 44) und

- mit einer Inanspruchnahme aus einer nach ihrer Entstehung und Höhe ungewissen Verbindlichkeit **ernsthaft zu rechnen** ist (BFH 13. 12. 66, BStBl 1967 III 187; 16. 7. 69, BStBl 1970 II 15; 17. 7. 80, BStBl 1981 II 669; 9. 3. 88, BStBl II 592, 594, m. w. N.).

Beispiele für Rückstellungen:

723 ● Für gesetzliche Verpflichtung zur Aufstellung des Jahresabschlusses (BFH 20. 3. 80, BStBl II 297) einschließlich der die Betriebssteuern des abgelaufenen Jahres betreffenden Steuererklärungen. Nicht rückstellbar sind Aufwendungen für private Steuererklärungen (ESt, VSt) sowie für Feststellungserklärungen (BFH 24. 11. 1983, BStBl 1984 II 301);

Einkommensteuer/Selbständige, nichtselbständige, gewerbl. Tätigkeit 191

● für Haftung aufgrund fehlerhafter Beratung einschließlich Prozeßkosten. Rechtshängigkeit ist für die Rückstellung der Prozeßkosten nicht erforderlich (H/H/R, § 5 Anm. 719; str., a. A. z. B. BFH 24. 6. 70, BStBl II 802).

2. Höhe der Rückstellungen

Rückstellungen sind in Höhe des Betrages zu bilden, der bei vernünftiger Beurteilung **notwendig** ist, um die Verpflichtung nach den Verhältnissen am Bilanzstichtag zu erfüllen (BFH 7. 7. 83, BStBl II 753; vgl. § 253 Abs. 1 Satz 2 HGB; § 6 Abs. 1 Nr. 3 EStG; Abschn. 38 EStR). Soweit also die drohende Ersatzverpflichtung durch eine **Haftpflichtversicherung** gedeckt ist, ist eine Rückstellung nicht zulässig (Groh, BB 1988, 27; Kupsch, DB 1989, 53; kritisch Hedmeier, DB 1989, 2133). 724

Bei Prozeßkosten dürfen nur die Kosten der Instanz zurückgestellt werden, die am Bilanzstichtag angerufen ist (BFH 24. 6. 70, BStBl II 802).

● **Sachverständigengebühren**

vgl. „Durchlaufende Posten". Rdnr. 422 ff., 423. 725

● **Sachversicherungen**

vgl. „Versicherungen", Rdnr. 810 ff., 823 ff. 726

● **Schadensersatz**

vgl. „Rückstellungen", Rdnr. 721 ff. 727

● **Schuldzinsen**

vgl. „Kontokorrentzinsen", Rdnr. 596 ff.; bei Finanzierung des Kaufpreises einer Praxis Rdnr. 1093; als nachträgliche Betriebsausgaben Rdnr. 1249 ff. 728

● **Selbständige, nichtselbständige,
   gewerbliche Tätigkeit** ▶ BSt-RA-200 ◀

1. Allgemeines

a) Einkunftsarten

Rechtsanwälte befassen sich neben der Beratung und Vertretung in Rechtsangelegenheiten (§§ 1 bis 3 BRAO) teilweise auch mit außerjuristischen Fragen. Im Einzelfall kann die Bestimmung der Einkunftsart 729 daher schwierig sein, vor allem dann, wenn die Tätigkeit für einen Mandanten sowohl auf juristischem als auch auf außerjuristischem Gebiet liegt. Die selbständige Tätigkeit in Form der freien Berufstätigkeit (§ 18 Abs. 1 Nr. 1 EStG, vgl. Rdnr. 734 f.) bzw. der sonstigen selbständigen Tätigkeit (§ 18 Abs. 1 Nr. 3 EStG, vgl. Rdnr. 736 ff.) ist somit zur gewerblichen Tätigkeit abzugrenzen (§ 15 EStG, vgl. Rdnr. 747 ff.).

730 Ein Rechtsanwalt kann auch als Arbeitnehmer tätig sein. Er erzielt dann Einkünfte aus nichtselbständiger Arbeit (§ 19 EStG, vgl. Rdnr. 739 ff.).

b) Bedeutung der Abgrenzung

731 Die Abgrenzung zwischen der **freiberuflichen** (§ 18 Abs. 1 Nr. 1 EStG, vgl. Rdnr. 734 f.) und der **sonstigen selbständigen Tätigkeit** (§ 18 Abs. 1 Nr. 3 EStG, vgl. Rdnr. 736 ff.) war bis einschließlich 1989 relevant, da bei der Ermittlung des Einkommens 5 % der Einnahmen aus freier Berufstätigkeit, höchstens 1 200 DM jährlich, abgesetzt werden konnten, wenn die Einkünfte aus der freien Berufstätigkeit die anderen Einkünfte überwogen. Dieser **Freibetrag für freie Berufe** (vgl. Rdnr. 482 ff.) ist **ab 1990 ersatzlos weggefallen.**

732 Bedeutsam ist die Abgrenzung der **selbständigen zur gewerblichen** Tätigkeit, da erstere nicht der Gewerbesteuer unterliegt (§ 2 GewStG). Die Unterscheidung ist verfassungsgemäß (BVerfG 9. 10. 90, StE S. 431). Betreiben Anwälte eine – teils selbständige, teils gewerbliche – Tätigkeit in Form einer Personengesellschaft, so ist besondere Vorsicht geboten, denn die Tätigkeit gilt dann in vollem Umfang als gewerbliche (§ 15 Abs. 3 Nr. 1 EStG, vgl. Rdnr. 755 f.).

733 Wird die Rechtsanwaltstätigkeit **nichtselbständig** ausgeübt (vgl. Rdnr. 739 ff.), so sind die lohnsteuerrechtlichen Konsequenzen zu ziehen (vgl. Rdnr. 860 ff.). Dem Arbeitnehmer steht ab 1990 ein Arbeitnehmer-Pauschbetrag von 2 000 DM zu (§ 9a Satz 1 Nr. 1 EStG; bis einschließlich 1989: Weihnachtsfreibetrag von 600 DM, § 19 Abs. 3 EStG, Arbeitnehmer-Freibetrag von 480 DM, § 19 Abs. 4 EStG, und Werbungskosten-Pauschbetrag von 564 DM). Sind höhere Werbungskosten ab 2 000 DM abgeflossen, so können sie selbst dann abgesetzt werden, wenn sie unangemessen hoch sind; denn § 4 Abs. 5 Nr. 7 EStG, wonach unangemessene Aufwendungen den Gewinn nicht mindern dürfen (vgl. dazu Rdnr. 710 ff.), gilt nicht für den Bereich der Werbungskosten (BFH 12. 1. 90, BStBl II 423). Keine Bedeutung hat diese Abgrenzung für die periodengerechte Zuordnung der Einkünfte, da Rechtsanwälte und

Notare ihren Gewinn in der Regel nach § 4 Abs. 3 EStG ermitteln (vgl. Rdnr. 1 ff., 15 ff.) und hierfür – ebenso wie für die Werbungskosten – das Zufluß- und Abflußprinzip des § 11 EStG gilt.

2. Grundsatz: Freiberufliche Tätigkeit (§ 18 Abs. 1 Nr. 1 EStG)

Das Berufsbild des Rechtsanwalts wird an Hand des Berufsrechts nach der BRAO bestimmt (BFH 1. 2. 90, BStBl II 534). Der Rechtsanwalt ist Organ der Rechtspflege; er übt einen freien Beruf aus und ist der berufene selbständige Berater und Vertreter in allen Rechtsangelegenheiten (§§ 1 bis 3 BRAO). Das Berufsbild wird demnach von der Aufgabe geprägt, **in allen Rechtsangelegenheiten eigenverantwortlich Rechtsrat zu erteilen und für Rechtsuchende deren Rechtsangelegenheiten zu besorgen** (BGH 17. 1. 77, BGHZ 68, 62). 734

Zur Rechtsanwaltstätigkeit gehört auch die Erstattung von **Rechtsgutachten** (BFH 8. 10. 70, BStBl 71 II 132; 1. 7. 71, BStBl II 763; vgl. auch BFH 29. 10. 87, BFH/NV 1988, 492), die Tätigkeit als Mitglied des **Juristischen Prüfungsausschusses** (RFH 7. 9. 38, RStBl S. 1010), die Mitarbeit bei einem **Fachinstitut** für ein Spezialrechtsgebiet oder bei einem **Hochschullehrer** (BFH 14. 7. 66, BStBl III 623) und die Übernahme eines **Schiedsrichteramtes** (BFH 9. 8. 90, BFH/NV 1991, 126; 17. 11. 60, BStBl 1961 III 60; 25. 4. 74, BStBl II 568; zustimmend Stendel, FR 1984, 542) sowie einer **Vormundschaft;** bei letzterem allerdings nur, wenn der Rechtsanwalt wegen seiner beruflichen Stellung und seiner Rechtskenntnisse als Vormund ausgewählt wird. Davon ist in der Regel auszugehen (BFH 4. 12. 80, BStBl 1981 II 193). 735

3. Sonstige selbständige Tätigkeit (§ 18 Abs. 1 Nr. 3 EStG)

Literatur: *Lohmeyer,* Zur Gewerbesteuerpflicht des Hausverwalters, DStR 1986, 760; *Haegele/Winkler,* Der Testamentsvollstrecker nach bürgerlichem Handels- und Steuerrecht, Dissertation Regensburg 1979; *Möhring/Seebrecht,* Steuerrechtliche Fragen zu den Vergütungen für Testamentsvollstrecker und Vormund, BB 1977, 1561.

Vgl. auch Literatur zu 5.

In § 18 Abs. 1 Nr. 3 EStG sind beispielhaft die Tätigkeiten als **Testamentsvollstrecker, Vermögensverwalter** (z. B. Zwangsverwalter i. S. von §§ 146 ff. ZVG, BFH 23. 5. 84, BStBl II 823; Konkurs- und Vergleichsverwalter, BFH 5. 7. 73, BStBl II 730; Hausverwalter, BFH 25. 11. 70, 736

BStBl 1971 II 239; Treuhänder, BFH 7. 3. 68, BStBl II 410, Nachlaßverwalter u. ä.) und **Aufsichtsratsmitglied** genannt. Ein **Treuhänder** ist nur dann ein Vermögensverwalter i. S. von § 18 Abs. 1 Nr. 3 EStG, wenn Kapitalvermögen verzinslich angelegt und unbewegliches Vermögen vermietet oder verpachtet wird (vgl. § 14 Abs. 3 AO). Anderes gilt jedoch, wenn der Rechtsanwalt für eine Bauherrengemeinschaft treuhänderisch tätig wird, d. h., wenn er seine Auftraggeber bei der Anschaffung und Errichtung von Gebäuden unterstützt und alle Aufgaben der Auftraggeber übernimmt, die damit im Zusammenhang stehen (BFH 11. 5. 89, BStBl II 797).

Es besteht eine Vermutung dafür, daß eine vom Erblasser als Testamentsvollstreckerhonorar bezeichnete Vergütung den Einkünften aus selbständiger Arbeit auch insoweit zuzurechnen ist, als sie einen angemessenen Betrag übersteigt (BFH 6. 9. 90, BStBl II 1028).

737 Für die Entscheidung, daß die eigentliche und **nicht typisch anwaltliche Tätigkeit von Vermögensverwaltern** keine freiberufliche, sondern sonstige selbständige Arbeit i. S. von § 18 Abs. 1 Nr. 3 EStG ist, ist maßgebend, daß es sich dabei um eine mehr kaufmännisch-praktische Tätigkeit, wenngleich unter Verwertung qualifizierter geistiger Wirtschafts- und Rechtskenntnisse handelt. Für die Wertung als nichtanwaltliche Tätigkeit spricht dabei auch, daß die Honorierung nicht nach der BRAGO erfolgt, und daß die betreffende Aufgabe in erheblichem Umfang auch von Angehörigen anderer Berufe wahrgenommen wird (BFH 1. 2. 90, BStBl II 534; im Ergebnis ebenso Blümich/Hutter, § 18 EStG Rz. 77; a. A. z. B. Schmidt/Drenseck, § 18 Anm. 21, die die vermögensverwaltende Tätigkeit bei Rechtsanwälten und Notaren der freiberuflichen Tätigkeit i. S. von § 18 Abs. 1 Nr. 1 EStG zuordnen; a. A. auch FG Hamburg 13. 4. 88 rkr., EFG 1989, 21, für den Fall, daß die Testamentsvollstreckertätigkeit in engem tatsächlichem, insbesondere wirtschaftlichem Zusammenhang mit der Notartätigkeit ausgeübt wird). Die vermögensverwaltende Tätigkeit zählt jedoch insoweit zur freien Berufstätigkeit (§ 18 Abs. 1 Nr. 1 EStG), als der Rechtsanwalt **berufstypische anwaltliche Tätigkeiten** ausführt, die er nach der BRAGO abrechnen kann (BFH 2. 10. 86, BStBl 1987 II 147; vgl. BFH 9. 8. 90, BFH/NV 1991, 126, zur USt).

738 Die Tätigkeit als **Aufsichtsratsmitglied** setzt die Überwachung der Geschäftsführung einer Körperschaft voraus (vgl. § 10 Nr. 4 KStG; Abschn. 45 KStR); Repräsentation allein genügt nicht (BFH 31. 1. 78, BStBl II 352).

4. Abgrenzung der selbständigen von der nichtselbständigen Tätigkeit (§ 19 EStG, § 1 LStDV)

Literatur: *Trappe,* Selbständig oder nichtselbständig, DStR 1959, 409; *Schick,* Das Problem der Abgrenzung von Selbständigkeit und Nichtselbständigkeit im Steuerrecht, Arbeitsrecht und Sozialversicherungsrecht – eine Skizze unter besonderer Berücksichtigung der „freien Mitarbeiter", DStZ A 1975, 392; *Offerhaus,* Aus der neueren Rechtsprechung zum Steuerrecht, NJW 1979, 2499; *ders.,* Rechtsprechung im besonderem Blickpunkt der Außenprüfung, StBp 1981, 262; *E. Schmidt,* Sind Ausbildungsvergütungen stets Arbeitslohn i. S. von § 19 EStG?, BB 1984, 191; *Hartmann/Christians,* Steuerliche Abgrenzung zwischen freiem Beruf, nichtselbständiger Arbeit und gewerblicher Tätigkeit – unter besonderer Berücksichtigung des grundstücksveräußernden Architekten sowie des Handels- und Versicherungsvertreters, DB 1984, 1365; *Brede,* Abgrenzung zwischen Arbeitnehmereigenschaft und freier Mitarbeit, NWB F. 26, 2061.

Verwaltungsanweisungen: Abschn. 8 Abs. 1 Nr. 1, Abschn. 11 GewStR; Abschn. 134, 143, 146, 151, EStR.

Die Definition des **Arbeitnehmers** ergibt sich aus § 1 LStDV. Danach ist ein Dienstverhältnis und damit nichtselbständige Arbeit anzunehmen, wenn die tätige Person in der Betätigung ihres geschäftlichen Willens unter der Leitung des Arbeitgebers steht oder im geschäftlichen Organismus des Arbeitgebers dessen Weisungen zu folgen verpflichtet ist (§ 1 Abs. 2 Satz 2 LStDV). Bei der Frage, ob die Arbeitnehmereigenschaft zu bejahen ist, sind die für und gegen die Nichtselbständigkeit sprechenden Merkmale gegeneinander abzuwägen, wobei es sich nicht um Voraussetzungen, sondern um Indizien handelt. 739

Für die Arbeitnehmereigenschaft können folgende **Merkmale** sprechen (vgl. BFH 14. 6. 85, BStBl II 661; Blümich/Obermeier, § 2 GewStG Rz. 208): 740

- **Äußere Arbeitsbedingungen** (Persönliche Abhängigkeit; Weisungsgebundenheit hinsichtlich Ort und Zeit, z. B. fester Dienstort und feste Arbeitszeiten; Eingliederung in den Betrieb und Notwendigkeit der engen ständigen Zusammenarbeit mit anderen Mitarbeitern); 741
- **Inhalt der Tätigkeit** (Weisungsgebundenheit bei Organisation und Durchführung der Tätigkeit; keine Unternehmerinitiative; Schulden der Arbeitskraft und nicht des Arbeitserfolgs); 742
- **Entgelt für die Leistung** (feste Bezüge, Urlaubsanspruch, Anspruch auf sonstige Sozialleistungen, Fortzahlung der Bezüge im Krankheitsfall, Überstundenvergütung; kein Unternehmerrisiko, kein Kapitaleinsatz, keine Pflicht zur Beschaffung von Arbeitsmitteln). 743

744 Nach diesen Kriterien ist zu entscheiden, ob ein Rechtsanwalt als Arbeitnehmer oder als **freier Mitarbeiter** tätig ist (vgl. dazu auch Brede, NWB F. 26, 2061).

745 **Rechtsreferendare** und **Assessoren,** die regelmäßig bei einem Rechtsanwalt mitarbeiten, sind Arbeitnehmer (BFH 12. 8. 83, BStBl II 718, m. w. N.; kritisch E. Schmidt, BB 1984, 191). Eine nur gelegentliche Tätigkeit spricht für Selbständigkeit (BFH 22. 3. 68, BStBl II 455; Rdnr. 1444).

746 Der **(Urlaubs-)Vertreter** eines Rechtsanwalts oder Notars ist im Regelfall selbständig tätig, da auch der Vertreter in eigener Entscheidungsfreiheit und Verantwortung tätig wird (Rdnr. 1440 ff.). Das Urteil des BFH (20. 2. 79, BStBl II 414), nach dem Urlaubsvertreter von Apothekern nichtselbständig tätig sind, beruht auf apothekenrechtlichen Besonderheiten und ist demnach nicht auf Urlaubsvertreter von Rechtsanwälten und Notaren anwendbar (so für Arztvertreter Blümich/Hutter, § 18 EStG Rz. 75; HFR 1979, 319; Offerhaus, NJW 1979, 2499, 2503 und StBp 1981, 262; a. A. Schmidt/Drenseck, § 19 Anm. 6 „Referendar" und „Urlaubsvertreter").

5. Abgrenzung der selbständigen zur gewerblichen Tätigkeit (§ 15 EStG)

Literatur: *Popitz,* Zur Frage der Gewerbesteuerpflicht der freien Berufe, Festgabe für Großmann 1932, 138; *Wihtol,* Das steuerliche Problem beim Zusammentreffen von freiberuflicher und gewerblicher Tätigkeit, DStZ A 1964, 54; *Krah,* Einkünfte aus selbständiger Arbeit und ihre Abgrenzung gegenüber den Einkünften aus Gewerbebetrieb, StBp 1965, 67; *Gräber,* Die Abgrenzung der gewerblichen Tätigkeit zu anderen Einkunftsarten, StbKRep 1970/71, 203; *Greif/Leypoldt,* Steuerliche Probleme bei der Abgrenzung zwischen freiberuflicher und gewerblicher Tätigkeit, Inf 1978, 25, 56; *Erdweg,* Zur Abgrenzung der freiberuflichen von der gewerblichen Tätigkeit, FR 1978, 417; *Evers,* Der Rechtsanwalt als Treuhänder im Bauherrenmodell, NJW 1983, 1652; *Rainer,* Grenzbereiche zwischen freier Berufstätigkeit und Gewerbe, KÖSDI 1984, 5516.
Verwaltungsanweisungen: Abschn. 14 GewStR; Abschn. 136 EStR.

a) Wirtschaftsmandate

747 Steht die mit der Tätigkeit verbundene **Rechtsberatung im Vordergrund,** so handelt es sich um **selbständige Tätigkeit** (BGH 17. 4. 80, NJW S. 1855). Die Zuständigkeit für die Besorgung von Rechtsangelegenheiten ist nämlich nicht auf die Erteilung von Rechtsrat beschränkt, sondern umfaßt auch die Übernahme derjenigen Tätigkeiten, für den Mandanten, die der Rechtsanwalt für richtig hält. Rechtsbesorgung in diesem Sinne ist

z. B. auch die **Einziehung von Forderungen** für einen Dritten und die **Kreditvermittlung**, wenn der Rechtsanwalt gerade in dieser Eigenschaft damit beauftragt wurde und sich um die Klärung der rechtlichen Voraussetzungen einer Kreditgewährung kümmern muß (BFH 1. 2. 90, BStBl II 534, m. w. N.).

Nimmt der Rechtsanwalt aber nur **routinemäßig** abzuwickelnde kaufmännisch-verwaltende Tätigkeiten vor, ohne eigenen Rechtsbeistand zu leisten, so handelt es sich um **gewerbliche Tätigkeiten**. Dies ist z. B. bei **treuhänderischer Tätigkeit für Bauherrengemeinschaften** (BFH 1. 2. 90, BStBl II 534; vgl. auch BFH 31. 5. 90, BFH/NV 1991, 131, zur USt) und bei **Liquidation von juristischen Personen** der Fall (BFH 27. 6. 73, BStBl II 832). Entfällt hierbei ein abgrenzbarer Teil der Vergütung auf einzelne, u. U. als Rechtsberatung oder Rechtsbesorgung zu wertende Tätigkeiten, so gehört dieser Teil zur selbständigen Tätigkeit (BFH 1. 2. 90, BStBl II 534; vgl. Rdnr. 750 ff.). 748

Die Treuhandtätigkeit ist auch kein einem Katalogberuf (§ 18 Abs. 1 Nr. 1 EStG) ähnlicher Beruf, da weder eine bestimmte Ausbildung noch eine behördliche Zulassung erforderlich ist und schon deshalb die Vergleichbarkeit mit den Berufen des Rechtsanwalts, Notars, Wirtschaftsprüfers oder Steuerberaters entfällt. Außerdem ähnelt die Treuhandtätigkeit auch nicht der eines beratenden Volks- oder Betriebswirts (BFH 1. 2. 90, BStBl II 534). 749

b) Mehrere Tätigkeiten, gemischte Tätigkeiten

Übt ein Rechtsanwalt den Anwaltsberuf aus (entsprechend bei einem Notar) und erzielt er daneben Einkünfte aus einer anderen selbständigen Tätigkeit, die sich wesensmäßig von der Anwaltstätigkeit unterscheidet und nicht als Ausübung eines anderen unter § 18 Abs. 1 Nr. 2 EStG fallenden Berufs anzusehen ist, so ist selbst dann eine **getrennte Beurteilung** dieser Tätigkeit geboten, wenn die Besteuerungsgrundlagen gemäß § 162 AO geschätzt werden müssen (Beispiel: Rechtsanwalt erteilt Tennisunterricht). Die Teile sind auch in der Regel getrennt zu erfassen, wenn die unterschiedlichen Tätigkeiten sachlich und wirtschaftlich zusammenhängen (sog. **gemischte Tätigkeiten**). Dies gilt unbeschadet der Rspr. des BGH (16. 1. 86, BGHZ 97, 21, 25), der im Hinblick auf die Verjährung eine Verknüpfung zwischen (steuer-)beratender und Treuhandtätigkeit im Bauherrenmodell angenommen hat (BFH 1. 2. 90, BStBl II 534, m. w. N.). 750

751 Die gesamten Aktivitäten sind jedoch **einheitlich zu beurteilen,** wenn sich die Tätigkeiten gegenseitig bedingen und derart miteinander verflochten sind, daß der gesamte Betrieb nach der Verkehrsauffassung als einheitlicher Betrieb anzusehen ist (BFH 1. 2. 90, BStBl II 507, 534). Ist danach eine Trennung nicht möglich, so ist aufgrund der Würdigung aller Umstände des Einzelfalles zu entscheiden, ob die Gesamttätigkeit eine freiberufliche oder gewerbliche ist, d. h., welche Tätigkeit der Gesamttätigkeit das **Gepräge** gibt (BFH 7. 3. 74, BStBl II 383; 21. 2. 86, BFH/NV S. 603).

Beispiele:

752 **Getrennt** zu beurteilen sind folgende Tätigkeiten:

Treuhandtätigkeiten im Rahmen von Bauherrenmodellen und Rechtsanwaltstätigkeit (BFH 1. 2. 90, BStBl II 534; vgl. auch 3. 10. 85, BFH/NV 1987, 335, zur Mittelverwendungsprüfung aufgrund von Treuhandverträgen bei Bauherrenmodellen und Steuerberatertätigkeit); Tätigkeit als Schriftsteller bzw. Schriftleiter einer wissenschaftlichen Fachzeitschrift und Rechtsanwaltstätigkeit (BFH 11. 3. 65, BStBl III 379).

Einheitlich sind folgende Tätigkeiten zu burteilen:

Verwertung eigener schriftstellerischer Erzeugnisse durch gewerblichen Massenvertrieb (juristischer Informationsdienst, BFH 11. 5. 76, BStBl II 641); Nachweis oder Vermittlung von Abnehmern bei Bauherrenmodellen und deren anwaltliche Beratung (vgl. BFH 9. 8. 83, BStBl 1984 II 29, zur steuerlichen Beratung); vgl. auch Rdnr. 748.

c) Personengesellschaften und andere Personenzusammenschlüsse

Literatur: *Koch,* Behandlung einer von einer Gesellschaft des bürgerlichen Rechts ausgeübten freiberuflichen und gewerblichen Tätigkeit, DB 1963, 1304; *Schulze zur Wiesche,* Die freiberufliche Tätigkeit im Dienste einer Personengesellschaft, DB 1971, 2180; *Mittelbach,* Steuerfragen bei Gründung und Erweiterung einer Sozietät, DB 1981, Beilage 27; *Korn,* Besteuerung der Rechtsanwälte und Notare – Einzelpraxen, Sozietät, Bürogemeinschaften, Köln 1982; *Paus,* Freiberufliche Tätigkeit einer Personengesellschaft – Anmerkung zu dem BFH-Urteil VIII R 254/80 v. 11. 6. 85, DStZ A 1986, 120;

vgl. auch Literatur vor Rdnr. 747.

753 Schließen sich Rechtsanwälte zu sog. **Bürogemeinschaften,** die der Kostentragung dienen, zusammen, so handelt es sich in der Regel hierbei nicht um Personengesellschaften. Die Ausgaben sind gesondert festzustellen und den einzelnen Rechtsanwälten zuzurechnen (vgl. im einzelnen Rdnr. 1426 ff.; Blümich/Hutter, § 18 EStG Rz. 9; Abschn. 136 Abs. 6 Satz 5 EStR).

Rechtsanwälte und Notare können sich in Form einer **Personengesell-** 754
schaft organisieren (vgl. im einzelnen Rdnr. 1302 ff.). Eine solche ist nur
dann freiberuflich tätig, wenn alle Gesellschafter im Rahmen der Gesellschaft einen in § 18 Abs. 1 Nr. 1 Satz 1 EStG genannten Katalogberuf
oder einen einem solchen Katalogberuf ähnlichen Beruf ausüben (BFH
11. 6. 85, BStBl II 584; 19. 11. 85, BStBl 1986 II 520; 9. 10. 86, BStBl
1987 II 124; 5. 10. 89 IV R 120/87; a. A. z. B. Paus, DStZ A 1986, 120,
der auf die Tätigkeit der Gesellschaft selbst abstellen will).

Sind die Gesellschafter für die Gesellschaft **teils gewerblich** tätig, so wird 755
die gesamte Tätigkeit als gewerblich behandelt; eine Aufteilung (vgl.
Rdnr. 750 ff.) oder – bei einheitlicher Tätigkeit – ein Abstellen auf das
Gepräge der Gesamttätigkeit (vgl. Rdnr. 751) kommt nicht in Betracht
(Blümich/Hutter, § 18 EStG Rz. 15; a. A. Glanegger/Güroff, § 2 Rz. 100,
173; vgl. auch Schmidt, § 15 Anm. 42). Dies ergibt sich aus § 15 Abs. 3
Nr. 1 EStG, der durch das Steuerbereinigungsgesetz 1986 (19. 12. 85,
BGBl I 2436, BStBl I 735) eingefügt wurde und auch rückwirkend
anwendbar ist (§ 52 Abs. 18 EStG). Dies entspricht der früheren Rechtsprechung zur gemischten Tätigkeit von Personengesellschaften (z. B.
BFH 1. 2. 79, BStBl II 574; 27. 11. 84, BFH/NV 1986, 79; 9. 12. 86,
BFH/NV 1987, 156).

In diesen Fällen hat der Rechtsanwalt/Notar die Möglichkeit, den ge- 756
werblichen Teil **auszugliedern** (vgl. zur Ausgliederung des Medikamentenverkaufs bei Tierärzten BMF 28. 12. 81, BStBl I 908; zur Ausgliederung des Verkaufs von Kontaktlinsen und Pflegemitteln aus einer augenärztlichen Gemeinschaftspraxis BMF 19. 10. 84, BStBl I 588; vgl. im übrigen Blümich/Obermeier, § 2 GewStG Rz. 375).

d) Beschäftigung von Hilfskräften (§ 18 Abs. 1 Nr. 1 Sätze 3 und 4 EStG)
Literatur: *o. V.*, Gutachten des Bundesverbandes der freien Berufe zur Frage der
freiberuflichen Tätigkeit von prüfenden und beratenden Berufen bei Beschäftigung qualifizierter Angestellter, WTrh 1958, 114; *heeh*, Vorübergehende Verhinderung der Ausübung eines freien Berufs durch Zugehörigkeit zu einer gesetzgebenden Körperschaft? (zur eigenverantwortlichen Leitung bei vorübergehender
Vertretung), FR 1981, 219;
vgl. auch Literatur vor Rdnr. 747.

Es gehört zu den Wesensmerkmalen der selbständigen Arbeit, daß sie in 757
ihrem Kernbereich auf der eigenen persönlichen Arbeitskraft des Berufsträgers beruht (so schon RFH 8. 3. 39, RStBl S. 577). Diesen Grundsatz,

nach dem bereits die Beschäftigung eines qualifizierten Mitarbeiters zur Gewerblichkeit geführt hat (**Vervielfältigungstheorie, BFH 29. 1. 52, BStBl III 99**), modifiziert § 18 Abs. 1 Nr. 1 Sätze 3 und 4 EStG.

758 Danach ist es unschädlich, wenn sich der Rechtsanwalt/Notar der Mithilfe fachlich vorgebildeter Arbeitskräfte bedient, er aber **aufgrund eigener Fachkenntnisse leitend und eigenverantwortlich tätig** wird (zu diesen Begriffen vgl. im einzelnen BFH 7. 10. 87, BStBl 1988 II 17; 1. 2. 90, BStBl II 507; Abschn. 136 Abs. 2 EStR). Da die Berufe des Rechtsanwalts und Notars nicht wie andere Berufe in besonderem Maß persönlichkeitsbezogen sind (für den Arztberuf vgl. BVerfG 25. 7. 79, BVerfGE 52, 131, 169 f. und BFH 1. 2. 90, BStBl II 507), können sie sich tendenziell eher der Mithilfe qualifizierter Mitarbeiter bedienen (vgl. zum Steuerbevollmächtigten mit 25 Mitarbeitern BFH 2. 8. 62, StRK EStG § 18 R. 258; anders bei 53 Mitarbeitern einer Buchstelle, BFH 29. 7. 65, BStBl III 557). Eine **Vertretung** im Fall vorübergehender Verhinderung steht der Annahme einer leitenden und eigenverantwortlichen Tätigkeit nicht entgegen.

Beispiele für vorübergehende Verhinderung:

759 Urlaub, Krankheit (nicht aber dauernde Berufsunfähigkeit), Zugehörigkeit zu einer gesetzgebenden Körperschaft (vgl. heeh, FR 1981 219; a. A. Blümich/Hutter, § 18 EStG Rz. 38) und Mitarbeit in einer Standesorganisation (Abschn. 136 Abs. 2 Satz 9 EStR).

760 Bei der **sonstigen selbständigen Tätigkeit** (§ 18 Abs. 1 Nr. 3 EStG) gilt aber die Vervielfältigungstheorie weiter (BFH 23. 5. 84, BStBl II 823; Abschn. 136 Abs. 3 EStR). Bei diesen Tätigkeiten ist Gewerbebetrieb anzunehmen, wenn ständig mehrere Angestellte oder Subunternehmer beschäftigt werden, die nicht nur untergeordnete, insbesondere vorbereitende oder mechanische Arbeiten verrichten, oder wenn Hilfskräfte zwar ausschließlich untergeordnete Arbeiten erledigen, aber ein gewisser Umfang erreicht wird. Die Einschaltung eines gewerblich tätigen Erfüllungsgehilfen macht die Tätigkeit zu einer gewerblichen (BFH 23. 5. 84, BStBl II 823).

e) Erbfall

Literatur: *Löhr/Richter,* Fortführung einer freiberuflichen Praxis bei fehlender beruflicher Qualifikation des Erben – freiberufliche oder gewerbliche Einkünfte?, BB 1980, 673; *Costede,* Zur einkommensteuerlichen Qualifikation der Einkünfte aus einer treuhänderischen Praxisverwaltung, DStR 1981, 303; *Bütterlin,* Die

Einkommensteuer/Sterbegeldumlagen

Arztpraxis in der Hand des beruflich nichtqualifizierten Erben – Auswirkungen einer kurzzeitigen Fortführung der Praxis in steuerlicher Sicht, DStR 1982, 34; *Schulze zur Wiesche,* Die freiberufliche Praxis im Erbfall, BB 1984, 1612; *Obermeier,* Erbregelung und Erbauseinandersetzung über Betriebs- und Privatvermögen im Einkommensteuerrecht, NWB F. 3. 7661; vgl. auch Literatur vor Rdnr. 747.

Wenn der Erbe die **berufsrechtlichen Voraussetzungen** für die selbständige Tätigkeit erfüllt **und die Praxis weiterführt,** handelt es sich um selbständige Tätigkeit. Der Veräußerungsgewinn gehört auch zu den Einkünften aus selbständiger Arbeit, wenn der Erbe nicht die berufsrechtlichen Voraussetzungen erfüllt und die **Praxis veräußert,** ohne sie vorher für eine Übergangsfrist fortgeführt zu haben (BFH 29. 4. 82, BStBl 1985 II 204). 761

Läßt der Erbe **durch einen Fachmann die Praxis weiterführen,** so erzielt der Erbe grundsätzlich Einkünfte aus Gewerbebetrieb (für Praxis eines Steuerbevollmächtigten BFH 15. 4. 75, BStBl 1977 II 539; zu den Konsequenzen vgl. Schick, StRK-Anm. EStG § 18 R. 488; für Arztpraxis BFH 19. 5. 81, BStBl II 665). 762

Wickelt der Erbe die Praxis lediglich ab, so entstehen nachträgliche Einkünfte gemäß §§ 24 Nr. 2, 18 EStG (Glanegger/Güroff, § 2 GewStG, Rz. 90; vgl. Schulze zur Wiesche, BB 1984, 1612; zu weitgehend Costede, DStR 1981, 303, der unter gewissen Voraussetzungen auch bei Treuhandverwaltung freiberufliche Einkünfte annehmen will; a. A. Blümich/Hutter, § 18 EStG Rz. 30, m. w. N., gewerbliche Einkünfte; a. A. Schmidt/Seeger, § 18 EStG, Anm. 7, Erlaß der Gewerbesteuer); anders bei Miterben (Obermeier, NWB F. 3, 7661, 7663 f., mit Gestaltungsmöglichkeit).

- **Seminare**

vgl. „Fortbildungskosten", Rdnr. 468 ff., 470, 472 ff. 763

- **Sozialversicherung**

vgl. „Versicherungen", Rdnr. 810 ff., 811; – bei Lohnsteuerpauschalierung nach § 40 a EStG vgl. Rdnr. 889 f. 764

- **Sozietät**

vgl. Rdnr. 754 ff., 1300 ff. 765

- **Sterbegeldumlagen**

vgl. „Versicherungen", Rdnr. 810 ff., 812. 766

• **Steuerermäßigung**

767 vgl. „Außerordentliche Einkünfte", Rdnr. 342 ff.; „Freibetrag für freie Berufe", Rdnr. 482 ff.; zur Steuerermäßigung bei Belastung mit ErbSt vgl. § 35 EStG.

• **Steuernachforderungszinsen**

768 vgl. „Hinterziehungszinsen", Rdnr. 556 ff.

• **Steuersatz, ermäßigter**

769 vgl. „Außerordentliche Einkünfte", Rdnr. 342 ff.

• **Strafverfahrenskosten**

770 vgl. „Geldbußen", Rdnr. 492

• **Studienkosten des Kindes als Betriebsausgaben**

771 vgl. „Kinder-Arbeitsverhältnisse . . .", Rdnr. 584 ff.

• **Studienreisen**

772 vgl. „Fortbildungskosten", Rdnr. 468 ff., 470, 472 ff.

• **Stundungszinsen**

773 vgl. „Hinterziehungszinsen", Rdnr. 556 ff., 559.

• **Tantieme**

774 vgl. „Außerordentliche Einkünfte", Rdnr. 342 ff.; „Ehegatten-Arbeitsverhältnisse . . .", Rdnr. 429 ff.; „Kinder-Arbeitsverhältnisse . . .", Rdnr. 572 ff.

• **Tarifvergünstigung**

775 vgl. „Außerordentliche Einkünfte", Rdnr. 342 ff.

• **Teilentgeltliche Rechtsgeschäfte**

776 vgl. Rdnr. 1094 ff., 1205, 1225.

• **Teilleistungen**

777 vgl. „Honorare . . .", Rdnr. 561 ff., 563.

• Telefonkosten ▶ BSt-RA-205 ◀

Literatur: *Söhn,* Die Abgrenzung der Betriebs- oder Berufssphäre von der Privatsphäre im Einkommensteuerrecht, Köln 1980, 14 ff., 59 f.; *Balke,* Abzugsfähigkeit der Telefongrundgebühr als Werbungskosten, FR 1980, 459; *Offerhaus,* Anm. zu BFH 21. 11. 80 VI R 202/79, BB 1981, 286; *Schlart,* Nochmals: Abzugsfähigkeit der Telefongrundgebühr als Werbungskosten, FR 1981, 112; *Lohse/Madle,* Rechtsprechungsänderungen des BFH bei ESt, USt und InvZul, DStR 1982, 306, 308.

Verwaltungsanweisungen: Abschn. 117 Abs. 4 EStR; BMF 23. 5. 80, Steuerliche Behandlung der vom Arbeitgeber getragenen Kosten für einen Fernsprechanschluß in der Wohnung des Arbeitnehmers, BStBl I 252; BMF 11. 6. 90, Steuerliche Behandlung der vom Arbeitgeber ersetzten Ausgaben für Telefongespräche in der Wohnung des Arbeitnehmers, BStBl I 290.

Betriebliche/berufliche Telefonkosten des Rechtsanwalts/Notars sind Betriebsausgaben bzw. Werbungskosten. Dies gilt nicht nur für Fernsprechanschlüsse in der Kanzlei, sondern auch, wenn sich das **Telefon im häuslichen Arbeitszimmer** (vgl. dazu Rdnr. 287 ff.) befindet, und in der Wohnung ein privater Zweitanschluß vorhanden ist. 778

Fehlt ein privater Zweitanschluß, so ist – entgegen dem von der Rechtsprechung aus § 12 Nr. 1 EStG entwickelten Aufteilungs- und Abzugsverbot – eine **Aufteilung** auf den betrieblichen/beruflichen und den privaten Teil vorzunehmen (BFH 21. 11. 80, BStBl 1981 II 131, unter Aufgabe der früheren Rechtsprechung; 25. 10. 85, BStBl 1986 II 200; 21. 8. 90, BFH/NV 1991, 95). Aufzuteilen sind sowohl die Ausgaben für den Telefonanschluß und die Telefoneinrichtung als auch die Grundgebühren und die Gesprächsgebühren entsprechend der betrieblichen/beruflichen und privaten Nutzung. Dabei sind auch ankommende Gespräche zu berücksichtigen (BFH 20. 5. 76, BStBl II 507). 779

Es besteht die Möglichkeit, dem betrieblichen/beruflichen Anteil durch **Aufzeichnungen** (Tag, Gesprächsteilnehmer, Dauer des Gesprächs, Gesprächsgebühren) zu ermitteln. Bei Arbeitnehmern bestehen nach dem BMF (11. 6. 90, BStBl I 290) keine Bedenken, Aufzeichnungen für einen repräsentativen Zeitraum von mindestens drei Monaten auch für die Folgezeit so lange zugrunde zu legen, bis sich die Verhältnisse wesentlich ändern. Diese Erleichterung muß auch für selbständig Tätige gelten. 780

Fehlen geeignete Aufzeichnungen, so ist der betriebliche/berufliche Anteil zu **schätzen** (BFH 21. 11. 80, BStBl 1981 II 131; 25. 10. 85, BStBl 781

1986 II 200). Bei Arbeitnehmern hat der BMF (11. 6. 90, BStBl I 290) den FÄ folgende Schätzung des betrieblichen/beruflichen Anteils vorgeschrieben, die diese wohl auch bei Einkünften aus selbständiger Arbeit anwenden werden:

- Wenn die Grund- und Gesprächsgebühren nicht mehr als 130 DM monatlich betragen, 20 % des Gebührengesamtbetrags,
- wenn die Grund- und Gesprächsgebühren mehr als 130 DM, aber nicht mehr als 230 DM monatlich betragen, 26 DM zuzüglich 40 % des über 130 DM hinausgehenden Gebührenteilbetrags,
- wenn die Grund- und Gesprächsgebühren mehr als 230 DM monatlich betragen, 66 DM zuzüglich des über 230 DM hinausgehenden Gebührenteilbetrags.

782 Diese Regelung, die im Gegensatz zur früheren Verwaltungsanweisung (BMF 23. 5. 80, BStBl I 252) eine Verschärfung gebracht hat, gilt **ab dem Kalenderjahr 1990.**

783 Bei **Arbeitnehmern** sind Erstattungen des Arbeitgebers für Telefongespräche nach **§ 3 Nr. 50 EStG** steuerfrei, soweit der Arbeitnehmer dem Arbeitgeber die Ausgaben für betrieblich veranlaßte Gespräche in Rechnung gestellt hat. Der angestellte Rechtsanwalt kann sämtliche Ausgaben (für Telefonanschluß, Telefoneinrichtung und laufende Grund- und Gesprächsgebühren) in Rechnung stellen, wenn der **Telefonanschluß als Zweitanschluß so gut wie ausschließlich für betrieblich veranlaßte Gespräche genutzt** wird. Dies setzt nach BMF (11. 6. 90, BStBl I 290) voraus, daß der Arbeitgeber die private Nutzung des Telefonanschlusses untersagt hat und er ernstlich auf die Beachtung des Verbots gedrungen hat.

784 **In anderen Fällen** kann der angestellte Rechtsanwalt nur die Gesprächsgebühren für betrieblich veranlaßte Gespräche in Rechnung stellen. Auch in diesen Fällen ist dieser Anteil anhand von **Aufzeichnungen** (vgl. Rdnr. 780) **oder** einer **Schätzung** nach BMF (11. 6. 90, BStBl I 290) wie folgt zu ermitteln:

- Wenn die Gesprächsgebühren nicht mehr als 100 DM betragen, 20 % der Gesprächsgebühren,
- wenn die Gesprächsgebühren mehr als 100 DM, aber nicht mehr als 200 DM monatlich betragen, 20 DM zuzüglich 40 % des über 100 DM hinausgehenden Teilbetrags der Gesprächsgebühren,
- wenn die Gesprächsgebühren mehr als 200 DM monatlich betragen, 60 DM zuzüglich des über 200 DM hinausgehenden Teilbetrags der Gesprächsgebühren.

Einkommensteuer/Veräußerung der Praxis 205

● **Teppiche**
vgl. „Arbeitszimmer", Rdnr. 287 ff.; insbesondere Rdnr. 314; „Repräsen- 785
tationsaufwendungen", Rdnr. 710 ff., insbesondere Rdnr. 715.

● **Testamentsvollstreckung**
vgl. „Außerordentliche Einkünfte", Rdnr. 342 ff.; 347; „Selbständige . . . 786
Tätigkeit", Rdnr. 729 ff., 736.

● **Treuhandtätigkeit**
vgl. „Selbständige . . . Tätigkeit", Rdnr. 729 ff.; 748 f. 787

● **Übernachtungskosten**
vgl. „Reisekosten", Rdnr. 688 ff.; „Repräsentationsaufwendungen", 788
Rdnr. 710 ff., 713.

● **Umsatzbeteiligung**
vgl. Rdnr. 1116 ff. und 1240. 789

● **Unangemessene Aufwendungen**
vgl. „Repräsentationsaufwendungen", Rdnr. 710 ff. 790

● **Unfallkosten**
vgl. „Kraftfahrzeugkosten", Rdnr. 626 ff. 791

● **Unfallversicherung**
vgl. „Versicherungen", Rdnr. 810 ff., 811, 813, 818, 820, 821. 792

● **Unterhaltung von Geschäftsfreunden**
vgl. „Betriebsausgaben", Rdnr. 359 ff., 365; „Bewirtungskosten", Rdnr. 793
373 ff., 377 f.; „Repräsentationsaufwendungen", Rdnr. 710 ff., 713.

● **Unterhaltsrenten**
vgl. Rdnr. 1115 und 1239. 794

● **Veräußerung der Praxis**
vgl. Rdnr. 1203 ff. 795

- **Veräußerungsrenten**

796 vgl. Rdnr. 1101, 1105 ff. und 1230 ff.

- **Verkauf von Praxisgegenständen**

797 vgl. „Hilfsgeschäfte", Rdnr. 548 ff., 550.

- **Verlustausgleich, Verlustabzug**
  (§§ 2, 10d EStG) ▶ BSt-RA-210 ◀

Literatur: *Baum*, Die gesonderte Feststellung des verbleibenden Verlustabzugs, DStZ A 1988, 512; *Kuchenreuther*, Probleme des Verlustvortrags beim Steuerreformgesetz 1990, DStR 1988, 638; *Sarrazin*, Probleme des Verlustvortrages beim Steuerreformgesetz 1990, DStR 1988, 639; *Bahlau*, Der Verlustabzug nach dem Steuerreformgesetz 1990, FR 1988, 565; *B. Meyer*. Die gesonderte Feststellung vortragsfähiger Verluste gemäß § 10d Abs. 3 EStG i.d.F. des Steuerreformgesetzes 1990, DStR 1989, 191, 238; *Katterbe*, Berichtigung eines bereits gewährten Verlustabzugs im Rücktragungs-/Vortragungsjahr, KFR F. 3 EStG § 10d, 1/90, 323.

Verwaltungsanweisungen: Abschn. 115 EStR.

798 Negative Einkünfte einer Einkunftsart sind mit positiven Einkünften zu verrechnen **(Verlustausgleich)**. Dies geschieht bei der Ermittlung des Gesamtbetrags der Einkünfte (§ 2 Abs. 3 EStG).

799 Da die ESt eine Jahressteuer ist, und die Grundlagen für ihre Festsetzung jeweils für ein Kalenderjahr zu ermitteln sind (§ 2 Abs. 7 Sätze 1 und 2 EStG; vgl. auch § 25 EStG), ist der Verlustausgleich nur **innerhalb eines Kalenderjahres** (Veranlagungszeitraums) möglich. Verbleibt dennoch ein negativer Betrag (Verlust), so ist ein Verlustabzug nach § 10d EStG vorzunehmen.

800 Der Verlustabzug, der alle Einkunftsarten betrifft, findet in Form des **Verlustrücktrags** (§ 10d Abs. 1 EStG) und des **Verlustvortrags** (§ 10d Abs. 2 EStG) durch einen Abzug wie Sonderausgaben statt. Die Reihenfolge der Berücksichtigung der negativen Einkünfte ist zwingend.

801 Die Begrenzung des Verlustvortrags auf 5 Jahre ist ab 1985 entfallen. Sie gilt für noch nicht ausgeglichene Verluste des Jahres 1984, also bis 1989.

Beispiel:
Verlust aus freiberuflicher Tätigkeit in 1991 (Anfangsverlust).
Prüfungsreihenfolge: – Ausgleich mit positiven Einkünften 1991;
  – Verlustrücktrag 1989;
  – Verlustrücktrag 1990;
  – Verlustvortrag 1992, 1993 usw.

Einkommensteuer/Verpflegungsmehraufwendungen

Der Verlustabzug ist **so frühzeitig und weitgehend wie möglich** vorzunehmen (FG Rheinland-Pfalz 10. 3. 88 rkr., EFG S. 416), d. h. ggf. bis zu einem Einkommen von 0 DM. Dadurch können Freibeträge (z. B. der Grundfreibetrag) verlorengehen. 802

Hinsichtlich des Verlustrücktrags ist **§ 10 d Abs. 1 Sätze 2 und 3 EStG** neben den abgaberechtlichen Vorschriften eine **eigenständige Korrekturvorschrift.** Somit kann ein bereits gewährter Verlustabzug im Rücktragsjahr wegen eines Rechtsfehlers berichtigt werden (BFH 14. 11. 89, BStBl 1990 II 620, m. Anm. Katterbe, KFR F. 3 EStG § 10 d, 1/90, 323). 803

Nach dem – **erstmals für den Stichtag 31. 12. 1990** geltenden – § 10 d Abs. 3 EStG ist der am Schluß eines Veranlagungszeitraums verbleibende Verlustabzug **gesondert festzustellen.** Hierbei handelt es sich um einen **Grundlagenbescheid,** der für die ESt-Bescheide der Verlustvortragsjahre und für die Feststellungsbescheide gem. § 10 d Abs. 3 Satz 1 EStG auf spätere Stichtage bindend ist (Blümich/Horlemann, § 10 d EStG Rz. 149). 804

Da die gesonderte Feststellung erstmals zum 31. 12. 1990 durchzuführen ist, fehlt die verbindliche Feststellung hinsichtlich des verbleibenden Verlustabzugs der Vorjahre. Im Ergebnis ist daher zum 31. 12. 1990 der verbleibende Verlustabzug aus den Jahren 1985 bis 1989 festzustellen (Baum, DStZ A 1988, 512; Sarrazin, DStR 1988, 639; kritisch Kuchenreuther, DStR 1988, 638). 805

Durch diese Gesetzesänderung ist die Rechtsprechung des BFH (14. 11. 89, BStBl 1990 II 618), nach der die Korrekturvorschrift des § 10 d Abs. 1 Sätze 2 und 3 EStG auf den Verlustvortrag entsprechend anwendbar ist, ab 31. 12. 1990 obsolet. Nunmehr befinden sich in **§ 10 d Abs. 3 Sätze 4 und 5 EStG eigenständige Korrekturvorschriften** (vgl. B. Meyer, DStR 1989, 238). 806

● **Verluste**

vgl. „Geldgeschäfte", Rdnr. 494 ff., 499. 807

● **Vermögensverwaltung**

vgl. „Außerordentliche Einkünfte", Rdnr. 342 ff., 347; „Selbständige . . . Tätigkeit", Rdnr. 729 ff., 736 f. 808

● **Verpflegungsmehraufwendungen**

vgl. „Reisekosten", Rdnr. 691 ff. 809

• Versicherungen   ▶ BSt-RA-215 ◀

Literatur: *Koewius,* Die ertragsteuerliche Behandlung von Beiträgen zu Rechtsschutzversicherungen, FR 1986, 584; *Offerhaus,* Lebensversicherung ist regelmäßig ein privater Vorgang, StBp 1987, 244; *Kottke,* Versicherungsprämien und Versicherungsleistungen, DStZ A 1987, 585, 605; *Gassner,* Risikolebensversicherung auf das Leben eines Gesellschafters, KFR F. 3 EStG § 4, 11/89, 345; *Söffing,* Lebensversicherungsleistungen als Betriebseinnahmen, NWB F. 3, 7653; *Reuter,* Die steuerliche Behandlung der Unfallversicherung von Mitarbeitern, DStR 1990, 757.
Verwaltungsanweisungen: Abschn. 88 Abs. 3 EStR; OFD Frankfurt 21. 10. 86, Einkommensteuerrechtliche Behandlung der Beiträge zu einer Praxisgründungs- oder Betriebsunterbrechungsversicherung, S – 2134 A – 10 – St II 20.

1. Allgemeines

810 Versicherungen können zum **Betriebsvermögen** oder zum **Privatvermögen** gehören. Beiträge zu Versicherungen sind **Betriebsausgaben bzw. Werbungskosten,** wenn sie durch den Betrieb bzw. Beruf veranlaßt sind (§§ 4 Abs. 4, 9 Abs. 1 Satz 1 EStG); soweit sie privat veranlaßt sind, können sie ggf. als **Sonderausgaben** abgezogen werden (§ 10 Abs. 1 Nr. 2 EStG). Die Abgrenzung erfolgt danach, ob durch den Versicherungsabschluß betriebliche bzw. berufliche oder private Risiken abgedeckt werden sollen (st. BFH-Rspr., z. B. 11. 5. 89, BStBl II 657).

2. Personenversicherungen

a) Private Versicherungen für Betriebsinhaber

811 Risiken, die in der Person des Betriebsinhabers begründet sind, werden regelmäßig der **privaten Sphäre** zugerechnet.

Beispiele:

Kranken- und Krankentagegeldversicherung (BFH 22. 5. 69, BStBl II 489; 7. 10. 82, BStBl 1983 II 101); Lebensversicherung (BFH 21. 5. 87, BStBl II 710; BFH 29. 10. 85, BStBl 1986 II 143; auch in Form der Praxisgründungsversicherung, OFD Frankfurt 21. 10. 86, S – 2134 A – 10 – St II 20); Unfall-, Invaliditäts- und Berufsunfähigkeitsversicherung (BFH 13. 4. 76, BStBl II 599), anders wohl nach Offerhaus, StBp 1987, 244, für Unfallversicherung bei Geschäftsreisen (vgl. Rdnr. 682 ff.); private Haftpflichtversicherung; private Rechtsschutzversicherung (Koewius, FR 1986, 584); Sozialversicherung (vgl. BFH 30. 1. 80, BStBl II 320).

812 Dies gilt auch, wenn der Rechtsanwalt/Notar zur Leistung bestimmter **Versorgungsbeiträge** gesetzlich verpflichtet ist. Solche Zwangsbeiträge stellen, auch soweit sie auf die sog. „alte Last" entfallen, keine Betriebsausgaben dar, wenn sie gleichzeitig der eigenen Versorgung oder der Versorgung der Angehörigen dienen (BFH 13. 4. 72, BStBl II 728, 730;

Abschn. 88 Abs. 3 EStR; ebenso zu Sterbegeldumlagen, BFH 28. 4. 60, StRK EStG § 4 R. 318; FG Rheinland-Pfalz 27. 5. 81 rkr., EFG 1982, 70).

Nur ausnahmsweise zählen die Versicherungen zum **Betriebsvermögen**, wenn durch die Ausübung des Berufs ein erhöhtes Risiko geschaffen wird, und der Abschluß des Versicherungsvertrags entscheidend der Abwendung dieses Risikos dient (z. B. BFH 15. 12. 77, BStBl 1978 II 212, für Unfallversicherung). Ein solches erhöhtes Risiko ist jedoch bei einem Rechtsanwalt/Notar nicht gegeben. 813

Unbedeutend für die Abgrenzung des betrieblichen vom privaten Bereich sind Vereinbarungen, daß die **Versicherungsleistung für den Betrieb verwendet** werden soll, z. B. wenn Leistungen einer Krankentagegeldversicherung in das Gesellschaftsvermögen einer Sozietät fließen sollen (BFH 7. 10. 82, BStBl 1983 II 101), wenn Leistungen aus einer Lebensversicherung an den überlebenden Gesellschafter einer Sozietät zu erbringen sind (BFH 21. 5. 87, BStBl II 710). Der BFH hat selbst den von einer Personengesellschaft abgeschlossenen Vertrag über eine Risikolebensversicherung auf das Leben eines Gesellschafters dem notwendigen Privatvermögen der Gesellschafter zugeordnet, obwohl die Versicherung der Absicherung eines Bankkredits diente (BFH 11. 5. 89, BStBl II 657; kritisch Gassner, KFR F. 3 EStG § 4, 11/89, 345). Die Versicherung eines Gesellschafters auf den Lebens- oder Todesfall gehört selbst dann nicht zum betrieblichen Bereich, wenn die Versicherung zur Absicherung betrieblicher Schulden der Gesellschaft dient und diese bezugsberechtigt ist (BFH 10. 4. 90, BStBl II 1017, m. Anm. Söffing, NWB F. 3, 7653). 814

b) Private Versicherungen für Ehegatten und Kinder

Versicherungsbeiträge i. S. von § 10 Abs. 1 Nr. 2 EStG sind grundsätzlich nur dann als **Sonderausgabe** abziehbar, wenn sie der **Versicherungsnehmer zahlt** (st. Rspr. des BFH, z. B. 19. 4. 89, BStBl II 683, 862). Dies hat zur Folge, daß der Aufwand anderer Personen (sog. Drittaufwand) im Rahmen von § 10 Abs. 1 Nr. 2 EStG in der Regel nicht abziehbar ist. 815

Beispiel:
Ein Rechtsanwalt/Notar zahlt die Versicherungsbeiträge seines Kindes, das Versicherungsnehmer ist.

816 Eine Ausnahme besteht bei der **Zusammenveranlagung von Ehegatten**, die nach Zusammenrechnung der Einkünfte wie ein Steuerpflichtiger behandelt werden (§ 26 b EStG). Bei **getrennter Veranlagung** von Ehegatten können bis einschließlich 1989 die Sonderausgaben beliebig verteilt werden (§ 26 a Abs. 2 Satz 1 EStG). Ab dem Veranlagungszeitraum 1990 können die Aufwendungen nur beim Zahlenden abgezogen werden (§ 26 a Abs. 2 EStG i. d. F. des Art. 1 Nr. 24 des StRG 1990 vom 25. 7. 88, BGBl I 1093, BStBl I 224).

▷ **Hinweis:**

817 Vorstehendes Beispiel müssen Sie richtig so gestalten, daß Sie **Ihrem Kind die Mittel für die Beitragsleistung zunächst schenken.** Bei einer solchen Sachverhaltsgestaltung wäre das Vermögen des Kindes vermehrt und durch die Zahlung der Versicherungsbeiträge vermindert worden. Die Beiträge sind dann im Rahmen der Höchstbeträge beim Kind als Sonderausgaben abziehbar. Entsprechendes gilt auch im umgekehrten Fall.

c) **Betriebliche/berufliche Versicherungen**

818 Betriebliche Versicherungen **zugunsten des Unternehmers** bzw. berufliche Versicherungen zugunsten des nichtselbständig Tätigen gehören zum Betriebsvermögen (Betriebsausgaben; vgl. Reuter, DStR 1990, 757) bzw. zum beruflichen Bereich (Werbungskosten).

Beispiele:

Betriebs- und Berufshaftpflichtversicherungen; Betriebs- bzw. Berufsrechtsschutzversicherungen; betriebliche bzw. berufliche Unfallversicherungen.

819 Aufwendungen für betrieblich veranlaßte Versicherungen **zugunsten anderer Personen** (z. B. Arbeitnehmer) zählen zu den Betriebsausgaben, selbst wenn private Risiken versichert werden.

Beispiele:

820 Unfall-, Berufsunfähigkeits-, Invaliditätsversicherung, Direktversicherung (§ 4 b EStG).

821 Unfallversicherungsleistungen sind steuerfrei (§ 3 Nr. 1 a EStG), obwohl die Prämien Betriebsausgaben sind.

d) Gruppenversicherung

Decken Gruppenversicherungen sowohl private Risiken des Unternehmers als auch betriebliche Risiken ab, so zählt der Vertrag insoweit zum Betriebsvermögen, als **betriebliche Risiken** versichert sind (BFH 10. 11. 88, BFH/NV 1989, 499). Die Prämien sind (z. B. nach Köpfen) aufzuteilen. 822

3. Sachversicherungen

Zum Betriebsvermögen zählen nur **betriebliche**, nicht aber **private Sachversicherungen**. 823

Beispiele für betriebliche Sachversicherungen:

Brandversicherung für Betriebsgebäude (BFH 3. 10. 85, BFH/NV 1986, 208), Diebstahlversicherung für Praxis, Betriebsunterbrechungsversicherung (BFH 9. 12. 82, BStBl 1983 II 371; anders jedoch, wenn auch die durch Unfall oder Krankheit des Rechtsanwalts/Notars verursachte Unterbrechungsschäden versichert sind, OFD Frankfurt 21. 10. 86, S – 2134 A – 10 – St II 20, vgl. dazu auch Rdnr. 811 ff.), Kaskoversicherung für Betriebs-Pkw. 824

Beispiele für private Sachversicherungen:

Brandversicherung für Privatgebäude, private Hausratversicherung, Kaskoversicherung für Privat-Pkw. 825

Bei **gemischtgenutzten Wirtschaftsgütern** (z. B. Gebäuden, Pkw) sind die Versicherungen insoweit Betriebsvermögen, als sie auf die betriebliche Nutzung entfallen, wenn es sich um teilbare Wirtschaftsgüter – z. B. Gebäude (vgl. „Aktivierung . . .", Rdnr. 269) – handelt. Sind die Wirtschaftsgüter nicht teilbar (z. B. Pkw), so zählt die Versicherung insgesamt zum Betriebsvermögen, wenn das Wirtschaftsgut zum Betriebsvermögen (vgl. Rdnr. 369 ff.) gehört. Die Prämien wirken sich aber nur in Höhe des betrieblichen Anteils als Betriebsausgaben aus (vgl. „Kraftfahrzeugkosten", Rdnr. 609 ff., 614 ff.). 826

4. Eintritt des Schadens

Der Schadensfall führt bei **Betriebsvermögen** zur Ausbuchung des Wirtschaftsgutes bzw. zur Änderung des Bilanzansatzes oder – bei § 4 Abs. 3 EStG – zur Absetzung in Höhe des Restwerts bzw. in Höhe des Schadens. Wird das Wirtschaftsgut repariert, so sind die Reparaturkosten betrieblicher Aufwand. 827

Dies gilt auch bei einer **Schädigung aus privatem Anlaß** (Beispiel: Unfall mit Betriebs-Pkw auf einer Privatfahrt). Die in diesem Fall zu sehende Nutzungsentnahme ist mit den Selbstkosten, also dem buchmäßigen 828

Betriebsvermögen, zu bewerten. Bezüglich der stillen Reserven, die sich in dem Wirtschaftsgut bis zu seiner Zerstörung gebildet haben, tritt keine Gewinnrealisierung ein. Besteht für das während der privaten Nutzung zerstörte Wirtschaftsgut eine Schadensersatzforderung, so ist sie unter dem Gesichtspunkt des „stellvertretenden commodum" im Betriebsvermögen erfolgswirksam zu erfassen (BFH 24. 5. 89, BStBl 1990 II 8).

5. Versicherungsleistungen

829 Die Versicherungsleistungen sind grundsätzlich **insoweit Betriebseinnahmen, als die Versicherungen Betriebsvermögen** sind (vgl. z. B. zu den Leistungen einer Gruppenunfallversicherung wegen eines Schadens auf einer Privatfahrt, BFH 10. 12. 88, BFH/NV S. 499; 10. 4. 90, BStBl II 1017), wenn nicht andere Personen begünstigt sind (vgl. Rdnr. 819 f.).

830 Problematisch ist die Behandlung der Versicherungsleistungen aber bei **unteilbaren Wirtschaftsgütern** (Beispiel: Kaskoversicherung bei Betriebs-Pkw mit Privatanteil). Nach der hier vertretenen Ansicht zählen – ebenso wie bei der Veräußerung (vgl. dazu „Kraftfahrzeugkosten", Rdnr. 609 ff., 623) – die Versicherungsleistungen nur in Höhe des betrieblichen Anteils zu den Betriebseinnahmen. Im Gegensatz dazu geht die BFH-Rspr. jedoch davon aus, daß die Zerstörung auf einer Betriebsfahrt zu Betriebseinnahmen, eine Zerstörung auf einer Privatfahrt zu Privateinnahmen führt (BFH 28. 11. 77, BStBl 1978 II 105; 15. 12. 77, BStBl 1978 II 212). Bei Zerstörung ohne besondere Veranlassung soll die Kaskoleistung im Nutzungsverhältnis des Pkw aufzuteilen sein (Schmidt/Heinicke, § 4 Anm. 47d a. E.).

- **Versorgungsbeiträge**

831 vgl. „Versicherungen", Rdnr. 810 ff., 812.

- **Versorgungsrenten**

832 – betriebliche vgl. Rdnr. 1109 ff. und 1237 ff.
– außerbetriebliche, vgl. Rdnr. 1110 ff. und 1238 ff.

- **Versorgungszusage**

833 vgl. „Pensionszusage", Rdnr. 663.

- **Vertreter**

834 vgl. „Selbständige . . . Tätigkeit", Rdnr. 729 ff., 746; 1439 ff.

Einkommensteuer/Vorschüsse

- **Verwarnungsgelder**

vgl. „Geldbußen ...", Rdnr. 488 ff.   835

- **Vorab entstandene Betriebsausgaben**

vgl. Rdnr. 1087.   836

- **Vorschüsse** ▶ BSt-RA-220 ◀

Literatur: *Lindner*, Die steuerliche Behandlung von Vorschüssen gemäß § 17 BRAGO, AnwBl 1989, 24; *Streck*, Die steuerliche Behandlung von Vorschüssen gemäß § 17 BRAGO, AnwBl 1989, 645.

1. **Betriebsvermögensvergleich (§ 4 Abs. 1 EStG)**

Beim Betriebsvermögensvergleich (§ 4 Abs. 1 EStG) sind erhaltene Vorschüsse zu **passivieren**, wenn der Rechtsanwalt seine Leistung noch nicht erbracht hat (vgl. hierzu i. e. „Honorare und Honorarforderungen", Rdnr. 561 ff.). Damit wird der Ausweis noch nicht realisierter Gewinne vermieden (vgl. BFH 8. 10. 87, BStBl 1988 II 57).   837

Ein nach Zeitabschnitten vereinbartes **Pauschalhonorar** umfaßt in der Regel alle in diesem Zeitraum anfallenden Leistungen, so daß in der Bilanz kein Passivposten für später anfallende Arbeiten gebildet werden darf (BFH 6. 2. 64, BStBl III 241).   838

2. **Überschußrechnung (§ 4 Abs. 3 EStG)**

Die Vorschüsse zählen bei der Gewinnermittlung gem. § 4 Abs. 3 EStG zu den **Betriebseinnahmen**, da sie durch den Betrieb veranlaßt und zugeflossen sind (§ 11 Abs. 1 Satz 1 EStG). Wann nun der Rechtsanwalt seine Leistung erbringt, ist – anders als bei der Gewinnermittlung nach § 4 Abs. 1 EStG – unerheblich (BFH 25. 4. 85, BFH/NV 1986, 665; h. M., z. B. Streck, AnwBl 1989, 645; a. A. Lindner, AnwBl 1989, 24, der auch bei der Überschußrechnung für eine gewinneutrale Behandlung bis zur Fälligkeit der Vergütung i. S. von § 16 BRAGO eintritt).   839

Ein Zufluß liegt vor, wenn der Rechtsanwalt die **wirtschaftliche Verfügungsmacht** über das Geld erlangt hat. Einnahmen sind daher auch in den Fällen zugeflossen, in denen noch nicht zweifelsfrei feststeht, ob die Einnahmen dem Rechtsanwalt endgültig verbleiben. Dies gilt selbst dann, wenn im Zeitpunkt der ESt-Veranlagung bekannt ist, daß ein Teil der   840

Vorschüsse zurückzuzahlen ist (BFH 29. 4. 82, BStBl II 593, unter Aufgabe der früheren Rspr. in BFH 27. 6. 63, BStBl III 534; Abschn. 17 Abs. 1 Satz 10 EStR).

841 Muß der Rechtsanwalt die erhaltenen Vorschüsse in einem späteren Veranlagungszeitraum **zurückzahlen,** so ist die Rückzahlung nach § 11 Abs. 2 EStG in dem Veranlagungszeitraum zu berücksichtigen, in dem der Rechtsanwalt die Verfügungsmacht über den Rückzahlungsbetrag aufgibt (BFH 29. 4. 82, BStBl II 593, m. w. N.).

- **Vorsorgeaufwendungen (für Ehegatten und Kinder)**

842 vgl. „Versicherungen", Rdnr. 815 ff.; Lohnsteuer-Pauschalierung nach § 40 b EStG Rdnr. 891 ff.

- **Weisungen**

843 vgl. „Geldbußen", Rdnr. 488 ff.

- **Zeitschriften, Zeitungen**

844 vgl. „Fortbildungskosten", Rdnr. 468 ff., 478 ff.

- **Zeugengebühren**

845 vgl. „Durchlaufende Posten", Rdnr. 422 ff., 423.

- **Zinsen**

846 vgl. „Hinterziehungszinsen" Rdnr. 556 ff.; „Kontokorrentzinsen", Rdnr. 596 ff.; bei Kauf einer Praxis Rdnr. 1093; bei Veräußerung einer Praxis Rdnr. 1249 ff.

- **Zukunftssicherungsleistungen**

847 vgl. „Versicherungen", Rdnr. 810 ff., 811 ff., 818 ff.; „Lohnsteuer", Rdnr. 891 ff.

848–859 *(Einstweilen frei)*

II. Lohnsteuer (§§ 38 ff. EStG)

Verwaltungsanweisungen: Abschn. 104 ff. LStR.

1. Allgemeines

a) Erhebung der Lohnsteuer (§ 38 EStG)

Die LSt ist eine Quellensteuer, die der **Rechtsanwalt/Notar** als Arbeitgeber für Rechnung des Arbeitnehmers bei der Lohnzahlung vom Arbeitslohn einzubehalten hat (§ 38 Abs. 3 EStG). Der Arbeitnehmer ist grundsätzlich **Schuldner der LSt** (§ 38 Abs. 2 Satz 1 EStG; Ausnahme bei pauschal versteuertem Arbeitslohn, vgl. Rdnr. 872 ff.). Die LSt **entsteht** in dem Zeitpunkt, in dem der Arbeitslohn dem Arbeitnehmer zufließt (§ 38 Abs. 2 Satz 2 EStG). 860

b) Höhe der Lohnsteuer (§§ 38 a ff. EStG)

Die Höhe der LSt richtet sich nach dem Arbeitslohn (§ 38 a EStG), der LSt-Klasse (§ 38 b EStG) und den etwaigen auf der LSt-Karte (§ 39 EStG) eingetragenen Freibeträgen (§ 39 a EStG). Die LSt wird an Hand der LSt-Tabellen ermittelt (§ 38 c EStG). 861

c) Durchführung des Lohnsteuerabzugs (§§ 39 b ff. EStG)

Für die Durchführung des LSt-Abzugs hat der unbeschränkt einkommensteuerpflichtige Arbeitnehmer dem Rechtsanwalt/Notar vor Beginn des Kalenderjahrs oder beim Eintritt in das Dienstverhältnis eine **LSt-Karte** vorzulegen. Die Einzelheiten regelt § 39 b EStG, die Durchführung des LSt-Abzugs ohne LSt-Karte § 39 c EStG, für beschränkt einkommensteuerpflichtige Arbeitnehmer § 39 d EStG. 862

Besonderen Regeln unterliegt die **Pauschalierung** der LSt (vgl. dazu Rdnr. 872 ff.). 863

d) Aufzeichnung, Anmeldung und Abführung der Lohnsteuer (§§ 41 ff. EStG)

Der Arbeitgeber hat am Ort der Betriebsstätte für jeden Arbeitnehmer und jedes Kalenderjahr ein **Lohnkonto** zu führen (§ 41 EStG). 864

Der Rechtsanwalt/Notar hat **spätestens am zehnten Tag nach Ablauf eines jeden Lohnsteuer-Anmeldungszeitraums** 865

- dem FA, in dessen Bezirk sich die Betriebsstätte (§ 41 Abs. 2 EStG) befindet (Betriebsstätten-FA), eine Steuererklärung einzureichen, in der er die Summe der im LSt-Anmeldungszeitraum einzubehaltenden und zu übernehmenden LSt angibt (**LSt-Anmeldung**) und
- die im LSt-Anmeldungszeitraum insgesamt einbehaltene und übernommene LSt an das Betriebsstätten-FA **abzuführen** (§ 41a Abs. 1 Satz 1 EStG).

866 Die LSt-Anmeldung ist nach **amtlich vorgeschriebenem Vordruck** abzugeben und vom Rechtsanwalt/Notor oder von einer zu seiner Vertretung berechtigten Person zu **unterschreiben** (§ 41a Abs. 1 Satz 2 EStG).

867 **LSt-Anmeldungszeitraum** ist grundsätzlich der Kalendermonat, bei einer abzuführenden LSt für das vorangegangene Kalenderjahr von mehr als 600 DM, aber nicht mehr als 6 000 DM das Kalendervierteljahr, bei einer abzuführenden LSt für das vorangegangene Kalenderjahr von nicht mehr als 600 DM das Kalenderjahr (§ 41a Abs. 2 EStG, auch für Ausnahmefälle).

868 Zum Abschluß des LSt-Abzugs vgl. § 41b EStG, zur Änderung des LSt-Abzugs vgl. § 41c EStG, zum LStJA durch den Arbeitgeber vgl. § 42b EStG.

e) Haftung des Arbeitgebers (§ 42d EStG)

869 Der Arbeitgeber haftet (vgl. i. e. Rdnr. 88 ff.)
- für die LSt, die er einzubehalten und abzuführen hat,
- für die LSt, die er beim LStJA zu Unrecht erstattet hat,
- für die ESt (LSt), die aufgrund fehlerhafter Angaben im Lohnkonto oder in der LSt-Bescheinigung verkürzt wird (§ 42d Abs. 1 EStG),
- bei Arbeitnehmerüberlassung (§ 42d Abs. 6 und 8 EStG).

f) Anrufungsauskunft (§ 42e EStG)

870 In Zweifelsfällen besteht die Möglichkeit, in LSt-Fällen das Betriebsstätten-FA um eine Auskunft zu bitten. Das FA ist zur Aufkunftserteilung **verpflichtet**.

g) Lohnsteuer-Außenprüfung (§ 42f EStG)

871 Einbehaltung, Übernahme und Abführung der LSt werden durch die LSt-Außenprüfung überwacht.

Lohnsteuer

2. Lohnsteuer-Pauschalierung ▶ BSt-RA-225 ◀

a) Allgemeines

Bei der Pauschalierung nach den §§ 40 bis 40b EStG ist der **Arbeitgeber** **Schuldner der pauschalen LSt** (§§ 40 Abs. 3 Satz 2, 40a Abs. 5, 40b Abs. 4 Satz 1 EStG; zur Überwälzung der pauschalen Steuerbeträge auf den Arbeitnehmer vgl. BMF 20. 11. 90, BStBl I 776). Daraus ergibt sich, daß die Pauschalierung im Belieben des Arbeitgebers steht. Sie kann daher nicht im Rahmen der ESt-Veranlagung des Arbeitnehmers erfolgen (BFH 15. 12. 89, BStBl 1990 II 344, zu § 40b EStG). 872

Der pauschal besteuerte Arbeitslohn und die pauschale LSt bleiben **bei einer Veranlagung zur ESt und beim LStJA außer Ansatz**. Die pauschale LSt ist weder auf die ESt noch auf die Jahres-LSt anzurechnen (§ 40 Abs. 3 Sätze 3 und 4 EStG). 873

Während in den **§§ 40 Abs. 2, 40a und 40b EStG feste Steuersätze** vorgesehen sind, ist der Steuersatz des § **40 Abs. 1 EStG** ein von den Umständen des Einzelfalls abhängiger **variabler Steuersatz**. Diesen Steuersatz hat der Gesetzgeber als Nettosteuersatz ausgestaltet (zur Abgrenzung vom Bruttosteuersatz in Übergangsfällen vgl. BFH 26. 8. 88, BStBl 1989 II 304). 874

Die Pauschalierung nach § **40 EStG** betrifft jeweils eine **Gruppe** von Arbeitnehmern, während der Arbeitgeber bei den §§ **40a und 40b** EStG hinsichtlich der **einzelnen Arbeitnehmer** – ggf. in einem Sammelbescheid – in Anspruch genommen wird. Somit kann bei den §§ 40a und 40b EStG trotz der Änderungssperre des § 173 Abs. 2 AO ein weiterer LSt-Nachforderungsbescheid wegen eines anderen Sachverhalts des damaligen Prüfungszeitraums erlassen werden, wenn der zweite Bescheid die pauschalierte Besteuerung bisher nicht berücksichtigter Arbeitnehmer betrifft (BFH 30. 8. 88, BStBl 1989 II 193). 875

Bei **fehlgeschlagener Pauschalierung** ist der Arbeitgeber Gläubiger der Erstattungsbeträge (BFH 3. 11. 72, BStBl 1973 II 128). 876

b) Lohnsteuer-Pauschalierung nach § 40 EStG

Literatur: *Buschmann*, Pauschalierung der LSt nach § 40 EStG, DB 1984, 798; *Gail*, Zeitliche Anwendung des Nettosteuersatzes bei LSt-Pauschalierung, BB 1987, 2346; *Kloubert*, Die LSt-Pauschalierung durch den Arbeitgeber, FR 1988, 237; *Mundt*, LSt-Pauschalierung mit einem variablen Steuersatz, DB 1988, 1035; *Milatz/Bethge*, Zum Entstehungszeitpunkt der pauschalierten LSt nach § 40 EStG, BB 1989, 1802; *Gosch*, Nochmals: Zum Entstehungszeitpunkt der pauschalierten LSt nach § 40 EStG, BB 1990, 1110; *Veigel*, Die Pauschalierung der Kfz-Überlas-

sung, Inf 1990, 368; *Gosch,* Der Zeitpunkt der Rücknahme eines LSt-Pauschalierungsantrags nach § 40 Abs. 1 EStG, FR 1991, 6.
Verwaltungsanweisungen: Abschn. 126, 127 LStR; BMF 7. 2. 90, Lohnsteuerliche Behandlung von Mahlzeiten, BStBl I 111; BMF 13. 2. 90, Änderungen des EStG nach Veröffentlichung der LStR, BStBl I 112.

aa) Allgemeines
▷ Hinweis:

877 Zur LSt-Pauschalierung – Allgemeines vgl. Rdnr. 872 ff.; zum Entstehungszeitpunkt der pauschalierten LSt vgl. FG München 16. 3. 90 rkr., EFG S. 598; Milatz/Bethge, BB 1989, 1802 und Gosch, BB 1990, 1110. Der Antrag auf Pauschalierung kann (jeden falls) nach Beendigung der mündlichen Verhandlung vor dem FG nicht mehr zurückgenommen werden (BFH 21. 9. 90 VI R 97/86, NWB EN-Nr. 1913/90; vgl. Gosch, FR 1991, 6). Zur pauschalen KiLSt vgl. Rdnr. 888

bb) § 40 Abs. 1 EStG
878 Eine Pauschalierung mit dem **Nettosteuersatz** (§ 40 Abs. 1 Satz 2 EStG; vgl. i. e. Abschn. 126 Abs. 3 bis 5 LStR) ist bei folgenden Voraussetzungen möglich:
- Gewährung sonstiger Bezüge oder Nacherhebung von LSt in einer größeren Zahl von Fällen (§ 40 Abs. 1 Satz 1 EStG; vgl. Abschn. 126 Abs. 1 LStR);
- Ermittlung der LSt nach den §§ 39b bis 39d EStG muß schwierig sein oder einen unverhältnismäßig hohen Arbeitsaufwand erfordern (§ 40 Abs. 1 Satz 3 EStG);
- Höchstgrenze: 2 000 DM bei einem Arbeitnehmer (§ 40 Abs. 1 Satz 4 EStG; vgl. Abschn. 126 Abs. 2 LStR); hierauf werden nicht die nach § 40 Abs. 2 EStG pauschal besteuerten sonstigen Bezüge angerechnet (Abschn. 127 Abs. 2 LStR);
- Antrag des Arbeitgebers (FG Berlin 28. 5. 90 rkr., EFG S. 598) und Genehmigung durch das Betriebsstätten-FA (§ 40 Abs. 1 Satz 1 EStG).

cc) § 40 Abs. 2 EStG
879 Die LSt kann mit einem **Pauschsteuersatz von 25 %** (in Berlin: 16,2 %, Abschn. 127 Abs. 4 LStR) erhoben werden
- bei unentgeltlicher oder verbilligter Abgabe von Mahlzeiten bzw. bei Essenszuschüssen (§ 40 Abs. 2 Nr. 1 EStG; vgl. i. e. Abschn. 127 Abs. 1 Nr. 1, 31 Abs. 6 LStR; BMF 7. 2. 90, BStBl I 111);

- für Zuwendungen bei Betriebsveranstaltungen, wenn die Betriebsveranstaltung oder die Zuwendung nicht üblich ist (§ 40 Abs. 2 Nr. 2 EStG; zur Üblichkeit vgl. Abschn. 72 LStR);
- für Erholungsbeihilfen, soweit sie nicht ausnahmsweise als steuerfreie Unterstützungen anzusehen sind (vgl. Abschn. 11 Abs. 3 LStR) und wenn sie nicht die in § 40 Abs. 2 Nr. 3 EStG genannten Grenzen übersteigen (Abschn. 127 Abs. 3 LStR).

Eine **Pauschbesteuerung mit einem Satz von 15 %** (in Berlin: 10 %, BMF 13. 2. 90, BStBl I 112) kann durchgeführt werden

- bei unentgeltlicher oder verbilligter Beförderung eines Arbeitnehmers zwischen Wohnung und Arbeitsstätte und
- für Zuschüsse zu den Aufwendungen des Arbeitnehmers für Fahrten zwischen Wohnung und Arbeitsstätte in den Grenzen des § 9 Abs. 1 Nr. 4 und Abs. 2 EStG; diese Zuschüsse mindern die Werbungskosten (§ 40 Abs. 2 Sätze 2 und 3 EStG; vgl. i. e. BMF 13. 2. 90, BStBl I 112, Tz. 5; Veigel, Inf 1990, 368).

c) Lohnsteuer-Pauschalierung nach § 40a EStG

Literatur: *Felix/Korn*, Zweifelsfragen zur LSt-Pauschalierung für „laufende" und „kurzfristige" Beschäftigung von Aushilfskräften, BB 1976, 546; *Langhein*, Gesetzliche Aufzeichnungspflicht bei der Pauschalierung der LSt für geringfügig entlohnte Teilzeitbeschäftigte, DB 1981, 1746; *Maier*, Die Begriffe „Lohnzahlungszeitraum", „Beschäftigungsdauer" und „Tätigkeit" bei der LSt-Pauschalierung für gering entlohnte Teilzeitbeschäftigte, DB 1982, 1592; *Baumdicker*, Probleme bei der Pauschalierung der LSt für Teilzeitbeschäftigte, DStZ A 1987, 424; *Nägele*, Pauschalierung der LSt bei Teilzeitbeschäftigten, Inf 1988, 202, 230; *Starck*, Rechtliche Grundlagen der Pauschalierung von KiLSt-Forderungen, DStR 1989, 3; *Giloy*, Pauschalierung der LSt für Teilzeitbeschäftigte, NWB F. 6, 3035; *Korn*, Zur LSt-Pauschalierung: Zweifelsfragen sowie Rechtsänderungen durch die Steuerreform 1990, KÖSDI 1989, 7679; *Daniel*, Beschäftigung von Teilzeitkräften mit und ohne LSt-Karte, DB 1990, 1368.

Verwaltungsanweisungen: Abschn. 128 LStR; BMF 11. 12. 89, Sonderzuwendungen, BStBl I 489.

aa) Allgemeines

LSt-Pauschalierung – Allgemeines vgl. Rdnr. 872 ff. 880

Das Wohnsitz-FA ist im Rahmen der ESt-Veranlagung nicht gehindert, die **Zulässigkeit einer pauschalen Besteuerung** von Arbeitslohn für Teil- 881 zeitbeschäftigte nach § 40a EStG zu überprüfen und die unzutreffend pauschal besteuerten Lohnteile in die Veranlagung einzubeziehen (BFH 13. 1. 89, BStBl II 1030; 10. 6. 88, BStBl II 981). Bei **fehlgeschlagener Pauschalierung** ist der Arbeitgeber Gläubiger der Erstattungsbeträge (BFH 3. 11. 72, BStBl 1973 II 128). In diesen Fällen kann keine Nettolohnvereinbarung zwischen Arbeitgeber und Aushilfskraft unterstellt werden (BFH 13. 10. 89, BStBl 1990 II 30; zur Vorausabtretung von ESt-Erstattungsansprüchen bei Nettolohnvereinbarung vgl. BFH 22. 6. 90, BFH/NV 1991, 156).

bb) Pauschalierungsgrenzen

882   Da bei Rechtsanwälten und Notaren eine kurzfristige Beschäftigung nach § 40a Abs. 1 EStG im Regelfall nicht in Betracht kommt, ist der **Hauptfall die Beschäftigung in geringem Umfang und gegen geringen Arbeitslohn** (§ 40a Abs. 2 EStG). Sie liegt vor, wenn bei monatlicher Lohnzahlung die Beschäftigungsdauer 86 Stunden und der Arbeitslohn 520 DM nicht übersteigt. Bei kürzeren Lohnzahlungszeiträumen darf die Beschäftigungsdauer 20 Stunden und der Arbeitslohn 120 DM wöchentlich nicht übersteigen. Der Arbeitslohn darf 18 DM durchschnittlich je Arbeitsstunde nicht übersteigen (§ 40a Abs. 4 EStG). Der Begriff „Arbeitsstunde" ist als Zeitstunde zu verstehen (BFH 10. 8. 90, BStBl II 1092). Die Pauschalierung nach § 40a Abs. 2 EStG setzt nicht eine laufende Beschäftigung voraus (BFH 24. 8. 90, DB 1991, 423).

cc) Bemessungsgrundlage

883   Zur Bemessungsgrundlage der pauschalen LSt gehören **alle Einnahmen,** die dem Arbeitnehmer aus der Teilzeitbeschäftigung zufließen (vgl. § 2 LStDV). **Steuerfreie Einnahmen** bleiben **außer Betracht** (Abschn. 128 Abs. 3 Satz 3 LStR; a. A. Littmann/Bitz/Meincke, § 40a Rz. 24ff.); **ebenso Zuschüsse zu den Aufwendungen für Fahrten zwischen Wohnung und Arbeitsstätte** (§ 40 Abs. 2 Satz 3, letzter Hs. EStG) **sowie pauschale LSt und KiLSt** sowie Kranken-, Renten- und Arbeitslosenversicherungsbeiträge, selbst dann, wenn der Arbeitnehmer im Innenverhältnis diese Beträge übernimmt (Abschn. 128 Abs. 3 Satz 5 LStR).

884   Die Bemessungsgrundlage darf **weder um Werbungskosten noch um den -pauschbetrag** (BFH 21. 7. 89, BStBl II 1032) **oder den Altersentlastungsbetrag gekürzt** werden (Abschn. 128 Abs. 3 Sätze 4 und 6 LStR).

Lohnsteuer

Zu dem für die Pauschalierungsgrenzen maßgeblichen Lohn zählen neben dem laufenden Lohn auch die **Sonderzuwendungen**, wie z. B. Beiträge für eine Direktversicherung (vgl. § 40b EStG, BFH 13. 1. 89, BStBl II 1030), Weihnachtsgeld (BFH 21. 7. 89, BStBl II 1032) und Urlaubsgeld. Da solche Sonderzuwendungen Arbeitsentgelt für eine ganzjährige Arbeitsleistung darstellen, sind die Beträge – unabhängig vom Zahlungszeitunkt – gleichmäßig auf die Lohnzahlungszeiträume zu **verteilen** (BFH 13. 1. 89, BStBl II 1030; 21. 7. 89, BStBl II 1032; BMF 11. 12. 89, BStBl I 489, auch zur Übergangsregelung für vor dem 1. 1. 1990 zugeflossenen Arbeitslohn). 885

Vorstehende Grundsätze können dazu führen, daß bei einer Verteilung der Sonderzuwendungen die Voraussetzungen für die Pauschalierung gemäß § 40a EStG in einem ganzen Jahr nicht (mehr) vorliegen. Wenn also der Rechtsanwalt oder Notar bei einem entsprechenden Arbeitsverhältnis (z. B. mit dem Ehegatten) einen monatlichen Arbeitslohn von 520 DM vereinbart hat, ist § 40a EStG nur dann anwendbar, wenn keine Sonderzuwendungen bezahlt werden. 886

Die Überschreitung der Monats- oder Wochenlohngrenze für bestimmte Monate oder Wochen läßt jedoch die Wirksamkeit der Pauschalierung für andere Monate oder Wochen, in denen die Monats- oder Wochenlohngrenze nicht überschritten ist, unberührt (BFH 21. 7. 89, BStBl II 1032; vgl. auch ausführliches Beispiel in Abschn. 128 Abs. 5 LStR). 887

▷ **Hinweis:**

Im Regelfall bietet eine Kombination der Pauschalierung nach § 40a EStG mit einer einige Monate dauernden Versteuerung mit LSt-Karte die größten Vorteile, da in diesem Fall der Arbeitnehmer-Pauschbetrag von 2 000 DM (§ 9a Satz 1 Nr. 1 EStG) ausgeschöpft werden kann.

dd) Steuersatz

Der Steuersatz beträgt bei geringfügig Beschäftigten (§ 40a Abs. 2 EStG) **ab 1990 15 % des Arbeitslohns** (Berliner Pauschsteuersatz: 10 %). Dazu kommt noch die **pauschale KiLSt** (zur Höhe vgl. i. e. Meyer, NWB F. 12, 1357), wenn der Arbeitgeber nicht nachweist, daß der oder die betroffenen Arbeitnehmer keine Kirchenmitglieder sind. Bei der Aufteilung in evangelische und katholische KiLSt kann der Schlüssel zugrunde gelegt werden, auf den sich die kirchensteuererhebungsberechtigten Körperschaften geeinigt haben (vgl. Meyer, NWB F. 12, 1297), wenn der 888

Arbeitgeber keinen anderen Nachweis führt (BFH 30. 11. 89, BStBl 1990 II 993; koordinierter Ländererlaß 10. 9. 90, BStBl I 773; vgl. auch Meyer, NWB F. 12, 1345, 1355).

ee) Grenzen bei Sozialversicherung

889 Pauschal besteuerter Arbeitslohn kann der Kranken-, Renten- und Arbeitslosenversicherung unterliegen. Bei geringfügiger Beschäftigung wird jedoch Sozialversicherung nicht erhoben (SGB IV § 8).

890 **Geringfügige Beschäftigung** liegt vor, wenn 1991 die Beschäftigung regelmäßig weniger als 15 Stunden in der Woche ausgeübt wird, das Entgelt (ohne pauschale LSt und KiLSt) nicht mehr als 480 DM (1990: 470 DM) monatlich beträgt bzw. bei höherem Arbeitsentgelt dieses ein Sechstel des Gesamteinkommens nicht übersteigt (vgl. i. e. Nägele, Inf 1988, 202, 230).

d) Lohnsteuer-Pauschalierung nach § 40b EStG

Literatur: *Nägele*, Zukunftssicherung durch Direktversicherung, Inf 1988, 131; *Gerstner*, Steuerfragen der betrieblichen Altersversorgung, NWB F. 3, 7685.
Verwaltungsanweisungen: Abschn. 129 LStR; BMF 24. 5. 78, Direktversicherung, BStBl I 232; BMF 4. 9. 84, Betriebliche Altersversorgung bei Ehegatten-Arbeitsverhältnis, BStBl I 495; BMF 9. 1. 86, dto., BStBl I 7; BMF 13. 2. 90, Änderungen der EStG nach Veröffentlichung der LStR, BStBl I 112.

aa) Allgemeines

891 Zur LSt-Pauschalierung – Allgemeines vgl. Rdnr. 872ff. und nach § 40a EStG vgl. Rdnr. 880f.

892 Verliert der Arbeitnehmer sein Bezugsrecht aus der Direktversicherung ersatzlos (z. B. bei vorzeitigem Ausscheiden aus dem Dienstverhältnis), so ist von einer **Arbeitslohnrückzahlung** auszugehen. Die pauschale LSt ist zu erstatten (vgl. i. e. BMF 24. 5. 78, BStBl I 232; Nägele, Inf 1988, 131).

bb) Begünstigte Zukunftssicherungsleistungen

893 Begünstigt sind nur Beiträge für eine Direktversicherung des Arbeitnehmers und Zuwendungen an eine Pensionskasse (vgl. § 4c EStG; zur Pensionszusage vgl. Rdnr. 663 ff.). Die **pauschale Erhebung der LSt** von Beiträgen für eine **Direktversicherung** ist nur zulässig, wenn die Versicherung nicht auf den Erlebensfall eines früheren als des 60. Lebensjahres abgeschlossen und eine vorzeitige Kündigung des Versicherungsvertrags durch den Arbeitnehmer ausgeschlossen worden ist (§ 40b Abs. 1 EStG; vgl. i. e. Abschn. 129 Abs. 6 LStR).

Lohnsteuer 223

Eine **Direktversicherung** ist eine vom Arbeitgeber (Versicherungsnehmer) auf das Leben des Arbeitnehmers (Versicherter) abgeschlossene Versicherung, bei der der Arbeitnehmer oder seine Hinterbliebenen ganz oder zum Teil bezugsberechtigt sind (Legaldefinition in § 1 Abs. 2 Satz 1 BetrAVG 19. 12. 74, BStBl 1975 I 22; vgl. i. e. Abschn. 129 Abs. 3 LStR; zur Abgrenzung zur Rückdeckungsversicherung vgl. Abschn. 129 Abs. 4 LStR). Eine Versicherung, bei der das typische Todesfallwagnis und – bereits bei Vertragsabschluß – das Rentenwagnis ausgeschlossen worden sind, ist keine Direktversicherung (BFH 9. 11. 90, BStBl 1991 II 189). 894

Eine **Pensionskasse** ist gem. § 1 Abs. 3 Satz 1 BetrAVG eine rechtsfähige Versorgungseinrichtung zur Durchführung der betrieblichen Altersversorgung, die dem Arbeitgeber oder seinen Hinterbliebenen einen Rechtsanspruch auf ihre Leistung gewährt. Unter betrieblicher Altersversorgung versteht § 1 Abs. 1 Satz 1 BetrAVG Leistungen der Alters-, Invaliditäts- oder Hinterbliebenenversorgung aus Anlaß eines Arbeitsverhältnisses (vgl. Abschn. 129 Abs. 5 LStR). 895

Leistungen an die BfA zur Nachversicherung sind keine Aufwendungen i. S. von § 40 b Abs. 1 EStG. Den Zahlungen liegt kein Lebensversicherungsvertrag zugrunde. Im übrigen ist die BfA keine Pensionskasse; denn die Leistungen stellen keine zusätzliche betriebliche Altersversorgung dar (BFH 25. 1. 89, BFH/NV S. 577). 896

Begünstigt sind außerdem Beiträge für eine gemeinsame Unfallversicherung, wenn der auf den einzelnen Arbeitnehmer entfallende Betrag 120 DM im Kalenderjahr nicht übersteigt (§ 40 b Abs. 3 EStG; BMF 13. 2. 90, BStBl I 112, Tz. 6; vgl. Reuter, DStR 1990, 757). 897

cc) **Pauschalierungsgrenzen**

Eine Pauschalierung nach § 40 b EStG ist nicht möglich, soweit die zu besteuernden Beiträge und Zuwendungen für den Arbeitnehmer **3 000 DM im Kalenderjahr** übersteigen (§ 40 b Absatz 2 Satz 1 EStG); bei Gruppenversicherungsverträgen vgl. § 40 b Abs. 2 Satz 2 EStG und Abschn. 129 Abs. 10 und Abs. 11 LStR. Da beim Arbeitslohn das Zuflußprinzip (§ 11 Abs. 1 EStG) gilt, ist eine Verteilung eines Einmalbetrags auf zwei Kalenderjahre nicht zu beanstanden (BFH 18. 12. 87, BFH/NV 1988, 499). 898

Die **Pauschalierungsgrenzen erhöhen sich**, wenn der Arbeitgeber die Beiträge und Zuwendungen aus Anlaß der Beendigung des Dienstverhältnisses erbracht hat (vgl. i. e. § 40 b Abs. 2 Sätze 3 und 4 EStG, Abschn. 129 899

Abs. 12 LStR). Eine Erhöhung scheidet aber aus, wenn Beiträge für zurückliegende Jahre nachzuzahlen sind (BFH 18. 12. 87, BStBl 1988 II 379) oder wenn Direktversicherungen rückwirkend abgeschlossen werden (BFH 10. 6. 88, BFH/NV 1989, 23).

dd) Erstes Dienstverhältnis

900 Die Pauschalierung setzt voraus, daß es sich um das erste Dienstverhältnis des Arbeitnehmers handelt. Diese Voraussetzung ist auch erfüllt, wenn der Beitrag zu einer Direktversicherung (wegen der Besonderheiten des Beteiligungsmodells) erst zu einem Zeitpunkt erbracht wird, in dem der **Arbeitnehmer aus dem Betrieb ausgeschieden** und bereits bei einem neuen Arbeitgeber beschäftigt ist; denn in § 40b Abs. 2 Satz 3 EStG hat der Gesetzgeber auch ausscheidende Arbeitnehmer begünstigt (BFH 18. 12. 87, BStBl 1988 II 554).

901 Die Vorlage einer LSt-Karte ist nicht materielle Voraussetzung einer Pauschalierung nach § 40b EStG. Somit ist eine Pauschalierung der Zukunftssicherungsleistungen nach § 40b EStG auch möglich, wenn es sich bei dem ersten Dienstverhältnis um ein **Teilzeitarbeitsverhältnis** handelt (BFH 13. 1. 89, BFH/NV 1990, 84).

902 Scheidet eine Pauschalierung nach § 40b EStG aus, weil es sich nicht um das erste Dienstverhältnis handelt, so kann eine Pauschalierung nach § 40a EStG in Betracht kommen, wenn die Grenzen nicht überschritten sind (BFH 13. 1. 89, BFH/NV 1990, 84).

ee) Steuersatz

903 Der Steuersatz beträgt **ab 1990 15 % der Beiträge und Zuwendungen** (Berliner Pauschsteuersatz: 10 %). Zur pauschalen KiLSt vgl. bei § 40a EStG (Rdnr. 888).

ff) Ehegatten-Arbeitsverhältnisse

904 Die betriebliche Veranlassung von Vorsorgeaufwendungen zugunsten eines Arbeitnehmer-Ehegatten setzt nach der Rechtsprechung (z. B. BFH 8. 10. 86, BStBl 1987 II 205; vgl. auch BMF 4. 9. 84, BStBl I 495; 9. 1. 86, BStBl I 7) folgendes voraus:

- **Ernsthaft gewolltes und tatsächlich durchgeführtes Arbeitsverhältnis**
905 vgl. „Ehegatten-Arbeitsverhältnisse . . .", Rdnr. 429 ff.

Lohnsteuer 225

- **Vergleichbarkeit im Betrieb**
Es ist ein interner, kein externer Vergleich (mit vergleichbarem 906
Betrieb derselben Branche) durchzuführen (vgl. aber Niedersächsisches FG 22. 2. 90 rkr., EFG S. 567). Dabei ist es steuerrechtlich unschädlich, wenn der Arbeitgeber eine betriebliche Altersversorgung nur einem bestimmten Kreis von Arbeitnehmern verspricht (vgl. BFH 28. 7. 83, BStBl 1984 II 60).
Werden vergleichbare Arbeitnehmer nicht beschäftigt, so genügt es, 907
wenn andere betriebliche Erwägungen dafür sprechen, diesen Teil des Arbeitsentgelts für Versorgungszwecke zu verwenden.

- **Keine Überversorgung**
Gegen eine betriebliche Veranlassung spricht, wenn die betriebliche 908
Altersversorgung einschließlich der Direktversicherung eine Überversorgung des Arbeitnehmer-Ehegatten bewirkt. Die Obergrenze einer angemessenen Altersversorgung liegt bei **75 % der letzten Aktivbezüge** (kritisch hierzu FG Münster 8. 11. 89 rkr., EFG 1990, 100).
Von einer solchen Berechnung kann abgesehen werden, wenn die Auf- 909
wendungen für die Altersversorgung des Arbeitnehmer-Ehegatten (das sind: der Arbeitgeber- und der Arbeitnehmeranteil zur gesetzlichen Sozialversicherung, freiwillige Leistungen des Arbeitgebers für Zwecke der Altersversorgung, ggf. pauschale Lohnsteuer und Zuführungen zu einer Pensionsrückstellung) **30 % des steuerpflichtigen Jahresarbeitslohns nicht übersteigen.** Wird ein Teil des Barlohns und der hierauf entfallenden Lohnsteuer zur Leistung von Direktversicherungsprämien verwendet **(Barlohnumwandlung)** oder auf fällige Lohnerhöhungen ganz oder zum Teil zugunsten dieser Beitragsleistungen verzichtet (BFH 5. 2. 87, BStBl II 557), so sind die Versicherungsprämien nicht in die Berechnung der 30%-Grenze einzubeziehen (FG Münster, 8. 11. 89 rkr., EFG 1990, 100; vgl. auch BFH 11. 9. 87, BFH/NV 1988, 225).

gg) Verhältnis zu den §§ 40 Abs. 1 und 40a EStG
Auf begünstigte Bezüge i. S. des § 40b Abs. 1 Satz 1 und Abs. 3 EStG 910
(vgl. Rdnr. 891 ff.) ist § 40 Abs. 1 Nr. 1 EStG nicht anwendbar (§ 40b Abs. 4 Satz 2 EStG), wohl aber auf andere Zukunftssicherungsleistungen (z. B. wenn die Direktversicherung auf den Erlebensfall eines früheren als des 60. Lebensjahres abgeschlossen ist).
Die Gewährung von Zukunftssicherungsleistungen nach § 40b EStG 911
kann dazu führen, daß die Voraussetzungen des § 40a EStG nicht mehr

gegeben sind, da diese Sonderzuwendung auf die gesamte Beschäftigungsdauer des Kalenderjahrs zu verteilen ist (BFH 13. 1. 89, BStBl II 1030). Wenn der Rechtsanwalt oder Notar also bei Teilzeitarbeitsverhältnissen (z. B. mit seiner Ehefrau) Zukunftssicherungsleistungen von 3 000 DM im Kalenderjahr vereinbart hat, kann er daneben im Rahmen von § 40 a EStG nur noch höchstens 270 DM monatlich bezahlen.

hh) Sozialversicherung

912 Die nach § 40 b EStG pauschal besteuerten Direktversicherungsbeiträge gehören nach § 2 Abs. 1 Satz 1 Nr. 3 ArEV nicht zum Arbeitsentgelt i. S. der Sozialversicherung, wenn es sich um zusätzliche Leistungen des Arbeitgebers handelt oder wenn die Beiträge aus Sonderzuwendungen finanziert werden. Lohnumwandlung führt nicht zu einer Minderung des beitragspflichtigen Arbeitsentgelts. Entsprechendes gilt für die ggf. vom Arbeitnehmer im arbeitsrechtlichen Innenverhältnis getragene pauschale LSt und KiLSt (DB 1990, 379, auch zur Behandlung der Altfälle).

913–919 *(Einstweilen frei)*

III. Umsatzsteuer

Verwaltungsanweisungen: Abschn. 1 bis 14 UStR.

1. Allgemeines

920 Die USt (MwSt) ist ihrem Wesen nach eine allgemeine **Verbrauchsteuer**; sie soll nicht vom Unternehmer, sondern vom Endverbraucher (Nichtunternehmer) getragen werden.

921 Sie stellt jedoch – abgesehen von der Einfuhrumsatzsteuer – **keine Verbrauchsteuer** i. S. der AO dar. Sie ist vielmehr steuerrechtlich und nach der verwaltungsmäßigen Zugehörigkeit zu den „Besitz- und Verkehrsteuern" eine **Verkehrsteuer**; sie besteuert wirtschaftliche Verkehrsvorgänge.

922 Die USt ist – im Gegensatz etwa zur ESt, KSt oder VSt – nicht als Personensteuer, sondern als **Sachsteuer (Objektsteuer)** ausgestaltet; denn sie geht nicht von der Person des Steuerpflichtigen aus, sondern vom Steuergegenstand.

923 Die persönlichen Verhältnisse des Unternehmers, den das UStG als Steuerschuldner bezeichnet (§ 13 UStG), sowie die Verhältnisse des

Verbrauchers sind grundsätzlich außer acht zu lassen. Wegen dieser im sozialen Bereich fehlenden Rücksichtnahme auf die wirtschaftlichen und persönlichen Verhältnisse des Steuerzahlers, das ist der Verbraucher, wird die USt vielfach als unsozial bezeichnet. Der Ausgleich dieser sozialpolitisch unerwünschten Wirkungen der indirekten Steuern erfolgt teilweise bei den direkten Steuern durch Gewährung von Freibeträgen und durch Zahlung eines staatlichen Kindergeldes.

Man rechnet die USt zu den **indirekten Steuern**, weil der Steuerschuldner (Unternehmer) nicht mit dem Steuerträger (Verbraucher) übereinstimmt. 924

Die USt gehört zu den **Veranlagungssteuern**. Der Unternehmer hat für das Kalenderjahr oder für den kürzeren Besteuerungszeitraum eine **Steuererklärung** nach amtlich vorgeschriebenem Vordruck abzugeben. Er muß in ihr die zu entrichtende USt oder den Überschuß zu seinen Gunsten nach § 16 Abs. 1 und 2 UStG und § 17 UStG **selbst berechnen** (§ 18 Abs. 3 UStG). 925

2. Rechtsanwalt/Notar als Unternehmer ▶ BSt-RA-230 ◀

Literatur: *Birkholz,* Ist der Unternehmerbegriff des alten Umsatzsteuerrechts für das Mehrwertsteuerrecht unverändert geblieben?, UR 1986 25; *Kempke,* Abschied von der „nachhaltigen Tätigkeit?, UR 1986, 114; *Bunjes,* Zum subjektiven Element des Unternehmerbegriffs, UR 1988, 307; *Probst,* Umsatzsteuerrecht und Erbgang, UR 1988, 272.
Verwaltungsanweisungen: Abschn. 16 bis 23 UStR.

Viele Angehörige der freien Berufe empfinden die USt als eine unzumutbare, nicht dem Wesen der freien Berufstätigkeit entsprechende Belastung. Ausgehend von dem allgemeinem Sprachgebrauch, der den Begriff „Umsatz" der Lieferung einer Ware gleichsetze, sei die von ihnen erbrachte geistige Leistung kein Umsatz. Sie übersehen dabei, daß es sich bei der USt nicht um eine bloße Warenumsatzsteuer, sondern um eine allgemeine Leistungssteuer handelt. Der BFH (27. 6. 68, BStBl II 488) ist daher dem Einwand, die Umsatzbesteuerung der geistigen Berufe sei verfassungswidrig, nicht gefolgt. Er hat vielmehr die **Verfassungsmäßigkeit bejaht.** Auch der **Freiberufler** ist deshalb **Unternehmer** i. S. des UStG. 926

Der Begriff des Unternehmers ist in § 2 Abs. 1 UStG wie folgt definiert: „Unternehmer ist, wer eine gewerbliche oder berufliche Tätigkeit selbständig ausübt ... Gewerblich oder beruflich ist jede nachhaltige Tätigkeit 927 zur Erzielung von Einnahmen, auch wenn die Absicht, Gewinn zu erzielen, fehlt . . ." Der **freiberuflich tätige Rechtsanwalt** übt eine **unternehmerische Tätigkeit** im vorstehenden Sinne aus, **nicht** jedoch ein nur **im Rahmen einer Anwaltsgemeinschaft tätiger Rechtsanwalt** (FG Hamburg 15. 1. 81, EFG S. 534) oder ein bei einem selbständig tätigen Anwalt **angestellter** Rechtsanwalt.

928 Bei **Rechtsanwälten** bedeutet der in Rdnr. 949 ff. erwähnte Grundsatz, daß **alle** Entgelte, die aus der beruflichen Tätigkeit zufließen, als Grundlage für die Umsatzbesteuerung herangezogen werden, z. B. Gebühren aus der **Gerichtstätigkeit**, Entgelte für **Beratungen, Nachlaß- und Konkursverwaltungen, Vermögensverwaltungen, Syndikustätigkeit, schriftstellerische Tätigkeit, Testamentsvollstreckungen** usw. Auch die Tätigkeit eines Rechtsanwalts in einer **Rechtshilfestelle** gehört zu seinem Hauptberuf. Es liegt keine ehrenamtliche Tätigkeit vor (OFD Koblenz 31. 1. 80 – S 7185 A – St 513, NWB EN-Nr. 390/80). Bei einem Unternehmer i. S. des Umsatzsteuerrechts besteht grundsätzlich die Vermutung, daß seine gesamte auf Einnahmeerzielung gerichtete Tätigkeit in den Rahmen seiner Unternehmertätigkeit fällt, weil ein Unternehmer gewöhnlich in seiner Unternehmereigenschaft an jede berufliche Einnahmeerzielung heranzugehen pflegt (BFH 10. 9. 59, BStBl III 437).

929 Auch **Notare** sind selbständige **Unternehmer** im oben erwähnten Sinne (BFH 28. 1. 71, BStBl II 281 zum UStG 1951). Nach § 2 Abs. 3 Satz 2 Nr. 2 UStG gilt die Tätigkeit der **Notare im Landesdienst** und der Ratschreiber im Land **Baden-Württemberg**, soweit Leistungen ausgeführt werden, für die nach der BNotO die Notare zuständig sind, als berufliche Tätigkeit. Diese Regelung gilt nur für das Land Baden-Württemberg (Abschn. 23 Abs. 6 UStR).

930 Ein Notar, der außerdem zum **Notariatsverweser** bestellt ist, übt dieses Amt als **Unternehmer** aus (BFH 12. 9. 68, BStBl II 811). Das gilt nach der Entscheidung jedoch dann nicht, wenn ein **Notariatsassessor**, der kraft Gesetzes in einem öffentlich-rechtlichen Dienstverhältnis zum Staat steht (§ 7 Abs. 3 BNotO), das Amt eines Notariatsverwesers zu übernehmen hat (§ 56 Abs. 3 BNotO). Als Notariatsverweser eingesetzte Notariatsassessoren üben ihr Amt nicht als Unternehmer aus. Sie sind insoweit **unselbständig** tätig. Die ihnen für diese Tätigkeit gezahlte Entschädigung unterliegt dem **Steuerabzug vom Arbeitslohn** (OFD Koblenz 13. 7. 71 – S 7105 A – St 41 3).

a) Nebentätigkeit des Rechtsanwalts/Notars

Eine Nebentätigkeit, die in einem sachlichen Zusammenhang mit der Haupttätigkeit steht, ist im allgemeinen ebenso wie die Haupttätigkeit zu beurteilen. Im allgemeinen ist eine Tätigkeit, die auf dem Gebiet einer selbständigen Haupttätigkeit liegt, als Ausfluß und Teil der selbständigen Tätigkeit der USt zu unterwerfen. Daher ist ein **Rechtsanwalt**, der neben seiner Anwaltstätigkeit **Vorsitzender eines Schiedsgerichts** oder eines **ärztlichen Bezirksgerichts oder Amtsvormund** ist, auch insoweit selbständig (RFH 21. 1. 40, RStBl S. 270). Diese Vermutung ist aber widerlegbar, und ihr sind dort Grenzen gesetzt, wo sich aus den Umständen des Einzelfalles einwandfrei ergibt, daß die Nebentätigkeit eine unselbständige Tätigkeit als Angestellter sein soll. Ob das der Fall ist, liegt im wesentlichen auf dem Gebiet der Tatsachenwürdigung (BFH 4. 10. 56, BStBl 1957 III 24). Im Einzelfall unterliegen die Entgelte aus der **Geschäftsführertätigkeit** eines Rechtsanwalts nicht der USt, wenn eine klare Abgrenzung zu der sonstigen Tätigkeit besteht und insoweit die Voraussetzungen eines Arbeitnehmerverhältnisses gegeben sind (BFH 3. 12. 65, BStBl 1966 III 153).

931

Die Tätigkeit als **Vertreter eines anderen Rechtsanwalts** ist entsprechend der sozialen Stellung und der vorübergehenden Dauer der Vertretungstätigkeit im allgemeinen als selbständig anzusehen (BFH 10. 4. 53, BStBl III 142). Ist aber ein Rechtsanwalt gegen eine feste Jahressumme in den Geschäftsräumen einer Anwaltsfirma, der er nicht angehört, mit der Bearbeitung von Rechtssachen der Klienten dieser Praxis beschäftigt, so ist er **unselbständig**, wenn er wie ein Angestellter in der Praxis eingegliedert ist und im Namen seiner Auftraggeber auftritt (RFH 2. 6. 33, RStBl S. 1295).

Ein im Ruhestand befindlicher **Notar**, der einen Notar vorübergehend **vertritt**, unterliegt mit seinen Einnahmen aus der Vertretertätigkeit der USt, da seine Tätigkeit als freiberuflich **selbständige** Tätigkeit anzusehen ist (FG Nürnberg 23. 6. 58, UR 1959, 22).

932

b) Beginn und Ende der beruflichen Tätigkeit
Verwaltungsanweisungen: Abschn. 19 UStR.

933 Die unternehmerische Tätigkeit eines Rechtsanwalts/Notars **beginnt** mit dem „Tätigwerden" zur späteren Bewirkung von Umsätzen, also nicht erst mit dem Leistungsaustausch. **Vorbereitungshandlungen** zählen deshalb bereits zur unternehmerischen Tätigkeit. Ob im Einzelfall echte Vorbereitungshandlungen oder nur sog. **Scheinhandlungen** vorliegen, muß nach Lage des einzelnen Falles entschieden werden.

Beispiel:
Ein Rechtsanwalt eröffnet seine Praxis am 1. 1. Entgeltlich wird er erstmalig im Juli tätig. Er hat demnach im ersten Vierteljahr keine umsatzsteuerlichen Entgelte. Trotzdem kann er die im ersten Vierteljahr für die Anschaffung der Büroeinrichtung in Rechnung gestellte USt als Vorsteuer geltend machen. Es ergibt sich ein Erstattungsanspruch an das FA.

934 Die **Unternehmereigenschaft** eines Rechtsanwalts bleibt **erhalten,** wenn er seine Anwaltstätigkeit auf längere Zeit unterbricht, um seine ganze Arbeitskraft der Abwicklung der Geschäfte eines zusammengebrochenen Großunternehmers zu widmen (RFH 6. 2. 33, RStBl 1935, 1068).

935 Die unternehmerische Tätigkeit eines Rechtsanwalts/Notars **endet** mit dem „letzten Tätigwerden", nicht bereits mit der Unterbrechung oder Einstellung der Praxis.

Beispiel:
Ein Rechtsanwalt hat seine Praxis eingestellt. Er veräußert im Laufe von zwei Jahren nach und nach an verschiedene Abnehmer Gegenstände seines Betriebsvermögens. Solange er noch Gegenstände des Betriebsvermögens veräußert, ist er als Unternehmer tätig. Das Entgelt aus der Veräußerung hat er der USt zu unterwerfen.

936 Die spätere Veräußerung von Gegenständen des Betriebsvermögens und die **nachträgliche Vereinnahmung von Entgelten** gehören also noch zur Unternehmertätigkeit.

937 **Keine Einstellung** einer beruflichen Tätigkeit liegt aber vor, wenn den Umständen zu entnehmen ist, daß der Rechtsanwalt/Notar die Absicht hat, die **Praxis weiterzuführen** oder in **absehbarer Zeit wiederaufleben** zu lassen; es ist nicht erforderlich, daß laufend Umsätze bewirkt werden (BFH 13. 12. 63, BStBl 1964 III 90).

c) Honorareingang nach Tod eines Rechtsanwalts/Notars

Nach dem Tod eines Rechtsanwalts/Notars wird vielfach ein anderer Rechtsanwalt/Notar als **Abwickler der Kanzlei** des verstorbenen Kollegen eingesetzt. Der Abwickler führt die noch aus der **Anwalts-/Notartätigkeit des Verstorbenen** stammenden **Honorare** nach Eingang an die **Witwe** z. B. als Alleinerbin ab. Die Witwe ist zwar nicht Unternehmer i. S. des UStG geworden. Sie ist aber als **Alleinerbin** in die **Rechtsstellung ihres verstorbenen Ehemannes eingetreten**. In dieser Eigenschaft schuldet sie die auf nachträgliche eingehende Honorare entfallende USt (BFH 19. 11. 70, BStBl 1971 II 121). Für den als **Abwickler** tätigen Rechtsanwalt liegt insoweit **keine Vereinnahmung** von Entgelten aus einer steuerbaren Leistung vor. In den Leistungsaustausch zwischen dem verstorbenen Kollegen und dessen Mandanten ist er nicht eingeschaltet. Die an die Witwe abgeführten Honorare können deshalb auch **keine durchlaufenden Posten** sein. 938

d) Umfang des Unternehmens

Verwaltungsanweisungen: Abschn. 20 UStR.

Gem. § 2 Abs. 1 Satz 2 UStG umfaßt das Unternehmen eines Rechtsanwalts/Notars seine **gesamte gewerbliche oder berufliche Tätigkeit.** Er kann zwar mehrere Tätigkeiten ausüben, aber nur ein Unternehmen haben. 939

Beispiel:

Ein Rechtsanwalt/Notar hat eine freiberufliche Praxis. Außerdem ist er schriftstellerisch tätig. Ferner vermietet er mehrere Wohnungen. Sein umsatzsteuerliches Unternehmen umfaßt alle diese Tätigkeiten.

Innerhalb eines **Unternehmens** sind als Folge der sog. „Einheitstheorie" **steuerbare Umsätze nicht möglich** (Abschn. 20 Abs. 1 UStR). 940

Die Umsätze aus allen Tätigkeiten werden zu einem **Gesamtumsatz** zusammengerechnet, von dem dann die USt berechnet wird. 941

In den Rahmen des Unternehmens fallen nicht nur die Grundgeschäfte, die den eigentlichen Gegenstand der geschäftlichen Betätigung bilden, sondern auch die **Hilfsgeschäfte** (BFH 30. 8. 56, BStBl 1957 III 222). Zu den Hilfsgeschäften gehört jede Tätigkeit, die die Haupttätigkeit mit sich bringt (BFH 28. 10. 64, BStBl 1965 III 34). Auf die Nachhaltigkeit der Hilfsgeschäfte kommt es nicht an. Ein Verkauf von Vermögensgegen- 942 ständen fällt somit ohne Rücksicht auf die Nachhaltigkeit in den Rahmen des Unternehmens, wenn der Gegenstand zum unternehmerischen Bereich des Veräußerers gehörte (Abschn. 20 Abs. 2 UStR).

Beispiel:

Ein Rechtsanwalt/Notar verkauft nach Anschaffung einer neuen Schreibmaschine die alte Maschine. Es handelt sich um ein Hilfsgeschäft, das mit dem Regelsteuersatz zu versteuern ist.

3. Die steuerbaren Umsätze ▶ BSt-RA-235 ◀

a) Allgemeines

943 Der Begriff des Umsatzes ist im UStG nicht definiert. Aber es gilt im UStG wie in anderen Gesetzen der Grundsatz der **Tatbestandsmäßigkeit** (vgl. § 38 AO). Danach entsteht die Steuer immer dann, wenn die Tatbestandsmerkmale eines konkreten Steuertatbestandes erfüllt sind. Die Tatbestände des UStG sind insbesondere in § 1 UStG enthalten, nämlich:

- die **Lieferungen und sonstigen Leistungen** (§ 1 Abs. 1 Nr. 1 UStG),

- der **Eigenverbrauch** (§ 1 Abs. 1 Nr. 2 UStG),

- die **Einfuhr** von Gegenständen in das Zollgebiet (Einfuhrumsatzsteuer) (§ 1 Abs. 1 Nr. 4 UStG).

944 Daneben entsteht USt nach § 1 Abs. 1 Nr. 3 UStG für die **unentgeltlichen Lieferungen** und sonstigen Leistungen von Vereinigungen an ihre Mitglieder, nach § 14 Abs. 2 und 3 UStG, wenn und soweit ein zu hoher oder **unberechtigter Steuerausweis** erfolgt, sowie nach § 13 Abs. 1 Nr. 1 a Sätze 3 und 4 UStG im Rahmen der sog. **Mindest-Ist-Versteuerung** (vgl. Rdnr. 995).

945 Die USt geht als **Sachsteuer** vom Steuergegenstand aus (vgl. Rdnr. 925). Den **Steuergegenstand** bilden die in § 1 UStG genannten „steuerbaren Umsätze". Das sind **alle Umsätze**, die grundsätzlich unter das UStG fallen, d. h. die alle Merkmale des einzelnen gesetzlichen Tatbestandes erfüllen.

946 Als **nicht steuerbar** wird derjenige Umsatz bezeichnet, bei dem es wenigstens an einem der Tatbestandsmerkmale des konkreten Gesetzestatbestands mangelt.

Umsatzsteuer 233

Beispiel:
Ein Rechtsanwalt berät einen verarmten Freund unentgeltlich. Es fehlt an dem Tatbestandsmerkmal des § 1 Abs. 1 Nr. 1 UStG „gegen Entgelt".

Mit der Feststellung der Steuerbarkeit ist allerdings noch nicht entschieden, daß USt anfällt, da bestimmte in §§ 4, 5 UStG aufgeführte Umsätze **steuerfrei** sind. Steuerbare Umsätze sind also sowohl die steuerfreien wie die steuerpflichtigen Umsätze. 947

Die Unterscheidung zwischen steuerbaren und steuerpflichtigen und zwischen nichtsteuerbaren und steuerfreien Umsätzen hat praktische Bedeutung. 948

b) Beispiele steuerbarer Umsätze

Bei Rechtsanwälten/Notaren kommen als steuerbare Umsätze insbesondere die sonstigen Leistungen in Betracht. Derartige Leistungen sind z. B.: 949

Tätigkeit für den Mandanten bei Gericht, Beratungen, Nachlaß- und Konkursverwaltungen, Vermögensverwaltungen, Tätigkeit als Syndikus oder in einer Rechtshilfestelle, schriftstellerische Tätigkeit, Tätigkeit als Pfleger, Vormund, Testamentsvollstrecker, Aufsichtsratsmitglied, Schiedsrichter, Treuhänder, Hausverwalter, Geschäftsführer eines Wirtschafts- oder Unternehmensverbandes bzw. Berufsverbandes und ähnliche Tätigkeiten.

Eine steuerbare Tätigkeit liegt aber auch bei **Hilfsgeschäften** (vgl. Rdnr. 942) vor. 950

Auch in der **Übernahme eines Notariats durch einen Rechtsanwalt unter Entrichtung von Versorgungsleistungen** an den ausscheidenden Notar ist ein steuerbarer Umsatz zu sehen. Es handelt sich um die entgeltliche Aufgabe einer beruflichen Tätigkeit bei gleichzeitigem Verzicht auf die Rechte aus der Zulassung zur Rechtsanwaltschaft. Dieser Verzicht ist nicht abstrakt, sondern kommt einem anderen zugute, der nunmehr berechtigt ist, hieraus konkrete wirtschaftliche Vorteile zu ziehen. **Kein Leistungsaustausch** liegt jedoch vor, wenn ein Rechtsanwalt für die Übernahme der Praxis eines Notars, dessen Amt durch Tod erloschen ist, Versorgungsleistungen an die unterhaltsberechtigten Hinterbliebenen erbringt (OFD Frankfurt/M. 11. 12. 87, UR 1988, 329). 951

c) Eigenverbrauch

Literatur: *Wagner,* Eigenverbrauchsbesteuerung für Freiberufler bei privater Telefonbenutzung, DB 1981, 2050; *Breitenbach,* Die Eigenverbrauchsbesteuerung bei privater Pkw- und Telefonnutzung, DB 1984, 2011; *Eimig,* Sind Privatgespräche über das Geschäftstelefon Eigenverbrauch im Sinne des UStG 1980, DStR 1984, 616; *Husmann,* Zu den Auswirkungen des EuGH-Urteils vom 27. 6. 1989 auf die Eigenverbrauchsbesteuerung – zugleich Anmerkungen zu dem Urteil des FG Münster vom 20. 3. 1990, UR 1990, 293; *Birkenfeld,* Eigenverbrauch und seine Bemessungsgrundlage bei der privaten Nutzung eines Betriebsgegenstandes, NWB F. 7, 3941.

Verwaltungsanweisungen: Abschn. 7 bis 10 UStR.

952 Rechtsanwälte/Notare verwirklichen häufig aber auch den Steuertatbestand des Eigenverbrauchs. Er unterliegt nach § 1 Abs. 1 Nr. 2 UStG der UStG. Er umfaßt die folgenden beiden Tatbestände:

- die **Entnahme von Gegenständen** aus dem Unternehmen für private Zwecke (§ 1 Abs. 1 Nr. 2 a UStG), sowie

- die **Ausführung sonstiger Leistungen** i. S. des § 3 Abs. 9 UStG im Rahmen einer Praxis für außerbetriebliche Zwecke (§ 1 Abs. 1 Nr. 2 b UStG).

- **Unangemessene Bewirtungskosten** (§ 1 Abs. 1 Nr. 2 c UStG).

aa) Eigenverbrauch durch Entnahme von Gegenständen

953 Dieser Eigenverbrauch umfaßt die Entnahme von Gegenständen. Gegenstand in diesem Sinne ist nur das, was auch Gegenstand einer Lieferung oder Werklieferung, nicht aber Inhalt einer sonstigen Leistung sein kann. Sonstige Leistungen des Rechtsanwalts/Notars zu Lasten der Praxis scheiden als Eigenverbrauch i. S. des § 1 Abs. 1 Nr. 2 a UStG aus.

Beispiel:

Ein Rechtsanwalt/Notar schenkt seiner Frau eine Schreibmaschine aus seiner Praxis. Es handelt sich um einen Entnahme-Eigenverbrauch. Ebenso handelt es sich um einen Eigenverbrauch durch Entnahme, wenn der beruflich genutzte Pkw der Ehefrau geschenkt wird.

954 **Bemessungsgrundlage** für nach dem 31. 12. 1989 ausgeführten Entnahmeeigenverbrauch sind gem. § 10 Abs. 4 Nr. 1 UStG i. d. F. des Art. 7 Nr. 2 WoBauFG der **Einkaufspreis zuzüglich der Nebenkosten** für den Gegenstand oder für einen gleichartigen Gegenstand oder mangels eines Einkaufspreises die **Selbstkosten,** jeweils zum Zeitpunkt des Entnahmeeigenverbrauchs.

Umsatzsteuer

Die **USt** gehört **nicht** zur **Bemessungsgrundlage** (§ 10 Abs. 4 Satz 2 UStG), so daß es sich stets um **Nettopreise** bzw. **Nettokosten** handelt. Für Unternehmer, die die Entnahmen von Gegenständen aus dem Unternehmen bisher nach dem Teilwert zu bemessen hatten, ergeben sich durch die Gesetzesänderung kaum praktische Auswirkungen. Der bisher anzusetzende Teilwert entsprach ebenso wie der jetzt maßgebliche Einkaufspreis zuzüglich Nebenkosten regelmäßig den Wiederbeschaffungskosten (vgl. Abschn. 51 Abs. 2 VStR). **955**

bb) Eigenverbrauch durch Ausführung sonstiger Leistungen i. S. des § 3 Abs. 9 UStG

Eigenverbrauch liegt ferner nach § 1 Abs. 1 Nr. 2 b UStG vor, wenn ein Rechtsanwalt/Notar im Rahmen seiner Praxis sonstige Leistungen i. S. des § 3 Abs. 9 UStG für Zwecke ausführt, die außerhalb der Praxis liegen. **956**

Wichtigster Anwendungsfall der Vorschrift ist die **private Verwendung** von Gegenständen aus der Praxis für Zwecke außerhalb der Praxis. Unter Verwendung versteht man den **Gebrauch** oder das **Nutzen**. **957**

Beispiele:
Eigenverbrauch durch Verwendung liegt vor bei
- privater Mitverwendung sonst beruflich genutzten Pkw durch den Rechtsanwalt/Notar oder seine Angehörigen,
- private Verwendung von Geräten der Praxis, z. B. Kopiergerät und Maschinen jeder Art oder
- die private Benutzung eines Praxis-Telefonanschlusses (BFH 28. 1. 71, BStBl II 218; 12. 8. 71, BStBl II 789; vgl. dazu aber auch Rdnr. 962 ff.).

Eine Ausführung einer **sonstigen Leistung** i. S. des § 3 Abs. 9 UStG liegt vor im folgendem **958**

Beispiel:
Eine Schreibkraft der Kanzlei eines Rechtsanwalts/Notars schreibt dessem Sohn die Referendar- oder Assessorarbeit.

Setzt ein Rechtsanwalt/Notar bei sonstigen Leistungen zu private Zwecken **ausschließlich seine eigene Arbeitskraft** ein, so kommt eine Besteuerung nicht in Betracht, weil dabei keine Kosten i. S. des § 10 Abs. 4 Satz 1 Nr. 2 UStG anfallen. **959**

Beispiel:

Ein Rechtsanwalt/Notar berät seine Schwester unentgeltlich.

960 Fallen jedoch Kosten an, wird der Eigenverbrauch besteuert. Maßgebend sind nach BFH 28. 2. 80 (BStBl II 309) die Kosten, mit denen die Kostenrechnung der Praxis aus Anlaß der nichtunternehmerischen Nutzung belastet wird.

961 Der **Umsatz** wird in den Fällen des Eigenverbrauchs des § 2 Abs. 1 Nr. 2 b UStG nach den für diese Umsätze entstandenen **Kosten** (ohne USt) **bemessen** (§ 10 Abs. 4 Satz 1 Nr. 2 UStG). Dabei ist nach Abschn. 155 Abs. 2 Satz 2 UStR grundsätzlich von den bei der ESt zugrunde gelegten Kosten auszugehen, die den anteiligen Unternehmerlohn nicht mit einschließen. Bei der **Verwendung eines beruflichen Pkw** für berufsfremde Zwecke gehören zur Bemessungsgrundlage auch die Kosten, für die der Rechsanwalt/Notar einen Vorsteuerabzug nicht geltend machen kann (BFH 12. 8. 71, BStBl II 789; vgl. auch Rdnr. 962 ff.).

Beispiel:

Bei der **privaten Verwendung eines beruflich genutzten Pkw** ist nach Abschn. 155 Abs. 2 Sätze 4 und 5 UStR von den Gesamtkosten des Pkw im Besteuerungszeitraum auszugehen, die neben den eigentlichen Betriebskosten der nicht beruflichen Verwendung auch die die Praxis belastenden Kosten aus Anschaffung, laufendem Unterhalt und tatsächlichem Betrieb wie insbesondere AfA, Versicherungsprämien, KraftSt, Garagenmiete, Kosten der Inspektion und laufender Instandhaltung sowie die Aufwendungen für Betriebsstoffe und beruflich oder nicht beruflich veranlaßte Unfallkosten umfassen, jedoch abzüglich der von dritter Seite erlangten und der Praxis zugeführten Ersatzleistungen (BFH 28. 2. 80, BStBl II 309).

962 Die Eigenverbrauchsbesteuerung in der derzeit gültigen Form ist löcherig geworden, wenn sich die **private Nutzung** auf einen **Gegenstand** bezieht, der **nicht** zum vollen oder teilweisen **Abzug der Vorsteuer** berechtigt. EuGH 27. 6. 89 (HFR S. 518; Clausnitzer, KFR F. 7 UStG § 1, 1/90, S 63; Husmann, UR 1990, 293, m. w. N.) hat entschieden, die deutsche gesetzliche Regelung verstoße gegen die vorrangig anwendbare 6. USt-Richtlinie der EG, die mit der Eigenverbrauchsbesteuerung nur ungerechtfertigte Steuervorteile aus dem Vorsteuerabzug für die Pkw-Kosten beseitigt wissen wolle. Die Einbeziehung von Anschaffungskosten für einen Pkw ohne Rücksicht darauf, ob die Anschaffung zum Vorsteuerabzug berechtigt habe, sei nicht rechtens.

Die Finanzverwaltung hat dies nur bezogen auf die anteilige Abschrei- 963
bung auf nicht zum Vorsteuerabzug berechtigende Anschaffungskosten
akzeptiert, nicht jedoch für andere **nicht** mit **Vorsteuern belastete Kfz-
Kosten**, z. B. KraftSt, Kfz-Versicherung, Garagenmiete (BMF 29. 12. 89,
BStBl 1990 I 35; anders zum Teil Lohse, DStR 1989, 502; Birkenfeld,
NWB F. 7, 3941; Spetzler, URV 1989, 273; Korn, NWB-Blickpunkt
1/90). Auch das FG München (13. 9. 89 Rev. eingelegt, EFG 1990, 79;
UR 1990, 209 m. Anm. Widmann; vgl. ferner Husmann, a. a. O.,
m. w. N.) hat sich gegen die Einbeziehung dieser Kosten ausgesprochen,
anders jedoch das FG Münster (20. 3. 90, UR S. 306), das die Aufwendungen für KfzSt und Kfz-Versicherung zu den Kosten rechnet, die in die
Bemessungsgrundlage des Eigenverwendungsverbrauchs eingehen (vgl.
i. e. auch Husmann, a. a. O., S. 295).

BMF 29. 12. 89 (a. a. O.) sieht im übrigen die Besteuerung der privaten 964
Nutzung der **Fernsprechanschlüsse** durch EuGH 27. 6. 89 **nicht** berührt
(vgl. i. e. Husmann, a. a. O., S. 296; Assmann, ZAP, F. 20, 32).

▷ **Hinweis:**
Obwohl es sich nicht um hohe Beträge handelt, sollte gegen alle Umsatz- 965
steuerbescheide, die noch nicht bestandskräftig sind, vorsorglich **Einspruch** wegen der in die Eigenverbrauchsbesteuerung einbezogenen nicht
vorsteuerbelasteten Kfz-Kosten mit dem Antrag eingelegt werden, den
Rechtsbehelf bis zur Klärung der Frage ruhen zu lassen (vgl. Korn, ZAP
F. 20, 39).

cc) Eigenverbrauch durch unangemessene Aufwendungen
Gem. § 1 Abs. 1 Nr. 2c UStG unterliegen der Eigenverbrauchsbesteue- 966
rung unter das Abzugsverbot des § 4 Abs. 5 Satz 1 Nr. 1 bis 7 oder Abs.
7 oder § 12 Nr. 1 EStG fallende Aufwendungen, bei Geldgeschenken
und Bewirtungskosten **nicht** jedoch die **Kürzung von 20 v. H.** (vgl. auch
Rdnr. 373, 401, 710 ff.).

**dd) Gebühren- und Auslagenerstattung eines in eigener Sache tätig
    gewordenen Rechtsanwalts**
Der USt unterliegen insbesondere Leistungen, die ein Unternehmer 967
(Rechtsanwalt/Notar) gegen Entgelt erbringt (§ 1 Abs. 1 Nr. 1 UStG).
Hieraus ergibt sich, daß neben dem leistenden Unternehmen zumindest
ein Leistungsempfänger beteiligt sein muß. Daher ist **kein Leistungs-**

austausch i. S. der erwähnten Vorschrift gegeben, wenn ein **Rechtsanwalt sich in eigener Sache** – in beruflicher oder privater Angelegenheit – **selbst vertritt** und im Kostenfestsetzungsverfahren die für die berufsmäßige Erledigung seiner Geschäfte vorgesehenen Gebühren und Auslagen erstattet erhält (BFH 9. 11. 76, BStBl 1977 II 82).

968 Unter Umständen ist in diesen Fällen ein steuerpflichtiger **Eigenverbrauch** nach § 1 Abs. 1 Nr. 2 b UStG gegeben, wenn der Rechtsanwalt im Rahmen seines Unternehmens sonstige Leistungen ausführt für Zwecke, die **außerhalb** des Unternehmens liegen. Dies wird insbesondere der Fall sein, wenn sich der Rechtsanwalt im Rahmen seines Unternehmens in einer privaten – **nichtunternehmerischen** – Angelegenheit selbst vertritt. Bemessungsgrundlage des Eigenverbrauchs sind die darauf entfallenden Kosten (§ 10 Abs. 4 Satz 1 Nr. 2 UStG; OFD Hannover 27. 11. 84, UR 1985, 141).

969 Vertritt sich dagegen ein Rechtsanwalt in einer **beruflichen** – unternehmerischen – Angelegenheit selbst,

Beispiel:

Ein Rechtsanwalt macht eine eigene Kostenforderung gegenüber seinem Mandanten gerichtlich geltend,

so ist mangels Ausführung sonstiger Leistungen für Zwecke außerhalb des Unternehmens ein Eigenverbrauch nach § 1 Abs. 1 Nr. 2 b UStG **nicht** gegeben. Die Leistungen des Rechtsanwalts in dieser seinen Unternehmensbereich betreffenden Angelegenheit unterliegen daher weder nach § 1 Abs. 1 Nr. 1 UStG noch als Eigenverbrauch nach § 1 Abs. 1 Nr. 2 b UStG der USt. Die Gebühren, die dem Rechtsanwalt im Falle des Prozesses wegen Einziehung einer seinen Unternehmensbereich betreffenden Forderung zustehen, stellen insoweit auch **keine Entgeltserhöhung** dar, weil es an dem erforderlichen unmittelbaren Zusammenhang zwischen der Leistung, auf der die eingeklagte Forderung beruht, und den durch den Prozeß verursachten Kosten fehlt (OFD Hannover 27. 11. 84, UR 1985, 141).

4. Ort der sonstigen Leistung ▶ BSt-RA-240 ◀

Literatur: *Graupner,* Wegweiser zum Ort der sonstigen Leistung gemäß § 3 a UStG 1980, UR 1980 Sonderbeilage zu Heft Nr. 3; *Fischer,* ABC des Leistungsorts, NWB F. 7, 3331; *Hottmann,* Problemfälle bei der Ermittlung des Orts der sonstigen Leistung nach § 3 a UStG 1983, DStZ 1983, 355.
Verwaltungsanweisungen: Abschn. 39 Abs. 10 UStR.

Umsatzsteuer

Eine sonstige Leistung wird nach § 3a Abs. 1 UStG an dem Ort ausgeführt, von dem aus der Unternehmer sein **Unternehmen betreibt**. Der Rechtsanwalt/Notar führt demnach seine Leistungen dort aus, wo er seine Kanzlei unterhält. Von diesem Grundsatz gibt es jedoch **Ausnahmen**. 970

So wird nach § 3a Abs. 2 Nr. 3a UStG u. a. eine **wissenschaftliche Tätigkeit** dort ausgeführt, wo der Unternehmer jeweils ausschließlich oder zum wesentlichen Teil tätig wird. Eine wissenschaftliche Leistung i. S. der Vorschrift setzt bei Erstellung eines wissenschaftlichen **Gutachtens** voraus, daß es nicht auf Beratung des Auftraggebers gerichtet ist. Dies ist der Fall, wenn das Gutachten nach seinem Zweck keine konkrete Entscheidungshilfe für den Auftraggeber darstellt (Abschn. 36 Abs. 3 UStR). 971

Beispiel:

Ein Rechtsanwalt hält im Auftrag eines Verbandes auf einem Fachkongreß einen Vortrag. Zugleich händigt er allen Teilnehmern ein Manuskript seines Vortrages aus. Vortrag und Manuskript haben nach Inhalt und Form den Charakter eines wissenschaftlichen Gutachtens. Sie sollen allen Teilnehmern des Fachkongresses zur Erweiterung ihrer beruflichen Kenntnisse dienen. Der Rechtsanwalt erbringt keine Beratung, sondern eine wissenschaftliche Leistung i. S. des § 3a Abs. 2 Nr. 3a UStG. Findet der Fachkongreß in Köln statt, ist Ort der Leistung demnach Köln, also liegt der Ort der Leistung im Inland. Findet der Fachkongreß in Basel statt, ist der Ort der Leistung Basel, also ein Ort im Ausland. Der Umsatz in Köln ist demnach steuerbar, der Umsatz in Basel nicht steuerbar.

Soll das Gutachten dem Auftraggeber als **Entscheidungshilfe** dienen für die Lösung konkreter technischer, wirtschaftlicher oder rechtlicher Fragen, so liegt eine **Beratungstätigkeit** i. S. des § 3a Abs. 4 Nr. 3 UStG (Abschn. 36 Abs. 3 UStR) vor. 972

Beispiel:

Ein Rechtsanwalt erhält den Auftrag, in Form eines Gutachtens seine Analyse zur Gründung einer AG zu stellen. Auch wenn das Gutachten nach wissenschaftlichen Grundsätzen erstellt worden ist, handelt es sich um eine Beratung, da das Gutachten zur Lösung konkreter rechtlicher Fragen verwendet werden soll. Der Ort der Leistung ist nach § 3a Abs. 3 i. V. m. Abs. 4 Nr. 3 UStG zu bestimmen.

Ist der **Empfänger** einer sonstigen Leistung aus der Tätigkeit eines Rechtsanwalts/Patentanwalts ein **Unternehmer**, so wird die sonstige Leistung dort ausgeführt, wo der Empfänger sein Unternehmen betreibt (§ 3a Abs. 3 i. V. m. Abs. 4 Nr. 3 USt). Ist der Empfänger der vorbe- 973 zeichneten sonstigen Leistung **kein Unternehmer** und hat er seinen **Wohnsitz** oder **Sitz außerhalb** des Gebiets der **EG**, wird die sonstige Leistung an seinem Wohnsitz oder Sitz ausgeführt (§ 3 Abs. 3 Satz 3 i. V. m. Abs. 4 Nr. 3 UStG). Die nachfolgende Übersicht von Schwarz in Peter/Burhoff (a. a. O., § 3a Rdnr. 82) stellt auf eine Beratungsleistung i. S. des § 3a Abs. 3 Nr. 3 UStG ab.

974

Sachverhalt	Ort der Leistung
1. Deutscher Rechtsanwalt (Sitz in Deutschland) berät einen französischen Unternehmer (mit Sitz in Frankreich)	Frankreich
2. Deutscher Anwalt (Sitz in Deutschland) berät französische Privatperson (mit Wohnsitz in Frankreich)	Deutschland
3. Französischer Anwalt (Sitz in Frankreich) berät deutsches Unternehmen (Sitz in Deutschland)	Deutschland (Abzugsfall nach § 18 Abs. 8 UStG)
4. Französischer Anwalt (Sitz in Frankreich) berät deutsche Privatperson (mit Wohnsitz in Deutschland)	Frankreich
5. Deutscher Anwalt (Sitz in Deutschland) berät einen Unternehmer mit Sitz in der Schweiz (Drittstaat)	Schweiz
6. Deutscher Anwalt (Sitz in Deutschland) berät eine Privatperson mit Wohnsitz in der Schweiz	Schweiz
7. Österreichischer Anwalt (Sitz in Österreich) berät in Wien einen deutschen Unternehmer (mit Sitz in Deutschland)	Deutschland (Abzugsfall nach § 18 Abs. 8 UStG; Möglichkeit der Doppelbesteuerung)
8. Österreichischer Anwalt mit Sitz in Österreich berät in Wien eine deutsche Privatperson (mit Wohnsitz in Deutschland)	Österreich (beurteilt sich nach § 3a Abs. 1 UStG)

Beispiel:
Im Rahmen eines **Strafverfahrens in Österreich** werden **Zeugen** vor einem **deutschen Gericht** im Rechtshilfeweg vernommen. Der österreichische Strafverteidiger beauftragt einen **deutschen Rechtsanwalt,** ihn vor dem deutschen Gericht bei der Zeugenvernehmung zu vertreten; dann kommt es umsatzsteuerrechtlich nicht darauf an, ob der deutsche Rechtsanwalt seine Leistung gegenüber seinem österreichischen Kollegen oder gegenüber dessen Mandanten erbringt. Es ist auch unbeachtlich, ob der Mandant des österreichischen Rechtsanwalts ein Unternehmer oder eine Privatperson ist. Der **Ort der Leistung des deutschen Rechtsanwalts** liegt in jedem Fall in **Österreich** (§ 3 a Abs. 3 i. V. m. Abs. 4 Nr. 3 UStG), so daß die **Leistung** des deutschen Anwalts **nicht der USt** unterliegt (BMF 27. 6. 83, BStBl I 386).

§ 3 Abs. 4 Nr. 3 UStG erfaßt auch die **selbständigen Beratungsleistungen** der Notare (Abschn. 39 Abs. 11 UStR). Notare erbringen jedoch nur dann selbständige Beratungsleistungen, wenn die **Beratungen nicht im Zusammenhang** mit einer Beurkundung stehen. Das sind insbesondere die Fälle, in denen sich die Tätigkeit der Notare auf die Betreuung der Beteiligten auf dem Gebiet der **vorsorgenden Rechtspflege,** insbesondere die **Anfertigung** von **Urkundsentwürfen** und die **Beratung der Beteiligten** beschränkt (vgl. § 24 BNotO und §§ 145, 147 Abs. 2 KostO). Soweit Notare jedoch **Beurkundungsleistungen** erbringen, sind **keine selbständigen Beratungsleistungen** gegeben. Die Beurkundungstätigkeit der Notare für ausländische Unternehmer ist daher eine Leistung im Inland (§ 3 a Abs. 1 EStG) und unterliegt damit der USt (von Wallis/Burhoff, a. a. O., S. 49; vgl. auch BMF 18. 10. 82, UR S. 230).

975

5. Die Bemessungsgrundlage ▶ BSt-RA-245 ◀

Literatur: *Widmann,* Der Eigenverbrauch und seine Bemessung, Umsatzsteuerkongreß-Bericht 1982/53, 51; *Schwarz,* Probleme mit der Mindestbemessungsgrundlage (§ 10 Abs. 5 UStG) bei Umsätzen an Unternehmer, UR 1985, 217; *Philipowski,* Die „entstandenen Kosten" in § 10 Abs. 4 Nr. 2 UStG, DB 1985, 722; *Reiss,* Bemessungsgrundlage beim Eigenverbrauch und Mindestbemessungsgrundlage, DVR 1986, 130; *Weiss,* Die Bemessung der Umsatzsteuer, UR 1986, 83; *Schwarz,* Die Bemessungsgrundlage für die Privatbenutzung betrieblicher Kraftfahrzeuge, UR 1987, 33.
Verwaltungsanweisungen: Abschn. 149 bis 159 UStR.

a) Umfang des Entgelts

Der **Umsatz** wird bei Lieferungen und sonstigen Leistungen nach dem **Entgelt bemessen** (§ 10 Abs. 1 Satz 1 UStG). Entgelt ist **alles,** was der Empfänger einer Leistung, also der Mandant, aufzuwenden hat, um sie zu erhalten, jedoch **abzüglich der USt.** Zum Entgelt gehört auch, was ein

976

anderer als der Leistungsempfänger dem Rechtsanwalt/Notar für die Leistung gewährt (§ 10 Abs. 1 Satz 3 UStG). Die Beiträge, die der Rechtsanwalt/Notar im Namen und für Rechnung eines anderen vereinnahmt und verausgabt (**durchlaufende Posten;** vgl. Rdnr. 978), gehören nicht zum Entgelt (§ 10 Abs. 1 Satz 4 UStG).

b) Einzelfälle des Entgelts in ABC-Form

977 Zum Entgelt gehören insbesondere:
- **Auslagenersatz;** das sind diejenigen Beträge, die der Unternehmer in eigenem Namen und für Rechnung eines anderen aufgewendet hat, aber von diesem vereinbarungsgemäß ersetzt bekommt. Auslagenersatz ist zu unterscheiden von „durchlaufenden Posten". Das sind Beträge, die der Unternehmer im fremden Namen und für fremde Rechnung vereinnahmt und verausgabt (vgl. Rdnr. 978). Auslagenersatz sind z. B. **Fernsprechgebühren, Postgebühren, Fahrtkosten, Briefporto, Vorzeigegebühren** und **Beförderungsgebühren** (Paketgebühren) bei **Paketnachnahmesendungen**.
- **Fotokopien;** beim Patentanwalt gehören Kosten zum Auslagenersatz.
- **Gebühren** nach der BRAGO/KostO gehören bei Rechtsanwälten/Notaren zum Entgelt.
- **Gerichtskosten** sind Entgelt.
- **Grundbuchgebühren,** die bei Einsicht durch den Notar entstehen, sind Entgelt.
- **Patentabschrift;** beim Patentanwalt gehören die Kosten zum Auslagenersatz.
- **Pkw-Überlassung** an Rechtsanwalt: Überläßt der Mandant für Leistungen der in Anspruch genommenen Anwaltsgemeinschaft einem zur Gemeinschaft gehörendem Anwalt einen Pkw, so gehört die Überlassung zum Entgelt (dieses tauschähnlichen Umsatzes), wenn das Honorar entsprechend niedriger festgesetzt wird (FG Düsseldorf 25. 2. 83, EFG 1984, 92).
- **Stundungszinsen** gehören zum Entgelt (Hoelscher in Peter/Burhoff, a. a. O., § 10 Rdnr. 64).
- **Übersetzungsgebühren** für Patentschriften gehören zum Auslagenersatz.
- **Verzugszinsen** gehören nicht zum Entgelt; sie sind Schadensersatz (Hoelscher in Peter/Burhoff, a. a. O., § 10 Rdnr. 64).
- **Wechselumlaufkosten** gehören zum Entgelt.

c) Durchlaufende Posten

Nach § 10 Abs. 1 Satz 4 UStG gehören **durchlaufende Posten nicht zum Entgelt**. Durchlaufende Posten sind Beträge, die der Unternehmer **im Namen und für Rechnung eines anderen** vereinnahmt und verausgabt. Aus der Natur der durchlaufenden Posten folgt, daß der Rechtsanwalt/ Notar sie nicht für seine Leistung vereinnahmt, sie nicht zum Gegenwert seiner Tätigkeit gehören. Sie sind daher bei ihm nicht steuerbar; er kann sie – im Gegensatz zu den Auslagen (vgl. Rdnr. 977) – von seinen Kasseneingängen voll absetzen. Beim Rechtsanwalt/Notar sind es die Beträge, die sie als Forderungen der Klienten vereinnahmen oder zur Tilgung von Schulden der Klienten verauslagen und von diesen erstattet erhalten. In Betracht kommen z. B. folgende Beträge: 978

- **Gerichtsgebühren;**
- **Gerichtsvollziehergebühren;**
- **Grundbuchauszüge,** Gebühren;
- **Handelsregisterauszug,** Gebühren;
- **Hypothekengelder;**
- **Inkassomandat,** durchlaufender Posten ist auch das Geld, das jemand für einen anderen eintreibt;
- **Legalisierungsgebühren** für Notarunterschrift;
- **Mahnkosten;**
- **Prozeßkosten;**
- **Schreibgebühren der Gerichte** bei Entrichtung im Namen und für Rechnung des Mandaten (OFD Hamburg 9. 4. 53, BB S. 407);
- **Stempelgebühren;**
- **Streit- und Vergleichssummen;**
- **Vertragsstrafen;**
- **Zahlungsbefehle,** Kosten;
- **Zustellungsgebühren** der Klage und des Urteils.

Kosten (Gebühren und Auslagen), die Rechtsanwälte/Notare bei Behörden und ähnlichen Stellen für ihre Auftraggeber auslegen und diesen in derselben Höhe gesondert in Rechnung stellen, können bei den Zwischenpersonen auch dann als durchlaufende Posten anerkannt werden, wenn dem Zahlungsempfänger Namen und Anschriften der Auftraggeber nicht mitgeteilt werden. Voraussetzung ist, daß die Kosten nach verbind- 979 lichen Kosten-(Gebühren-)ordnungen berechnet werden, die den Auftraggeber als Kostenschuldner bestimmen (BFH 24. 8. 67, BStBl III 719).

Beim **Notar** sind die Gebühren für die **Grundbucheinsicht** keine durchlaufenden Posten, weil Schuldner der Gebühren gegenüber dem Grundbuchamt der das Grundbuch einsehende Notar ist.

980 Bei **Patentanwälten** kommen als durchlaufende Posten die für die Erlangung, Aufrechthaltung, Umschreibung von **gewerblichen Schutzrechten** gezahlten Gebühren, die aus einem **Lizenzvertrag** über ein gewerbliches Schutzrecht für den Lizenzgeber vereinnahmten oder für den Linzenznehmer verauslagten Beträge in Frage. Zu den durchlaufenden Posten eines inländischen Patentanwalts, der für inländische Erfinder ausländische Patente vermittelt – und zwar durch selbständige ausländische Vertreter (Korrespondensanwälte), denen der Erfinder unmittelbare Vollmacht erteilt –, gehören auch die **Auslagen** des Patentanwalts an die **ausländischen** Vertreter (RFH 15. 5. 31, RStBl 1932, 364). **Übersetzungsgebühren** für Patentschriften und Auslagen für **Fotokopien, Patentabschriften** usw. zählen jedoch nicht zu den durchlaufenden Posten, weil zwar die Verausgabung für fremde Rechnung, aber im eigenen Namen erfolgt.

d) Pauschalabzug für durchlaufende Posten

981 Rechtsanwälte/Notare konnten bisher zur Abgeltung kleinerer durchlaufender Posten einen Pauschalabzug in Höhe von 5 v. H. ihrer gesamten vereinnahmten Entgelte vornehmen (BdF 7. 12. 50 – IV S 4106 – 2/50). Für eine **Weiteranwendung** dieser Regelung besteht **kein zwingendes Bedürfnis** mehr. Der erwähnte Erlaß ist daher mit Wirkung vom 1. 1. 75 aufgehoben worden (BMF 4. 11. 74, UR S. 279). Ein Rechtsanwalt, der seinen Klienten Honorare in Rechnung stellt und die darauf entfallende **USt in der Rechnung gesondert ausweist,** aber im Rahmen seiner USt-Erklärung von der Bemessungsgrundlage unter Berufung auf die weitere Anwendung des § 79 Abs. 3 UStDB 5 v. H. als Pauschale zur Abgeltung kleinerer für die Klienten verauslagter Beträge (angeblich „durchlaufende Posten") abzieht, schuldet die USt insoweit jedenfalls gem. § 14 Abs. 2 Satz 1 UStG (BFH 15. 2. 79, BStBl II 274).

Umsatzsteuer 245

6. Der Steuersatz ▶ BSt-RA-250 ◀

Verwaltungsanweisungen: Abschn. 160, 168 UStR.

a) Allgemeines

Durch Art. 36 Nr. 3, 2. HStruktG (BGBl 1981 I 1523) ist der **ermäßigte** 982
Steuersatz des § 12 Abs. 2 Nr. 5 UStG für die Angehörigen der freien
Berufe aus freiberuflicher Tätigkeit mit Wirkung vom 1. 1. 82 (Art. 41
Abs. 1 2. HStruktG) **aufgehoben** worden. Damit hat der Gesetzgeber
den ermäßigten Steuersatz für die Umsätze der Angehörigen der freien
Berufe aus den in § 18 Abs. 1 Nr. 1 EStG aufgeführten Tätigkeiten besei-
tigt. Daher unterliegt ab dem genannten Zeitpunkt auch die **Tätigkeit der
Rechtsanwälte, Patentanwälte** dem **Regelsteuersatz** des § 12 Abs. 1 UStG.
Diesem Steuersatz unterliegen alle Tätigkeiten und Umsätze, die in den
Rdnr. 949 ff. aufgeführt sind.

BMF 12. 5. 82 (BStBl II 540) enthält zum Inkrafttreten der Änderungen 983
und zum **Beginn der Steuersatzänderungen** Einzelheiten, insbesondere
auch für **Vorschüsse.**

Die **Streichung des ermäßigten Steuersatzes** auf Leistungen und Eigenver- 984
brauch von Rechtsanwälten/Notaren ist nach dem Beschluß des BVerfG
15. 6. 83 1 BvR 1457/82 (NWB EN-Nr. 1898/83) mit dem **GG vereinbar.**
Der Gesetzgeber ging davon aus, daß die Steuerermäßigung dem System
der USt widerspreche und mit ihrer Abschaffung ein wesentlicher Beitrag
zur Vereinfachung des USt-Rechts geleistet wurde. Besondere Probleme
bei der Umwälzung der USt sah das BVerfG nicht. Soweit aufgrund der
Gestaltung der Berufsausübung (Tätigkeit nach Zeithonorar) besondere
Schwierigkeiten bei der Überwälzung der USt auftreten, liegt dies an den
Gegebenheiten des Marktes für diese Dienstleistungen, der alle gleicher-
maßen unterworfen sind, die sich in dieser Weise betätigen.

b) Steuersatz für Leistungen eines Rechtsanwalts beim Einzug abgetretener Mandantenforderungen im Mahnverfahren

Vielfach lassen sich Rechtsanwälte aus Gründen der Verfahrensverein- 985
heitlichung und der Verfahrensvereinfachung **Mandantenforderungen** zum
Einzug im gerichtlichen Mahnverfahren abtreten. Umsatzsteuerlich wird
der Rechtsanwalt beim Einzug an ihn abgetretener Forderungen im Rahmen eines Leistungsaustausches gegenüber seinem Mandanten tätig.
Denn der Anwalt handelt insoweit wirtschaftlich gesehen nicht im eigenen

Interesse, sondern im Interesse seines Mandaten, der ihm die Forderungen nicht zum endgültigen unwiderruflichen Erwerb, sondern nur treuhänderisch zu Inkassozwecken abgetreten hat. Der Anwalt erbringt somit seinem Mandanten gegenüber mit dem Einzug der Forderungen usw., auf einem **Geschäftsbesorgungsverhältnis** beruhende **sonstige Leistungen**, denen die berechneten **Gebühren als Entgelt** gegenüberstehen. Die USt berechnet sich – abgesehen von den Fällen des § 19 Abs. 1 UStG – mit dem gem. **§ 12 Abs. 1 UStG** gültigen **Steuersatz**. Die sich kostenrechtlich aufgrund der von dem Rechtsanwalt und seinem Mandanten gewählten bürgerlich-rechtlichen Gestaltungsweise ergebende Frage, ob die im Innenverhältnis zu seinem Mandanten entstehende USt von dem Rechtsanwalt als **Kosten des Mahnverfahrens** geltend gemacht werden kann, ist eine **ausschließlich zivilrechtliche Frage**, deren Klärung der Zivilgerichtsbarkeit überlassen bleibt. Die **Finanzverwaltung** ist hierfür **nicht zuständig** (OFD Frankfurt 30. 8. 83, UR 1984, 63).

c) Steuersatz gem. § 12 Abs. 2 Nr. 7 c UStG

986 Die **Aufhebung des ermäßigten Steuersatzes** für freiberufliche Umsätze **berührt nicht** die **übrigen Umsatzsteuervergünstigungen**. Diese sind daher auch nach dem 31. 12. 81 weiterhin anzuwenden, wenn es sich im Einzelfall um einen Umsatz eines Angehörigen eines freien Berufs aus freiberuflicher Tätigkeit handelt.

987 Für Rechtsanwälte/Notare kommen die **Einräumung, Eintragung und Wahrnehmung von Rechten** in Betracht, die sich aus dem Urheberrechtsgesetz ergeben (§ 12 Abs. 2 Nr. 7 c UStG). Dem ermäßigten Steuersatz nach der genannten Vorschrift unterliegen demnach die Entgelte von Rechtsanwälten/Notaren aus **schriftstellerischer Tätigkeit**, auch soweit es sich dabei um Berichte in juristischen Fachzeitschriften handelt. Ausnahmsweise werden nach der genannten Vorschrift auch Einnahmen aus **Vorträgen** und **Reden** ermäßigt besteuert, wenn sie in einer **Fachzeitschrift** oder als **Sonderdruck** veröffentlicht oder wenn **Vorträge** oder **Unterrichtsveranstaltungen** von **Rundfunk- und Fernsehanstalten** gesendet werden. Die **Übergabe eines Gutachtens** ist demgegenüber regelmäßig **nicht** mit der **Einräumung urheberrechtlicher Nutzungsrechte** verbunden, auch wenn das Werk urheberrechtlichen Schutz genießt. Die diesbezügliche Leistung unterliegt daher dem **Regelsteuersatz** des § 12 Abs. 1 UStG. Wird dagegen ein **Gutachten** entsprechend der vertraglichen Verein-

Umsatzsteuer 247

barung **vervielfältigt** und **verbreitet**, so ist als wesentlicher Inhalt der Leistung des Gutachters die **Einräumung urheberrechtlicher Nutzungsrechte** anzunehmen. Diese Leistung ist dann nach § 12 Abs. 2 Nr. 7c UStG **ermäßigt** zu besteuern (Burhoff in Peter/Burhoff, a.a.O., § 12 Abs. 2 Nr. 7c, Rdnr. 38).

7. Umsatzsteuer auf Anzahlungen Mindest-Istversteuerung

Verwaltungsanweisungen: Abschn. 181 UStR.

In der Regel wird die USt gem. § 16 Abs. 1 Satz 1 UStG nach **vereinbarten Entgelten berechnet (Sollversteuerung).** Die Steuer bei der Sollversteuerung für Lieferungen und sonstige Leistungen entsteht mit Ablauf des Voranmeldungszeitraums, in dem die Leistungen ausgeführt worden sind. Eine **Ausnahme** von dem Grundsatz der Sollversteuerung macht die sog. **Mindest-Istversteuerung** (§ 13 Abs. 1 Nr. 1a Satz 4 UStG). Danach entsteht die Steuer in den Fällen, in denen das **Entgelt** oder ein Teil des Entgelts (Anzahlungen, Vorauszahlungen) **vor Ausführung der Leistung** oder Teilleistung gezahlt wird, bereits mit Ablauf des **Voranmeldungszeitraums,** in dem das Entgelt oder Teilentgelt **vereinnahmt** wird. Das gilt jedoch nur, wenn 988

- das vor Ausführung der Leistung jeweils gezahlte Entgelt oder Teilentgelt **10 000 DM** (ausschließlich USt) **und mehr** beträgt oder
- der leistende Unternehmer über die vor Ausführung der Leistung vereinnahmte Zahlung eine **Rechnung mit gesondertem Ausweis der Steuer** erteilt hat. Das ist auch dann der Fall, wenn in einer Vorausrechnung die Steuer für die gesamte Leistung ausgewiesen ist. Deshalb haben Unternehmer, die Vorausrechnungen mit gesondertem Steuerausweis erteilen, die vor Ausführung der Leistung vereinnahmten Anzahlungen auch dann zu versteuern, wenn sie weniger als 10 000 DM betragen.

Die Mindest-Istbesteuerung bedeutet eine **Vorverlagerung** der Umsatzbesteuerung. Eine Mehrbelastung mit USt ergibt sich jedoch dadurch nicht. 989

Die Grenze von **10 000 DM** bezieht sich auf **jede einzelne Zahlung,** die für eine bestimmte Lieferung oder sonstige Leistung entrichtet wird (Abschn. 181 Abs. 1 UStR). 990

Beispiel 1:

Ein Rechtsanwalt/Notar, der seine Umsätze nach vereinbarten Entgelten versteuert, erhält im Februar eine Anzahlung von 11 000 DM. Die noch zu erbringende Leistung unterliegt dem Steuersatz von 14 v. H. Eine Rechnung wird nicht ausgestellt. Es ergibt sich folgende Berechnung:

Anzahlung	11 000,00 DM
darin enthalten USt (12,28 v. H. bei einem Steuersatz von 14 v. H.)	1 350,80 DM
Das Teilentgelt beträgt	9 649,60 DM

Die Zahlung führt nicht zur vorzeitigen Entstehung der Steuer, da das vereinnahmte Teilentgelt weniger als 10 000 DM beträgt. Maßgebend bleibt der Zeitpunkt der Leistung. Die Steuer entsteht danach mit Ablauf des Voranmeldungszeitraums, in dem die Leistung ausgeführt wird.

Beispiel 2:

Ein Rechtsanwalt/Notar, der seine Umsätze nach vereinbarten Entgelten versteuert, erhält im Februar eine Anzahlung für einen von ihm erstellten Kommentar in Höhe von 11 000 DM. Die Restkommentierung wird voraussichtlich im Juni ausgearbeitet sein. Die Leistung unterliegt dem Steuersatz von 7 v. H. (§ 12 Abs. 2 Nr. 7 c UStG).

Es ergibt sich folgende Berechnung:

Anzahlung	11 000,00 DM
darin enthaltene USt (6,54 v. H. bei einem Steuersatz von 7 v. H.)	719,40 DM
Das Teilentgelt beträgt	10 280,60 DM

Da die Anzahlung über 10 000 DM liegt, muß sie nach vereinnahmten Entgelten versteuert werden. Die Steuer entsteht in diesem Falle bereits mit Ablauf des Voranmeldungszeitraums, in dem die Zahlung vereinbart worden ist. Die Restzahlung wird mit Ablauf des Voranmeldungszeitraums fällig, in dem die Leistung voll ausgeführt ist.

Beispiel 3:

Ein Rechtsanwalt/Notar, der seine Umsätze nach vereinbarten Entgelten versteuert, erteilt eine Vorausrechnung über eine Anzahlung von 11 000 DM – Steuersatz 14 v. H. –. Die Steuer stellt er gesondert in Rechnung. Es ergibt sich folgende Berechnung:

Anzahlung	9 649,20 DM
+ USt 14 v. H.	1 350,80 DM
zusammen	11 000,00 DM

Die Anzahlung liegt zwar netto unter 10 000 DM. Da aber die Steuer gesondert in Rechnung gestellt wurde, entsteht sie in dem Beispiel mit Ablauf des Voranmeldungszeitraums, in dem die Zahlung vereinnahmt wird.

Umsatzsteuer

Beispiel 4:
Ein Rechtsanwalt, der seine Umsätze nach vereinbarten Entgelten versteuert, hat einen neuen Schreibautomaten zum Preis von 35 000 DM – einschließlich USt – an einen Kollegen zu liefern. Er vereinnahmt im Monat Januar eine Anzahlung von 15 000 DM und im Monat Februar eine weitere Abschlagszahlung von 5 000 DM. Über beide Zahlungen wird keine Rechnung mit gesondertem Steuerausweis erteilt. Der Schreibautomat wird im März geliefert und die Restzahlung von 15 000 DM im Mai vereinnahmt.

Die USt entsteht für die erste Zahlung von 15 000 DM (13 158 DM Entgelt + 1 842 DM Steuer) mit Ablauf des Monats Januar und im übrigen nach dem Zeitpunkt der Ausführung der Lieferung mit Ablauf des Monats März.

Fehlt es bei der Vereinnahmung einer Zahlung noch an einer konkreten Leistungsvereinbarung, so ist zu prüfen, ob die Zahlung als **bloße Kreditgewährung** zu betrachten ist; aus den Umständen des Einzelfalles (z. B. bei dauernder Geschäftsverbindung mit regelmäßig sich wiederholenden Aufträgen) kann sich ergeben, daß es sich dennoch um eine Anzahlung auf eine künftige Leistung handelt, die zur Entstehung der Steuer führt (Abschn. 181 Abs. 2 und 3 UStR). Handelt es sich um **Kreditgewährung**, kann bei Vorliegen der sonstigen Voraussetzungen **Umsatzsteuerfreiheit** nach § 4 Nr. 8a UStG in Betracht kommen. 991

Wird eine Anzahlung für eine Leistung vereinnahmt, die voraussichtlich unter eine **Befreiungsvorschrift** des § 4 UStG fällt, so braucht die Anzahlung nicht der Steuer unterworfen zu werden. Dagegen ist die Anzahlung zu versteuern, wenn bei ihrer Vereinnahmung noch nicht abzusehen ist, ob die Voraussetzungen für die Steuerfreiheit der Leistung erfüllt werden (Abschn. 181 Abs. 4 UStR). 992

Wegen der **Rechnungserteilung** bei der Mindest-Istversteuerung enthält Abschn. 187 UStR umfangreiche Verwaltungsanweisungen. Vgl. auch Rdnr. 994 ff. 993

8. Umsatzsteuer in der Rechnung ▶ BSt-RA-255 ◀

Verwaltungsanweisungen: Abschn. 187 UStR.

Der Abzug von Vorsteuerbeträgen setzt gem. § 15 Abs. 1 Nr. 1 UStG u. a. voraus, daß der leistende Unternehmer für eine steuerpflichtige Leistung dem Leistungsempfänger eine **Rechnung** erteilt, in der die **USt gesondert ausgewiesen** ist. 994

a) Mindest-Istversteuerung und Rechnung

995 Vereinnahmt der Rechtsanwalt/Notar das Entgelt oder einen Teil des Entgelts **(Vorauszahlung, Anzahlung)** für eine noch nicht ausgeführte steuerpflichtige sonstige Leistung, so darf er eine **Vorausrechnung** über diesen Betrag ausstellen und in ihr die darauf entfallende USt gesondert ausweisen.

996 Der Rechtsanwalt/Notar ist **verpflichtet**, eine Vorausrechnung mit Steuerausweis zu erstellen, wenn

- der Leistungsempfänger Unternehmer ist,
- der spätere Umsatz dessem Unternehmen dienen soll,
- er eine Vorausrechnung mit Steuerausweis verlangt und
- das jeweils vorausgezahlte Entgelt mindestens 10 000 DM (ohne USt) beträgt.

997 Die Regelung gilt in Fällen der Istversteuerung und der **Mindest-Istversteuerung**. Die Vorausrechnung muß die Voraussetzungen für eine Rechnung (§ 14 Abs. 4 UStG) erfüllen und die in § 14 Abs. 1 Satz 2 UStG verlangten Angaben enthalten.

Wird eine **Endrechnung** erteilt, so sind in ihr die mit Vorausrechnungen vor Ausführung des Umsatzes vereinnahmten Teilentgelte und die auf sie entfallenden – gesondert ausgewiesenen – Steuerbeträge abzusetzen (§ 14 Abs. 1 letzter Satz UStG).

Beispiel:

Ein Anwalt/Notar vereinbart für die Ausarbeitung eines Großkommentars ein Entgelt von 30 000 DM zuzüglich 7 v. H. USt. Termin für die Ablieferung ist September. Es wird eine Anzahlung von 15 000 DM zuzüglich USt für August vereinbart. Der Rechtsanwalt/Notar wird die Rechnungen folgendermaßen ausstellen:

Anzahlungsrechnung		
Anzahlung – voraussichtliche Leistung im September		15 000 DM
+ 7 v. H. USt		1 050 DM
Anzahlung insgesamt		16 050 DM
Endrechnung – Endleistung im September		
vereinbartes Entgelt	30 000 DM	
+ 7 v. H. USt	2 100 DM	32 100 DM
abzüglich		
Anzahlung August	15 000 DM	
+ 7 v. H. USt	1 050 DM	./. 16 050 DM
Brutto noch zu zahlen		16 050 DM

Umsatzsteuer 251

Eine **Einzelaufzählung** der mit der Vorausrechnung vereinnahmten Teilentgelte und der jeweils darauf entfallenden USt-Beträge ist nicht erforderlich (Abschn. 187 Abs. 5 UStR). Es genügt, wenn in der Endrechnung der Gesamtbetrag der Teilentgelte laut Vorausrechnungen und der Gesamtbetrag der auf sie entfallenden – gesondert ausgewiesenen – USt abgesetzt werden. 998

Es ist auch zulässig, daß der Rechtsanwalt/Notar statt einer Endrechnung eine **Restrechnung** über das Restnettoentgelt und die restliche USt erteilt. In ihr brauchen die mit Vorausrechnungen vereinnahmten Teilentgelte und die darauf entfallenden und in den Vorausrechnungen gesondert ausgewiesenen USt-Beträge nicht mehr angegeben zu werden. Vgl. wegen weiterer Einzelheiten Abschn. 187 Abs. 7 UStR. 999

Unterbleibt in der **Endrechnung** die Angabe bzw. Absetzung der in den Vorausrechnungen gesondert ausgewiesenen USt-Beträge ganz oder teilweise und hat der Rechtsanwalt/Notar den ganzen auf den Umsatz entfallenden Steuerbetrag in der Endrechnung gesondert ausgewiesen, liegt **insgesamt** (Vorausrechnungen und Endrechnung) ein **überhöhter Steuerausweis** vor, so daß eine Steuerschuld nach § 14 Abs. 2 UStG zusätzlich entsteht. 1000

b) Mahnbescheid keine Rechnung

Mahnbescheide werden unter weitreichender Mitwirkung eines Rechtspflegers von den Amtsgerichten erlassen (§ 689 Abs. 1 ZPO). Die Zahlungsbefehle sind deshalb als von den Amtsgerichten ausgestellte Urkunden anzusehen. Sie sind **nicht** gleichzeitig **Rechnungen des Anwalts** i. S. der umsatzsteuerrechtlichen Vorschriften. § 14 Abs. 3 UStG ist demnach auf Mahnbescheide nicht anwendbar (FinMin v. 4. 11. 75, Bp-Kartei, Rechtsanwälte, Abschn. III A,7). 1001

c) Berichtigungsvollmacht des Notars und Vorsteuerausweis

Die in einem notariell beurkundeten Kaufvertrag enthaltene Berichtigungsvollmacht, „offensichtlich Unrichtigkeiten in dieser Urkunde oder in der Parzellenbezeichnung selbständig zu berichtigen oder zu ergänzen", befugt den Notar **nicht**, einen im Vertrag als „einschließlich Mehrwertsteuer" bezeichneten Kaufpreis um den konkreten USt-Betrag zu **ergänzen** (FG Saarland 24. 8. 90 1 K 196/89, NWB EN-Nr. 1828/90). 1002

9. Der Vorsteuerabzug ▶ BSt-RA-260 ◀

Verwaltungsanweisungen: Abschn. 195, 196 UStR.

a) Der Grundsatz des UStG

1003 Alle Unternehmer – also auch Rechtsanwälte/Notare – können nach § 15 UStG die ihnen von anderen Unternehmern gesondert in Rechnung gestellten Steuern von ihrer USt abziehen (§ 15 UStG). Dieser sog. **Vorsteuerabzug** ist das **Kernstück des USt-Systems**. Die Begriffe „Rechnung" und „in Rechnung gestellt" sind weit auszulegen. Nach § 14 Abs. 5 UStG gehören hierzu auch **Gutschriften**, die im Geschäftsverkehr an die Stelle von Rechnungen treten; das sind Urkunden, mit denen ein Unternehmer über eine Leistung abrechnet, die an ihn ausgeführt wird, ferner nach § 34 UStDV **Fahrausweise**, die für die Beförderung im Personenverkehr ausgegeben werden. Nach § 35 UStDV berechtigen alle unter Anwendung der Vereinfachungsvorschriften gem. §§ 31 bis 34 UStDV ausgestellten Rechnungen den Abnehmer der betreffenden Leistung auch zum Vorsteuerabzug. Insbesondere kann der Rechtsanwalt oder Notar bei Rechnungen i. S. des § 33 UStDV – das sind solche, deren Gesamtbetrag **200 DM nicht übersteigt** und die infolgedessen das Entgelt und den Steuerbetrag in einem Betrag ausweisen können – den Vorsteuerabzug in Anspruch nehmen. Er muß allerdings den **Gesamtbetrag** in Entgelt und Steuerbetrag **aufteilen**.

1004 Voraussetzung für die Berechtigung zum Vorsteuerabzug ist stets, daß die Leistungen für das Unternehmen – die Praxis – des Rechtsanwalts/Notars bestimmt sind. Bei der Entscheidung, ob Vorbezüge für die Praxis bestimmt sind, ist davon auszugehen, ob sie unter ertragsteuerlichen Gesichtspunkten als Betriebsausgaben anzusehen sind. Ist die Frage zu bejahen und treffen die übrigen in § 15 Abs. 1 UStG aufgeführten Voraussetzungen zu, so kann der Rechtsanwalt/Notar die auf diese Bezüge entfallende, in Rechnung gestellte USt als abziehbare Vorsteuer behandeln.

1005 Soweit Leistungen sowohl für **Zwecke der Praxis wie auch für außerhalb der Praxis liegende Zwecke** verwendet werden und sich eine Aufteilung ohne Schwierigkeiten durchführen läßt, ist eine solche für die Zwecke der Vorsteuerermittlung bereits beim Bezug vorzunehmen, notfalls im Schätzungswege.

Umsatzsteuer

b) Vorsteuerabzug bei Fahrausweisen

Bei Fahrausweisen, die die Voraussetzungen des § 34 UStDV erfüllen, kann der Rechtsanwalt/Notar den Vorsteuerabzug vornehmen durch **Aufteilung des Beförderungspreises** in Entgelt und USt. 1006

Ist in der Fahrkarte der Deutschen Bundesbahn und der nichtbundeseigenen Eisenbahnen eine **Tarifentfernung von mehr als 50 km** aufgedruckt, beträgt die in dem Fahrpreis enthaltene **Vorsteuer 14 v. H.** – Faktor für die Herausrechnung 12,28 v. H. 1007

Fehlt im Fahrausweis die Angabe über den **Steuersatz** oder beträgt die in der Fahrkarte der Deutschen Bundesbahn und der nichtbundeseigenen Eisenbahnen eingetragene **Tarifentfernung 50 km oder weniger**, beträgt die im Fahrpreis enthaltene **Vorsteuer 7 v. H.** – Faktor für die Herausrechnung 6,54 v. H. 1008

Beispiel:
Fahrt mit der Bundesbahn von Köln nach München zur Wahrnehmung eines Termins. Fahrpreis 300 DM. Aufgedruckte Tarifentfernung 600 km. Steuersatz daher 14 v. H. Faktor für die Herausrechnung der Vorsteuer 12,28 v. H.: Demnach Vorsteuer 36,84 DM.

c) Vorsteuerabzug bei Reisekosten

Aufwendungen für Reisekosten berechtigen zum Vorsteuerabzug. Das gilt sowohl für Reisekosten, die für den Rechtsanwalt/Notar selbst als auch für solche, die für seine Arbeitnehmer anfallen. Zu den Reisekosten gehören nach Abschn. 119 Abs. 3 Nr. 1 bis 4 EStR die Fahrtkosten, die Unterbringungskosten in der nachgewiesenen Höhe, die Mehraufwendungen für Verpflegung aus Anlaß der Geschäftsreise und die Nebenkosten. 1009

Beim **Einzelnachweis** ist zu beachten, daß unter dem Mehraufwand für Verpflegung nur der Betrag der Einzelaufwendungen verstanden wird, der sich nach Abzug der **Haushaltsersparnis** in Höhe von 6 DM je Tag von den gesamten Aufwendungen ergibt. Ab 1990 entfällt die Begrenzung der Haushaltsersparnis auf 6 DM (vgl. i. e. Rdnr. 699 f.). Die Vorsteuer wird durch Anwendung des Multiplikators von 12,28 v. H. beim Regelsteuersatz und 6,54 v. H. beim ermäßigten Steuersatz herausgerechnet. 1010

Der Verpflegungsmehraufwand kann aber auch in **Pauschbeträgen** abgerechnet werden. Nach § 36 Abs. 5 UStDV können die aus den Pausch- 1011 beträgen errechneten Vorsteuern nur dann abgezogen werden, wenn über die Reise ein **Beleg** ausgestellt wird, der Zeit, Ziel und Zweck der Reise, die Person, von der die Reise ausgeführt worden ist, und den Betrag angibt, aus dem die Vorsteuer errechnet wird. Sie kann nach § 36 Abs. 1 UStDV mit 11,4 v. H. der für einkommensteuerliche Zwecke gewährten Pauschbeträge angesetzt werden. Haushaltsersparnis wird nicht abgezogen. Der Vorsteuerabzug bei Reisekosten nach Pauschbeträgen ist nur bei Reisen im Inland zulässig.

Beispiel:

Ein Rechtsanwalt/Notar fährt mit der Bundesbahn von Köln nach München zur Wahrnehmung eines Termins vor dem BFH. Hin- und Rückfahrt an einem Tag. Er kann für die Mehraufwendungen für Verpflegung die Pauschbeträge nach den einkommensteuerlichen Vorschriften auch für die Berechnung der Vorsteuer ansetzen.

1012 Anstelle eines gesonderten Vorsteuerabzugs bei den einzelnen Reisekosten kann der Rechtsanwalt/Notar eine **Gesamtpauschalierung** mit einem Pauschbetrag von 9,2 v. H. der aus Anlaß einer im Inland ausgeführten Geschäftsreise insgesamt entstandenen Reisekosten als Vorsteuer abziehen.

Beispiel:

Ein Rechtsanwalt/Notar aus Köln nimmt drei Tage für einen Mandanten einen Termin in München war. Die Abrechnung der Reisekosten kann er wie folgt vornehmen:

			Vorsteuer
Mehraufwand für Verpflegung	138,00 DM	USt 11,4 v. H.	15,73 DM
Übernachtungskosten	300,00 DM	USt 12,28 v. H.	36,84 DM
Fahrtkosten Bundesbahn	300,00 DM	USt 12,28 v. H.	36,84 DM
U-Bahn München	20,00 DM	USt 6,54 v. H.	1,30 DM
zusammen	758,00 DM		90,71 DM

Anstelle der Einzelberechnung hätte der Rechtsanwalt/Notar auch eine Gesamtpauschalierung folgendermaßen durchführen können:

Reisekosten insgesamt 758 DM × 9,2 v. H. = 69,73 DM Vorsteuer.

Wegen der Herausrechnung von Vorsteuern aus Reisekostenpauschbeträgen vgl. die **Tabelle** der OFD Hamburg (15. 8. 90, DB S. 2195).

d) Verträge zwischen Ehegatten – Vermietung und Vorsteuerabzug bei Errichtung einer Anwaltspraxis durch Ehefrau

Errichtet eine einkommens- und vermögenslose Ehefrau eines Rechtsanwalts/Notars eine Anwalts-/Notarspraxis durch Kauf und Ausstattung einer Eigentumswohnung mit einem Kostenaufwand von 600 000 DM aus Mitteln, die ihr der Ehemann unter eigener Kreditaufnahme sämtlich zur Verfügung gestellt hat, ist eingehend zu **prüfen**, ob die Ehefrau tatsächlich zu ihrem Ehemann in **Leistungsaustauschbeziehungen** (Vermietung der Anwalts-/Notarspraxis) treten konnte bzw. getreten ist (BFH 15. 3. 90, UR S. 249). Im Urteilsfalle fehlten tatsächliche Feststellungen darüber, ob die Voraussetzungen für einen Vorsteuerabzug nach § 15 Abs. 1 Nr. 1 EStG vorlagen. So war zwar die Ehefrau Miteigentümerin des Grundstücks und Auftraggeberin der Bauleistungen. Es war aber nicht ermittelt worden, ob ihr Ehemann als wirtschaftlicher Eigentümer (§ 39 Abs. 2 Nr. 1 AO) der Praxisräume angesehen und abweichend von den schriftlichen Vereinbarungen als Empfänger der Bauleistungen beurteilt werden müßte. Es war ferner nicht ermittelt, ob die Ehefrau etwa von ihr bezogene Bauleistungen als Unternehmerin für ihr Unternehmen bezogen hat. Ebenso war nicht im einzelnen festgestellt, ob sie danach Umsätze durch entgeltliche Vermietung der Praxisräume an ihren Ehemann entsprechend dem schriftlichen Mietvertrag ausgeführt hat. Möglich war, daß die schriftliche Vereinbarung auch tatsächlich durchgeführt worden ist. Andererseits hatte die Vorinstanz aber auch festgestellt, daß die Ehefrau zur Bezahlung der Baukosten für die Praxisräume nicht in der Lage war, daß die Baukosten mit einem dem Ehemann gewährten Baukredit bezahlt worden sind, daß dieser die Kreditzinsen leistete und die Rückzahlung durch Abschluß einer Lebensversicherung sichergestellt hatte, daß zwischen den Ehegatten keine Vereinbarung über Zins- und Rückzahlungen des für die Bezahlung der Baukosten überlassenen Kapitals getroffen worden war und daß sich der Ehemann in dem Mietvertrag verpflichtet hatte, alle ursächlich mit dem Mietprojekt verbundenen Kosten zu tragen. Es ist daher nicht ausgeschlossen, daß die Ehefrau die Zahlung von Mietentgelt durch ihren Ehemann nicht erwartet und möglicherweise auch nicht erhalten hatte. Erst wenn die nachzuholenden Feststellungen der Vorinstanz die Beurteilung rechtfertigen sollten, daß die Ehefrau die ihr berechneten Steuern als Vorsteuerbeträge abziehen kann, ist das FG berechtigt zu prüfen, ob durch Mißbrauch von Gestaltungsmöglichkeiten des Rechts das Steuergesetz umgangen worden ist (§ 42 AO).

e) **Vermietung von Anwalts-Ehefrau angeschafften Praxisgegenständen an Anwalts-Ehemann**

1014 Häufig **erwirbt** und **finanziert** die **Ehefrau** eines Anwalts/Notars Praxisgegenstände, z. B. einen Pkw, und vermietet ihn an ihren Ehemann. Die unterschiedliche Beurteilung derartiger Gestaltungen ist durch BFH 13. 7. 89 (BStBl 1990 II 100; Hoelscher, KFR F. 7 UStG § 19, 1/90, S. 65) beendet worden. Danach ist die Gestaltung, daß ein Ehegatte ein Kfz erwirbt und seinem Ehemann für dessen Unternehmen vermietet, nicht deswegen unangemessen i. S. des § 42 AO, weil der „vorgeschaltete" Ehegatte den Steuerabzugsbetrag nach § 19 Abs. 3 UStG in Anspruch nehmen kann. Dieser Vorschrift kann dem Grunde nach keine Beschränkung auf bestimmte Begünstigungsvorstellungen des Gesetzgebers entnommen werden. Der Steuerabzugsbetrag hat allerdings für zukünftige Gestaltungen keine Bedeutung mehr, da diese Regelung durch das StRG 1990 mit Wirkung ab 1. 1. 90 ersatzlos gestrichen wurde. Zur **Nichtanerkennung von Gebrauchsüberlassungsverträgen** zwischen Sozius und Sozietät vgl. FG Münster 21. 6. 89, Rev. eingelegt, und 19. 9. 89, Rev. eingelegt (UR 1991, 18, 20) sowie FG Düsseldorf 2. 10. 89 (UR 1991, 21).

f) **Zeitpunkt des Vorsteuerabzugs**

1015 Die Vorsteuer kann bereits abgezogen werden, wenn sie „in Rechnung gestellt" worden ist und nicht erst dann, wenn die Rechnung, auf der die Vorsteuer ausgewiesen ist, vom Rechtsanwalt/Notar bezahlt wurde. Voraussetzung ist nur, daß die **Leistung** an den Rechtsanwalt/Notar bereits „**ausgeführt**" worden ist.

g) **Allgemeiner Durchschnittssatz**
Verwaltungsanweisungen: Abschn. 260 bis 263 UStR.

1016 Der BdF kann gem. § 23 UStG zur **Vereinfachung** des Besteuerungsverfahrens für Gruppen von Unternehmen, bei denen hinsichtlich der Besteuerungsgrundlagen annähernd gleiche Verhältnisse vorliegen und die nicht verpflichtet sind, Bücher zu führen und aufgrund jährlicher Bestandsaufnahmen regelmäßig Abschlüsse zu machen, durch Rechtsverordnung **Durchschnittssätze** festsetzen für

- die nach § 15 UStG **abziehbaren Vorsteuerbeträge** oder die Grundlagen ihrer Berechnung oder

- die zu entrichtende Steuer oder die Grundlagen ihrer Berechnung.

Umsatzsteuer 257

Aufgrund dieser Ermächtigung hat der BdF die in der Anlage zu § 69 UStDV bezeichneten Durchschnittsätze erlassen. Rechtsanwälte/Notare, die die Voraussetzungen des § 23 UStG erfüllen und deren Vorjahresgesamtumsatz 100 000 DM nicht überstiegen hat, dürfen nach § 70 Abs. 2 UStDV auf Antrag bestimmte Teile ihrer Vorsteuern auf die tatsächlichen Betriebsausgaben (ohne Raumkosten) pauschaliert absetzen. Neben der Vorsteuer-Teilpauschale können sie unter den Voraussetzungen des § 15 UStG **zusätzlich** bestimmte in § 70 Abs. 2 UStDV aufgeführte Vorsteuerbeträge absetzen. 1017

Üben Rechtsanwälte/Notare neben der begünstigten Tätigkeit eine nicht begünstigte **Zusatztätigkeit** aus, ist diese dem begünstigten Umsatz zuzurechnen, wenn sie 25 v. H. des Umsatzes (einschließlich der Zusatztätigkeit) nicht übersteigt. Die jeweils geltenden Teilpauschalen können nebeneinander angewendet werden, wenn der Rechtsanwalt/Notar Umsätze ausführt, die **mehreren begünstigten Zweigen** zuzurechnen sind. 1018

Die **Durchschnittsätze** betragen: 1019

Patentanwälte

Durchschnittsatz ab 1. 7. 83   1,5 v. H. des Umsatzes.

Hierzu gehören Patentanwälte, aber **nicht** die Lizenz- und Patentverwertung. Der für Patentanwälte festgesetzte Durchschnittsatz kann auch von den sog. **Erlaubnisscheininhabern (Patentingenieure)** in Anspruch genommen werden. Es handelt sich dabei um Personen, die eine freiberufliche Tätigkeit als Rechtsberater und -vertreter auf dem Gebiet des gewerblichen Rechtsschutzes aufgrund eines Erlaubnisscheins ausüben, den ihnen der Präsident des Deutschen Patentamtes erteilt hat.

Rechtsanwälte und Notare

Durchschnittsatz ab 1. 7. 83   1,3 v. H. des Umsatzes.

Hierzu gehört die Rechtsanwaltspraxis mit und ohne Notariat sowie das Notariat.

10. Besteuerung sog. Kleinunternehmer

Literatur: *Wilke*, Aufhebung der USt-Sonderregelung für Kleinunternehmer im Lichte des Gleichheitsgrundsatzes, UR 1988, 180; *Rondorf*, Steuerliche Überlegungen zum Wegfall des Steuerabzugsbetrags nach § 19 Abs. 3 UStG ab 1990, UVR 1989, 359.

Verwaltungsanweisungen: Abschn. 246 bis 253 UStR.

1020 Die Sonderregelung für Kleinunternehmer gilt nach § 19 Abs. 1 UStG für die Besteuerung von Rechtsanwälten/Notaren, deren **Gesamtumsatz im vorangegangenen Kalenderjahr** die **Bagatellgrenze von 20 000 DM** nicht überstiegen hat und **im laufenden Kalenderjahr 100 000 DM** voraussichtlich nicht übersteigen wird. Die Anwälte/Notare brauchen grundsätzlich **keine USt** zu entrichten. Andererseits haben sie **nicht** die Berechtigung zum **Verzicht auf Steuerbefreiungen**, zum **Vorsteuerabzug** und zum **gesonderten Ausweis der Steuern** in einer Rechnung.

1021 Wird die **Bagatellgrenze überschritten**, gelten die **Steuersätze des § 12 UStG**. Gleichzeitig haben diese Kleinunternehmer das Recht, die ihnen in Rechnung gestellten Vorsteuerbeträge von ihrer Steuer abzuziehen. Zur Vermeidung eines abrupten Übergangs bei der Überschreitung der Umsatzgrenze von 20 000 DM erhalten die Kleinunternehmer mit einem Jahresumsatz **bis 60 000 DM** eine **degressive Steuerermäßigung**.

1022 Nach § 19 Abs. 2 UStG kann der Rechtsanwalt/Notar für die Besteuerung nach den allgemeinen Vorschriften des UStG **optieren**, falls die Regelung des § 19 Abs. 1 UStG sich im Einzelfall nachteilig auswirkt. Eine entsprechende **Erklärung** kann er **bis zur Unanfechtbarkeit der Steuerfestsetzung** dem FA gegenüber abgeben. Nach Eintritt der Unanfechtbarkeit der Steuerfestsetzung **bindet** die Erklärung den Rechtsanwalt/Notar nach § 19 Abs. 2 Satz 2 UStG **mindestens für 5 Jahre**. Sie kann nur mit Wirkung vom Beginn eines Kalenderjahres an **widerrufen** werden. Der Widerruf ist nach § 19 Abs. 2 letzter Satz UStG **spätestens bis zur Unanfechtbarkeit** der Steuerfestsetzung des Kalenderjahres, für das er gelten soll, zu erklären.

1023 Eine **degressive Steuerermäßigung** in Form von Steuerabzugsbeträgen mit sinkenden Vomhundertsätzen der Steuerzahlungsschuld (Steuer ./. Vorsteuer und etwaiger Kürzungsbeträge) enthält § 19 Abs. 3 UStG. Der Steuerabzugsbetrag beginnt mit 80 v. H. bei einem Umsatz bis zu 20 500 DM, er sinkt jeweils um einen Prozentpunkt pro 500 DM und endet mit 1 v. H. bei einem Umsatz von mehr als 59 500 DM, jedoch nicht mehr als 60 000 DM.

Beispiel:

Jahresumsatz	40 000 DM
Steuer (14 v. H.)	5 600 DM
./. Summe der Vorsteuerbeträge	2 000 DM
Steuerzahlungsschuld	3 600 DM
Steuerabzugsbetrag 41 v. H. von 3 600 DM	1 476 DM
(41 v. H. ist der maßgebliche Vomhundertsatz bei einem Jahresumsatz von 40 000 DM)	
an das FA zu entrichten	2 124 DM

Zum Gestaltungsmißbrauch bei Inanspruchnahme des Steuerabzugsbetrags nach § 19 Abs. 3 UStG vgl. Rndr. 1014. **1024**

§ 19 Abs. 4 UStG regelt den Begriff des Gesamtumsatzes. § 19 Abs. 4 **1025** Satz 2 UStG stellt im übrigen sicher, daß der Rechtsanwalt/Notar, der seine Steuer ganz oder zum Teil nach **vereinnahmten Entgelten** berechnet, insoweit auch seinen Gesamtumsatz nach diesen Entgelten zu ermitteln hat.

Ab 1. 1. 1990 gilt die Sonderregelung für Kleinunternehmer für die **1026** Besteuerung von Rechtsanwälten/Notaren, deren Gesamtumsatz im vorangegangenen Kalenderjahr die **Bagatellgrenze von 25 000 DM** nicht überstiegen hat und im laufenden Kalenderjahr 100 000 DM nicht übersteigen wird. Die **degressive Steuerermäßigung** in Form von Steuerabzugsbeträgen (vgl. Rdnr. 1023) **entfällt.**

11. Soll- und Istversteuerung

Verwaltungsanweisungen: Abschn. 254 UStR.

Die USt ist grundsätzlich nach vereinbarten Entgelten zu berechnen (§ 16 **1027** Abs. 1 Satz 1 UStG). Da es u. a. insbesondere im Bereich der freien Berufe – also auch bei Rechtsanwälten/Notaren – schwierig ist, diese Sollbesteuerung durchzuführen, läßt § 20 UStG auch die Berechnung der Steuer nach vereinnahmten Entgelten (Ist-Einnahme) zu. Bei der **Istversteuerung** entsteht die Steuer mit Ablauf des Voranmeldungszeitraums, in dem die Entgelte vereinnahmt worden sind (§ 13 Abs. 1 Nr. 1 b UStG).

Nach § 20 Abs. 1 Nr. 3 UStG kann das FA Rechtsanwälten/Notaren **1028** gestatten, die Steuer nicht nach den vereinbarten Entgelten, sondern nach den vereinnahmten Entgelten zu berechnen. Wenn die Ist-Besteuerung zugelassen wird, dann sind bei der Umsatzbesteuerung überall dort, wo das Gesetz auf die vereinbarten Entgelte abhebt, die vereinnahmten Entgelte zugrunde zu legen. Die **Istversteuerung** ist für Rechtsanwälte/Notare **zweckmäßig**, weil die USt erst mit Vereinnahmung des Honorars bei Überweisung auf ein Bankkonto im Zeitpunkt der Gutschrift auf dem Konto entsteht.

1029 Der **Antrag** auf Genehmigung der Istbesteuerung ist an **keine Frist** gebunden. Das FA soll dem Antrag vorbehaltlich eines jederzeitigen Widerrufs grundsätzlich entsprechen, wenn der Rechtsanwalt/Notar die Voraussetzungen des § 20 Abs. 1 UStG erfüllt. Das Vorliegen eines sachlichen Bedürfnisses für die Erleichterung soll bis auf weiteres nicht geprüft werden (OFD Saarbrücken 16. 2. 68, USt-Kartei S 7368 K. 1). Die Genehmigung erstreckt sich wegen der Abschnittsbesteuerung auf das volle Kalenderjahr. Sie ist ein **begünstigender Verwaltungsakt**, der unter den Voraussetzungen der §§ 130, 131 AO zurückgenommen werden kann.

1030 Die Besteuerung nach vereinnahmten Entgelten gilt nach § 20 Abs. 2 UStG **nicht für Praxisveräußerungen** (Geschäftsveräußerungen). Veräußert ein Rechtsanwalt/Notar, dem nach § 20 Abs. 1 UStG die Berechnung nach vereinnahmten Entgelten gestattet worden ist, seine Praxis oder einen in der Gliederung seiner Praxis gesondert geführten Betrieb, so ist die Steuer für diesen Umsatz nach dem vereinbarten Entgelt zu berechnen (§ 16 Abs. 1 UStG). Die Steuer entsteht in diesem Falle mit Ablauf des Voranmeldungszeitraums, in dem die Praxis oder der gesondert geführte Betrieb veräußert worden ist.

1031 Eine **zeitliche Bindung** an die Istbesteuerung besteht nicht. Für den (umgekehrten) Übergang von der Istbesteuerung zur Sollbesteuerung ist **keine** Genehmigung des FA erforderlich; es reicht aus, wenn der Rechtsanwalt/Notar diesen Übergang dem FA schriftlich anzeigt. Entgelte, die für frühere Umsätze eingehen, müssen nachversteuert werden.

1032–1039 *(Einstweilen frei)*

IV. Erbschaftsteuer: Rückwirkende Vereinbarung der Zugewinngemeinschaft ▶ BSt-RA-265 ◀

Literatur: Petzold, Vereinbarung der Zugewinngemeinschaft mit Rückwirkung, KFR F. 10 ErbStG § 5, 1/89, 373; *Fromm,* Korrektur des „falschen" Güterstandes – mit Rückwirkung!, DStR 1990, 106.

Verwaltungsanweisungen: Koordinierter Ländererlaß 10. 11. 89, Erbschaftsteuerliche Behandlung einer rückwirkend vereinbarten Zugewinngemeinschaft, BStBl I 429.

Erbschaftsteuer 261

1. Entscheidung des BFH

Nach dem BFH-Urteil 28. 6. 89 (BStBl II 897) können Eheleute auch nach Gütertrennung mit erbschaftsteuerrechtlicher Wirkung **rückwirkend ab dem Tag der Eheschließung** (frühestens ab dem 1. 7. 1958) **Zugewinngemeinschaft vereinbaren.** Dies kann zu einer beträchtlichen Minderung der ErbSt führen. 1040

2. Ermittlung des Zugewinnausgleichs

Anders als bei der Gütertrennung wird bei der Zugewinngemeinschaft der Zugewinn, den die Ehegatten in der Ehe erzielen, ausgeglichen, wenn die Zugewinngemeinschaft (z. B. durch Scheidung, Tod oder Vereinbarung eines anderen Güterstandes) endet (§ 1363 BGB). Wird der Güterstand auf andere Weise als durch Tod beendet, so wird zunächst – für jeden Ehegatten getrennt – der Betrag ermittelt, um den das Endvermögen das Anfangsvermögen übersteigt (§ 1373 BGB), sodann muß der Ehegatte, der den höheren Zugewinn erzielt hat, die Differenz zur Hälfte ausgleichen (§ 1378 BGB). 1041

Beispiel:
Zugewinn Mann 1 000 000 DM, Zugewinn Frau 200 000 DM. Der Mann muß 400 000 DM an die Frau zahlen.

3. Vor- und Nachteile von Gütertrennung und Zugewinngemeinschaft

Vorstehendes Beispiel zeigt, daß **zivilrechtlich eine Zugewinngemeinschaft** für den Ehegatten, der einen größeren Zugewinn erwartet, gegenüber einer Gütertrennung **nachteilig** ist. Für eine Praxis kann eine Zugewinngemeinschaft sogar gefährlich sein, wenn die Ehe geschieden wird, da der Ausgleichsanspruch oft nur durch Veräußerung der Praxis oder große Verschuldung erfüllt werden kann. 1042

Im **ErbSt-Recht** ist die **Zugewinngemeinschaft aber vorteilhafter.** Nach § 5 Abs. 1 Satz 1 ErbStG bleibt beim überlebenden Ehegatten ein Betrag in Höhe der Zugewinn-Ausgleichsforderung steuerfrei, die er geltend machen könnte, wenn er nicht Erbe geworden wäre und ihm auch kein Vermächtnis zusteht (vgl. § 1371 Abs. 2 BGB). Ein Beispiel soll den Unterschied zwischen der Gütertrennung und einer Zugewinngemeinschaft verdeutlichen, wobei es bei der Zugewinngemeinschaft zwei Varianten gibt: 1043

Beispiel:

1044 Bei der Eheschließung hatte weder der Mann noch die Frau Vermögen. Beim Tod des Mannes (Praxisinhabers) beträgt das Vermögen des Mannes 2 500 000 DM, das der Frau 500 000 DM. Neben der Frau ist noch ein Kind erbberechtigt.

Lösung bei Gütertrennung

1045 Bei gesetzlicher Erbfolge erben Frau und Kind zu gleichen Teilen (§ 1931 Abs. 4 BGB). Es ergibt sich somit folgende Berechnung:

Erbschaft	1 250 000 DM
abzüglich Ehegattenfreibetrag (§ 16 Abs. 1 Nr. 1 ErbStG)	250 000 DM
Steuerpflichtiger Erwerb	1 000 000 DM
Steuersatz 10 % (§ 19 ErbStG)	100 000 DM

Lösung bei Zugewinngemeinschaft nach § 1371 Abs. 1 BGB (erbrechtliche Lösung)

1046 Unabhängig von der Erzielung eines Zugewinns erhöht sich der gesetzliche Erbteil des überlebenden Ehegatten, der ein Viertel der Erbschaft beträgt (§ 1931 Abs. 1 BGB), um ein weiteres Viertel (§ 1371 Abs. 1 BGB). Es ergibt sich daher folgende Berechnung:

Erbschaft	1 250 000 DM
abzüglich Ehegattenfreibetrag	250 000 DM
abzüglich Zugewinnausgleichsanspruch in Höhe des tatsächlichen Zugewinns	1 000 000 DM
Steuerpflichtiger Erwerb	0 DM

Zugewinngemeinschaft nach § 1371 Abs. 2, Abs. 3 BGB (güterrechtliche Lösung)

1047 Wird der überlebende Ehegatte nicht Erbe und steht ihm auch kein Vermächtnis zu oder schlägt er die Erbschaft aus, so kann er den Ausgleich des Zugewinns (im Beispiel: 1 000 000 DM) verlangen. Daneben steht ihm der sogenannte kleine Pflichtteil zu, also ⅛ von 1 500 000 DM (187 500 DM)

Erbschaft	1 187 500 DM
abzüglich Ehegattenfreibetrag	250 000 DM
abzüglich Zugewinn	1 000 000 DM
Steuerpflichtiger Erwerb	0 DM

▷ **Hinweis:**

1048 In Anbetracht der Rechtslage im ErbStG ist zu überlegen, ob – wenn Sie im Güterstand der Gütertrennung leben – eine **rückwirkende Vereinbarung der Zugewinngemeinschaft** in Frage kommt. Sie können auch die unter Rdnr. 1042 beschriebenen Nachteile vermeiden, indem Sie eine **modifizierte Zugewinngemeinschaft** vereinbaren, die für den Fall der Scheidung keinen oder nur einen beschränkten Zugewinnausgleich vorsieht, wobei der Ausschluß bzw. die Beschränkung im Todesfall nicht gilt (vgl. i. e. Petzold, KFR F. 10 ErbStG § 5, 1/89, 373; Fromm, DStR 1990, 106).

Es ist jedoch darauf hinzuweisen, daß die Finanzverwaltung das BFH-Urteil 28. 6. 89 (BStBl II 897), das mit erbschaftsteuerrechtlicher Wirkung die Rückwirkung zuläßt, nicht anwendet, da sie den Ausgang eines weiteren Musterverfahrens abwarten will (Gleichlautende Nichtanwendungserlasse 10. 11. 89, BStBl I 429). In diesen Erlassen werden die FÄ angewiesen, bei einem Rechtsbehelf gegen einen entsprechenden ErbSt-Bescheid auf Antrag **Aussetzung der Vollziehung** zu gewähren.

V. Einheitsbewertung und Vermögensteuer ▶ BSt-RA-270 ◀

1. Einheitsbewertung des Betriebsvermögens (§§ 95 ff. BewG)

Literatur: *Moench/Glier/Knobel/Werner*, Bewertungs- und Vermögensteuergesetz, Kommentar, Herne/Berlin 1989; *Neufang*, Sind halbfertige Arbeiten bei einer Gewinnermittlung gem. § 4 Abs. 3 EStG im Rahmen der Ermittlung des Einheitswerts des Betriebsvermögens zu erfassen?, StBp 1989, 137; *Merkert/Görden*, Hat die Vermögensaufstellung nun jeden Halt verloren?, DB 1990, 1788.

Verwaltungsanweisungen: Abschn. 8 VStR.

a) Allgemeines

Die **Ausübung eines freien Berufs** i. S. des § 18 Abs. 1 Nr. 1 EStG steht für die **Bewertung dem Betrieb eines Gewerbes gleich** (§ 96 Abs. 1 Satz 1 BewG). Es ist daher nicht – wie bei der ESt – zwischen diesen Einkunftsarten, wohl aber zwischen den Einkunftsarten Gewerbebetrieb/freiberufliche Tätigkeit einerseits und nichtselbständiger Tätigkeit andererseits abzugrenzen (vgl. dazu „Selbständige . . . Tätigkeit", Rdnr. 729 ff.).

Die Einheitswerte sind allgemein in Zeitabständen von je drei Jahren festzustellen **(Hauptfeststellung,** § 21 Abs. 1 Nr. 2 BewG). Die Hauptfeststellungszeitpunkte sind: 1. 1. 1989, 1. 1. 1992, 1. 1. 1995 usw. (im Gebiet der ehemaligen DDR: 1. 1. 1991, 1. 1. 1995 usw.). Zwischen diesen Stichtagen sind Wert-, Art-, Zurechnungsfortschreibungen sowie Fortschreibungen zur Fehlerbeseitigung (§ 22 BewG) und Nachfeststellungen (§ 23 BewG) möglich.

Die **sonstige selbständige Tätigkeit** (§ 18 Abs. 1 Nr. 3 EStG, vgl. Rdnr. 736 ff.) ist in § 96 Abs. 1 Satz 1 BewG ausdrücklich nicht genannt.

Für das dieser Tätigkeit dienende Vermögen ist somit kein Einheitswert festzustellen (Glier in Moench u. a., § 96 Rdnr. 8; a. A. Rössler/Troll, § 96 BewG Anm. 11). Die dieser Tätigkeit dienenden Wirtschaftsgüter sind bei den übrigen Vermögensarten zu erfassen (vgl. § 18 BewG).

Entsprechendes gilt für eine **selbständig ausgeübte** künstlerische oder **wissenschaftliche Tätigkeit,** die sich auf schöpferische oder forschende Tätigkeit, Lehr-, Vortrags- und Prüfungstätigkeit oder auf schriftstellerische Tätigkeit beschränkt (§ 96 Abs. 1 Satz 2 BewG; zu diesen Begriffen vgl. Blümich/Obermeier, § 2 GewStG Rz. 380).

b) Mehrere Tätigkeiten, gemischte Tätigkeiten

1053 Ist eine **Trennung** verschiedener Tätigkeiten ohne besondere Schwierigkeiten möglich, so sind diese Tätigkeiten auch für die Anwendung des § 96 BewG getrennt zu behandeln. Es ist jedoch von einer **einheitlichen Tätigkeit** auszugehen, wenn die beiden Tätigkeiten miteinander verflochten sind und sich unlösbar gegenseitig bedingen (vgl. i. e. „Selbständige . . . Tätigkeit", Rdnr. 750 ff.).

c) Gesellschaften

1054 Nach § 96 Abs. 1 Satz 3 BewG bleibt § 97 BewG unberührt. Somit ist für Mitunternehmerschaften, bei denen das Vermögen der Ausübung eines freien Berufs dient, auch ein **Einheitswert** festzustellen (vgl. § 95 Abs. 1 Nr. 5a BewG). Dies gilt unabhängig davon, ob es sich um eine freie Berufstätigkeit oder um eine rein wissenschaftliche oder eine sonstige selbständige Tätigkeit handelt.

d) Umfang des Betriebsvermögens

1055 Zum Betriebsvermögen zählen **alle Wirtschaftsgüter, die der Ausübung der Rechtsanwalts- bzw. Notartätigkeit dienen,** z. B. Grundstücke und Gebäude, Praxiseinrichtung, Kfz, Honorarforderungen (vgl. „Betriebsvermögen" und die dortigen Verweisungen, Rdnr. 369 ff.). Die Wirtschaftsgüter sind in der Regel mit dem Teilwert (§ 10 BewG) anzusetzen (§ 109 Abs. 1 BewG). Bei Feststellung eines Einheitswerts ist dieser maßgebend (§ 109 Abs. 2 BewG), die Bewertung der Kapitalforderungen richtet sich nach der steuerlichen Gewinnermittlung (§ 109 Abs. 4 BewG).

1056 **Honorarforderungen** sind dann anzusetzen, wenn sie am Bewertungsstichtag entstanden sind. Dies gilt – anders als bei der ESt – unabhängig von der Gewinnermittlungsart und der Rechnungsstellung. Somit ist bewertungsrechtlich auch bei der Gewinnermittlung nach § 4 Abs. 3 EStG nach den Grundsätzen zu verfahren, die einkommensteuerrechtlich bei der Gewinnermittlung nach § 4 Abs. 1 EStG gelten (vgl. hierzu „Honorare und Honorarforderungen", Rdnr. 561 ff.; Neufang, StBp 1989, 137; BFH 28. 1. 60, BStBl III 291; 13. 3. 64, BStBl III 297).

Geldbestände gehören nur insoweit zu dem aus einer freien Berufstätigkeit dienenden Betriebsvermögen, als sie aus der freien Berufstätigkeit herrühren und der Rechtsanwalt/Notar vor dem Bewertungsstichtag darüber nachweisbar nicht für private Ausgaben verfügt hat (BFH 11. 6. 71, BStBl II 682). 1057

Der **Praxiswert** gehört zum Betriebsvermögen, wenn er entgeltlich erworben worden ist (§ 101 Nr. 4 BewG). Dies entspricht der ertragsteuerlichen Behandlung (§ 109 Abs. 4 BewG; zur Ermittlung des Praxiswerts vgl. Rdnr. 1123 ff.). 1058

Den **Teilwert für das bewegliche Anlagevermögen** ermittelt die **Finanzverwaltung** nach Abschn. 52 VStR. Nach Abschn. 52 Abs. 1 Satz 3 VStR ist von den tatsächlichen Anschaffungs- oder Herstellungskosten, vermindert um die AfA auszugehen. Dies soll jedoch grundsätzlich nur für die lineare, nicht aber für Sonderabsetzungen, wie z. B. für die degressive AfA, gelten (kritisch hierzu z. B. Merkert/Görden, DB 1990, 1788). In jedem Fall sei ein **angemessener Restwert** anzusetzen. Er betrage 1059

- bei Wirtschaftsgütern, die innerhalb eines Zeitraums von 10 Jahren vor dem jeweiligen Hauptfeststellungszeitpunkt (vgl. Rdnr. 1051) angeschafft oder hergestellt worden sind, 30 % und
- bei anderen Wirtschaftsgütern 15 % der tatsächlichen Anschaffungs- oder Herstellungskosten oder des Neuwerts (Abschn. 52 Abs. 3 VStR).

Bei **geringwertigen Wirtschaftsgütern,** auf die § 6 Abs. 2 EStG zur Anwendung kommt, sollen als Restwert in der Regel 40 % der Anschaffungs- oder Herstellungskosten in den letzten fünf Jahren insgesamt angeschafften oder hergestellten geringwertigen Wirtschaftsgüter angesetzt werden (Abschn. 52 Abs. 4 EStR). 1060

Der starren Anwendung der VStR ist der **BFH** zu Recht entgegengetreten. In seinem Urteil v. 30. 11. 88 (BStBl 1989 II 183) hat er ausgeführt, es sei auch bei der Bewertung des Betriebsvermögens von der geometrisch-degressiven AfA auszugehen, wenn der Steuerpflichtige vortragen 1061 kann, warum diese Methode im Einzelfall zu Buchwerten gelangt, die mit den Teilwerten übereinstimmen. Er hat außerdem das Urteil des FG aufgehoben, das ohne nähere Prüfung einen Erfahrungssatz des Inhalts, wie er in Abschn. 52 Abs. 3 VStR als Regelsatz wiedergegeben wird, verneint hat. Im zweiten Rechtsgang wird das FG nun weitere Ermittlungen anzustellen haben.

1062 **Schulden** werden nur insoweit abgezogen, als sie mit der Gesamtheit oder einzelnen Teilen des Betriebs in wirtschaftlichem Zusammenhang stehen (§ 103 Abs. 1 BewG). Dazu zählen z. B. Verbindlichkeiten, die mit Betriebsgrundstücken oder der Praxiseinrichtung bzw. betrieblichen Kfz zusammenhängen; Rückstellungen nur, wenn der Notar/Rechtsanwalt schon in Anspruch genommen wurde (z. B. wegen Haftung aufgrund fehlerhafter Beratung). Anzusetzen sind auch betriebliche Steuerschulden, z. B. für USt und GewSt, nicht aber für ESt.

2. Vermögensteuer

Literatur: *Moench/Glier/Knobel/Werner*, Bewertungs- und Vermögensteuergesetz, Kommentar, Herne/Berlin 1989; *Bauer*, Luxusgegenstände und Hausrat, DB 1990, 1751; *ders.*, Gegenstände der Wohnungseinrichtung als Luxusgegenstände, KFR F. 9 BewG § 110, 1/90, 335; *Halaczinsky,* Vermögensteuerliche Behandlung von Luxusgegenständen, NWB F. 9, 2545.

Verwaltungsanweisungen: VStR; Niedersächsisches FM 2. 1. 90, Wasserfahrzeuge als Luxusgegenstände i. S. des § 110 Abs. 1 Nr. 11 BewG, DB S. 299.

a) Allgemeines

1063 Der VSt unterliegt nach § 4 VStG

- bei **unbeschränkt Steuerpflichtigen** (§ 1 VStG) das Gesamtvermögen (§§ 114 bis 120 BewG);

- bei unbeschränkt Steuerpflichtigen (§ 2 VStG) das Inlandsvermögen (§ 121 BewG).

1064 Die VSt wird für drei Kalenderjahre allgemein festgesetzt **(Hauptveranlagung).** Dieser Zeitraum ist der Hauptveranlagungszeitraum; der Beginn ist der Hauptveranlagungszeitpunkt (§ 15 Abs. 1 VStG): 1. 1. 1989, 1. 1. 1992, 1. 1. 1995 usw. (im Gebiet der ehemaligen DDR: 1. 1. 1991, 1. 1. 1995 usw.; zu den geplanten Befreiungen vgl. StÄndG 1991). Zwischen diesen Stichtagen sind Neuveranlagungen (§ 16 VStG) und Nachveranlagungen (§ 17 VStG) möglich.

Einheitsbewertung und Vermögensteuer 267

Die **Summe aus den vier Vermögensarten** – land- und forstwirtschaftliches Vermögen (§§ 33 ff. BewG), Grundvermögen (§§ 68 ff. BewG), Betriebsvermögen (§§ 95 ff. BewG, vgl. Rdnr. 1050 ff.) und sonstiges Vermögen (§ 110 BewG) – bildet das **Rohvermögen**. Davon sind die **Beträge** des § 118 BewG abzuziehen. Die Differenz ist das **Gesamtvermögen**. 1065

Die Wirtschaftsgüter, für die ein **Einheitswert** festzustellen ist (insbesondere für Rechtsanwälte/Notare wichtig: Grundstücke, Betriebsgrundstücke und Kanzlei, § 19 BewG), sind mit dem Einheitswert anzusetzen. 1066

Begriff und Umfang des **sonstigen Vermögens** ergeben sich aus § 110 BewG. Dazu zählen insbesondere 1067

- verzinsliche und unverzinsliche Kapitalforderungen jeder Art;

- Aktien, Anteilsscheine u. ä.;

- Kapitalwert von Nießbrauchsrechten und von Rechten auf Renten u. ä.; noch nicht fällige Ansprüche aus Lebens- und Kapitalversicherungen oder Rentenversicherungen (vgl. i. e. § 110 Abs. 1 Nr. 6 BewG, auch zu Ausnahmen, und § 111 BewG; zu Leibrenten, die einem Ehepaar gemeinsam zustehen, vgl. BFH 15. 11. 89, BStBl 1990 II 366);

- Edelmetalle, Edelsteine, Perlen, Münzen, Medaillen, Schmuckgegenstände, Luxusgegenstände, Kunstgegenstände und Sammlungen u. ä., soweit der Wert gewisse Freibeträge übersteigt.

Insbesondere der Begriff **Luxusgegenstand** ist schwer zu definieren. So hält es das Niedersächsische FM (DB 1990, 299) für gerechtfertigt, ab dem Hauptveranlagungszeitpunkt 1. 1. 1989 Segelboote bis zu einem Neuwert von 50 000 DM und Motorboote zu einem Neuwert von 25 000 DM nicht als Luxusgegenstände einzustufen. 1068

Wirtschaftsgüter, die zu einer **Wohnungseinrichtung** gehören, stellen nach einer Entscheidung des BFH (17. 5. 90, BStBl II 710) nur dann Luxusgegenstände dar, wenn sie einen gehobenen Wohnstil eindeutig und zweifelsfrei überschreiten (Halaczinsky, NWB F. 9, 2545; kritisch hierzu Bauer, DB 1990, 1751). Im übrigen gehören sie als Hausrat nicht zum sonstigen Vermögen (§ 111 Nr. 10 BewG). 1069

b) VSt bei Rechtsanwälten und Notaren

Bei der Ermittlung der VSt für Rechtsanwälte und Notare bestehen **keine Besonderheiten**. Geldbestände (Bank- und Postscheckguthaben, Bargeld) gehören insoweit zum sonstigen Vermögen, als sie Beträge enthalten, die entweder privaten Ursprungs sind oder die der Rechtsanwalt/Notar nach- 1070 weisbar vor dem Bewertungsstichtag dem Privatvermögen zugeordnet hat (vgl. BFH 11. 6. 71, BStBl II 682).

1071 Die Heranziehung eines freiberuflich tätigen Rechtsanwalts/Notars mit dem von ihm zu seiner **Altersvorsorge** angesparten Vermögen (Barvermögen, Wertpapiere) zur VSt verstößt nicht gegen verfassungsrechtliche oder steuerrechtliche Vorschriften (BFH 7. 8. 70, BStBl 1971 II 292).

1072 Nach § 118 Abs. 1 Nr. 1 BewG sind auch **Steuern** vom Rohvermögen abziehbar, wenn sie nicht schon beim Betriebsvermögen berücksichtigt worden sind. Insbesondere sind hier die Personensteuern (ESt, KiSt, VSt) zu nennen, auch wenn ihnen Gwinneinkünfte oder Betriebsvermögen zugrunde liegen, ebenso GrundSt, ErbSt, GrESt.

1073 Der Abzug von Steuern setzt voraus, daß diese **am jeweiligen Veranlagungszeitpunkt bereits entstanden** und noch nicht getilgt sind. Ein freiberuflich Tätiger, der den Gewinn nach § 4 Abs. 3 EStG ermittelt, muß zwar bei der Ermittlung des Betriebsvermögens nach § 96 BewG auch die im Veranlagungszeitpunkt noch ausstehenden Honorarforderungen ansetzen (vgl. Rdnr. 1056). Die darauf entfallende ESt- sowie KiSt-Forderung ist aber im Veranlagungszeitpunkt noch nicht entstanden und kann daher das Rohvermögen nicht mindern (BFH 10. 3. 72, BStBl II 519).

c) Zusammenfassendes Beispiel:

1074 Ehepaar, mit minderjährigem Sohn in Haushaltsgemeinschaft, macht folgende Angaben:

Ehemann (Rechtsanwalt/Notar):	EW Kanzlei	100 000 DM
	EW Grundstück	200 000 DM
	Bankguthaben	20 000 DM
	Bauernschränke	15 000 DM
	Hypothek	40 000 DM
Ehefrau:	EW Betrieb	400 000 DM
	Aktien (Kurswert)	150 000 DM
Sohn:	US-Dollar (Kurswert)	1 600 DM

Berechnung:

Betriebsvermögen Ehemann		0 DM
(Freibetrag nach § 117a BewG: 125 000 DM)		
Betriebsvermögen Ehefrau	400 000 DM	
	./. 125 000 DM	
(§ 117a BewG) Rest zu 75 %	275 000 DM	= 206 250 DM
Grundvermögen: EW × 140 %		
(§ 121a BewG)		280 000 DM

Einheitsbewertung und Vermögensteuer 269

sonstiges Vermögen (§ 110 BewG); dazu zählen nicht die Bauernschränke (§ 111 Nr. 10 BewG)		
§ 110 Abs. 1 Nr. 2 BewG: Bankguthaben	20 000 DM	
Dollar	1 600 DM	
	21 600 DM	
(§ 110 Abs. 1 Nr. 2, Abs. 3 BewG)	3 000 DM	
	18 600 DM	
+ Aktien (§ 11 Abs. 1 BewG)	150 000 DM	
	168 600 DM	
(§ 110 Abs. 2 und 3 BewG)	30 000 DM	138 600 DM
Rohvermögen		624 850 DM
./. Schulden (§ 118 BewG)		40 000 DM
Gesamtvermögen (§ 4 VStG)		584 850 DM
abgerundet (§ 4 Abs. 2 VStG)		584 000 DM
./. Freibeträge (§ 6 VStG)		210 000 DM
Steuerpflichtiges Vermögen		374 000 DM
Vermögensteuer (0,5 %, § 10 VStG)		1 870 DM

Die Freibeträge von je 70 000 DM erhöhen sich, wenn die Voraussetzungen des § 6 Abs. 3 bzw. Abs. 4 VStG gegeben sind.

(Einstweilen frei) 1075-1079

D. Beginn und Ende der freiberuflichen Tätigkeit

Literatur: *Becker,* Veräußerung einer Praxis, Teilpraxis, Praxisaufgabe, DStR 1973, 413; *o. V.,* Keine AfA auf Praxiswert bei Gründung einer Sozietät, FR 1976, 223; *Costede,* Zur einkommensteuerlichen Qualifizierung der Einkünfte aus einer treuhänderischen Praxisverwaltung, DStR 1981, 303; *Richter,* Zur Wirkung einer Wertsicherungsklausel bei Gewinnermittlung nach § 4 Abs. 3 EStG, DB 1984, 2322; *Dornbusch,* Die einkommensteuerliche Behandlung des Erwerbs einer Praxis 1986, AnwBl 1986, 496; *Theisen,* Entscheidungsalternativen und steuerliche Wahlrechte bei der Betriebsveräußerung, StuW 1986, 354; *Jansen/Wrede,* Renten, Raten, Dauernde Lasten, 9. Auflage, Herne/Berlin 1986; *Reinberg,* Praxisübergabe in berufsrechtlicher und steuerlicher Sicht, Stbg 1987, 72; *Schoor,* Die Unternehmensnachfolge in steuerlicher Sicht, StWa 1987, 117; *Jansen,* Die Besteuerung laufender Bezüge, NWB F. 3, 6473; *Schoor,* Übertragung von Betriebs- oder Privatvermögen gegen Rente, Rate und dauernde Last, FR 1987, 248; *Krieg,* Steuerliche Gestaltungsmöglichkeiten bei Veräußerung einer Arztpraxis, Inf 1987 Heft 24/IV; *Dirrigl,* Unternehmensveräußerung gegen wiederkehrende Bezüge, DB 1988, 453; *Richter,* Betriebsveräußerung gegen Leibrente, DStR 1988, 178; *Seithel,* Vereinbarung von Renten, Raten und dauernden Lasten bei Übertragung von Betriebs- und Privatvermögen, StbKRep 1988, 227; *Paus,* Veräußerung der Praxis gegen eine Leibrente – Mustergültige Gestaltungen, Inf. 1989, 10; *Dornbusch,* Die einkommensteuerliche Behandlung der Renten für Rechtsanwälte 1988, AnwBl 1989, 26; *Schoor,* Übertragung einer Freiberuflerpraxis, StWa 1989, 162; *Hiller,* Betriebsveräußerung auf Rentenbasis, Inf 1989, 277; *Busse,* Steuerliche Möglichkeiten und Grenzen beruflicher Betätigung nach Praxisveräußerung, BB 1989, 1951; *Iwon,* Freiberufliche Mitarbeit nach Veräußerung der Praxis, DStZ A 1990, 23; *Zinn,* ... und zur Berücksichtigung des erhöhten Freibetrags nach § 18 Abs. 3 i. V. mit § 16 Abs. 4 Satz 3 EStG wegen dauernder Berufsunfähigkeit, StBp 1990, 66; *Meilicke,* Kein Schuldzinsenabzug für ins Privatvermögen übergegangene Verbindlichkeit, KFR F. 3 EStG § 9, 3/90, 113; *Kanzler,* Grundstücksbewertung bei Betriebsaufgabe, KFR F. 3 EStG § 16, 4/90, 253; *Reiss,* Die Betriebsübertragung gegen Versorgungsbezüge als teilentgeltliches Veräußerungsgeschäft, FR 1990, 381; *Ehlers,* Praxisveräußerungen und Sozietätsgründungen in ertragsteuerlicher Sicht, NWB F. 3, 7455; *Behrle,* Abzugsfähigkeit von Altenteilsleistungen, KFR F. 3 EStG § 10, 4/90, 285; *Obermeier,* Das selbstgenutzte Wohneigentum ab 1987, 2. Aufl. mit Einleger (Stand: Juli 1990); *Wollny,* Unternehmens- und Praxisübertragungen, 2. Aufl., 1990; *Groh,* Die Erbauseinandersetzung im Einkommensteuerrecht, DB 1990, 2135; *ders.,* Die vorweggenommene Erbfolge – ein Veräußerungsgeschäft?, DB 1990, 2187; *Obermeier,* Übertragung von Privat- und Betriebsvermögen bei vorweggenommener Erbfolge, NWB F. 3, 7591; *ders.,* Die vorweggenommene Erbfolge nach dem Beschluß des Großen Senats des BFH

v. 5. 7. 90. BStBl II 847, DStR 1990, 762; *ders.*, Erbregelung und Erbauseinandersetzung über Betriebs- und Privatvermögen im Einkommensteuerrecht, NWB F. 3, 7661, m. w. N.
Verwaltungsanweisungen: Abschn. 17, 32a, 123, 139, 147, 167 EStR; BMF 30. 7. 79, Steuerliche Behandlung des Wirtschaftsguts „Praxiswert", BStBl I 481; OFD Köln 28. 9. 88, Zweifelsfragen im Zusammenhang mit der Veräußerung einer freiberuflichen Praxis oder eines Praxiskaufs, S – 2290 – 20 St 113; OFD Köln 15. 6. 89, Veräußerung eines Teils eines Anteils an einer freiberuflichen Praxis, S – 2290 – 20 St 113.

I. Allgemeines ▶ BSt-RA-280 ◀

1080 Die **freiberufliche Tätigkeit** umfaßt alle betrieblichen Vorgänge **von den ersten Vorbereitungshandlungen zur Betriebseröffnung bis zur Veräußerung oder Entnahme des letzten betrieblichen Wirtschaftsguts** (vgl. BFH 17. 4. 86, BStBl II 527). Entsprechendes gilt bei entgeltlichem und unentgeltlichem Erwerb sowie bei unentgeltlicher Übertragung einer Praxis.

1081 Unterliegt die Tätigkeit des Rechtsanwalts/Notars der **GewSt** (vgl. „Selbständige . . . Tätigkeit", Rdnr. 729 ff., 747 ff.), so ist folgendes zu beachten: Aus dem unterschiedlichen Charakter der ESt (Personensteuer) im Verhältnis zur GewSt (Objektsteuer) folgt, daß Beginn und Ende der ESt-Pflicht von Beginn und Ende der GewSt-Pflicht abweichen können. Gegenstand der GewSt ist nur der auf den laufenden Betrieb entfallende Gewinn (BFH 17. 4. 86, BStBl II 527; 20. 3. 90, BFH/NV S. 799).

II. Beginn der freiberuflichen Tätigkeit
1. Aufwendungen bei Eröffnung oder Erwerb einer Praxis

1082 Wird eine Kanzlei eröffnet oder erworben, so tritt bei Gewinnermittlung nach § 4 Abs. 1 EStG an die Stelle des Betriebsvermögens am Schluß des vorangegangenen Wirtschaftsjahres das Betriebsvermögen im Zeitpunkt der Eröffnung oder des Erwerbs des Betriebs (§ 6 Abs. 1 EStDV). Es ist also eine **Eröffnungsbilanz** aufzustellen.

1083 Bei **Eröffnung der Praxis** sind die einzelnen Wirtschaftsgüter in das Betriebsvermögen einzulegen. Der Einlagewert bestimmt sich nach § 6 Abs. 1 Nr. 6 und 7 EStG. Er ist mit dem Teilwert für den Zeitpunkt der Zuführung anzusetzen, höchstens aber mit den Anschaffungs- oder Herstellungskosten, wenn das zugeführte Wirtschaftsgut innerhalb der letzten drei Jahre vor dem Zeitpunkt der Zuführung angeschafft oder hergestellt worden ist. Entsprechendes gilt auch bei Gewinnermittlung nach § 4 Abs. 3 EStG.

Beginn der freiberuflichen Tätigkeit 273

Bei **entgeltlichem Erwerb** der Praxis sind die einzelnen Wirtschaftsgüter mit dem Teilwert, höchstens jedoch mit den Anschaffungs- oder Herstellungskosten anzusetzen (§ 6 Abs. 1 Nr. 7 EStG). Zu den möglichen Vertragsgestaltungen vgl. „Praxiskauf", Rdnr. 1089 ff. 1084

Bei **unentgeltlichem Erwerb** der Praxis gilt § 7 EStDV. Bei der Ermittlung des Gewinns des bisherigen Betriebsinhabers sind die Wirtschaftsgüter mit den Werten anzusetzen, die sich nach den Vorschriften über die Gewinnermittlung ergeben. Der Rechtsnachfolger ist an diese Werte gebunden. Diese Werte sind bei Gewinnermittlung nach § 4 Abs. 3 EStG als Anschaffungskosten zugrunde zu legen (§ 7 Abs. 3 EStDV). 1085

Vorstehendes trifft grundsätzlich nur auf die **Wirtschaftsgüter** zu, die zu aktivieren sind und/oder – bei Gewinnermittlung nach § 4 Abs. 3 EStG – einer **AfA unterliegen** (vgl. „Aktivierung . . . ", Rdnr. 261 ff.). Darüber hinaus sind auch geringwertige Wirtschaftsgüter (vgl. Rdnr. 502 ff.) zu berücksichtigen (§ 6 Abs. 2 EStG). 1086

Daneben fallen vor Praxiseröffnung bzw. Praxiserwerb noch Aufwendungen an, die **vorab entstandene Betriebsausgaben** darstellen, wenn ein klar erkennbarer wirtschaftlicher Zusammenhang zwischen den Aufwendungen und der Einkunftsart besteht (BFH 18. 4. 90, BFH/NV 1991, 25). Kommt es nicht zur Praxisgründung oder zu einem Praxiserwerb, so können bei betrieblicher Veranlassung die Aufwendungen als vergebliche Betriebsausgaben angesetzt werden. Bei GewSt-Pflicht mindern die vorbereitenden Betriebsausgaben den Gewerbeertrag nicht (vgl. Rdnr. 1081 und Blümich/Obermeier, § 2 GewStG Rz. 771, 775 ff.). 1087

Beispiele für vorab entstandene Betriebsausgaben:
Anschaffung von Büromaterial; Beratungsaufwand; Finanzierungskosten; Inseratskosten; Reisekosten für Besichtigung von Kanzleien. 1088

2. Praxiskauf ▶ BSt-RA-285 ◀

a) Allgemeines

Im Kapitel Praxiskauf wird die **Seite des Käufers** behandelt (zur Verkäuferseite vgl. Rdnr. 1203 ff.). Beim Praxiskauf gibt es **vielfältige Vertragsgestaltungen**, deren steuerliche Auswirkungen unterschiedlich sind. Das Entgelt für die Hingabe der Praxis kann durch Barzahlung (vgl. Rdnr. 1090 ff.), Ratenzahlung (vgl. Rdnr. 1097 ff.), Rentenzahlung (Rdnr. 1100 ff.), betriebliche Veräußerungsrente (vgl. Rdnr. 1105 ff.), betriebliche Versorgungsrente (vgl. Rdnr. 1109; außerbetriebliche Versorgungs- 1089 rente, vgl. Rdnr. 1110 ff.) oder Umsatz- bzw. Gewinnbeteiligung (vgl. Rdnr. 1116 ff.) entrichtet werden.

b) Barzahlung

1090 Der **Gesamtkaufpreis** (vgl. Rdnr. 1224) ist auf die einzelnen erworbenen Wirtschaftsgüter **aufzuteilen.** Haben Käufer und Verkäufer im Vertrag bereits eine Aufteilung vorgenommen, so ist dieser im allgemeinen zu folgen. Entspricht sie jedoch nicht den wirtschaftlichen Gegebenheiten, so ist der Gesamtkaufpreis im Verhältnis der Teilwerte aufzuteilen (vgl. § 6 Abs. 1 Nr. 1 und 2 EStG); dabei ist beim Erwerber der Praxis ein Praxiswert nur insoweit anzusetzen, als das gezahlte Entgelt die Summe der Teilwerte der anderen (materiellen oder immateriellen) Wirtschaftsgüter übersteigt (vgl. BFH 17. 9. 87, BStBl 1988 II 441, m. w. N.).

1091 Bei Erwerb einer Rechtsanwalts- bzw. Notarpraxis wird der Kaufpreis in erster Linie durch den **Praxiswert** bestimmt. Er kann als abnutzbares Wirtschaftsgut in drei bis fünf Jahren abgeschrieben werden (Ehlers, NWB F. 3, 7455, 7463, m. w. N.; vgl. BMF 30. 7. 79, BStBl I 481; vgl. ausführlich „Praxiswert", Rdnr. 1123 ff.). Die AfA der **übrigen Wirtschaftsgüter** richtet sich nach der Nutzungsdauer (vgl. „Aktivierung von Anschaffungen und Absetzung für Abnutzung", Rdnr. 261 ff.).

▷ **Hinweis:**

1092 Nach vorstehenden Ausführungen bestehen **Spielräume,** die sich der Erwerber der Praxis zunutze machen kann. Dazu ist auf die künftige Gewinnerwartung abzustellen. Rechnet der Erwerber z. B. mit steigenden Gewinnen, so könnte er daran denken, die AfA auf den größtmöglichen Zeitraum zu verteilen, zumal im Jahr des Praxiserwerbs noch vorab entstandene Betriebsausgaben zu berücksichtigen sind (ausführlich zu den Gestaltungsmöglichkeiten Dornbusch, AnwBl 1986, 496, mit Rechenbeispielen).

1093 Finanziert der Erwerber den Kaufpreis, so sind die **Schuldzinsen** im Jahr der Belastung (bei Gewinnermittlung durch Betriebsvermögensvergleich, vgl. Rdnr. 1 ff., 8 ff.) bzw. des Abflusses (bei Gewinnermittlung durch Überschußrechnung, vgl. Rdnr. 1 ff., 15 ff.) als Betriebsausgaben abziehbar; ebenso **Kursverluste** bei Fremdwährungsdarlehen (BFH 15. 11. 90, DB S. 681).

1094 Bleibt der Kaufpreis hinter dem Verkehrswert zurück (sogenanntes **teilentgeltliches Rechtsgeschäft),** so ist das Entgelt ebenfalls im Verhältnis

Beginn der freiberuflichen Tätigkeit 275

der Teilwerte aufzuteilen (vgl. Rdnr. 1090). Anschaffungskosten können neben Zahlungen an den Übergeber auch Ausgleichszahlungen an Dritte (z. B. Geschwistergelder) und die Übernahme von (privaten) Verbindlichkeiten sein (vgl. BFH 5. 7. 90, BStBl II 847, das zwar zur vorweggenommenen Erbfolge bei Privatvermögen ergangen ist, aber auch auf den betrieblichen Bereich übertragen worden ist). Soweit der Übernehmer entgeltlich erwirbt, kann er die AfA von seinen eigenen Anschaffungskosten absetzen. Soweit er unentgeltlich erwirbt, kann er die AfA des Rechtsvorgängers fortführen (vgl. Rdnr. 1085; vgl. i. e. Obermeier, NWB F. 3, 7591, 7605).

Eine **abweichende Beurteilung** ist jedoch geboten, wenn die Praxis übertragen wird und **zum Betriebsvermögen**, wie es regelmäßig der Fall ist, **Verbindlichkeiten gehören**. Vereinbaren Übergeber und Übernehmer keine weitere Gegenleistung, so handelt es sich um eine unentgeltliche Praxisübertragung (zu den Folgen vgl. Rdnr. 1085). Im Übergang von Verbindlichkeiten ist daher kein Entgelt zu sehen (BFH 5. 7. 90, BStBl II 847, m. w. N.). 1095

Die Zahlung von **Versorgungsleistungen** an den Übergeber oder an Dritte (z. B. Ehegatte des Übergebers, Geschwister des Übernehmers) stellen keine Anschaffungskosten, sondern Sonderausgaben (§ 10 Abs. 1 Nr. 1a EStG) dar (vgl. Rdnr. 1110 ff.). **Veräußerungsrenten** führen jedoch zu Anschaffungskosten (vgl. Rdnr. 1105 ff.). 1096

c) **Kaufpreisraten**

Werden Kaufpreisraten vereinbart (zur Abgrenzung zu Rentenzahlungen vgl. Rdnr. 1100), so sind – ebenso wie bei Finanzierung des Kaufpreises – **Schuldzinsen** als Betriebsausgaben abziehbar. 1097

Die Berechnung ist unproblematisch, wenn neben dem Kaufpreis die Zinszahlungen festgelegt sind. Schwierig wird es, wenn die **Zinszahlungen in den Raten** enthalten sind. In diesem Fall muß der Zinsanteil herausgerechnet werden. Der Barwert (Gegenwartswert der Summe aller Raten) stellt die Anschaffungskosten dar (zur Berechnung des Barwerts vgl. Hilfstafeln 1a und 2 des BewG; Jansen/Wrede, Rdnr. 244, Beispiele 32 bis 34; Dornbusch, AnwBl 1986, 496). 1098

Zur weiteren Behandlung (Verteilung der Anschaffungskosten) vgl. Rdnr. 1090. 1099

d) Abgrenzung der Renten

1100 Im Gegensatz zu Kaufpreisraten sind die Renten durch das mit den Zahlungen verbundene **Wagnis** oder den **Versorgungscharakter** der Leistungen für den Verkäufer charakterisiert. Ein Wagnis ist regelmäßig dann anzunehmen, wenn durch die Vereinbarung die laufenden Bezüge der Höhe nach nicht eindeutig vorab bestimmt bzw. bestimmbar sind, wobei das Wagnis nicht nur in der Person des Veräußerers, sondern auch in der Leistungsfähigkeit des Erwerbers gesehen werden muß (Theisen, StuW 1986, 354, 358, m w. N.).

1101 Bei den Renten sind betriebliche Veräußerungsrente von betrieblicher Versorgungsrente und außerbetrieblicher Versorgungsrente abzugrenzen. Eine **betriebliche Veräußerungsrente** liegt vor, wenn eine Praxis gegen Zahlung einer Rente übertragen wird und die Beteiligten sich überwiegend vom Gedanken der Gegenleistung für die erworbenen Wirtschaftsgüter leiten lassen (Leistungsaustausch).

1102 Für eine **betriebliche Versorgungsrente** ist hingegen kennzeichnend, daß ihr Rechtsgrund überwiegend durch das betrieblich veranlaßte Bestreben (z. B. Fürsorgeleistungen an den früheren Praxisinhaber oder Rücksichtnahme auf geschäftliches Ansehen des Praxisübernehmers) bestimmt wird, den Rentenberechtigten zu versorgen, ihn insbesondere vor materieller Not zu schützen. Die Annahme einer betrieblichen Versorgungsrente ist auch möglich, wenn sich die Leistungen objektiv gleichwertig gegenüberstehen.

1103 Kann nicht endgültig geklärt werden, ob sich die Vertragsparteien primär vom Gedanken des Leistungsaustausches oder der betrieblichen Fürsorge leiten ließen, so ist bei **Verträgen zwischen Fremden** von einer betrieblichen Veräußerungsrente auszugehen; denn der Praxiserwerber wird zu Leistungen nur nach Maßgabe der erlangten oder erwarteten Gegenleistung bereit sein (zur Abgrenzung zwischen betrieblicher Veräußerungsrente und betrieblicher Versorgungsrente BFH 20. 12. 88, BStBl 1989 II 585).

1104 Bei Praxisübertragungen **zwischen nahen Angehörigen** spricht eine nur schwer widerlegbare Vermutung für eine **private Versorgungsrente** (BFH 26. 3. 87, BFH/NV S. 770; 9. 10. 85, BStBl 1986 II 51). Diese Vermutung ist jedoch ausgeräumt, wenn die übertragenen Vermögenswerte und die Rentenverpflichtung sich gleichwertig gegenüberstehen (BFH 21. 1. 86, BFH/NV S. 597).

e) Veräußerungsrente

Die Veräußerungsrente ist mit dem **jeweiligen versicherungsmathematischen Barwert zu passivieren** (BFH 20. 12. 88, BStBl 1989 II 585; 12. 11. 85, BStBl 1986 II 55; vgl. aber BFH 31. 1. 81, BStBl II 491 und Abschn. 32a Abs. 2 Satz 2 EStR, auch zum Zinsfuß). In dieser Höhe hat der Erwerber **Anschaffungskosten** (zur weiteren Behandlung vgl. Rdnr. 1090). Die jährliche Rentenleistung ist Aufwand, die jährliche Barwertminderung Ertrag. Gewinnmindernd bzw. gewinnerhöhend wirkt sich also nur die Differenz zwischen Rentenzahlung und Barwertminderung aus. 1105

Aus Vereinfachungsgründen läßt es die Finanzverwaltung zu, die jährliche Neubewertung und Neupassivierung der Rentenverbindlichkeit zu unterlassen und die laufenden Rentenzahlungen mit der ursprünglich versicherungsmathematisch festgestellten Rentenschuld zu verrechnen (**buchhalterische Methode**, Abschn. 17 Abs. 3 Satz 6 EStR; Jansen/Wrede, Rdnr. 169 und FN 296; str.; a. A. Schmidt, § 16 Anm. 44c). 1106

Eine **Wertsicherungsklausel** berührt den Barwert dann, wenn der Fall der Rentenerhöhung eingetreten ist. Somit ist der durch die Wertsicherungsklausel bedingte Erhöhungsbetrag der Rente in vollem Umfang als Betriebsausgabe abziehbar; die ursprünglichen Anschaffungskosten bleiben unberührt (vgl. BFH 29. 11. 83, BStBl 1984 II 109). Bei **Tod des Rentenberechtigten** ist der vorhandene Rentenbarwert gewinnerhöhend aufzulösen (BFH 4. 10. 90 X R 64/90. 1107

Diese Grundsätze gelten auch bei **Gewinnermittlung nach § 4 Abs. 3 EStG** (BFH 23. 2. 84, BStBl II 516; FG Köln 20. 2. 90 nrkr., EFG S. 513; a. A. Richter, DB 1984, 2322: nur zusätzliche Rentenzahlungen als Betriebsausgaben abziehbar). Die nachträgliche Korrektur eines fehlerhaft fortgeschriebenen Rentenbarwerts ist – anders als bei § 4 Abs. 1 EStG – bei § 4 Abs. 3 EStG nicht zulässig (FG Köln 20. 2. 90 nrkr., EFG S. 513). 1108

f) Betriebliche Versorgungsrente

1109 Die betriebliche Versorgungsrente ist **nicht zu passivieren** (BFH 20. 12. 88, BStBl 1989 II 585). Der Rentenverpflichtete darf die einzelnen **Rentenzahlungen** – ohne Verrechnung mit dem Kapitalkonto – sofort als **Betriebsausgaben** absetzen. Der Erwerber hat nach § 7 Abs. 1 EStDV die bisherigen Buchwerte fortzuführen (BFH 27. 4. 77, BStBl II 603).

g) Außerbetriebliche Versorgungsrente

1110 Vor allem zwischen nahen Angehörigen (Hauptfall: Eltern/Kinder) wird die Praxis häufig gegen Versorgungsleistungen an den Übergeber oder an Dritte (z. B. Eltern des Übergebers, Geschwister des Übernehmers) übertragen. Ein solcher Vertrag wird zivilrechtlich als **Übergabevertrag** bezeichnet. Die Besonderheit eines Übergabevertrags ist darin zu sehen, daß er der nachfolgenden Generation unter Vorwegnahme des Erbfalls das Nachrücken in eine die Existenz wenigstens teilweise begründende Wirtschaftseinheit ermöglicht und gleichzeitig die Versorgung des Übergebers oder anderer Personen aus der Praxis zumindest zu einem Teil sichert.

1111 Die Versorgungsleistungen sind daher weder Anschaffungskosten noch Betriebsausgaben, sondern **Sonderausgaben** gem. § 10 Abs. 1 Nr. 1a EStG (vgl. BFH 5. 7. 90, BStBl II 847), das zwar zur vorweggenommenen Erbfolge im Privatvermögen ergangen ist, aber auch auf den betrieblichen Bereich übertragen worden ist; a. A. Reiss, FR 1990, 381, keine Sonderausgaben). Sie sind nach dem Vorlagebeschluß des BFH vom 25. 4. 90 (BStBl II 625, m. Anm. Behrle, KFR F. 3 EStG § 10, 4/90, 285) selbst dann in vollem Umfang als dauernde Last abziehbar, wenn die Vertragspartner keine besonderen Vereinbarungen über die Abänderbarkeit der Höhe nach – z. B. durch „Bezugnahme auf § 323 ZPO" – getroffen haben.

▷ **Hinweis:**

1112 Diese Rechtsmeinung, die zu einer Vereinfachung der Rentenbesteuerung beitragen würde, betrifft damit auch die **Unterscheidung zwischen** einer **dauernden Last** (abziehbar mit dem vollen Wert) und einer **Leibrente** (abziehbar nur mit dem Ertragsanteil, § 10 Abs. 1 Nr. 1a EStG). Nach der bisherigen Rechtsprechung (vgl. BFH 25. 4. 90, BStBl II 625) und der Meinung der Finanzverwaltung (Abschn. 167 EStR) kann nur dann von einer dauernden Last ausgegangen werden, wenn im Vertrag zumindest ein Hinweis auf die Änderungsmöglichkeit der Zahlungen gem. § 323 ZPO ersichtlich ist. Es ist daher anzuraten, daß bis zum Ergehen einer Entscheidung des Großen Senats des BFH, der über den Vorlagebeschluß zu entscheiden hat, im Vertrag auf § 323 ZPO hingewiesen wird.

Da die Versorgungsleistungen als vorbehaltene Vermögenserträge zu charakterisieren sind, stellen sie auch **keine Gegenleistung** des Übernehmers dar. Sie müssen daher auch nicht vorab mit dem Wert des übertragenen Vermögens verrechnet werden (zur Wertverrechnung vgl. z. B. BFH 3. 6. 86, BStBl II 674). 1113

Der **Übernehmer erwirbt unentgeltlich** und führt deswegen entsprechend § 7 Abs. 1 EStDV die Buchwerte des Übergebers fort. Dies ist auch anzunehmen, wenn der Übernehmer Versorgungsleistungen an Angehörige des Übernehmers zusagt (BFH 5. 7. 90, BStBl II 847). 1114

Die außerbetriebliche Versorgungsrente ist zur **Unterhaltsrente** (vgl. § 12 Nr. 2 EStG) abzugrenzen. Von einer Unterhaltsrente ist auszugehen, wenn die Versorgungszusage ohne nennenswerten Gegenwert gegeben würde. Das wäre der Fall, wenn der Wert der Praxis bei überschlägiger und großzügiger Berechnung weniger als die Hälfte des Wertes der Gegenleistung ausmachen würde (BFH 28. 7. 83, BStBl 1984 II 97, unter Hinweis auf Abschn. 123 Abs. 3 EStR; Dornbusch, AnwBl 1986, 496, auch zur Berechnung). Dieses Problem stellt sich bei der Übernahme einer Praxis in der Regel nicht, da in diesen Fällen eher der Wert des übertragenen Vermögens überwiegt (vgl. z. B. BFH 30. 10. 84, BStBl 1985 II 610). Beträgt der Wert der Praxis mehr als das Doppelte des kapitalisierten Werts der Gegenleistung, ergibt sich keine Änderung, da die entsprechende Anwendung der 50%-Grenze nicht in Betracht kommt (vgl. Obermeier, a. a. O., Anm. 150). 1115

h) Gewinn- oder Umsatzbeteiligung

Nach der Rspr. des BFH (2. 2. 67, BStBl III 366; vgl. auch 18. 1. 89, BStBl II 549) ist zu unterscheiden, ob es sich um ein Entgelt für schwer bewertbare immaterielle (z. B. Praxiswert, vgl. Rdnr. 1123 ff.) oder andere Wirtschaftsgüter handelt: 1116

1117 Bei **schwer bewertbaren immateriellen Wirtschaftsgütern** habe der Erwerber ein Wahlrecht, ob er die Verbindlichkeit sofort mit dem geschätzten Zeitwert passiviert und das immaterielle Wirtschaftsgut entsprechend aktiviert oder ob er erst die laufenden Zahlungen als Anschaffungskosten dieses Wirtschaftsguts behandelt. Soweit die Gewinn- oder Umsatzbeteiligung auf **andere Wirtschaftsgüter** entfällt, müsse der Erwerber die Verbindlichkeit sofort passivieren und den entsprechenden Betrag als Anschaffungskosten aktivieren.

1118 Diese Lösung ist sehr **umstritten.** So tritt Schmidt (§ 16 Anm. 44 c) dafür ein, zunächst die Buchwerte der erworbenen Wirtschaftsgüter (erfolgsneutral) fortzuführen und originäre immaterielle Wirtschaftsgüter mangels entgeltlichen Erwerbs zunächst nicht zu aktivieren. Unseres Erachtens ist jedoch der Auffassung von Jansen/Wrede (a. a. O., Rz. 258 ff.) zu folgen, der mit überzeugenden Gründen eine **Aktivierung aller** (also auch der immateriellen) **Wirtschaftsgüter** – in der Regel mit dem Teilwert – und eine entsprechende Passivierung der Gewinn- oder Umsatzbeteiligungslast fordert.

1119 Die **Behandlung der jährlichen Zahlungen an den Veräußerer** ist umstritten. Folgt man der hier vertretenen Meinung (Aktivierung mit dem Teilwert und entsprechende Passivierung), so kommt eine jährliche Neubewertung des Passivpostens oder dessen Minderung nach der buchhalterischen Methode (vgl. dazu Rdnr. 1106) in Betracht (für letzteres z. B. Jansen/Wrede, a. a. O., Rz. 264 ff. mit Rechenbeispiel in Rz. 268). Würde man mit der abweichenden Meinung von sofortiger Aktivierung und Passivierung absehen, so wären die Zahlungen so lange ohne Auswirkung auf den Gewinn zu aktivieren, bis die angemessenen Werte für die Wirtschaftsgüter erreicht sind; spätere Zahlungen wären in voller Höhe Betriebsausgaben.

1120 Vorstehende Ausführungen gelten bei Gewinnermittlung nach § 4 Abs. 3 EStG entsprechend (vgl. Rdnr. 1108, m. w. N.).

3. Kauf einer Kanzlei von einem Erben; Erbauseinandersetzung
▶ BSt-RA-290 ◀

1121 Die Ausführungen zum Praxiskauf gelten auch, wenn die Kanzlei von einem Erben erworben wird.

1122 Erwirbt ein Miterbe einen Anteil an der Kanzlei gegen **Abfindungszahlungen,** so entstehen bei ihm grundsätzlich Anschaffungskosten. Hierauf

Beginn der freiberuflichen Tätigkeit 281

hat keinen Einfluß, ob die Leistungen aus dem erlangten Nachlaßvermögen erbracht werden (BFH 5. 7. 90, BStBl II 837; hierzu vgl. i. e. Groh, DB 1990, 2135; Obermeier, NWB F. 3, 7661).

4. Der Praxiswert ▶ BSt-RA-295 ◀

Bei Erwerb oder Veräußerung einer freiberuflichen Praxis, bei Gründung oder Auflösung einer Sozietät und beim Eintritt in eine bestehende Sozietät und schließlich beim Ausscheiden aus einer Sozietät ergeben sich komplizierte steuerrechtliche Fragen, insbesondere bei der Bewertung und Abschreibungsfähigkeit eines „Praxiswertes". 1123

Mit der Ermittlung des Wertes von Anwaltspraxen befaßt sich der „Bericht des BRAK-Ausschusses von Anwaltspraxen" (BRAK-Mitt. 1986, 119 ff.). Er ist dazu bestimmt, Entscheidungsmerkmale für die Bewertung einer Anwaltspraxis aufzustellen. Er ist aber keine „Richtlinie" i. S. der „Grundsätze des anwaltlichen Standesrechts.". 1124

Der Praxiswert ist für drei Fallgruppen von Bedeutung (BRAK-Mitt. a. a. O.), und zwar als 1125

- **„Fortführungswert"**, das ist der Wert einer Anwaltspraxis für die Berechnung des Zugewinns oder aus anderen Gründen bei Praxisfortführung durch den bisherigen Praxisinhaber;

- **„Übergabewert"**, das ist der Wert einer Anwaltspraxis bei Übergabe oder Verkauf durch den bisherigen Praxisinhaber oder dessen Erben und für die Ermittlung von Erb- und Pflichtteilsansprüchen;

- **„Beteiligungswert"**, das ist der Wert eines Praxisanteils bei bestehender Sozietät, bei Gründung einer Sozietät, beim Ausscheiden aus einer Sozietät oder deren Auflösung.

Es versteht sich von selbst, daß die vom BRAK-Ausschuß herausgearbeiteten Entscheidungsmerkmale nicht schematisch auf den Einzelfall angewendet werden können. Es kommt immer auf die Verhältnisse im Einzelfall der fraglichen Antwaltspraxis an. Dazu gibt der Ausschuß folgende **Anhaltspunkte** (vgl. zu den folgenden Ausführungen BRAK-Mitt. a. a. O.). 1126

a) Begriff „Praxiswert"

Die entgeltliche Praxisübernahme verstößt **nicht gegen** die **guten Sitten** und auch **nicht gegen** das **Standesrecht**. Sie ist daher zulässig (BGH 1127

26. 10. 72, NJW 1973, 98). Der Wert der Praxis setzt sich zusammen aus dem „Substanzwert" und dem eigentlichen „Praxiswert".

aa) Substanzwert

1128 Der Substanzwert, der nach allgemeinen Grundsätzen gesondert festzustellen ist, setzt sich zusammen aus der **Büroeinrichtung** einschließlich der Bürogeräte, der Bibliothek mit Kommentaren und Zeitschriftensammlungen, den Computerdisketten usw. Er wird wegen des schnellen Veraltens und Verschleißens von Bürogeräten usw. in der Regel nicht hoch sein und dürfte wohl nicht dem Anschaffungswert entsprechen. Anhaltspunkte können die Teilwertgrundsätze des § 10 BewG sowie des Abschn. 51 ff. VStR für die Bewertung der materiellen Wirtschaftsgüter sein (BRAK-Mitt. a. a. O.).

1129 Über die ausstehenden **Forderungen** soll eine besondere Vereinbarung getroffen werden. In Betracht kommen entstandene und bereits abgerechnete sowie auch noch nicht abgerechnete Vergütungsansprüche aus der Zeit vor dem Stichtag der Übernahme oder der Bewertung. Möglich ist **Einzelbewertung** oder **Pauschalierung** (BRAK-Mitt. a. a. O.).

bb) Praxiswert

1130 Der Praxiswert ist der **innere und ideelle Wert** einer Anwaltspraxis, der nicht dem Geschäftswert (Firmenwert) des gewerblichen Unternehmens entspricht (BFH 15. 4. 58, BStBl III 330; 1. 4. 82, BStBl II 620). Rechtsprechung und Schrifttum erkennen an, daß die Praxis eines Freiberuflers, also auch eine Anwaltspraxis, einen Praxiswert – oft „good will" genannt – haben kann (vgl. BGH 26. 10. 72, NJW 1973, 98; OLG Hamm 2. 2. 83, NJW S. 1914).

b) Art der Bewertung

1131 Da die Anwaltspraxis kein gewerblicher Betrieb und kein kaufmännisches Unternehmen ist, muß ihre Bewertung berufsbezogen erfolgen. Der Praxiswert beruht auf den **Vertrauensbeziehungen** zwischen Anwalt und Mandant. Er ist daher **personenbezogen**. Dieses persönliche Vertrauensverhältnis endet mit dem Ausscheiden des Praxisinhabers. Der Praxiswert verflüchtigt sich daher verhältnismäßig schnell (BFH 15. 4. 58, BStBl III 330).

1132 Der Praxiswert ist seinem Wesen nach etwas anderes als der **Geschäftswert** (Firmenwert) des gewerblichen Unternehmens. Er wird daher auch

Beginn der freiberuflichen Tätigkeit 283

in der Rechtsprechung anders behandelt als der Geschäftswert beim Gewerbetreibenden.

Auch die Grundsätze für die Bewertung von **Wirtschaftsprüfer- und/oder** **Steuerberaterpraxen** sind auf die Bewertung von Anwaltspraxen nicht anwendbar (BRAK-Mitt. a. a. O.). 1133

c) Grundlagen der Bewertung

Der um die **USt** gekürzte **Umsatz** ist nach dem BRAK-Bericht der geeignete Wertbestimmungsfaktor. Er ist um außerordentliche **personenbezogene Vergütungen** zu bereinigen, z. B. Vergütungen als Politiker, Mitglied eines Aufsichtsrats oder Beirats, Organ eines Verbandes, Vereins oder einer sonstigen Organisation, Schriftsteller, Lehrer usw. 1134

Außerordentliche anwaltsbezogene Vergütungen, mit deren Wiederkehr nicht gerechnet werden kann, sind nicht zu berücksichtigen, z. B. Vergütungen als Testamentsvollstrecker, Konkursverwalter, Vergleichsverwalter, Zwangsverwalter, Vormund, Pfleger, Vermögensverwalter, Treuhänder, Mitglied eines Schiedsgerichts, einer Schiedsstelle, eines Berufsgerichts, Sachverständiger usw. 1135

Der so bereinigte Umsatz ergibt die **Bemessungsgrundlage,** die mit einem von den Umständen des Einzelfalles abhängigen **Berechnungsfaktor** zu multiplizieren ist, der zwischen 0,5 und 1,0, in Ausnahmefällen bis zu 1,5 liegen kann (BRAK-Mitt. a. a. O.). 1136

Von dem so ermittelten Zwischenwert ist ein **fiktiv ermittelter kalkulatorischer Anwaltslohn** für ein Jahr abzusetzen. Hierzu wird vergleichsweise die Richterbesoldung herangezogen 1137

- bei Anwälten unter 45 Jahren und einem Umsatz unter 250 000 DM Stufe R 1 entsprechend ihrer Altersstufe zuzüglich Ortszuschlag,
- bei Anwälten über 45 Jahren und einem Umsatz unter 250 000 DM Stufe R 2 entsprechend ihrer Altersstufe zuzüglich Ortszuschlag,
- bei Anwälter mit einem Jahresumsatz von mehr als 250 000 DM – ohne Altersgrenze – Stufe R 3 zuzüglich Ortszuschlag. Bei Anwälten mit einem Jahresumsatz über 250 000 DM kann nach dem BRAK-Bericht eine Altersgrenze außer acht gelassen werden, da ihre Entwicklung unabhängig von einer vergleichbaren Richterlaufbahn erfolgte.

Der Vergleichsbetrag wird um einen **Zuschlag von etwa 40 v. H.** zum Ausgleich der Altersversorgung und der Beihilfen eines Richters erhöht. 1138

1139 Die **Höhe** der Absetzung des kalkulatorischen **Anwaltslohns** hängt von der Fallgruppe ab (vgl. Rdnr. 1137).

1140 Der so ermittelte Wert ist der Praxiswert. Umsatzsteuerlich ist er ein **Nettowert**.

d) Anwendung auf die Fallgruppen

1141 Bei der Ermittlung des Praxiswertes in den in Rdnr. 1125 erwähnten Fallgruppen ist nach dem BRAK-Bericht von folgenden Überlegungen auszugehen.

aa) Fortführungswert

1142 Zunächst ist die **Bemessungsgrundlage** nach den in Rdnr. 1134 ff. aufgezeigten Grundsätzen zu ermitteln.

1143 Wie bereits in Rdnr. 1131 ausgeführt, **verflüchtigt** sich der **Praxiswert** verhältnismäßig schnell. Steuerlich geht man von etwa 3 bis 5 Jahren aus. Er verflüchtigt sich **schneller,** wenn der fortführende **Anwalt älter und krank** ist. Zu berücksichtigen ist ferner, daß der Fortführungswert auch von der **Arbeitskraft** und **Leistungsfähigkeit** des fortführenden Anwalts abhängt, weil von diesem der künftige Umsatz abhängt.

1144 Der **Berechnungsfaktor** kann danach im Einzelfall zwischen 0,5 und 1,0 der Bemessungsgrundlage, in besonderen Ausnahmefällen bis zu 1,5 bestimmt werden (BRAK-Mitt. a. a. O.).

1145 Folgende Merkmale können bei der Einzelbestimmung den **Berechnungsfaktor** z. B. senken: Bestehen der Praxis seit weniger als 10 Jahren, Alter des Praxisinhabers über 60 Jahre, schlechte Gesundheit des Praxisinhabers, Einkünfte von wenigen Großklienten, überdurchschnittliche praxisbedingte Kosten, Kosten angestellter Rechtsanwälte.

1146 Folgende Merkmale können z. B. den **Berechnungsfaktor erhöhen:** Bestehen der Praxis länger als 10 Jahre, breit gestreuter Klientenkreis, überdurchschnittlich niedrige Kosten.

1147 Von dem sich danach ergebenden Zwischenwert ist der fiktive **kalkulatorische Anwaltslohn** für ein Jahr **abzuziehen.** Es ergibt sich dann der Praxiswert für den Einzelfall. Vom sich ergebenden Praxiswert sind die **Ertragsteuern** abzusetzen, die bei einer fiktiven Veräußerung der Praxis gegen Kapitalzahlung anfallen würden (BRAK-Mitt. a. a. O.).

bb) Übergabewert

Zunächst ist die **Bemessungsgrundlage** nach den in Rdnr. 1134 ff. aufgezeigten Grundsätzen zu ermitteln. 1148

Bei der Bestimmung des **Berechnungsfaktors** gelten nach dem BRAK-Bericht die gleichen Überlegungen wie zum Fortführungswert (Rdnr. 1144 ff.). 1149

Der **Berechnungsfaktor** kann danach im Einzelfall zwischen 0,5 und 1,0 der Bemessungsgrundlage, in besonderen Ausnahmefällen bis zu 1,5 bestimmt werden. 1150

Folgende Merkmale können bei der Einzelbestimmung den **Berechnungsfaktor** z. B. **senken**: Alter des Übergebers über 65 Jahre, Bestehen der Praxis weniger als 10 Jahre, besondere Spezialkenntnisse des Übergebers ohne entsprechende Spezialkenntnisse des Übernehmers, Einkünfte von wenigen Großklienten, auslaufende Tätigkeitsarten der Praxis (Wiedergutmachung, Vetreibungsschäden), Übergang der Praxis nach Unterbrechung, Kosten angestellter Rechtsanwälte. 1151

Folgende Merkmale können z. B. den **Berechnungsfaktor erhöhen**: Alter des Übergebers unter 60 Jahre, Bestehen der Praxis über 10 Jahre, Allgemeinpraxis, Spezialkenntnisse des Übernehmers auf dem Spezialgebiet des Übergebers, breit gestreuter Klientenkreis, Einführung des Erwerbers in die Klientel durch bisherige Tätigkeit des Erwerbers in der Praxis ohne weitere Übergangstätigkeit des Übergebers, besonderer Ruf der Praxis, günstige Geschäfts- und Konkurrenzlage der Praxis, günstiger Mietvertrag der Praxis, moderne Ausstattung der Praxis. 1152

Von dem sich danach ergebenden Zwischenwert ist der **fiktive kalkulatorische Anwaltslohn** für ein Jahr **abzuziehen**. Der BRAK-Bericht hält es für gerechtfertigt, **nur** den **halben** – im Einzelfall auch geringeren – **Anwaltslohn** vom Wert abzusetzen. Er sieht das darin begründet, daß der Übergeber seine Praxisleistung oder sein Lebenswerk dem Übernehmer überläßt und ihm damit eine Chance der beruflichen Entwicklung ohne Anlaufzeit ermöglicht, die der Übernehmer aus eigener Kraft nicht hätte. 1153

Der Übernehmer hätte zu diesem Zeitpunkt ohne die Übergabe nicht die Chance, einen Anwaltslohn in der Höhe zu verdienen, wie er bei der Berechnung des Praxiswerts als kalkulatorischer Anwaltslohn fiktiv zugrundegelegt werde. 1154

cc) Beteiligungswert

1155   Hier sind drei Fälle zu unterscheiden (BRAK-Mitt. a. a. O.):
- Beteiligungswert bei bestehender Sozietät,
- Begründung einer oder Eintritt in eine Sozietät,
- Auflösung einer oder Ausscheiden aus einer Sozietät.

(1) Beteiligungswert bei bestehender Sozietät

1156   Nach dem BRAK-Bericht ist der Praxiswert der Sozietät nach den in Rdnr. 1142 ff. aufgezeigten Grundsätzen für den Fortführungswert in der Weise zu bestimmen (einschließlich Abzug der fiktiven Ertragsteuern), daß für jeden Sozius ein kalkulatorischer Anwaltslohn anzusetzen ist.

1157   Der **Beteiligungswert** ergibt sich aus dem **Vomhundertsatz**, mit dem der Sozius an der Sozietät beteiligt ist. **Besondere Pflichten,** die der Sozius im Sozietätsvertrag übernommen hat, z. B. Altersversorgung anderer Sozii, sind nach entsprechender Bewertung von dem **Beteiligungswert** abzusetzen. Soweit den Pflichten Rechte entsprechen, ist dies zu berücksichtigen. Gegenseitige gleichwertige Pflichten und Rechte beeinflussen den Beteiligungswert nicht (BRAK-Mitt. a. a. O.).

(2) Begründung einer oder Eintritt in eine Sozietät

1158   Es kann bei der Bestimmung des **Berechnungsfaktors** innerhalb des maßgeblichen Rahmens – wie beim Übergabewert, vgl. Rdnr. 1150 ff. – nach dem BRAK-Bericht berücksichtigt werden, daß die Aussicht der Wiederkehr der bisherigen Beträge bei der Übernahme einer Beteiligung (Sozietätsanteil) hoch sei. Begründet wird das damit, der eintretende Sozius komme in eine Sozietät, die von dem bisherigen Inhaber fortgeführt werde, bzw. begründe eine Sozietät, die von den Begründern fortgeführt werde. Zusätzlich bringe er seine Arbeitskraft ein.

1159   Es ist zwischen zwei Fallgruppen zu unterscheiden (BRAK-Mitt. a. a. O.):
- Zusammenlegung von Praxen zur Gründung einer Sozietät und
- Einbringung einer Praxis in eine Sozietät.

1160   Beim **Einbringen** der Praxis des Eintretenden ist sein bisheriger Praxiswert nach den in Rdnr. 1148 ff. dargelegten Grundsätzen zum **Übergabewert** zu bestimmen. Der Praxiswert ist dem Praxiswert der aufnehmenden

Beginn der freiberuflichen Tätigkeit 287

Sozietät oder Einzelpraxis (nach Übergabewert) zuzurechnen. Der sich hiernach ergebende **Gesamtpraxiswert** ist auf die Sozii entsprechend ihren Anteilen zu verteilen. Von dem sich so ergebenden Sozietätsanteil des neuen Sozius am Gesamtpraxiswert ist der Praxiswert, den der neue Sozius einbringt, abzusetzen. Die **Differenz** ist der **Ausgleichsbetrag**, den der neue Sozius zu erbringen hat oder der ihm zusteht (so BRAK-Mitt. a. a. O.).

Beim **Eintritt in eine bestehende Praxis** oder **in eine Sozietät** ist zunächst der bisherige bereinigte Umsatz der Praxis oder Sozietät nach den in Rdnr. 1148 dargelegten Grundsätzen zum Übergabewert zu ermitteln und danach der Praxiswert – nach den Grundsätzen zum Übergabewert – zu bestimmen. Daraus ergibt sich je nach dem Vomhundertsatz des Sozietätsanteils eines neuen Sozius dessen Beteiligungswert (BRAK-Mitt. a. a. O.). 1161

Pflichten, die im Sozietätsvertrag übernommen werden, sind entsprechend den Ausführungen in Rdnr. 1157 zum Beteiligungswert zu berücksichtigen. 1162

(3) Auflösung einer oder Ausscheiden aus einer Sozietät

Es ist zwischen drei Fallgruppen zu unterscheiden (BRAK.-Mitt. a. a. O.): 1163

- **Auflösung einer Sozietät unter Fortführung mehrerer Einzelpraxen:** 1164
  Nach dem BRAK-Bericht gelten die gleichen Grundsätze wie in Rdnr. 1158 ff. (Zusammenlegung von Praxen).

- **Ausscheiden aus einer Sozietät unter Fortführung einer Praxis durch Ausscheidenden** 1165
  Nach dem BRAK-Bericht gelten die gleichen Grundsätze wie in Rdnr. 1161 ff. (Eintritt in eine bestehende Praxis oder Sozietät).

- **Ausscheiden aus einer Sozietät ohne Fortführung einer Praxis durch Ausscheidenden** 1166

Nach dem BRAK-Bericht finden beim Ausscheiden eines Sozius aus der Sozietät wegen Praxisaufgabe, Alter oder Tod die in Rdnr. 1148 ff. dargestellten Grundsätze zum Übergabewert entsprechende Anwendung, sofern nicht die Ansprüche des Ausscheidenden durch den Sozietätsvertrag geregelt sind. 1167

e) Praxiswert steuerlich

1168 Die **Aufwendungen für den Kauf einer Anwaltspraxis** sind als Anschaffungskosten für die übernommenen Wirtschaftsgüter, z. B. Büroeinrichtung, Fachbücherei, zu **aktivieren**. Die greifbaren Wirtschaftsgüter sind dabei mit den Teilwerten i. S. des § 6 Abs. 1 Nrn. 1, 2 EStG als oberste Grenze zu bewerten. Übersteigt der Kaufpreis für die Praxis die Summe der Teilwerte der übernommenen Wirtschaftsgüter, dann ist der Unterschiedsbetrag als **unkörperliches Wirtschaftsgut „Praxiswert"** zu aktivieren. Dieses Wirtschaftsgut darf in etwa drei bis fünf Jahren **abgeschrieben** werden, weil sich im Laufe der Zeit zwischen dem die Praxis übernehmenden Rechtsanwalt und den übernommenen Mandanten ein neues Vertrauensverhältnis entwickelt und die Bindungen der Mandanten an die alte Praxis sich in kurzer Zeit verflüchtigen (RFH 28. 7. 38, RStBl S. 955; BFH 15. 4. 58, BStBl III 330). Auch bei Einnahme-Überschußrechnung ist ein sofortiger Abzug nicht zulässig (BFH 6. 12. 72, BStBl 1973 II 293). Nur in Ausnahmefällen, z. B. wenn der **Erwerber** über die wirklichen Werte der Praxis nachweisbar **getäuscht** wurde, kann ein Teil des Kaufpreises als Rückforderungsanspruch gegen den Verkäufer aktiviert werden. Die Behandlung des aktivierten Rückforderungsanspruchs richtet sich nach seiner Durchsetzbarkeit. Wird ein Rechtsstreit geführt, so sind seine Aussichten für die Bewertung maßgeblich. Wird kein Prozeß geführt, so ist anzunehmen, daß der Erwerber den Mehraufwand in Kauf nimmt und ihn aktivieren muß. Die Neuregelung der Abschreibbarkeit durch das **Bilanzrichtliniengesetz** hat für die Abschreibbarkeit des Praxiswerts grundsätzlich keine Änderung gebracht.

1169 In den Fällen aber, in denen nach bisheriger Rechtsprechung des BFH sich der erworbene Praxiswert nicht abnutzt, weil der Praxisinhaber weiterhin mitarbeitet und somit entscheidenden Einfluß auf die Praxis ausübt (BFH 23. 1. 75, BStBl II 381), läßt es nunmehr die Finanzverwaltung zu, daß die jetzt für den Geschäftswert maßgeblichen Vorschriften des § 7 Abs. 1 Satz 3 EStG über die Nutzungsdauer und des § 52 Abs. 6a EStG (i. d. F. des Art. 10 Abs. 15 Nr. 3 BiRiLiG v. 19. 12. 85, BGBl I 2355) über den Abschreibungsbeginn entsprechend angewendet werden (BMF 20. 11. 86, BStBl I 532). Nach Verwaltungsmeinung kann daher ab 1987 der erworbene Praxiswert innerhalb von **15 Jahren,** also **jährlich mit 6 ⅔ v. H. abgeschrieben** werden. Das gilt auch für solche Sozietäten, die vor 1987 entstanden sind. Aus den in Rdnr. 1170 erörterten Gründen halte ich auch in den vorerwähnten Fällen den kürzeren Abschreibungszeitraum von 3 bis 5 Jahren für zulässig.

Beginn der freiberuflichen Tätigkeit

Die Neuregelung kommt z. B. in den Fällen zur Anwendung, in denen eine Einzelpraxis in eine GmbH eingebracht und der frühere Praxisinhaber Alleingesellschafter der GmbH wird oder wenn eine freiberufliche Gemeinschaft unter Beibehaltung des bisherigen persönlichen Einflusses aller Beteiligten lediglich ihre Rechtsform ändert oder wenn eine Sozietät als Sacheinlage in eine GmbH eingebracht wird.

Die **Gleichsetzung von Geschäftswert und Praxiswert** ist auf Kritik gestoßen. So ist nach Auffassung der Bundessteuerberaterkammer (StB 1987, 239) der entgeltlich erworbene Praxiswert in jenen Fällen, in denen der bisherige Praxisinhaber weiterhin persönlichen Einfluß in der Praxis ausübt, genauso zu behandeln wie beim Ausscheiden des bisherigen Praxisinhabers. Der neu eingetretene Partner, z. B. im Fall der Aufnahme in eine Sozietät, wird Mitinhaber des Praxiswertes. Dieser erworbene Praxiswert stellt für den neu eingetretenen Partner jedoch lediglich eine günstige Chance dar, sich durch Fleiß in seinem Wirkungskreis auszuzeichnen und dadurch Mandanten zu halten. Er muß also die Fähigkeit mitbringen und einsetzen, die über Erfolg oder Mißerfolg im freien Beruf entscheidet. Er kann sich nicht auf den Vertrauensvorschuß verlassen, den sein Partner – der ehemalige Alleininhaber – mitbringt. Kann der neu eingetretene Partner die in ihn gesetzten Erwartungen nicht erfüllen, so wird die Folge sein, daß die Zahl der Mandanten sinkt, was sich auf den Praxiswert negativ auswirken wird. Dies zeigt deutlich, daß der erworbene Praxiswert für den Neuling in gleicher Weise sich verflüchtigen kann wie für den Erwerber, dessen bisheriger Praxisinhaber sich gänzlich aus dem Berufsleben zurückzieht. Meines Erachtens ist die bei Sozietäten bei Fortbestehen des persönlichen Vertrauensverhältnisses unterstellte längere Abschreibungszeit von 15 Jahren ein Widerspruch (so auch Borst, BB 86, 2170). Denn wenn nunmehr die Möglichkeit der Abschreibung grundsätzlich auch für den Praxiswert einer Sozietät besteht, § 7 Abs. 1 Satz 3 EStG, aber nur für den Geschäftswert bzw. Firmenwert Gültigkeit hat, kann nicht gefordert werden, daß der Praxiswert der Nutzungsdauer des Geschäftswerts bzw. Firmenwerts folgt. Daher muß der Praxiswert einer Sozietät ebenfalls in einem Zeitraum von 3 bis 5 Jahren abgeschrieben werden können. Auch Bordewin (NWB F. 17 a, 899 f.), George (BBK F. 13, 3021, 3032), Fasold (BB 1987, 100) sowie Seeger (in Schmidt, a. a. O., § 6 Anm. 75) halten die **kürzere Nutzungsdauer** für den Praxiswert für **zutreffend**. Nach Meinung des FG Rheinland-Pfalz (23. 3. 87, Nichtzulassungsbeschwerde eingelegt, EFG

1170

S. 449) ist eine Abschreibung eines Praxiswerts nur bei tatsächlicher und nachweisbarer Verflüchtigung zulässig. Das Urteil kann unseres Erachtens nicht verallgemeinert werden. Es äußert sich zum Praxiswert einer Steuerberatungs-Sozietät, die unter der Bezeichnung „Dr. X und Partner" firmierte. Der neu eintretende Gesellschafter war bereits seit Jahren in der Praxis tätig, die auch nach dem Eintritt familienbezogen weiter ausgeübt wurde.

1171–1179 *(Einstweilen frei)*

5. Umsatzsteuer beim Praxiskauf/Praxisverkauf ▶ BSt-RA-300 ◀

Dem Praxiskauf des Erwerbers entspricht der Praxisverkauf des Veräußerers. Dieser umsatzsteuerliche Leistungsaustausch ist nach den folgenden Grundsätzen zu beurteilen.

1180 Wird eine Anwaltspraxis veräußert, so liegt umsazsteuerrechtlich eine **Geschäftsveräußerung** i. S. des § 10 Abs. 3 UStG vor, wenn der Veräußerer sein Unternehmen im ganzen an den Erwerber **übereignet**. Dies ist der Fall, wenn die übereigneten Gegenstände die wesentlichen Grundlagen eines Unternehmens waren, so daß der Erwerber das Unternehmen ohne nennenswerte finanzielle Aufwendungen fortsetzen kann (BFH 30. 8. 62, BStBl III 455). Welches die wesentlichen Grundlagen sind, richtet sich nach den tatsächlichen Verhältnissen im Zeitpunkt der Übereignung (BFH 25. 11. 65, BStBl 1966 III 333). Als **Unternehmen** im vorstehenden Sinne kommt auch die **Praxis** eines Freiberuflers in Betracht.

Beispiel:
Rechtsanwalt A veräußert seine gesamte Anwaltspraxis mit allem Inventar an Rechtsanwalt B, der sie fortführt. Es liegt eine Geschäftsveräußerung im ganzen i. S. des § 10 Abs. 3 UStG vor.

1181 Eine Geschäftsveräußerung im ganzen i. S. des § 10 Abs. 3 UStG liegt aber auch dann vor, wenn „ein in der Gliederung eines Unternehmens gesondert geführter Betrieb im ganzen übereignet wird", der wirtschaftlich selbständig ist. Dies setzt voraus, daß der veräußerte Teil des Unternehmens einen für sich lebensfähigen Organismus gebildet hat, der unabhängig von den anderen Geschäften des Unternehmens nach Art eines selbständigen Unternehmens betrieben worden ist (Abschn. 154 Abs. 3 UStR). Ein **Rechtsanwalt** z. B., der **neben** seiner **Anwaltskanzlei** auch eine organisatorisch **selbständige Steuerberatungs- oder Wirtschaftsprüferpraxis** betreibt, dürfte diese Voraussetzungen erfüllen (BFH 27. 4. 78, BStBl II 562, zu § 18 Abs. 3 EStG). In derartigen Fällen liegt keine sach-

Beginn der freiberuflichen Tätigkeit 291

lich einheitliche Praxis mit gleichartiger Tätigkeit vor; vielmehr handelt es sich um mehrere organisatorisch selbständige Praxisteile, in denen der Sache nach verschiedene Berufstätigkeiten ausgeübt werden. Solche Tätigkeiten sind vor allem dann zu bejahen, wenn sie üblicherweise nicht von einer Person ausgeübt werden können, weil sie eine unterschiedliche Berufsausbildung und in der Regel einen unterschiedlichen Werdegang erfordern (BFH 27. 4. 78, a. a. O.; zur ESt vgl. Rdnr. 1203 ff.).

Die Geschäftsveräußerung im ganzen unterliegt als **Umsatz** i. S. des § 1 Abs. 1 Nr. 1 UStG der USt. Es gelten die allgemeinen Vorschriften. Soweit Erwerber und Veräußerer der Regelbesteuerung unterliegen, gleichen sich Steuerbelastung und Steuerentlastung durch den Vorsteuerabzug wieder aus. 1182

Bemessungsgrundlage ist nach § 10 Abs. 3 Satz 1 UStG das Entgelt für die auf den Erwerber übertragenen Gegenstände (Besitzposten). Die übernommenen **Schulden** dürfen **nicht abgezogen** werden (§ 10 Abs. 3 Satz 3 UStG). 1183

Entgelt ist also nicht der tatsächliche Kaufpreis, das heißt, der Unterschied zwischen Aktiva und Passiva. Gegenstand des Leistungsaustausches ist die Lieferung der einzelnen Besitzpartien (Bilanzaktiva) gegen Leistung des **gesamten Kaufpreises einschließlich der übenommenen Schulden** (Bilanzpassiva). Das wird durch § 10 Abs. 3 UStG ausdrücklich klargestellt, ergibt sich aber im übrigen bereits aus § 1 Abs. 1 UStG i. V. m. § 10 Abs. 1 UStG. 1184

Bei **Ratenzahlungen** des Kaufpreises stellen die gesamten vereinbarten Raten das Entgelt für die Veräußerung dar, das ohne Abzinsung der USt unterliegt. 1185

Bei Geschäftsveräußerung gegen **Rente** ist diese nach den Grundsätzen der Einheitsbewertung (§ 14 BewG) zu kapitalisieren (Abschn. 154, Abs. 4 UStR). 1186

Die **Befreiungsvorschriften** bleiben unberührt (§ 10 Abs. 3 Satz 2 UStG), das heißt, sie sind anzuwenden, wenn Befreiungstatbestände vorliegen und der Unternehmer auf die Inanspruchnahme der Befreiung nicht nach § 9 UStG verzichtet hat. 1187

Beispiel:
Rechtsanwalt A veräußert seine Praxis am 31. 12. 88 an Rechtsanwalt B. B versteuert seine Umsätze nach vereinbarten Entgelten. Die Praxis geht mit folgenden Werten auf den Käufer, Rechtsanwalt B, über: 1188

Aktiva		Passiva	
Praxis-Eigentumswohnung	200 000 DM	Kapital B	150 000 DM
Praxiseinrichtung	30 000 DM	Sonstige Verbindlichkeiten	90 000 DM
Bibliothek	5 000 DM		
ausstehende Honoraransprüche	5 000 DM		
	240 000 DM		240 000 DM

Es liegt eine Geschäftsveräußerung vor.

Die USt errechnet sich folgendermaßen:

Entgelt für die gelieferten Besitzposten	240 000 DM
Da die Befreiungsvorschriften unberührt bleiben, sind befreit:	
Praxis-Eigentumswohnung nach § 4 Nr. 9a UStG	./. 200 000 DM
Forderungen (Honoraransprüche) nach § 4 Nr. 8c UStG	./. 5 000 DM
	205 000 DM
steuerpflichtig	35 000 DM

Der Steuersatz beträgt 14 %, so daß die USt sich auf 4 900 DM beläuft. Sie ist dem Erwerber, Rechtsanwalt B, neben dem Betrag von 240 000 DM in Rechnung zu stellen (240 000 DM + 4 900 DM = 244 900 DM) und darf von diesem als Vorsteuer abgezogen werden.

1189 Für die Fälligkeit der USt gelten die allgemeinen Vorschriften. Die USt für Geschäftsveräußerungen ist stets nach den **vereinbarten Entgelten** zu berechnen, auch wenn dem Veräußerer die Berechnung nach vereinnahmten Entgelten gestattet worden ist (Abschn. 154 Abs. 8 UStR).

6. Haftung des Praxiserwerbers

1190 Wird ein **Unternehmen** oder ein in der Gliederung eines Unternehmens **gesondert geführter Betrieb** im ganzen **übereignet**, so **haftet** der **Erwerber** nach § 75 AO für **Steuern**, bei denen sich die Steuerpflicht auf den Betrieb des Unternehmens gründet, und für **Steuerabzugsbeträge**.

1191 Als **Unternehmen** i. S. der Vorschrift bezeichnet man die organisierte Zusammenfassung von Einrichtungen und dauernden Maßnahmen zur Erzielung von wirtschaftlichen Zwecken. Unter diesen Begriff fallen nicht nur gewerbliche Betriebe im engeren Sinne, sondern auch der „Betrieb" eines Freiberuflers, z. B. die **Praxis** eines Rechtsanwalts/Notars (Burhoff/ Charlier, a. a. O., S. 164).

Beginn der freiberuflichen Tätigkeit

Ein in der Gliederung eines Unternehmens gesondert geführter Betrieb muß als **Teilbetrieb** bereits in der Hand des Veräußerers gesondert geführt worden sein und für sich einen lebensfähigen Organismus darstellen, so daß er vom Erwerber ohne erhebliche Veränderungen selbständig fortgeführt werden kann (Burhoff/Charlier, a. a. O., S. 164). Ein Teilbetrieb im vorstehenden Sinne könnte z. B. bei einem Rechtsanwalt und Steuerberater bei Vorliegen der genannten Voraussetzungen übereignet werden, wenn er die Steuerberaterpraxis veräußert. Vgl. dazu auch Rdnr. 1181 zur Veräußerung eines in der Gliederung eines Unternehmens gesondert geführten Betriebs im ganzen gem. § 10 Abs. 3 UStG.

1192

Der Begriff „**Übereignung**" ist in erster Linie nach bürgerlich-rechtlichen Gesichtspunkten auszulegen. Er ist aber insofern weiter, als er auch Wirtschaftsgüter umfassen kann, die nicht im bürgerlich-rechtlichen Sinne übereignet werden können, z. B. Erfahrungen, Beziehungen zu den Mandanten usw. (Wollny, a. a. O., Rdnr. 4023). Voraussetzung für eine Übereignung ist, daß der Eigentümer des Unternehmens wechselt. In der Regel wird der Übereignung einer Praxis ein Kaufvertrag zugrunde liegen. Ein Erwerb im Wege des **Erbgangs** begründet keine Haftung nach § 75 Abs. 1 AO, da hier nicht eine Übereignung, sondern ein Eigentumswechsel kraft Gesetzes vorliegt.

1193

Bei **mehrfacher Übereignung** haftet auch jeder weitere Erwerber. Die Haftung erstreckt sich auch auf etwaige Haftungsschulden des Vorbesitzers.

1194

Beispiel:
Rechtsanwalt A verkauft seine Praxis an Rechtsanwalt B, der die Praxis im selben Jahr an Rechtsanwalt C weiter veräußert. C haftet im Rahmen des § 75 Abs. 1 AO sowohl für die betrieblichen Steuerschulden des B als auch für die Haftungsschulden des B, die durch den ersten Eigentumsübergang ausgelöst worden sind.

Von einer Übereignung im ganzen kann nur dann gesprochen werden, wenn die **wesentlichen Grundlagen** der Praxis auf den Erwerber übergehen (vgl. Rdnr. 1207). Die Haftung wird nicht dadurch ausgeschlossen, daß einzelne Gegenstände nicht mitveräußert werden. Es muß jedoch eine lebende und **lebensfähige Praxis** übertragen werden.

1195

Die Praxis muß **fortsetzbar** sein, das heißt, der Erwerber muß in der Lage sein, sie ohne größere Umstellungen fortzuführen. Es kommt jedoch nicht darauf an, daß sie tatsächlich fortgeführt wird. Auch wenn die Pra-

1196

xis vom Erwerber aus welchen Gründen auch immer sofort nach dem Erwerb aufgegeben wird, haftet er nach § 75 Abs. 1 AO.

1197 Die **Haftung** des Praxiserwerbers ist **beschränkt**. Der Übernehmer haftet nach § 75 Abs. 1 AO nur für die in der Praxis begründeten Steuern sowie für Erstattung von Steuervergütungen. In Betracht kommen demnach in einer Anwalts-/Notars-Praxis die **USt** sowie die **KfzSt** für beruflich genutzte Kfz. Für **Gemeindesteuern** haftet der Erwerber nur, soweit auf sie § 75 AO anwendbar ist und dessen Voraussetzungen erfüllt sind.

1198 Der Erwerber haftet nach § 75 Abs. 1 AO **nicht** für **Personensteuern**, z. B. ESt des Praxisveräußerers.

1199 Der Praxiserwerber haftet nach § 75 Abs. 1 AO ferner für die **Steuerabzugsbeträge**. Hierzu gehört z. B. die **LSt**.

1200 Weitere Voraussetzung für die Haftung des Erwerbers ist, daß die Steuern und Erstattungsansprüche seit dem Beginn des letzten, vor der Übertragung liegenden Kalenderjahres entstanden sind und **innerhalb eines Jahres** nach Anmeldung der Praxis durch den Erwerber festgesetzt oder angemeldet worden sind. Die Jahresfrist beginnt frühestens mit dem Zeitpunkt der Praxisübernahme. Es ist ausreichend, wenn die Steuern gegenüber dem Veräußerer innerhalb der Jahresfrist festgesetzt worden sind. Der Haftungsbescheid kann später erlassen werden. In Fällen von Praxisübernahmen ist nach den Weisungen der Finanzbehörden die **Steuerfestsetzung beschleunigt** durchzuführen, ggf. ist zu **schätzen**.

1201 Die **Haftung** des Übernehmers **beschränkt** sich nach § 75 Abs. 1 Satz 2 AO auf den **Bestand des übernommenen Vermögens** einschließlich der Surrogate entsprechend § 419 Abs. 2 Satz 1 BGB.

1202 § 75 Abs. 2 AO enthält einen **Haftungsausschluß** für Erwerbe aus einer **Konkursmasse, aus der Liquidationsmasse**, beim Liquidationsvergleich im gerichtlichen Vergleichsverfahren und für Erwerbe im **Vollstreckungsverfahren**.

Beispiel:

Rechtsanwalt A übereignet am 20. 12. 1987 seine Praxis an Rechtsanwalt B. B haftet als Erwerber für die Betriebssteuern (USt) und Steuerabzugsbeträge (LSt) des Jahres 1986 und für die Zeit vom 1. 1. bis 20. 12. 1987. Erfolgt die Anmeldung der Praxis durch den Erwerber am 30. 12. 1987, so muß die Finanzbehörde spätestens bis zum 30. 12. 1988 die Steuern gegen den Veräußerer A festsetzen, wenn sie einen Haftungsbescheid gegen den Erwerber B erlassen will.

III. Ende der freiberuflichen Tätigkeit

1. Praxisveräußerung ▶ BSt-RA-305 ◀

a) Allgemeines

Im Kapitel Praxisveräußerung wird die **Seite des Verkäufers behandelt** (zur Käuferseite vgl. Rdnr. 1089 ff.). Bei der Praxisveräußerung gibt es **vielfältige Vertragsgestaltungen,** deren steuerliche Auswirkungen unterschiedlich sind. Das Entgelt für die Hingabe der Praxis kann in Barzahlung (vgl. Rdnr. 1224 ff.), Ratenzahlung (vgl. Rdnr. 1227 ff.), Rentenzahlung (betriebliche Veräußerungsrente, vgl. Rdnr. 1230 ff.; betriebliche Versorgungsrente, vgl. Rdnr. 1237; außerbetriebliche Versorgungsrente, vgl. Rdnr. 1238) oder Umsatz- bzw. Gewinnbeteiligung (Rdnr. 1240) bestehen. 1203

b) **Begriff der Praxisveräußerung**

Zu den Einkünften aus selbständiger Arbeit gehört auch der Gewinn, der bei der Veräußerung des Vermögens oder eines selbständigen Teils des Vermögens oder eines Anteils am Vermögen erzielt wird, das der selbständigen Arbeit dient (§ 18 Abs. 3 Satz 1 EStG). Wird die gesamte Praxis oder eine Teilpraxis veräußert, so wird ein Freibetrag gewährt (§§ 18 Abs. 3 Satz 2, 16 Abs. 4 EStG; vgl. i. e. Rdnr. 1218 ff.). Außerdem unterliegt der Veräußerungsgewinn dem ermäßigten Steuersatz (§ 34 Abs. 2 Nr. 1 EStG, Rdnr. 1223 ff.). 1204

Veräußerung in diesem Sinn ist die **entgeltliche oder teilentgeltliche** (vgl. dazu BFH 5. 7. 90, BStBl II 847 und Rdnr. 1094) **Übertragung des wirtschaftlichen Eigentums,** nicht jedoch die unentgeltliche Übertragung. Bei letzterer sind für die Ermittlung des Gewinns des bisherigen Praxisinhabers die Wirtschaftsgüter mit den Werten anzusetzen, die sich nach den Vorschriften über die Gewinnermittlung ergeben (§ 7 Abs. 1 EStDV). 1205

Die Veräußerung einer Praxis oder Teilpraxis setzt folgendes voraus (BFH 9. 8. 89, BStBl II 973, m. w. N.; vgl. auch Ehlers, NWB F. 3, 7455): 1206

- Entgeltliche Übertragung der **wesentlichen Grundlagen** der Praxis oder Teilpraxis (Organisationseinheit), vgl. Rdnr. 1207,
- in einem **einheitlichen Vorgang**
- auf **einen Erwerber** und dadurch

- **Beendigung der freiberuflichen Tätigkeit des Veräußerers mit den veräußerten Betriebsgrundlagen** (vgl. Rdnr. 1208 ff.).

1207 Zu den **wesentlichen Grundlagen** der Praxis gehört jedenfalls der Mandantenstamm. Bei anderen Wirtschaftsgütern (z. B. Forderungen, Büroausstattung, Grundstücke) kommt es darauf an, ob sie für die Praxis von besonderer Bedeutung sind, was tendenziell eher zu verneinen ist (zu Grundstücken vgl. BFH 12. 11. 85, BStBl 1986 II 299 und Blümich/Obermeier, § 2 GewStG Rz. 465 ff., m. w. N., wonach Bürogrundstücke nur in Sonderfällen als wesentliche Betriebsgrundlage anzusehen sind). Der BFH hat zwar im Urteil 26. 4. 79 (BStBl II 557) ein Wirtschaftsgut mit erheblichen stillen Reserven als wesentliche Betriebsgrundlage behandelt, dies im Urteil 1. 10. 86 (BStBl 1987 II 113) dahingehend eingeschränkt, daß dies nicht für ein funktional unbedeutendes Wirtschaftsgut gelte.

1208 Einer Betriebsveräußerung i. S. von §§ 18 Abs. 3, 16 Abs. 1 EStG **steht es nicht entgegen,** wenn der Veräußerer eine von der Haupttätigkeit abgrenzbare Nebentätigkeit (z. B. Vortragstätigkeit, Testamentsvollstreckung, vgl. dazu Rdnr. 750 ff.) weiterbetreibt oder in der Überleitungsphase (ca. 6 Monate, Ehlers, NWB F. 3, 7455, 7457) oder als Angestellter in der Praxis mitarbeitet (OFD Köln 28. 9. 88, S – 2290 – 20 St 113; Ehlers, NWB F. 3, 7455, 7458). **Schädlich** ist jedoch die Zurückbehaltung eines Teils der Mandantschaft (Ausnahme wohl: Mandate von Familienangehörigen) und die über die Übergangszeit hinausgehende freie Mitarbeit (ausführlich Ehlers, NWB F. 3, 7455, 7456 ff., mit Beispielen; Schoor, StWa 1989, 162 f.; a. A. Busse, BB 1989, 1951; Iwon, DStZ A 1990, 23).

1209 Wird die frühere Praxis veräußert oder aufgegeben und eine **neue Praxis eröffnet,** so hängt die Anwendbarkeit der §§ 16 und 34 EStG davon ab, ob die „stillgelegte" und die „wiederaufgenommene" Praxis bei wirtschaftlicher Betrachtungsweise identisch sind (vgl. BFH 3. 10. 84, BStBl 1985 II 131). Eine Praxisveräußerung im ganzen liegt auch dann vor, wenn sich der Rechtsanwalt **aus seinem örtlich begrenzten Wirkungsbereich löst,** um in einem anderen Bereich mit neuen Mandanten eine neue Praxis zu eröffnen. Entscheidend kommt es also darauf an, ob zumindest ein Teil der Mandantschaft auch in der neuen Praxis betreut wird. Dies hängt von der Ausstrahlungskraft der alten Praxis ab (vgl. i. e. Ehlers, NWB F. 3, 7455, 7458 ff.).

Ende der freiberuflichen Tätigkeit 297

Eine **Wiedereröffnung in dem bisherigen örtlich begrenzten Wirkungskreis** 1210
ist für die Anwendung der Steuerbegünstigungen der §§ 16 und 34 EStG
unschädlich, wenn der Praxisinhaber die freiberufliche Tätigkeit wenigstens „für eine gewisse Zeit" eingestellt hat (vgl. BFH 7. 11. 85, BStBl
1986 II 335). Dieser Zeitraum kann nicht allgemein bestimmt werden
(vgl. aber z. B. Busse, BB 1989, 1951: 2−3 Jahre; Ehlers, NWB F. 3,
7455, 7460: 6 Monate). Auch in diesem Fall wird entscheidend sein, ob
die alte Mandantschaft zumindest zu einem Teil wieder gewonnen wird
(dann keine steuerbegünstigte Praxisveräußerung). Dieses Problem
dürfte aber in der Regel keine große Bedeutung haben, weil der Praxiskäufer auf ein zeitliches Konkurrenzverbot Wert legen wird.

Eine **Teilpraxisveräußerung** i. S. von § 18 Abs. 3 EStG liegt nach der st. 1211
Rspr. des BFH (z. B. 27. 4. 78, BStBl II 562, m. w. N.) in folgenden Fällen vor:

- Es liegt **keine sachlich einheitliche Praxis** mit gleichartiger Tätigkeit 1212
vor. Es handelt sich um die Veräußerung eines Teils von mehreren
organisatorisch selbständigen Praxisteilen, in denen der Sache nach
verschiedene Berufstätigkeiten mit verschiedenen Mandantenkreisen
ausgeübt werden. Dies dürfte relativ selten sein.

- Es liegt eine **sachlich einheitliche Praxis** mit gleichartiger Tätigkeit vor. 1213
Die Praxis wird aber im Rahmen organisatorisch selbständiger Büros
mit besonderem Personal, die sich in der Regel, aber nicht unbedingt
an verschiedenen Orten befinden, in voneinander entfernten örtlichen
Wirkungskreisen mit getrennten Mandantenkreisen ausgeübt. Eine
steuerbegünstigte Teilpraxisveräußerung setzt dann die Veräußerung
des einen Büros samt den Mandantenbeziehungen und die völlige Einstellung der freiberuflichen Tätigkeit in dem dazugehörigen örtlich
abgegrenzten Wirkungskreis voraus.

c) Veräußerungsgewinn

Veräußerungsgewinn ist der Betrag, um den der Veräußerungspreis nach 1214
Abzug der Veräußerungskosten den Wert des Betriebsvermögens oder
den Wert des Anteils am Betriebsvermögen übersteigt. Der Wert des
Betriebsvermögens oder des Anteils ist für den Zeitpunkt der Veräußerung nach § 4 Abs. 1 oder § 5 EStG zu ermitteln (§§ 18 Abs. 3, 16 Abs. 2
EStG).

1215 Für das Jahr der Veräußerung ist daher zunächst der **laufende Gewinn** zu ermitteln, der nicht steuerbegünstigt ist. Aufgrund der Schlußbilanz, die für den Veräußerungstag aufzustellen ist, ist dann der **steuerbegünstigte Veräußerungsgewinn** zu errechnen.

1216 Da der Wert des Betriebsvermögens für den Zeitpunkt der Veräußerung nach § 4 Abs. 1 EStG zu ermitteln ist, muß der Rechtsanwalt/Notar, der den Gewinn nach § 4 Abs. 3 EStG ermittelt, fiktiv zur Gewinnermittlung nach § 4 Abs. 1 EStG übergehen (BFH 16. 3. 89, BStBl II 557; 15. 5. 86, BFH/NV 1988, 84; Abschn. 17 Abs. 8 EStR; zur Berechnung vgl. Abschn. 19 EStR und EStR Anlage 3). Der dadurch entstehende Gewinn zählt zum laufenden Gewinn (BFH 17. 4. 86, BFH/NV 1987, 759). Eine Verteilung auf drei Jahre kommt nicht in Betracht (BFH 3. 8. 67, BStBl III 755).

▷ **Hinweis:**

1217 Durch den fiktiven Übergang zur Gewinnermittlung nach § 4 Abs. 1 EStG und die Versteuerung des Veräußerungsgewinns kommt es in der Regel für das Veräußerungsjahr zu einer hohen Progression. Es empfiehlt sich daher, die **Praxis möglichst zu Beginn des Veranlagungszeitraums zu veräußern.**

d) Steuerbegünstigung des Veräußerungsgewinns (§§ 16 Abs. 4, 18 Abs. 2 Nr. 1 EStG)

1218 Der Veräußerungsgewinn wird zur ESt nur herangezogen, soweit er bei der Veräußerung der ganzen Praxis **30 000 DM** und bei der Veräußerung einer Teilpraxis oder eines Anteils am Betriebsvermögen den entsprechenden Teil von 30 000 DM übersteigt. Der **Freibetrag ermäßigt sich** um den Betrag, um den der Veräußerungsgewinn bei der Veräußerung der ganzen Praxis 100 000 DM und bei der Veräußerung einer Teilpraxis oder eines Anteils am Betriebsvermögen den entsprechenden Teil von 100 000 DM übersteigt (§§ 18 Abs. 3, 16 Abs. 4 Sätze 1 und 2 EStG).

Beispiel:

Bei einem Veräußerungsgewinn von 110 000 DM, der auf die ganze Praxis entfällt, beträgt der Freibetrag 20 000 DM.

1219 Wird eine **Teilpraxis** veräußert, so bestimmt sich der „entsprechende Teil" des Freibetrags grundsätzlich nach dem Verhältnis des bei der Ver-

Ende der freiberuflichen Tätigkeit 299

äußerung der Teilpraxis tatsächlich entstandenen Gewinns zu dem bei einer Veräußerung der ganzen Praxis erzielbaren Gewinn (BFH 17. 4. 80, BStBl II 642).

Wenn der Rechtsanwalt/Notar **nach Vollendung seines 55. Lebensjahrs** (vgl. § 108 Abs. 1 AO i. V. m. §§ 187 Abs. 2 Satz 2, 188 Abs. 2 BGB) oder **wegen dauernder Berufsunfähigkeit** (vgl. Rdnr. 1221 ff.) seine Praxis veräußert oder aufgibt, so tritt an die Stelle der Beträge von 30 000 DM jeweils der Betrag von 120 000 DM und an die Stelle der Beträge von 100 000 DM jeweils der Betrag von 300 000 DM (§ 16 Abs. 4 Satz 3 EStG). 1220

Beispiel:
Bei einem Veräußerungsgewinn von 350 000 DM, der auf die ganze Praxis entfällt, beträgt der Freibetrag 70 000 DM.

Dauernde Berufsunfähigkeit liegt vor, wenn der Praxisinhaber infolge Krankheit, anderer Gebrechen oder Schwäche der geistigen oder körperlichen Fähigkeiten (Invaliditätsfall) unfähig ist, die bisher in seiner Praxis ausgeübten Funktionen wahrzunehmen (vgl. Abschn. 139 Abs. 15 Satz 4 EStR und BFH 18. 8. 81, BStBl 1982 II 293). Zum **Nachweis** der Berufsunfähigkeit reicht die Vorlage eines Bescheides des Rentenversicherungsträgers aus, wonach Berufsunfähigkeit im Sinne von § 1246 RVO oder Erwerbsunfähigkeit im Sinne von § 1247 RVO vorliegt. Im übrigen können auch private Gutachten und Bescheinigungen den Nachweis ermöglichen (Abschn. 139 Abs. 15 Sätze 7 und 8 EStR). 1221

Dauernde Berufsunfähigkeit muß **in der Person des Veräußerers** (vgl. BFH 12. 6. 80, BStBl II 645) **oder des Erben** vorliegen (BFH 19. 5. 81, BStBl II 665). Der Tod des Praxisinhabers ist keine Berufsunfähigkeit i. S. von § 16 Abs. 4 EStG (BFH 29. 4. 82, BStBl 1985 II 204); ebenso nicht ein (befristetes) Berufsverbot (Zinn, StBp 1990, 66). 1222

Der – ggf. gemäß § 16 Abs. 4 EStG geminderte – Veräußerungsgewinn unterliegt einem **ermäßigten Steuersatz** (§ 34 Abs. 1, 2 Nr. 1 EStG). 1223

Beispiel (aus Abschn. 198 EStR):
Der Steuerpflichtige, der Einkünfte aus Gewerbebetrieb hat, und seine Ehefrau werden zusammen veranlagt. Im Zeitpunkt der Betriebsveräußerung hatte der Steuerpflichtige weder das 55. Lebensjahr vollendet noch war er dauernd berufsunfähig. Es sind die folgenden Einkünfte und Sonderausgaben anzusetzen:

Einkünfte aus Gewerbebetrieb

Laufender Gewinn		45 000 DM
Veräußerungsgewinn ($ 16 EStG)	55 000 DM	
davon bleiben nach § 16 Abs. 4 EStG steuerfrei	− 30 000 DM + 25 000 DM	70 000 DM
Einkünfte aus Vermietung und Verpachtung		+ 5 350 DM
Gesamtbetrag der Einkünfte		75 350 DM
Sonderausgaben		− 3 200 DM
Einkommen		72 150 DM
zu versteuerndes Einkommen		72 150 DM

Das zu versteuernde Einkommen fällt nach der Einkommensteuertabelle (Splittingtabelle) in die Stufe von 72 144 DM bis 72 251 DM. Für das auf den Stufeneingangsbetrag von 72 144 DM abgerundete gesamte zu versteuernde Einkommen würde sich eine Einkommensteuer von 13 950 DM ergeben. Sie entspricht einem durchschnittlichen Steuersatz von

$$\frac{13\ 950}{72\ 144} = \text{(abgerundet) } 19{,}3363 \text{ v. H.}$$

Der ermäßigte Steuersatz beträgt mithin $\frac{19{,}3363}{2} = 9{,}6681$ v. H.

Die gesamte Einkommensteuer ist wie folgt zu berechnen:

Nach der Einkommensteuertabelle (Splittingtabelle)

zu versteuerndes Einkommen	72 150 DM
abzüglich des steuerpflichtigen Teils des Veräußerungsgewinns	− 25 000 DM
verbleiben	47 150 DM
darauf entfallender Steuerbetrag	7 536 DM
Mit dem ermäßigten Steuersatz zu versteuerndes Einkommen	72 150 DM
abzüglich des nach der Einkommensteuertabelle zu versteuernden Betrags	− 47 150 DM
verbleiben (= mit dem ermäßigten Steuersatz zu versteuernder Teil des Veräußerungsgewinns)	25 000 DM
darauf Steuer mit dem ermäßigten Steuersatz (9,6681 v. H. von 25 000 DM =) − abgerundet −	+ 2 417 DM
Einkommensteuer insgesamt	9 953 DM

e) Barzahlung

Veräußerungspreis (Gesamtkaufpreis) ist die Gegenleistung, die der Veräußerer für die Praxis erhält, insbesondere der Kaufpreis, ebenso der Wert der hingegebenen Wirtschaftsgüter oder – bei Stundung – der begründeten Geldforderung (BFH 19. 1. 78, BStBl II 295); bei Zahlung des Kaufpreises an einen Bevollmächtigten der gemeine Wert der Herausgabeforderung im Zeitpunkt der Übergabe der Praxis (BFH 16. 3. 89, BStBl II 557); die Übernahme von (privaten) Verbindlichkeiten, nicht aber von Verbindlichkeiten, die zum Betriebsvermögen gehören (vgl. BFH 5. 7. 90, BStBl II 847 und Rdnr. 1095). — 1224

Ein Veräußerungsgewinn kann auch entstehen, wenn der Veräußerungspreis hinter dem Verkehrswert zurückbleibt (sogenanntes **teilentgeltliches Rechtsgeschäft**), vgl. BFH 5. 7. 90, BStBl II 847 und Rdnr. 1094. Auch in diesem Fall wird der Veräußerungsgewinn nach folgender Formel ermittelt: Veräußerungspreis ∕ Veräußerungskosten ∕ Wert des Betriebsvermögens (vgl. BFH 10. 7. 86, BStBl II 811; Groh, DB 1990, 2187, 2190; a. A. BFH 17. 7. 80, BStBl 1981 II 11, zu § 17 EStG, Aufteilung in eine voll entgeltliche Veräußerung und eine voll unentgeltliche Übertragung; LS, DStR 1990, 668). Dem steht nicht entgegen, daß der Erwerber die AfA vom entgeltlichen und vom unentgeltlichen Teil beanspruchen kann (vgl. Rdnr. 1094 und Obermeier, NWB F. 3, 7591, 7606). — 1225

Zur Berechnung des Veräußerungsgewinns vgl. i. e. Rdnr. 1214 ff.; zur Steuerbegünstigung des Veräußerungsgewinns vgl. Rdnr. 1218 ff. — 1226

f) Kaufpreisraten

Auch bei Kaufpreisraten steht der Veräußerungspreis fest. Sind **in den Raten die Zinszahlungen enthalten**, so muß der Zinsanteil herausgerechnet werden. **Veräußerungspreis** ist in diesem Fall der **Barwert** (Gegenwartswert der Summe aller Raten; zur Berechnung vgl. Hilfstafeln 1a und 2 des BewG; Jansen/Wrede, Rdnr. 244, Beispiele 32 bis 34; Dornbusch, AnwBl 1986, 496). — 1227

Zur Berechnung des Veräußerungsgewinns vgl. Rdnr. 1214 ff.; zur Steuerbegünstigung des Veräußerungsgewinns vgl. Rdnr. 1218 ff. — 1228

Die in den Ratenzahlungen enthaltenen **Zinsen** sind nach § 20 Abs. 1 Nr. 7 EStG zu versteuern. — 1229

g) Veräußerungsrente

1230 Bei einer Veräußerungsrente (zu den Voraussetzungen vgl. Rdnr. 1101) hat der Berechtigte zwei Möglichkeiten:

1231 • Er kann sich für eine **Besteuerung bei Zufluß** der Zahlungen entscheiden. Sie sind in voller Höhe nachträgliche Einkünfte aus selbständiger Arbeit (§§ 18, 24 Nr. 2 EStG), sobald die Zahlungen das Kapitalkonto und die Veräußerungskosten übersteigen. Freibetrag nach § 16 Abs. 4 EStG und Tarifbegünstigung nach § 34 EStG sind nicht zu gewähren (BFH 21. 12. 88, BStBl 1989 II 409, m. w. N.; Abschn. 139 Abs. 12 EStR).

1232 • Der Veräußerer kann aber auch eine **Sofortbesteuerung** wählen. Veräußerungspreis ist der versicherungsmathematische Barwert (vgl. Rdnr. 1105). Der Veräußerungsgewinn ist nach den §§ 16 Abs. 4, 34 EStG begünstigt (BFH 21. 12. 88, BStBl 1989 II 409, m. w. N.; Abschn. 139 Abs. 12 EStR). Die laufenden Rentenzahlungen sind mit dem Ertragsanteil nach § 22 Nr. 1 Satz 3 Buchst. a EStG zu versteuern.

1233 Der Berechtigte kann das Wahlrecht **bis zum Ende der mündlichen Verhandlung vor dem FG** ausüben (vgl. BFH 21. 9. 90 VI R 97/86, NWB EN-Nr. 1913/90, zur Rücknahme des Antrags auf Pauschalierung der LSt nach § 40 EStG; a. A. H/H/R, § 16 EStG, Rz. 205 a. E., bis zur Bestandskraft der Veranlagung; Schmidt, § 16 Anm. 44a, spätestens mit Abgabe der ESt-Erklärung).

▷ **Hinweis:**

1234 Eine allgemeine Aussage, ob die **Zufluß- oder Sofortversteuerung günstiger** ist, kann nicht gemacht werden. Tendenziell ist jedoch bei einer voraussichtlich kurzen Rentenlaufzeit und hohem Einkommensteuersatz die Sofortversteuerung, bei langer Zahlungsdauer und niedrigem Einkommensteuersatz die Zuflußversteuerung vorzuziehen (vgl. i. e. Dirrigl, DB 1988, 453). Entscheidend könnte auch sein, ob dem Rechtsanwalt/Notar der erhöhte Freibetrag des § 16 Abs. 4 Satz 3 EStG (vgl. Rdnr. 1220 ff.) zusteht (vgl. Rechenbeispiel bei Dornbusch, AnwBl 1989, 26).

1235 Die aufgrund einer **Wertsicherungsklausel** zu zahlenden erhöhten Renten sind bei der Zuflußversteuerung anzusetzen. Bei der Sofortversteuerung führen sie jedoch nicht zu einer Erhöhung des Veräußerungspreises

Ende der freiberuflichen Tätigkeit 303

(Jansen, NWB F. 3, 6473, 6475; a. A. Theisen, StuW 1986, 354, 365). Der Erhöhungsbetrag ist mit dem Ertragsanteil zu versteuern; maßgebend ist der ursprüngliche Vomhundertsatz (Jansen, a. a. O.).

Veräußert der Rechtsanwalt/Notar seine Praxis gegen ein **festes Entgelt und eine Rente,** so besteht das Wahlrecht zwischen der Zufluß- und Sofortversteuerung hinsichtlich der wiederkehrenden Bezüge (BFH 29. 12. 88, BFH/NV 1989, 630). 1236

h) Betriebliche Versorgungsrente

Bei einer betrieblichen Versorgungsrente (zur Begriffsbestimmung vgl. Rdnr. 1102) sind die laufenden Bezüge als **nachträgliche Einkünfte aus selbständiger Arbeit** (§§ 18, 24 Nr. 2 EStG) im Zeitpunkt des Zuflusses in voller Höhe zu versteuern. Eine Minderung um das Kapitalkonto ist nicht möglich. 1237

i) Außerbetriebliche Versorgungsrente

Außerbetriebliche Versorgungsrenten (zur Abgrenzung vgl. Rdnr. 1102 ff.) stellen **wiederkehrende Bezüge** (§ 22 Nr. 1 EStG) dar (vgl. BFH 5. 7. 90, BStBl II 847; a. A. Reiss, FR 1990, 381). Für die Unterscheidung zwischen dauernder Last und Leibrente ist auf Rdnr. 1111 f. zu verweisen. 1238

j) Unterhaltsrente

Zahlungen aufgrund einer Unterhaltsrente (vgl. i. e. Rdnr. 1115) führen beim Berechtigten zu **nichtsteuerbaren Einnahmen.** 1239

k) Gewinn- oder Umsatzbeteiligung

Bei Gewinn- oder Umsatzbeteiligung besteht – ebenso wie bei der Veräußerungsrente – ein **Wahlrecht zwischen Zufluß und Sofortversteuerung** (vgl. Rdnr. 1231 ff.) 1240

2. Praxisaufgabe ▶ BSt-RA-310 ◀

Als Veräußerung gilt auch die Praxisaufgabe. Werden die einzelnen Wirtschaftsgüter des Betriebsvermögens im Rahmen der Praxisaufgabe veräußert, so sind die Veräußerungspreise anzusetzen. Werden die Wirtschaftsgüter nicht veräußert, so ist der gemeine Wert im Zeitpunkt der Aufgabe anzusetzen (§§ 18 Abs. 3 Satz 2, 16 Abs. 3 Sätze 1 bis 3 EStG). 1241

1242 Unter Praxisaufgabe i. S. des § 16 Abs. 3 EStG ist
- die **Einstellung der freiberuflichen Tätigkeit** und
- die **Auflösung der Praxis als selbständiger Organismus des Wirtschaftslebens** zu verstehen, wobei
- alle **wesentlichen Grundlagen der Praxis** (vgl. Rdnr. 1207)
- in einem **einheitlichen Vorgang innerhalb kurzer Zeit** (nicht mehr als ca. 2 Jahre, vgl. BFH 12. 4. 89, BStBl II 653)
- an **verschiedene Abnehmer veräußert oder in das Privatvermögen überführt** werden (vgl. BFH 7. 4. 89, BStBl II 874, m. w. N.).

1243 Die Betriebsaufgabe **beginnt** nicht bereits mit dem inneren Entschluß, die Praxis demnächst aufzugeben, auch nicht mit der Kundgabe eines solchen Entschlusses, sondern erst mit vom Aufgabeentschluß getragenen Handlungen, die objektiv auf die Auflösung des Betriebs gerichtet sind (BFH 7. 4. 89, BStBl II 874; 5. 7. 84, BStBl II 711). Die Betriebsaufgabe **endet** mit der Veräußerung bzw. Überführung des letzten Wirtschaftsguts, das zu den wesentlichen Betriebsgrundlagen gehört, ins Privatvermögen (BFH 27. 2. 85, BStBl II 456).

1244 Der **gemeine Wert**, der für die nichtveräußerten Wirtschaftsgüter anzusetzen ist, bestimmt sich nach § 9 Abs. 2 BewG. Er wird durch den Preis bestimmt, der im gewöhnlichen Geschäftsverkehr nach der Beschaffenheit der einzelnen Wirtschaftsgüter bei einer Veräußerung zu erzielen wäre; dabei sind alle Umstände, die den Preis beeinflussen, nicht dagegen ungewöhnliche oder persönliche Verhältnisse zu berücksichtigen. Der gemeine Wert entspricht im Regelfall dem Verkehrswert (vgl. für Grundstücke BFH 2. 2. 90, BStBl II 497, m. Anm. Kanzler , KFR F. 3 EStG § 16, 4/90, 253).

1245 Der **Aufgabegewinn** ist wie der Veräußerungsgewinn nach den §§ 16 Abs. 4, 34 EStG **begünstigt** (vgl. Rdnr. 1218 ff.)

3. Veräußerung oder Aufgabe einer geerbten Kanzlei; Erbauseinandersetzung ▶ BSt-RA-315 ◀

1246 Die Ausführungen zur Veräußerung und Aufgabe einer Kanzlei gelten auch, wenn die Kanzlei im Wege der Erbfolge erworben wird. Es macht keinen Unterschied, ob Erbe eine Person oder eine Erbengemeinschaft ist.

Ende der freiberuflichen Tätigkeit

Veräußert ein Miterbe seinen geerbten Anteil an einer Kanzlei gegen **Abfindungszahlungen**, so entsteht bei ihm grundsätzlich ein Veräußerungserlös, der nach den §§ 16 Abs. 4, 34 EStG begünstigt ist. Hierauf hat keinen Einfluß, ob die Leistungen aus dem erlangten Nachlaßvermögen erbracht werden (BFH 5. 7. 90, BStBl II 837; vgl. i. e. Obermeier, NWB F. 3, 7661). 1247

4. Nachträgliche Betriebseinnahmen; nachträgliche Betriebsausgaben ▶ BSt-RA-320 ◀

Nach Beendigung der freiberuflichen Tätigkeit können noch Betriebseinnahmen (vgl. z. B. Rdnr. 1231) und Betriebsausgaben anfallen (§§ 18, 24 Nr. 2 EStG). 1248

Schuldzinsen für betrieblich begründete Verbindlichkeiten sind jedoch nur insoweit als nachträgliche Betriebsausgaben zu beurteilen, als die Verbindlichkeiten nicht durch den Veräußerungserlös oder durch die Verwertung von Aktivvermögen beglichen werden konnten. So lange besteht die betriebliche Veranlassung der nicht erfüllten Verbindlichkeiten fort. 1249

Die Möglichkeit der Schuldentilgung ist insbesondere so lange nicht gegeben, als einer Verwertung von zurückbehaltenem Aktivvermögen Hindernisse entgegenstehen. Die nicht tilgbaren früheren Betriebsschulden bleiben dann so lange betrieblich veranlaßt, bis das Verwertungshindernis entfallen ist. 1250

Hat der Rechtsanwalt/Notar z. B. sein Praxisgebäude, das er durch einen Betriebsmittelkredit finanziert hat, bei Praxisveräußerung in sein Privatvermögen überführt, um es seinem Nachfolger zu vermieten, und hätte der Veräußerer die Schulden durch einen Verkauf des Grundstücks zurückführen können, so sind die Schuldzinsen keine nachträglichen Betriebsausgaben. Ein Abzug als **Werbungskosten** kommt auch nicht in Betracht, da die Schuld ursprünglich für betriebliche Zwecke aufgenommen wurde und die Schuld nicht durch einen Willensakt in eine Schuld umgewandelt werden kann, die nun zur Erzielung von Einkünften aus Vermietung und Verpachtung dient (BFH 21. 11. 89, BStBl 1990 II 213, mit krit. Anm. Meilicke, KFR F. 3 EStG § 9, 3/90, 113). 1251

▷ Hinweis:

Dieses **ungünstige Ergebnis können Sie vermeiden**, indem Sie das Grundstück vor der Vermietung z. B. an eine GmbH unter Übernahme der 1252

Schulden veräußern oder das Grundstück ein bis zwei Jahre vor der Betriebsaufgabe entnehmen (vgl. Meilicke, KFR F. 3 EStG § 9, 3/90, 113). Am besten wäre es jedoch, bei Erwerb des Praxisgrundstücks die Verbindlichkeit diesem Wirtschaftsgut zuzuordnen. Eine weitere Möglichkeit wäre noch die Umschuldung nach der sogenannten **Zwei-Konten-Theorie** (vgl. „Kontokorrentzinsen", Rdnr. 596 ff.) oder eine Vereinbarung mit dem Darlehensgeber über eine Änderung des Darlehensverwendungszwecks (BFH 7. 8. 90, BStBl 1991 II 14).

5. Umsatzsteuer bei Praxisaufgabe

1253 Die Aufgabe einer Rechsanwaltspraxis kann in verschiedener Weise erfolgen.

1254 Der aufgebende Rechtsanwalt/Notar kann **Wirtschaftsgüter der Praxis,** z. B. Schreibmaschine, Kopiergerät usw., **entnehmen** und sie in sein Privatvermögen überführen. Soweit das der Fall ist, liegt ein **Eigenverbrauch** vor. Es gelten dann die dafür vorgesehenen umsatzsteuerrechtlichen Vorschriften (vgl. Rdnr. 953 ff.).

1255 Der aufgebende Rechtsanwalt/Notar kann die Wirtschaftsgüter der Praxis **einzeln veräußern.** In diesem Fall gelten die allgemeinen umsatzsteuerrechtlichen Grundsätze (vgl. Rdnr. 943 ff.).

1256 Der aufgebende Rechtsanwalt/Notar kann einen **Teil** der Wirtschaftsgüter der Praxis, z. B. Schreibmaschine, Kopiergerät, Diktiergerät, **entnehmen** und sie in sein Privatvermögen überführen und den **anderen Teil** der Wirtschaftsgüter, z. B. Büroeinrichtung, Bibliothek, **veräußern.** In diesen **Mischfällen** finden auf die Entnahme der Wirtschaftsgüter die Vorschriften über den Eigenverbrauch (vgl. Rdnr. 953 ff.) und auf die Veräußerung von Gegenständen die allgemeinen umsatzsteuerrechtlichen Grundsätze Anwendung (vgl. Rdnr. 943 ff.).

1257 Der aufgebende Rechtsanwalt/Notar kann seine **Praxis insgesamt** an einen anderen Rechtsanwalt/Notar **veräußern.** Bei Vorliegen der Voraussetzungen des § 10 Abs. 3 UStG handelt es sich um eine Geschäftsveräußerung im ganzen, die nach den in Rdnr. 1180 ff. dargelegten Grundsätzen zu besteuern ist.

1258-1269 *(Einstweilen frei)*

E. Steuerliche Fragen bei Testamentsvollstreckung; Treuhandschaft und Konkursverwaltung ▶ BSt-RA-325 ◀

Literatur: *von Coelln,* Der Testamentsvollstrecker, NWB F. 30, 491; *Costede,* Zur einkommensteuerlichen Behandlung der Einkünfte aus einer treuhänderischen Praxisverwaltung, DStR 1981, 303; *Matheja,* Der Treuhänder im Steuerrecht, NWB F. 2, 3881.

Ist ein selbständiger Rechtsanwalt als Treuhänder, Testamentsvollstrecker oder Konkursverwalter tätig, können sich Besonderheiten ergeben. 1270

1. Testamentsvollstrecker

a) Umsatzsteuer

Der freiberuflich tätige Rechtsanwalt übt eine unternehmerische Tätigkeit aus. Alle Entgelte, die aus dieser Tätigkeit zufließen, werden als Grundlage für die Umsatzbesteuerung herangezogen (vgl. Rdnr. 949). 1271

Auch eine Tätigkeit eines Rechtsanwalts als **Testamentsvollstrecker** gehört zu seinem **Hauptberuf.** Die Entgelte aus dieser Tätigkeit unterliegen dem Regelsteuersatz. Führt er ein Handelsgeschäft als **Treuhänder der Erben** im eigenen Namen weiter, ist er der Unternehmer und USt-Schuldner (BFH 11. 10. 90, BStBl 1991 II 191).

Ob eine **Rechtsanwaltssozietät** oder ein einzelner, dazu ernannter Rechtsanwalt (Sozius der Sozietät) im eigenen Namen Leistungen als Testamentsvollstrecker dem oder den Erben gegenüber ausgeführt hat, ist nach den Umständen des Einzelfalles zu beurteilen (BFH 13. 3. 87, BStBl II 524).

b) Einkommensteuer

Gewinne aus der Tätigkeit als Testamentsvollstrecker unterliegen der ESt als Einkünfte aus sonstiger selbständiger Arbeit i. S. des § 18 Abs. 1 Nr. 3 EStG (vgl. Rdnr. 736). Testamentsvollstreckungen erstrecken sich meistens über **mehrere Jahre.** Es ergibt sich daher die Frage, ob **Einkünfte,** die für eine über mehrere Jahre geleistete Tätigkeit gezahlt werden, gem. § 34 Abs. 3 EStG auf die Jahre – höchstens jedoch **drei Jahre** – **verteilt** werden können, in deren Verlauf sie erzielt wurden. Nach stän- 1272 diger Verwaltungspraxis und höchstrichterlicher Rechtsprechung ist die erwähnte Tarifbegünstigung bei Einkünften aus Gewinnbetrieben – dazu gehören die Einkünfte eines Rechtsanwalts – grundsätzlich nicht anwendbar, weil es bei derartigen Einkünften nicht außergewöhnlich ist, daß in den laufenden Einkünften neben gleichmäßigen auch schwankende Einnahmen enthalten sind und deshalb der nach § 34 Abs. 3 EStG erstrebte Tarifausgleich schon durch die Art der Einnahmeerzielung erreicht wird.

1273 Eine **Ausnahme** gilt nur für Einkünfte aus selbständiger Arbeit, z. B. anwaltlicher Tätigkeit,

- wenn z. B. der Freiberufler sich während mehrerer Jahre **ausschließlich** der einen Sache gewidmet und die **Vergütung** dafür in **einem Veranlagungszeitraum** erhalten hat oder

- wenn eine sich über mehrere Jahre erstreckende **Sondertätigkeit,** die von der übrigen Tätigkeit des Freiberuflers **ausreichend abgrenzbar** ist und nicht zum regelmäßigen Gewinnbetrieb gehört, in einem Veranlagungszeitraum entlohnt wird.

1274 Daher fällt wegen Fehlens dieser Voraussetzungen eine **mehrjährige Testamentsvollstreckung** eines Rechtsanwalts nicht unter die Tarifbegünstigung des § 34 Abs. 3 EStG (BFH 5. 7. 73, BStBl II 730, m. w. N.; vgl. auch „Außerordentliche Einkünfte", Rdnr. 342 ff.).

2. Treuhandschaft

1275 Selbständige Rechtsanwälte üben vielfach in Verbindung mit ihrer anwaltlichen Tätigkeit auch eine Tätigkeit als Treuhänder aus. Eine derartige Tätigkeit hat für die nachfolgend genannten Steuern folgende Auswirkungen. Wegen weiterer Einzelheiten vergleiche Matheja, a. a. O.

a) Allgemeines

1276 - **Verfügungsberechtigter** ist, wer im eigenen oder fremden Namen auftritt. Er hat nach § 35 AO die Pflichten eines gesetzlichen Vertreters (§ 34 Abs. 1 AO), soweit er sie rechtlich oder tatsächlich erfüllen kann. Der Treuhänder ist Verfügungsberechtigter im eigenen Namen; er steht somit den gesetzlichen Vertretern gleich.

- **Zurechnung von Wirtschaftsgütern** gem. § 39 Abs. 1 AO grundsätzlich dem **Eigentümer.**

- **Zurechnung von Wirtschaftsgütern bei Treuhandverhältnissen** dem **Treugeber,** bei **Sicherungseigentum** dem **Sicherungsgeber** und beim

Treuhandschaft 309

Eigenbesitz dem Eigenbesitzer (§ 39 Abs. 2 Nr. 1 AO). Das bedeutet die Offenlegung des Treuhandverhältnisses zumindest gegenüber der Finanzverwaltung. Bei **verdeckter Treuhand** können Wirtschaftsgüter auch dem Treuhänder zugerechnet werden.

- **Nachweis der Treuhänderschaft** gem. § 159 AO auf Verlangen von dem, der behauptet, daß er Rechte, die auf seinen Namen lauten, oder Sachen, die er besitzt, nur als Treuhänder innehabe oder besitze. Er hat nachzuweisen, wem die Sachen oder Rechte gehören; andernfalls sind sie ihm regelmäßig zuzurechnen.

b) Umsatzsteuer

Steuergegenstand sind Verkehrsvorgänge. Die Vorschriften über die Zurechnung von Wirtschaftsgütern haben daher für die USt keine Bedeutung. 1277

Der Treuhänder muß umsatzsteuerrechtlich nicht in jedem Falle **selbständig** sein. Er ist es aber jedenfalls dann, wenn seine Bindungen aus dem Auftragsverhältnis so lose sind, daß er im wesentlichen sein Tun und Handeln (wenn auch in fremdem Interesse) selbst bestimmen kann. Zur Fortführung eines Handelsgeschäfts durch den **Testamentsvollstrecker als Treuhänder der Erben** im eigenen Namen vgl. Rdnr. 1271. 1278

Der selbständige Treuhänder wird für die USt regelmäßig als **Kommissionär** anzusehen sein. Kommissionär und Treuhänder treten nach außen hin im eigenen Namen auf. Daß der Treuhänder nur im Interesse des Treugebers tätig wird, ist lediglich ein subjektives Merkmal, das seine Selbständigkeit im umsatzsteuerrechtlichen Sinne nicht in Frage zu stellen braucht. Hat der Treuhänder für die USt die Stellung eines Kommissionärs, so ist auf ihn § 3 Abs. 3 UStG anzuwenden (Matheja, a. a. O.). 1279

Wer **Verfügungsmacht** einem anderen verschaffen will (§ 3 Abs. 1 UStG), muß als Unternehmer selbst vorher Verfügungsmacht haben. Der Kommissionär hat diese Verfügungsmacht (§ 3 Abs. 3 UStG). Ist der Kommissionär oder Treuhänder vom Auftraggeber befugt, **im eigenen Namen zu handeln,** so spricht nach Matheja (a. a. O.) die Vermutung dafür, daß der Auftraggeber diesen Personen auch die Verfügungsmacht überlassen hat. Es ist unerheblich, ob dies ausbedungen ist oder ob die Geschäfte durch den Auftraggeber genehmigt werden müssen. Insoweit sind Komissionär und Treuhänder in der gleichen Stellung. 1280

Die **Sicherungsübereignung** ist zivilrechtlich Eigentumsübertragung. Entsprechend der wirtschaftlichen Betrachtungsweise wird umsatzsteuer- 1281 rechtlich keine Lieferung angenommen. Der Vorgang wird als Kreditsicherung angesehen. Eine Lieferung liegt erst dann vor, wenn der Sicherungsgläubiger nach der Verfallklausel den Gegenstand übernimmt oder im eigenen Namen verwertet. Nur soweit der Sicherungsschuldner tatsächlich von der Schuld befreit wird, ist eine Lieferung von ihm an den Sicherungsgläubiger gegeben (RFH 26. 5. 39, RStBl S. 885; BFH 31. 5. 72, BStBl II 809).

c) **Einkommensteuer**

1282 Zur Frage, ob Einkünfte eines Rechtsanwalts aus einer Tätigkeit als Treuhänder Einkünfte aus freiberuflicher Tätigkeit i. S. des § 18 Abs. 1 Nr. 1 EStG oder solche aus selbständiger Arbeit i. S. des § 18 Abs. 1 Nr. 3 EStG (so Korn, a. a. O., Tz. 18) oder gewerbliche Einkünfte sind, vgl. Rdnr. 736, 747 ff.

d) **Gewerbesteuer**

1283 Bei Treuhandverhältnissen können sowohl Treugeber als auch Treuhänder Gewerbetreibende sein. Für die Zurechnung eines in Treuhandschaft betriebenen Gewerbes gelten die unter Rdnr. 1276 dargelegten Grundsätze. Der Betrieb ist in der Regel dem **Treugeber zuzurechnen.** Steuerschuldner ist nach § 5 GewStG der Unternehmer, **für dessen Rechnung** das Gewerbe betrieben wird. Da der Treuhänder im Interesse des Treugebers handelt, wird regelmäßig der Treugeber als derjenige anzusehen sein, für dessen Rechnung das Gewerbe betrieben wird. Tritt der **Treuhänder** (Rechtsanwalt) als **Unternehmer** auf, so ist er steuerrechtlich nur Bevollmächtigter; er hat damit die gleichen Pflichten zu erfüllen, die dem Unternehmer obliegen (Matheja, a. a. O.).

e) **Grundsteuer**

1284 Nach § 7 Abs. 3 GrStG ist Steuerschuldner u. a. der, dem die Wirtschaftsgüter gem. § 39 Abs. 2 AO zugerechnet worden sind. Da nach den genannten Vorschriften die Wirtschaftsgüter (Grundstücke) dem Sicherungsgeber oder dem **Treugeber** zuzurechnen sind, kommt für die Grundsteuer der Treugeber als Steuerschuldner vornehmlich in Betracht (Matheja, a. a. O.).

f) Grunderwerbsteuer

Ergeben sich aus der Treuhandschaft über Grundvermögen **Eigentumswechsel**, so tritt Grunderwerbsteuerpflicht ein. Da durch Treuhandübertragungen ein oder mehrere grunderwerbsteuerpflichtige Vorgänge entstehen können und sich bei Besteuerung aller Vorgänge Härten ergeben würden, sind die einzelnen möglichen Vorgänge und deren grunderwerbsteuerrechtliche Behandlung durch Verwaltungsanweisung geregelt (vgl. Niedersächsisches FinMin 20. 3. 78, BStBl I 214 f.). 1285

g) Gesellschaftsteuer

Bei **Gründungen von Gesellschaften**, bei denen Rechtsanwälte als Treuhänder tätig werden, sind nicht diese, sondern die **eigentlichen Interessenten** Ersterwerber (RFH 27. 8. 29, RStBl S. 529). Werden **Anteile** an einer Gesellschaft durch einen Rechtsanwalt als Treuhänder gehalten, so ist nach § 39 Abs. 2 AO der **Treugeber** und nicht der Treuhänder als Gesellschafter zu behandeln (BFH 26. 10. 62, BStBl 1963 III 22). Das gilt auch für den **Organträger** als Treugeber und Gesellschafter, wenn für ihn natürliche Personen, z. B. Rechtsanwälte, als Treuhänder die Anteile an einer Kapitalgesellschaft halten (BFH 26. 5. 70, BStBl II 759). 1286

h) Börsenumsatzsteuer

Die Übertragung erworbener oder zur Veräußerung bestimmter Wertpapiere i. S. des § 19 KVStG zwischen dem Rechtsanwalt als Treuhänder und dem Treugeber ist **kein entgeltliches Anschaffungsgeschäft**, so daß Börsenumsatzsteuer nicht entstehen kann. Das gilt auch für Übertragungen von einem Rechtsanwalt als Treuhänder an einen anderen Rechtsanwalt als Treuhänder (Matheja, a. a. O.). 1287

Bei der **Sicherungsübereignung von Wertpapieren** i. S. des § 19 KVStG besteht stets die Möglichkeit, daß der Treuhänder das Sicherungsgut zu eigenem Nutzen verwertet. Es handelt sich daher um ein **bedingtes Anschaffungsgeschäft** i. S. des § 18 Abs. 2 Nr. 5 KVStG, das zur Steuerpflicht führen kann. Ein derartiger Vertrag ist entgeltlich (RFH 15. 3. 35, RStBl S. 686). Wird bei Sicherungstreuhand dem Treuhänder ein bedingtes Verwertungsrecht eingeräumt, besteht im allgemeinen **Börsenumsatzsteuerpflicht**, wobei maßgebend nicht der Betrag der sichergestellten Forderung, sondern der Wert des Wertpapiers ist (Matheja, a. a. O.). Mit Wirkung **ab 1. 1. 1991** wurde die Börsenumsatzsteuer **aufgehoben** (Finanzmarktförderungsgesetz v. 22. 2. 90, BGBl I 266). 1288

i) Erbschaftsteuer/Schenkungsteuer

1289 **Treuhänderische Übertragungen** und **Rückübertragungen** sind weder Schenkungen unter Lebenden noch Erwerb von Todes wegen. Der Treuhänder, der im eigenen Namen aber im fremden Interesse handelt, ist **nicht echt bereichert**, wenn er das Treugut übernimmt; der Treugeber ist es nicht, wenn er es zurückerhält. Steuerpflicht entsteht erst dann, wenn der Treugeber – praktisch unter Beendigung des Treuhandverhältnisses – auf seine Rechte verzichtet (Matheja, a. a. O.).

1290 Beim **Tod des Treuhänders** und der Rückübertragung des Treuguts auf den Treugeber liegt **kein Erwerb** von Todes wegen vor, selbst dann nicht, wenn der Treuhänder dem Treugeber das Treugut testamentarisch vermacht. Damit erfüllt der Treuhänder lediglich eine schuldrechtliche Verpflichtung, die zur Nachlaßschuld geworden ist. Der Treugeber hat durch das Testament weder dinglich noch schuldrechtlich etwas erworben, was ihm nicht bereits vorher zustand (RFH 13. 4. 34, RStBl S. 1142).

1291 Erbschaftsteuerpflicht kann jedoch eintreten, wenn der Treuhänder im Todesfall des Treugebers durch dessen Testament von der schuldrechtlichen **Rückgabeverpflichtung** des Treuguts **befreit** wird. Ebenso liegt ein Erwerb von Todes wegen vor, wenn im Todesfalle des Treugebers dessen Ansprüche gegen den Treuhänder an die Erben des Treugebers übergehen. Das Treugut und die sich daraus ergebenden Ansprüche gehören zum Nachlaß des Treugebers (Matheja, a. a. O.).

3. Konkursverwalter

a) Umsatzsteuer

1292 Der selbständig tätige Rechtsanwalt übt eine unternehmerische Tätigkeit aus. Alle Entgelte, die aus dieser Tätigkeit zufließen, werden als Grundlage für die Umsatzbesteuerung herangezogen (vgl. Rdnr. 949). Auch eine Tätigkeit eines Rechtsanwalts als **Konkursverwalter** gehört zu seinem **Hauptberuf**. Seit 1. 1. 1982 unterliegen die Entgelte aus der Tätigkeit dem **Regelsteuerersatz** des § 12 Abs. 1 UStG.

b) Einkommensteuer

1293 Die Einkünfte eines Rechtsanwalts aus seiner Tätigkeit als Konkursverwalter gehören zu den Einkünften aus **selbständiger Tätigkeit** i. S. des § 18 Abs. 1 Nr. 3 EStG (vgl. i. e. Rdnr. 736; a. A. Korn, a. a. O., Tz. 17).

1294–1299 *(Einstweilen frei)*

F. Steuerfragen bei Rechtsanwalts-/ Notargemeinschaft (Sozietät); Bürogemeinschaft; Einschaltung von Kapitalgesellschaften

Literatur: *Assmann,* Umsatzsteuerliche Probleme bei Anwaltssozietäten und Bürogemeinschaften, ZAP F. 20, 21; *Bordewin* Abschreibung des Praxiswertes, NWB F. 17a, 899; *Borst,* Die steuerliche Behandlung des Geschäftswerts, Praxiswerts, geschäftswertähnlicher Wirtschaftsgüter nach dem Bilanzrichtlinien-Gesetz, BB 1986, 2170; *Ehlers,* Praxisveräußerungen und Sozietätsgründungen in ertragsteuerlicher Sicht, NWB F. 3, 7455; *Korn,* Steuerschwerpunkte der Freiberufler-Sozietät und -GmbH, DStZ A 1982, 507, DStZ 1983, 4; *Mittelbach,* Steuerfragen bei der Gründung und Erweiterung einer Sozietät, DB 1981 Beilage Nr. 22/81; *o.V.,* Einbringung einer Praxis in eine Gemeinschaft, DB 1982, 748; *Richter,* Ertragsteuerliche Fragen bei Gründung einer Freiberuflersozietät, NWB F. 3, 5715; vgl. auch Literatur vor Rdnr. 747.

Rechtsanwälte/Notare können sich zusammenschließen zu: **1300**

● Rechtsanwalts-/Notargemeinschaften – echte **Sozietäten** – (vgl. Rdnr. 1302 ff.),

● **Bürogemeinschaften** (vgl. Rdnr. 1426 ff.) sowie

● **Gerätegemeinschaften** (vgl. Rdnr. 1426).

Standesrechtlich sind derartige Zusammenschlüsse zulässig. Das ist allerdings steuerrechtlich nicht entscheidend, da das Steuerrecht den tatsächlichen Verhältnissen folgen muß, selbst wenn diese steuerrechtlich unzulässig sein sollten (Korn, a.a.O., Tz. 9, 242). **1301**

1. Rechtsanwalts-/Notargemeinschaften (Sozietät)

a) Begriff ▶ BSt-RA-330 ◀

Mehrere Rechtsanwälte, die gemeinschaftlich eine Praxis ausüben, bilden eine **Gesellschaft des bürgerlichen Rechts** i. S. der §§ 705 BGB ff. Sie haben sich vertraglich verpflichtet, dadurch, daß jeder als Rechtsanwalt tätig wird, für die Gesellschaft Einkünfte zu erzielen, die dann nach einem bestimmten Schlüssel verteilt werden. Dadurch, daß die Einkünfte **1302**

der Gesellschaft zufließen sollen und die reinen Einkünfte verteilt werden, unterscheidet sich eine solche gemeinschaftlich betriebene Praxis von den Fällen, in denen Rechtsanwälte sich nur zu einer Bürogemeinschaft verbunden haben (vgl. Rdnr. 1426 ff.). In jenen Fällen tritt die Gesellschaft auch nach außen in Erscheinung. In der Regel erteilen die Mandanten allen mit der Gesellschaft verbundenen Rechtsanwälten Vollmacht. Wegen **zusätzlich** erbrachter **persönlicher** Leistungen eines Partners einer Sozietät vgl. Rdnr. 1398.

1303 Auch **Notare** können sich zu Sozietäten zusammenschließen. § 9 Abs. 1 Satz 1 BNotO gestattet ausdrücklich, daß sich Notare untereinander und Notare, die zugleich Rechtsanwälte sind, mit Rechtsanwälten zur gemeinsamen Berufsausübung zusammenschließen. Es bestehen keine Anhaltspunkte dafür, daß der Gesetzgeber unter einem solchen Zusammenschluß nur die Innengemeinschaft verstanden wissen wollte, um so weniger, als in § 9 Abs. 1 Satz 1 BNotO außer der gemeinsamen Berufsausübung auch die Bürogemeinschaft erwähnt ist. Man muß unterscheiden zwischen dem einzelnen Notariatsakt, der nur vom Notar persönlich vorgenommen werden kann, und der Teilnahme des Notars am allgemeinen Wirtschaftsverkehr, die sich durchaus in Außengemeinschaften abspielen kann. In diesen Fällen stellt der einzelne die von ihm kraft Gesetzes, kraft allgemeiner Übung oder kraft Vereinbarung persönlich zu erbringenden Leistungen wirtschaftlich in den Dienst einer Gemeinschaft, die allein der Unternehmer ist. Sondervorschriften über die Beitreibung der Notariatsgebühren oder über die Haftung bei Amtspflichtverletzungen der Notare vermögen an dieser Rechtslage nichts zu ändern (BFH 17. 12. 64, BStBl 1965 III 155; 27. 8. 70, BStBl II 833). Nachdem die Rechtsprechung des BGH die **Sozietät** eines **Anwaltsnotars** mit einem **Rechtsanwalt** zuläßt, gibt es nach dem Beschluß des BVerfG 4. 7. 89 – 1 BvR 1460/85 und 1239/87 sowie 21. 6. 89 – 1 BvR 32/87 (NWB EN-Nr. 1258/89) keinen sachlichen Grund dafür, die **Sozietät mit einem Nur-Steuerberater** zu versagen. Ebensowenig ist es sachgerecht, zwischen **Rechtsanwälten und Rechtsbeiständen,** die Mitglieder einer Rechtsanwaltskammer sind, hinsichtlich ihrer Sozietätsfähigkeit mit Anwaltsnotaren zu differenzieren.

1304 Die Vorschriften der §§ 709 ff. BGB können auch auf die Führung der Geschäfte der Gesellschaft angewandt werden. Unter Führung der Geschäfte i. S. dieser Vorschriften ist hier nur das Betreiben der Praxis als solcher zu verstehen, nicht dagegen die Tätigkeit des einzelnen

Rechtsanwalts-/Notargemeinschaften

Rechtsanwalts bei der Vertretung eines Mandanten in einem Rechtsstreit. Hier muß der einzelne Anwalt wegen der Art dieser Tätigkeit eine größere Selbständigkeit haben, wenngleich es nicht auszuschließen ist, daß bestimmte Entscheidungen auch hier durch Mehrheitsbeschluß getroffen werden, z. B. in geeigneten Fällen die Frage, ob das Mandat niedergelegt werden soll. Der Beitrag des einzelnen Anwalts für die Gesellschaft besteht darin, daß er Mandanten in den von ihnen geführten Rechtsstreitigkeiten selbständig vor Gericht vertritt.

b) Einkunftsart ▶ BSt-RA-335 ◀

Durch den **Zusammenschluß** mehrerer **Rechtsanwälte/Notare** zu einer **Sozietät** wird der Charakter der **Einkünfte als freiberufliche** nicht beeinflußt (BFH 13. 5. 66, BStBl III 489). Die Sozietät unterliegt **nicht** der **Gewerbesteuer**, wenn sie sich ausschließlich aus Angehörigen des freien Berufs zusammensetzt.

Trotz Eintragung im Handelsregister bleibt die Tätigkeit von Rechtsanwälten, die sich zu einer Personengesellschaft zusammengeschlossen haben, grundsätzlich eine freiberufliche, wobei aber die gesamte Tätigkeit der Gesellschaft als gewerblich anzusehen ist, wenn auch nur ein Teil der Tätigkeit gewerblich ist (BFH 16. 7. 64, StRK EStG § 18 R. 336; vgl. auch BFH 9. 7. 64, BStBl III 530).

Eine Anwaltssozietät ist ferner dann als Gewerbebetrieb anzusehen, wenn sich die Gewinnverteilung nach der **Höhe der Einlagen** und nicht nach der Arbeitsleistung der einzelnen Gesellschafter richtet. Eine derartige Sozietät wird nicht mehr auf freiberuflicher, sondern auf kapitalistischer Basis ausgeübt (Richter, NWB F. 3, 5715, 5717).

Übt ein Rechtsanwalt neben seiner Beteiligung an einer Sozietät ein **Arbeitsverhältnis**, z. B. auf einer Rechtshilfestelle aus, so gehört die Vergütung aus dem Arbeitsverhältnis in der Regel zu den Einkünften aus selbständiger Arbeit.

In Sozietäten mit **einseitiger Weisungsbefugnis** ist stets die Frage der Selbständigkeit zu prüfen. Es kommt auf das Gesamtbild der Verhältnisse an. Die für und gegen die Selbständigkeit sprechenden Umstände müssen gegeneinander abgewogen werden. Für die Gesamtbeurteilung sind die gewichtigeren Merkmale maßgebend. Ebenso ist bei einem **fingierten Verhältnis als Sozius** ein Arbeitsverhältnis anzunehmen (vgl. Richter, NWB F. 3, 5715, 5718).

Beispiel

In einer Sozietät wird ein Rechtsanwalt nach außen als Sozius, im Innenverhältnis jedoch als Angestellter beschäftigt. Steuerlich ist ein Arbeitsverhältnis anzunehmen, selbst wenn der angestellte Rechtsanwalt im Briefkopf und auf Praxisschildern als Sozius aufgeführt wird.

1307 Denkbar ist aber auch ein **fingiertes Verhältnis als Arbeitnehmer**. Es kommt auf das Gesamtbild der Verhältnisse im Einzelfall an.

1308 Geht ein Rechtsanwalt mit einer **berufsfremden Person** eine Gesellschaft bürgerlichen Rechts ein, so ist diese Gesellschaft gewerbesteuerpflichtig, wenn die berufsfremde Person Mitunternehmer ist (BFH 14. 2. 56, BStBl III 103; vgl. auch BFH 11. 6. 85, BStBl II 584; Blümich/Obermeier, § 2 GewStG Rz. 371 ff.).

Beispiel:

Ein Rechtsanwalt gründet mit einem Architekten oder einem Kaufmann (BFH 5. 10. 89 IV R 120/87, NWB EN-Nr. 336/90) eine Sozietät in Form einer Gesellschaft bürgerlichen Rechts.

1309 Auch eine **KG,** zu der sich Rechtsanwälte zusammengeschlossen haben, ist insgesamt gewerbesteuerpflichtig, wenn an der Gesellschaft eine berufsfremde Person beteiligt wird (BFH 17. 1. 80, BStBl II 336).

1310 Berufsfremd ist ferner eine Person, die ausreichende berufliche Fähigkeiten hat, die **formelle Qualifikation** und **berufsrechtliche Zulassung** aber nicht besitzt (BFH 17. 11. 81, BStBl 1982 II 492, betreffend Architekten; a. A. Korn, a. a. O., Tz. 282; Richter/Tibusek, StWK Gr. 4, 3535, 3536). Durch den Zusammenschluß von Freiberuflern **mehrerer Fachrichtungen** zu einer Sozietät entsteht jedoch kein Gewerbebetrieb, wenn jeder der Beteiligten auf seinem Gebiet leitend und eigenverantwortlich tätig ist (Korn, a. a. O., Tz. 283).

Beispiel:

Sozietät zwischen Rechtsanwalt und Steuerberater oder Wirtschaftsprüfer.

1311 Auch eine an einer KG als Mitunternehmerin **beteiligte Kapitalgesellschaft** ist eine berufsfremde Person, und zwar auch dann, wenn ihre sämtlichen Gesellschafter und Geschäftsführer Angehörige eines freien Berufs sind (BFH v. 17. 1. 80, BStBl II 336).

Beispiel:

An einer Anwaltssozietät beteiligt sind eine Steuerberatungs-GmbH, an der nur Steuerberater beteiligt sind.

Zweifel an einer freiberuflichen Sozietät besteht ferner dann, wenn ein Sozius nicht eigenverantwortlich **mitarbeitet**, sondern nur noch **Aufträge** beschafft (Korn, a. a. O., Tz. 285). 1312

Ein „**pensionierter**" Sozius, der noch einen Gewinnanteil hält, kann nicht Mitunternehmer sein, auch wenn er noch im Briefkopf einer Sozietät aufgeführt wird (Korn, a. a. O., Tz. 285, 278). 1313

Von dem Grundsatz, daß eine zwischen einem Angehörigen eines freien Berufes und einer berufsfremden Person geschlossene Gesellschaft bürgerlichen Rechts gewerbesteuerpflichtig ist, kann nur dann eine Ausnahme gemacht werden, wenn die Beteiligung der berufsfremden Person in Verbindung mit einem **Erbfall (Erbe)** erfolgt und sich auf eine **kurze Übergangszeit** beschränkt (BFH 22. 1. 63, BStBl III 189; vgl. i. e. Blümich/Obermeier, § 2 GewStG Rz. 370). Wird aber nach dem Tode eines freiberuflich tätig gewesenen Rechtsanwalts/Notars seine **Praxis** in eigener Verantwortung und auf eigene Rechnung des beruflich **nicht qualifizierten Erben fortgeführt**, so bezieht dieser keine Einkünfte aus selbständiger Tätigkeit, sondern solche aus Gewerbebetrieb (BFH 15. 4. 75, BStBl 1977 II 539). 1314

Hinterbliebene Angehörige eines Rechtsanwalts, die an dem Gewinn der fortgeführten Praxis beteiligt sind, tragen ein Unternehmerrisiko. Sie sind daher als **Miterben Mitunternehmer** (BFH 5. 7. 90, BStBl II 837; vgl. i. e. Obermeier, NWB F. 3, 7661, 7663, m. w. N.), und zwar selbst dann, wenn sie die Praxis alsbald nach dem Erbfall abwickeln, einstellen oder auf einen anderen Rechtsanwalt übertragen. Sie verwirklichen selbst den Tatbestand der Einkünfteerzielung. Daher beziehen sie nicht ihre Einkünfte aus einer ehemaligen Tätigkeit des Erblassers i. S. von § 24 Nr. 2 EStG. Folglich entstehen bei Abwicklung einer freiberuflichen Praxis durch (einen) berufsfremde(n) Miterben gewerbliche Einkünfte (vgl. i. e. Obermeier, NWB F. 3, 7663). 1315

Sozietäten können auch zwischen nahen **Angehörigen** gegründet werden, wenn sie Anwälte sind und mitarbeiten. So sind z. B. Sozietäten zwischen einem Rechtsanwalt und seinem Ehegatten steuerlich möglich, wenn der Ehepartner Rechtsanwalt ist und in der Sozietät mitarbeitet. Auch zwischen Vater und Sohn/Tocher wird eine Sozietät anerkannt, wenn beide Beteiligten Rechtsanwälte sind. Ein Vertrag zwischen einem Rechtsanwalt und seinem Sohn (Referendar) über die Aufnahme des Sohnes in die Anwaltsgemeinschaft wird aber steuerlich nicht anerkannt, weil der Vertrag seine Grundlage nicht in der Leistung des Referendars, 1316 sondern in dem verwandtschaftlichen Verhältnis hat (RFH 11. 1. 33, RStBl S. 424).

Vgl. zur Abgrenzung auch Rdnr. 753 ff.

c) Gründung einer Gemeinschaftspraxis ▶ BSt-RA-340 ◀

1317 Die Gründung einer Sozietät erfolgt in der Praxis hauptsächlich durch einen der nachfolgenden Vorgänge:
- **Eintritt** in eine **bereits bestehende Praxis**, d. h. Fortführung einer Praxis als Gemeinschaftspraxis (vgl. Rdnr. 1319 ff.),
- **Aufnahme** in eine **bereits bestehende Gemeinschaftspraxis**, d. h. ein Partner tritt einer bereits bestehenden Gemeinschaftspraxis bei (vgl. Rdnr. 1341 ff.),
- **Aufnahme** eines **Arbeitnehmers** (vgl. Rdnr. 1347 ff.),
- **Einbringung** einer **Teilpraxis** (vgl. Rdnr. 1349 ff.),
- **Verpachtung** einer **Einzelpraxis** (vgl. Rdnr. 1353 ff.),
- **Übergangs-Gemeinschaftspraxis** (vgl. Rdnr. 1355 ff.).

1318 Die Vorschriften des **UmwStG** sind auf freiberufliche Praxen und Sozietäten **anwendbar** (BFH 13. 12. 79, BStBl 1980 II 239). Die §§ 20 bis 24 UmwStG sind **leges speciales** zu den §§ 16, 18 Abs. 3 EStG, so daß eine Wahl in der Anwendung der Vorschriften nicht zulässig ist (Ehlers, NWB F. 3, 7455, 7464). Wegen der für eine Einbringung eines Betriebes (Praxis) in eine Personengesellschaft in Betracht kommenden Vorgänge nach § 24 UmwStG vgl. BMF 16. 6. 78 (BStBl I 235).

aa) Einbringung einer Praxis in neu zu gründende Sozietät

1319 Bei **Einbringung** einer Einzelpraxis in eine Sozietät oder bei **Aufnahme** eines Rechtsanwalts in eine bereits bestehende Sozietät haben die Beteiligten, da auf diesen Vorgang § 24 UmwStG anwendbar ist, die **Wahl** (vgl. Wollny, a. a. O., Rz 3725),
- die **Buchwerte fortzuführen,**
- die **Teilwerte anzusetzen** und sämtliche **stillen Reserven aufzudecken** mit der Folge der Steuervergünstigungen gem. §§ 18, 16, 34 EStG (BFH 26. 2. 81, BStBl II 568 und 5. 4. 84, BStBl II 518),
- **Zwischenwerte anzusetzen,** ohne die steuerlichen Vergünstigungen in Anspruch nehmen zu können und
- die **Buchwerte** unter Ergänzung mit einer negativen steuerlichen **Ergänzungsbilanz aufzustocken.**

Wird die Mandantschaft, also der Praxiswert, in die Sozietät eingebracht, kann nach Wollny (a. a. O., Rz 3726) selbst dann von einer Einbringung eines Betriebes (Praxis) ausgegangen werden, wenn **einzelne Wirtschaftsgüter**, die der freiberuflichen Praxis des bisherigen Inhabers der Einzelpraxis gedient haben, **zurückbehalten** werden. 1320

Eine **Ausgleichszahlung**, die ein Rechtsanwalt anläßlich der Einbringung seiner Praxis in eine Sozietät von einem Mitgesellschafter erhält, ist dann nicht gem. §§ 16 Abs. 4, 34 Abs. 1 EStG steuerbegünstigt, wenn **nicht alle stillen Reserven** der Praxis **aufgedeckt** werden (BFH 26. 2. 81, BStBl II 568). 1321

(1) Partner leistet Ausgleichszahlung

Nimmt ein Rechtsanwalt, der eine Einzelpraxis ausübt, einen Sozius auf, so kann das zu einem steuerpflichtigen Veräußerungsgewinn beim einbringenden Altpraxisinhaber führen, der zu versteuern ist. Allerdings kann der Vorgang steuerlich auch anders gestaltet werden (vgl. Rdnr. 1324). 1322

Beispiel:

Rechtsanwalt A, 50 Jahre alt, übt eine Einzelpraxis aus. Er möchte seine Tätigkeit mit einem Partner zusammen ausüben. Bislang wurde der Gewinn nach § 4 Abs. 3 EStG ermittelt. Mit Wirkung vom 1. 1. nimmt er den nach seinem zweiten Staatsexamen zum Rechtsanwalt ernannten Assessor B in seine Praxis auf. B zahlt eine Ausgleichszahlung von 100 000 DM, da das Anlagevermögen, die Fachbibliothek, die Einrichtungsgegenstände und der ideelle Praxiswert einen Wert von insgesamt 200 000 DM umfassen. Die 100 000 DM Ausgleichszahlung werden nicht Praxisvermögen (Betriebsvermögen) der Gemeinschaftspraxis. Die Gemeinschaftspartner sind zukünftig mit jeweils 50 v. H. an der Praxis beteiligt. Die Buchwerte betragen 40 000 DM. Der Vorgang ist steuerlich folgendermaßen zu behandeln: 1323

Rechtsanwalt B hat die Ausgleichszahlung als Gegenleistung für den Verkauf der Hälfte der Einzelpraxis gezahlt einschließlich der darin enthaltenen stillen Reserven. A übernimmt die gezahlten 100 000 DM in sein Privatvermögen. Daraus ergibt sich ein **nicht begünstigter Veräußerungsgewinn** von 80 000 DM (100 000 DM Ausgleichszahlung ./. ½ der Buchwerte von 40 000 DM = 20 000 DM).

Dieser Veräußerungsgewinn ist in voller Höhe bei Rechtsanwalt A steuerpflichtig. Weder der Freibetrag nach § 16 EStG noch der hälftige Steuersatz nach § 34 EStG kommen in Frage.

Hier muß unseres Erachtens von den Beteiligten geprüft werden, ob nicht zunächst die Gründung einer **Nachfolge-Gemeinschaftspraxis** (vgl. Rdnr. 1355 ff.) ratsam ist, da bei ihr die Ausgleichszahlung erst nach Aus- 1324 scheiden des älteren Partners erfolgt. Angenommen der bei Sozietätsgründung 50 Jahre alte **A** würde nach Vollendung seines 60. Lebensjahres ausscheiden, dann würde zu diesem Zeitpunkt der Ausgleichsbetrag von 100 000 DM kapitalisiert fällig werden. Diese Regelung würde den Vorteil haben, daß zumindest der hälftige Steuersatz nach § 34 EStG erhalten bleibt, allerdings halbiert sich der Freibetrag nach § 16 EStG und kommt bei entsprechender Höhe des Veräußerungsgewinns nicht mehr zum Zuge.

Die andere Hälfte der Wirtschaftsgüter der Einzelpraxis bringt Rechtsanwalt **A** in die Gemeinschaftspraxis ein. Hier muß er sich entscheiden, ob er zu **Buchwerten** einbringt und damit **kein Geld versteuert** werden muß oder zu Zwischen- oder Teilwerten.

1325 Bei **Einbringung zu Buchwerten** steht A nur die **Abschreibung aus den Buchwerten**, also aus 40 000 DM : 2 = 20 000 DM zu. **Zwischen- oder Teilwerte** können nach dem UmwStG angesetzt werden. Rechtsanwalt **A** hätte den jeweiligen Differenzbetrag zu versteuern, also angenommen:

Teilwerte	100 000 DM
Buchwerte 40 000 DM : 2	20 000 DM
ergibt	80 000 DM

Aufdeckung stiller Reserven zuzüglich der stillen Reserven aus dem hälftigen ideellen Praxiswert.

1326 Bei Ansatz der Teilwerte einschließlich des vollen Praxiswerts hat Rechtsanwalt **A** einen begünstigten Veräußerungsgewinn (§§ 16, 34 EStG) in Höhe der Differenz zwischen Buchwert seiner Einzelpraxis und Teilwert des gesamten Sozietätsvermögens. A muß demnach auch die anteilig auf ihn entfallenden stillen Reserven versteuern, für die er keinen Gegenwert erhält (Ehlers, NWB F. 3, 7465). Seine Abschreibung erfolgt aus den höheren Werten einschließlich den aus dem aufgedeckten Wert des ideellen Praxiswerts.

1327 Ab 1. 1. 87 kann der **ideelle Praxiswert abgeschrieben** werden, wobei lediglich die Abschreibungsdauer streitig ist. Aus den in Rdnr. 1168 ff. erörterten Gründen liegt unseres Erachtens die Abschreibungszeit zwischen drei und fünf Jahren. Es kann jedoch durchaus vorteilhaft sein, sich der Auffassung der Finanzverwaltung, die eine fünfzehnjährige Abschreibungsdauer annimmt, anzuschließen, da Gemeinschaftspraxen ihren

Umsatz meistens stark ausweiten. Die Verteilung der aufgesparten Abschreibung auf die späteren Jahre ist daher durchaus günstig.

Bei **Rechtsanwalt B** ist der Vorgang steuerlich folgendermaßen zu behandeln: Er hat die Hälfte der Wirtschaftsgüter zum **Teilwert** erworben, auf die die Ausgleichszahlung von 100 000 DM zu verteilen ist. Die **Abschreibung** dieser Werte erfolgt entsprechend der betriebsgewöhnlichen Nutzungsdauer. Die Abschreibung des **ideellen Praxiswerts** erfolgt nach den in Rdnr. 1327 erörterten Grundsätzen. Das in den Rdnr. 1323 ff. dargestellte und erörterte Beispiel dürfte der in der Praxis am häufigsten vorkommende Fall sein, da es für einen in jungen Jahren zu einer Sozietät hinzukommenden Rechtsanwalt einfacher ist, eine Ausgleichszahlung aufzubringen als etwa Geld in Höhe der eingebrachten vollen Praxis. 1328

(2) Einbringung Praxis und Einbringung Kapital

Die Gründung einer Sozietät kann aber auch in folgender Weise erfolgen. 1329

Beispiel:

Rechtsanwalt A bringt seine Praxis in die Sozietät ein. Er hat dabei die Wahl, zwischen Buch- und Teilwerten einzubringen. Rechtsanwalt B zahlt 200 000 DM ein. Er leistet also eine Zahlung in gleicher Höhe des Wertes, zu dem die Praxis insgesamt bewertet wurde. Es betragen die Buchwerte 40 000 DM und der Teilwert 200 000 DM. 1330

Es muß zuerst eine **Einbringungsbilanz** erstellt werden, in der die **Buchwerte** des Betriebsvermögens auf den Einbringungszeitpunkt festgehalten werden. **Zusätzlich** ist eine **Eröffnungsbilanz** zu erstellen, in der die gewählten Werte – Buch-, Teil- oder Zwischenwerte – anzusetzen sind, ehe zur Gewinnermittlung durch Einnahme-Überschußrechnung nach § 4 Abs. 3 EStG übergegangen werden kann. 1331

Im Beispielsfalle dürfte es unseres Erachtens vorteilhaft sein, die stillen Reserven begünstigt zu versteuern, da in den folgenden Jahren ein erhöhtes Abschreibungsvolumen zur Verfügung steht. 1332

Bei **Ansatz der Teilwerte** muß die Differenz zwischen den Teilwerten und den Buchwerten versteuert werden. Der Veräußerungsgewinn kann allerdings durch Bildung des Postens „Minderwert" für stille Reserven in Höhe von 180 000 DM vermieden werden. In diesem Zusammenhang 1333 muß jedoch berücksichtigt werden, daß der Minderwert die Abschreibung auf den höheren Wert ausgleicht. Dadurch wird die Wirkung begünstigter Veräußerungsgewinne über Abschreibung auf normalbesteuerte Gewinne verhindert.

1334 Den **Rechtsanwälten A und B** steht die **Abschreibung auf die Praxisgegenstände** aus den höheren Teilwerten hälftig zu, zusätzlich die Abschreibung auf den hälftigen ideellen Praxiswert. Bei Bildung des Postens „Minderwert" für stille Reserven wird das Abschreibungsvolumen von Rechtsanwalt A, nicht aber das von B gemindert.

1335 Bei **Einbringung zu Buchwerten** ist der Vorgang folgendermaßen zu beurteilen: Rechtsanwalt A bringt 40 000 DM Buchwerte ein, Rechtsanwalt B 200 000 DM Geldvermögen. A hat damit 80 000 DM (200 000 DM ./. 40 000 DM : 2) Gewinn erzielt, der steuerlich nicht begünstigt ist. A und B haben ein Kapital von 200 000 DM (eingebrachtes Geldvermögen) und 40 000 DM Buchwerte, zusammen 240 000 DM. Davon entfallen auf jeden 120 000 DM. Bei Buchwerten von 40 000 DM ergibt sich ein Gewinn von 80 000 DM, der in voller Höhe zu versteuern ist.

1336 Auch diese 80 000 DM können durch die Bildung des Postens „**Minderwert**" **neutralisiert** werden, rechnen sich jedoch andererseits gegen die Abschreibung auf. Das Abschreibungsvolumen von A wird demnach um diesen Minderwert vermindert.

Rechtsanwalt B zahlte 200 000 DM, sein Kapitalkonto beträgt 100 000 DM. Ferner steht ihm die Hälfte der Buchwerte zu, so daß 100 000 DM ./. 20 000 DM = 80 000 DM verbleiben. Dies sind die Anschaffungskosten auf stille Reserven. Die Position kann auf die Restnutzungsdauer der Wirtschaftsgüter verteilt und gewinnmindernd abgesetzt werden.

1337 Das Beispiel in Rdnr. 1330 ff. macht folgendes deutlich: Beim **Ansatz der Teilwerte** werden die vollen stillen Reserven aufgedeckt. Sie werden aber mit dem durchschnittlichen hälftigen Steuersatz des § 34 EStG besteuert. Es ergibt sich daher im Grunde das gleiche Ergebnis wie im Falle des Einbringens zu Buchwerten. **Vorteilhaft** ist jedoch, daß erhöhte Abschreibungen zur Verfügung stehen, die den laufenden Gewinn mindern. Selbst wenn man berücksichtigt, daß die Verteilung auf mehrere Jahre oder etwa die Verteilung der Abschreibung beim Praxiswert – so wie es die Finanzverwaltung fordert (vgl. Rdnr. 1169) – auf 15 Jahre verteilt wird, ergibt sich schon in kurzer Zeit ein beachtlicher Vorteil.

(3) Schrittweise Sozietätsgründung

Sozietätsgründung in Schritten wird nach und nach in der Weise vollzogen, daß der neu aufgenommene Sozius zunächst mit einem geringen Anteil beteiligt wird, der später auf den endgültig angestrebten Vomhundertsatz angehoben wird. 1338

Beispiel:

Rechtsanwalt A nimmt Rechtsanwalt B als Sozius in seine Praxis auf. Sein Anteil an der Sozietät beträgt 5 v. H. Einbringung der Sozietät zu Buchwerten. Mit Rücksicht auf die Geringfügigkeit der Beteiligung kein besonderer Wertausgleich. Nach einjähriger Probezeit veräußert Rechtsanwalt A an Rechtsanwalt B weitere 25 v. H. und ein Jahr später noch einmal 20 v. H. der Anteile an der Sozietät. 1339

Während die Aufnahme von B in Höhe von 5 v. H. bei Sozietätsgründung keine steuerlichen Folgen auslöst, sind die beiden späteren Veräußerungen der Anteile **tarifbegünstigte Anteilsveräußerungen** gem. §§ 18 Abs. 3, 34 EStG (BFH 7. 2. 80, BStBl II 383; 29. 7. 81, BStBl 1982 II 62; Widmann/Mayer, a. a. O., Rz. 7876; Schmidt, FR 78, 353). Allerdings will die Finanzverwaltung mit Rücksicht auf BFH 7. 11. 85 (BStBl 1986 II 335) die Tarifermäßigung nicht gewähren, wenn die Tätigkeit im bisherigen örtlichen Bereich nicht eingestellt wird (OFD Köln 15. 6 89, NWB DokSt Erl. F. 3, § 18 EStG Rz. 6/89). Diese Auffassung dürfte abzulehnen sein, da die erwähnte Rechtsprechung zum einen zu einer unterschiedlichen Beurteilung von Teilanteilsübertragungen bei Gewerbetreibenden, Land- und Forstwirten sowie Freiberuflern führt. Das dürfte dem eindeutigen Willen des Gesetzes widersprechen, da § 18 Abs. 3 EStG erkennbar dem § 16 EStG nachgebildet sei. Zum anderen würde dies der eigenen Rechtsprechung widersprechen, nach der § 24 UmwStG auch in den Fällen des § 18 EStG gelte (so unseres Erachtens zutreffend Ehlers, NWB F. 3, 7467, 7470 mit weiteren Hinweisen). 1340

bb) Aufnahme in bereits bestehende Sozietät

Bei Aufnahme weiterer Sozien in eine bereits bestehende Sozietät kommt gleichfalls § 24 UmwStG zur Anwendung (vgl. Rdnr. 1319). Der Vorgang ist so zu sehen, als wenn die bestehende Sozietät gleichsam in eine neue Sozietät eingebracht wird (vgl. Ehlers, NWB F. 3, 7471). 1341

Beispiel:

1342 Die Umsätze der Sozietät der Rechtsanwälte A und B steigen so stark an, daß sich beide Partner entschließen, Rechtsanwalt C aufzunehmen. C zahlt für die Aufnahme 110 000 DM. Die Buchwerte der Praxis betragen 30 000 DM; der Teilwert beträgt 330 000 DM. Alle drei Rechtsanwälte sind zu je ein Drittel an der Sozietät beteiligt.

1343 Die Rechtsanwälte **A und B** haben einen **Veräußerungsgewinn** erzielt. Ein Drittel der Buchwerte beträgt 10 000 DM. Bei einem Erlös von 110 000 DM ergibt sich demnach ein Gewinn von 100 000 DM, der anteilig auf die Rechtsanwälte A und B verteilt wird.

1344 Fraglich ist, ob die von den Rechtsanwälten A und B veräußerten Teilanteile ihres bisherigen Anteils nach § 18 Abs. 3 i. V. m. §§ 16, 34 EStG tarifbegünstigt sind. Würde nämlich entsprechend BFH 7. 11. 85 (BStBl 1986 II 335) § 18 Abs. 3 EStG auch in diesem Falle die völlige Aufgabe der freiberuflichen Tätigkeit verlangen, so würde die Tarifbegünstigung nur bei Vollaufdeckung – also Teilwertansatz – der stillen Reserven zum Zuge kommen. Aus den in Rdnr. 1340 dargelegten Gründen dürfte jedoch das erwähnte Urteil keine Anwendung finden (vgl. dazu Ehlers, NWB F. 3, 7471). Daher kann unseres Erachtens der hälftige Steuersatz des § 34 EStG angewendet werden. Auch hier besteht die Möglichkeit, die Wirtschaftsgüter zu Teilwerten anzusetzen, um dadurch höher abschreiben zu können, wobei auch in diesem Falle die Tarifbegünstigung des § 34 EStG zur Anwendung kommt.

1345 Bei Rechtsanwalt C sieht die steuerliche Behandlung folgendermaßen aus: Er hat sein Drittel für 110 000 DM erworben. Dieser Betrag ist auf die einzelnen Wirtschaftsgüter der Praxis aufzuteilen und entsprechend der Nutzungsdauer abzuschreiben. Das gilt auch für den ideellen Praxiswert.

cc) **Aufnahme gegen feste Vergütung**

1346 Wird ein Anwalt **gegen eine feste Entschädigung in eine Anwaltsgemeinschaft aufgenommen,** so wird dadurch noch kein Dienstverhältnis begründet. Besonders bei Aufnahme von jungen Anwälten in eine gut eingeführte Anwaltspraxis ist die Vereinbarung einer festen Vergütung üblich und steht der Annahme einer echten Anwaltsgemeinschaft und der Selbständigkeit auch desjenigen nicht entgegen, der ein festes Entgelt erhält (RFH 29. 5. 35, RStBl S. 1206). Vgl. zur freiberuflichen oder nichtselbständigen Tätigkeit eines Fixum-Anwalts auch Felix in FR 1972, 180.

dd) Aufnahme eines Arbeitnehmers

Eine Sozietät kann auch in der Weise gegründet werden, daß ein bisher in einer Anwaltspraxis als Arbeitnehmer tätiger Rechtsanwalt als Sozius aufgenommen wird. 1347

Beispiel:

Rechtsanwalt A ist bereits 64 Jahre alt. In der Praxis ist Rechtsanwalt B als Arbeitnehmer tätig, der die Mandatschaft im wesentlichen betreut. A und B gründen eine Sozietät mit einem Beteiligungsverhältnis von 50 : 50. Die stillen Reserven betragen 300 000 DM.

Während vereinzelt die Auffassung geäußert wird, daß in derartigen Fällen dem eintretenden Anwalt im Rahmen der Einkunftsart „Einkünfte aus nichtselbständiger Arbeit" 150 000 DM zufließen würden (§§ 8, 2 Abs. 1 Nr. 4 EStG), ist die Übertragung der stillen Reserven in Höhe von 50 v. H. nach Meinung von Richter (NWB F. 3, 5715, 5721) nicht der letzte Akt der nichtselbständigen Tätigkeit des Anwalts B, sondern der erste Akt seiner freiberuflichen Tätigkeit; denn erst wenn er den Sozietätsvertrag abgeschlossen und damit Partner der Sozietät ist, können sich steuerliche Auswirkungen aus dem Vertrag für ihn ergeben. Etwas anderes dürfte wohl nur dann gelten, wenn es sich um ein Entgelt für die in der Vergangenheit als Arbeitnehmer erbrachte Leistungen handeln soll (so Richter, NWB F. 3, 5715, 5721). 1348

ee) Einbringung einer Teilpraxis

Die vorerwähnten Grundsätze gelten auch bei Einbringung einer Teilpraxis in eine neu zu gründende Sozietät. 1349

Teilpraxis ist ein organisch geschlossener, mit einer gewissen Selbständigkeit ausgestatteter Teil eines Gesamtbetriebes, der für sich allein lebensfähig ist (BFH 15. 3. 84, BStBl II 486). Es muß eine Untereinheit i. S. eines selbständigen Zweigbetriebs im Rahmen des Gesamtunternehmens vorliegen, die als eigenes Unternehmen bestehen könnte (BFH 13. 2. 80, BStBl II 498). Maßgebend ist die Gestaltung der Verhältnisse beim Veräußerer (BFH 19. 2. 76, BStBl II 415). Ob ein Praxisteil die für die Annahme einer Teilpraxis erforderliche Selbständigkeit besitzt, ist nach dem Gesamtbild der tatsächlichen Verhältnisse zu entscheiden. 1350

1351 Als **Abgrenzungsmerkmale** der Selbständigkeit einer Teilpraxis kommen in Betracht (BFH 15. 3. 84, a. a. O.):

- selbständiges Auftreten des Praxisteils in der Art einer Zweigpraxis,
- örtliche Trennung,
- ungleichartige berufliche Tätigkeiten,
- Vorhandensein von eigenem Inventar,
- Einsatz verschiedenen Personals,
- eigene Buchführung,
- getrennte Kostenrechnung,
- Möglichkeit eigener Preisgestaltung.

Es ist allerdings nicht erforderlich, daß sämtliche Merkmale erfüllt sind. Denn die Teilpraxiseigenschaft setzt nur eine gewisse Selbständigkeit voraus (BFH 15. 3. 84, a. a. O.).

Beispiel:

Rechtsanwalt und Notar A bringt aus seiner Praxis als Anwalt und Notar den anwaltlichen Teil in die Sozietät der Rechtsanwälte B und C ein, der er als weiterer Sozius beitritt. Den Notariatsteil seiner Praxis veräußert er an Notar D. Unterstellt, das dritte bis siebte Abgrenzungsmerkmal liegt vor. Es handelt sich daher um das Einbringen einer Teilpraxis in die bestehende Sozietät. Liegen die vorerwähnten Abgrenzungsmerkmale auch bei dem Notariatsteil vor, handelt es sich hier um die Veräußerung einer Teilpraxis. Auf das Einbringen der Teilpraxis in die Sozietät können die Grundsätze des § 24 UmwStG angewandt werden.

1352 Ein einbringender Rechtsanwalt übt häufig noch zusätzliche **Sondertätigkeiten** aus, die nicht in die Sozietät eingebracht werden können bzw. eingebracht werden sollen, z. B. Tätigkeit als Rechtsanwalt und Repetitor (so H/H/R, a. a. O., § 18 Anm. 161) oder Tätigkeit als Anwalt und Schriftsteller, Vortragender, Beirat, Testamentsvollstrecker, Konkursverwalter usw. (so Heinemann/Korn, KÖSDI 1979, 3162). Die Zurückbehaltung einer dieser Tätigkeiten gefährdet nach Ansicht der genannten Autoren (so wohl auch Richter, NWB F. 3, 5715, 5724) dann nicht die Tarifermäßigung der §§ 16, 34 EStG, wenn die „Sondertätigkeiten unabhängig von der möglicherweise bisher nicht durchgeführten buchmäßigen Trennung als selbständige „Betriebe" anzusehen" sind, „deren einkommensteuerliches Schicksal losgelöst von der eingebrachten Praxis zu beurteilen" ist.

ff) Verpachtung einer Einzelpraxis

Die Gründung einer Sozietät kann nach Meinung von Heinemann (KÖSDI 1979, 3151) auch in der Weise erfolgen, daß zwei Rechtsanwälte, die ihre Praxen zusammenlegen wollen, die Sozietät zunächst auf der Grundlage einer bloßen „Nutzungsüberlassung" führen. Durch diese Vertragsgestaltung sollen die Einzelpraxen insoweit im Innenverhältnis erhalten bleiben. Sie werden der Sozietät gegen oder ohne Nutzungsentgelt überlassen. Die Partner behalten sich vor, bei Beendigung der Sozietät die Einzelpraxis wieder selbst zu übernehmen (vgl. Richter, NWB F. 3, 5715, 5724 f.). 1353

Beispiel:

Die Rechtsanwälte A und B mit je einer Einzelpraxis gründen eine Sozietät, an die sie ihre Einzelpraxen auf die Dauer von drei Jahren zunächst „verpachten". Nach Ablauf dieses Zeitraums wollen sie entscheiden, ob jeder seine Praxis wieder selbst übernimmt, oder ob eine „echte Sozietät" gegründet werden soll. Würde nach Ablauf von drei Jahren jeder der Partner seine Praxis wieder selbst führen, ergäben sich bei **Fortführung der Buchwerte** einkommensteuerrechtlich keine Besonderheiten. Es würde jedoch zu einer Gewinnrealisierung kommen, wenn einer der beiden „Verpächter" nicht mehr als Mitunternehmer der Sozietät zu behandeln wäre. Das wäre z. B. der Fall, wenn Rechtsanwalt A „seine Praxis" nach drei Jahren an Rechtsanwalt B verpachten würde. Eine **Gewinnrealisierung** wäre in diesem Fall nur zu vermeiden, wenn es sich um eine Fortsetzung des Betriebs handeln würde (vgl. Richter, NWB F.3, 5715, 5725).

Die Verpachtung einer freiberuflichen Praxis ist jedoch nach Auffassung der Finanzverwaltung (vgl. Abschn. 147 Abs. 2 EStR; BdF 9. 4. 74, StEK EStG § 18 Nr. 57) in der Regel eine **Betriebsaufgabe**, wenn das Betriebsvermögen nicht ausnahmsweise eine wesentliche Bedeutung hat, wie insbesondere z. B. bei freiberuflichen Kliniken, Sanatorien und Schulen mit wertvollen Immobilien, die auf die Praxis zugeschnitten sind, oder bei umfangreichem beweglichem Anlagevermögen. Bei Rechtsanwälten/Notaren liegen diese Voraussetzungen in der Regel nicht vor, auch wenn die Praxis in eigenen Räumen ausgeübt wird. Die Verpachtung einer freiberuflichen Praxis führt daher in der Regel zur **Realisierung der stillen Reserven.** Korn (DStZ A 1983, 16) hält das für unbefriedigend und in gewissem Maße für unbillig, weil dem Verpächter keine Mittel zufließen. Er würde „es nicht für unvertretbar halten, unter Billigkeitsgesichtspunkten wie bei der Verpachtung von Gewerbebetrieben trotz der oben dargelegten Bedenken ein Realisationswahlrecht zuzulassen ..." 1354

gg) Übergangs-Gemeinschaftspraxis/Bürogemeinschaft

1355 Erhält bei Gründung einer Sozietät z. B. durch Aufnahme eines Partners in eine Anwaltspraxis der einbringende Rechtsanwalt zu Anfang eine bestimmte Ausgleichszahlung für die Beteiligung (vgl. Rdnr. 1323 ff.), so führt dies zur **Aufdeckung der stillen Reserven**. Folglich unterliegt die Zahlung dem vollen Steuersatz zusätzlich zum laufenden Gewinn. Beide Partner können jedoch **vereinbaren**, daß nach einer bestimmten Zeit, z. B. fünf oder acht Jahre, die Praxis auf den jüngeren Partner insgesamt übergeht und erst zu diesem Zeitpunkt des Ausscheidens des Seniorpartners durch die Ausgleichszahlung die stillen Reserven realisiert werden.

1356 Der **Vorteil** einer derartigen Vereinbarung ist, daß zum einen der Freibetrag des § 16 EStG und der hälftige Steuersatz nach § 34 EStG geltend gemacht werden können. Zum anderen fällt bei Wahl des Übergabetermins zu Beginn des neuen Jahrs kein laufender Gewinn mehr für den Seniorpartner an, so daß die Besteuerung weitestgehend vermindert wird. Für den Juniorpartner ist die Geltendmachung der Abschreibung auf den ideellen Praxiswert innerhalb von fünf Jahren der von der Finanzverwaltung angenommenen Nutzungsdauer vorteilhaft.

1357 Wichtig ist, daß der eintretende Partner für die Dauer der **Übergangs-Gemeinschaftspraxis** (bzw. auch Bürogemeinschaft) nicht am gesamten bisherigen Vermögen, also auch nicht an den stillen Reserven beteiligt wird. Daher hat er zu Beginn der Gemeinschaftspraxis kein Entgelt für den immateriellen Wert und die materiellen Wirtschaftsgüter zu zahlen. Im Vertrag muß es heißen:

1358 „Der Juniorpartner stellt nur seine Arbeitskraft zur Verfügung; eine Beteiligung am materiellen Einrichtungswert (Mobiliar, Fachbibliothek u. ä.) und am ideellen Wert der Praxis findet nicht statt. Stille Reserven werden nicht aufgedeckt".

1359 Die gleiche Regelung kann bei einer **Bürogemeinschaft** vereinbart werden. Nach Ausscheiden des Seniorpartners übernimmt der Juniorpartner sämtliche Vermögensgegenstände und damit sämtliche stillen Reserven mit voller steuerlicher Privilegierung wie bei der sofortigen Veräußerung einer Einzelpraxis. In dem Vertrag, in dem die Kooperation in Form einer Bürogemeinschaft vereinbart wird, sollte nicht auf die künftigen festen Kaufpreissummen abgestellt werden, da das FA möglicherweise dann schon von einer Aufdeckung der stillen Reserven sprechen könnte. Statt dessen sollten sich die Partner mit einer getrennten verpflichtenden Protokollnotiz behelfen, in der sie festlegen, wie hoch beim Ausscheiden die Beträge sind, auf die sich die Partner angesichts der Dauer der Zusammenarbeit und der Höhe des Entgelts geeinigt haben. Auch Vereinbarungen für Tod oder Berufsunfähigkeit eines der beiden Partner sollten vertraglich getroffen werden, allerdings keine Vereinbarung des Inhalts, daß zu gegebener Zeit über die Höhe der Übernahmesumme Einigkeit erzielt werden könnte.

d) Auflösung einer Gemeinschaftspraxis (Sozietät) ▶ BSt-RA-345 ◀

Bei der Auflösung einer Sozietät kommen folgende beide Grundformen in Betracht:

1360

- Ein **Rechtsanwalt scheidet aus** und überläßt seinem **Sozius** die **Sozietät**, der sie entweder als **Einzelpraxis fortführt** oder einen **neuen Sozius aufnimmt** (vgl. Rdnr. 1361 ff.).
- Die Sozietät wird durch „Realteilung" aufgelöst. Es werden **zwei Einzelpraxen fortgeführt** (vgl. Rdnr. 1368 ff.).
- Die Sozietät wird **im ganzen aufgegeben** (vgl. Rdnr. 1373 ff.).

aa) Ausscheiden eines Partners

Bei Auflösung einer Sozietät durch Ausscheiden eines Partners führt in der Regel der verbleibende Partner die Sozietät als Einzelpraxis fort. Haben sich in der Sozietät mehrere Partner zusammengeschlossen, so besteht sie unter den **verbleibenden Partnern fort**. Der Gesellschaftsanteil des ausscheidenden Partners wächst den übrigen Partnern gem. § 738 Abs. 1 Satz 1 BGB kraft Gesetzes – ohne besondere Übertragsakte – hinsichtlich der einzelnen Gegenstände des Gesellschaftsvermögen im Verhältnis ihrer Beteiligung an **(Anwachsung)**. Der ausscheidende Gesellschafter erlangt einen schuldrechtlichen **Abfindungsanspruch** gegen die fortbestehende Sozietät. Bei der **Berechnung der Abfindung** ist der tatsächliche Wert der Sozietät einschließlich aller stillen Reserven und des Praxiswerts zugrunde zu legen. Der Abfindungsanspruch ist auf die Zahlung von Geld gerichtet und sofort fällig. Diese gesetzliche Regelung des § 738 BGB ist jedoch **kein zwingendes Recht**. Sie kann in Gesellschaftsverträgen entsprechend abgeändert werden. **Wichtig ist daher**, in Sozietätsverträgen von vornherein die **Folgen** einer **Auflösung** oder eines **Aus-**

1361

scheidens aufzunehmen sowie die **Höhe des Abfindungsanspruchs** genau festzulegen, z. B. Anteil am ideellen Praxiswert 25 v. H. oder 30 v. H., Schätzung des Inventars der Praxis durch einen Gutachter usw.

Beispiel:

Rechtsanwälte A, B und C bilden eine Sozietät. Rechtsanwalt A scheidet aus. Sein Anteil an der Sozietät wächst B und C an.

1362 Die Anwachsung stellt eine **Veräußerung** eines Gesellschaftsanteils dar. Sind keine stillen Reserven vorhanden, erfolgt eine Abfindung zu Buchwerten. Daraus ergeben sich keine steuerlichen Folgen. Sie treten vielmehr erst dann ein, wenn über die Buchwerte hinaus **Abfindungen** gezahlt werden. In dieser Höhe hat der **ausscheidende** Partner einen Veräußerungsgewinn zu versteuern, wobei die Vergünstigungen der §§ 16, 18, 34 EStG angewandt werden können. Nach BFH 7. 11. 85 (BStBl 1986 II 335) kommt allerdings für den ausscheidenden Sozius die **Tarifbegünstigung** nur dann in Betracht, wenn er seine freiberufliche Tätigkeit in dem bisherigen örtlich begrenzten Wirkungskreis wenigstens für eine bestimmte Zeit einstellt. Wegen der Kritik an diesem Urteil vgl. Ehlers (NWB F. 3, 7467) sowie Rdnr. 1340.

1363 Für den oder die **verbleibenden** Partner stellt die Anwachsung des Gesellschaftsanteils steuerlich eine **Anschaffung** dar, so daß sie den für stille Reserven gezahlten Ausgleich als immateriellen Praxiswert innerhalb von drei bis fünf Jahren abschreiben können.

1364 Das Ausscheiden eines Partners aus einer Sozietät gegen **Kaufpreisraten** bzw. **Kaufpreisrenten** ist im allgemeinen selten. In aller Regel wollen die Partner mit der Ausgleichszahlung ihre neue Praxis aufbauen. Renten oder Raten bieten sich allenfalls an, wenn eine auf eine **bestimmte Zeit geschlossene Sozietät** – in der Regel die sog. „Nachfolge-Gemeinschaftspraxis" (vgl. Rdnr. 1355 ff.) – nach der festgelegten Zeit aufgelöst wird und der ehemalige Seniorpartner in den Ruhestand tritt. Hier werden häufig Renten oder Raten vereinbart, um die Belastung für den verbleibenden Partner zu mildern.

1365 In dieser Gestaltungsform liegen jedoch für beide Seiten **Risiken**. Der **ausscheidende Seniorpartner** erhält zwar die Vergünstigungen der §§ 16, 18 und 34 EStG. Er muß jedoch den Veräußerungsgewinn sofort versteuern, obwohl er unter Umständen über die Mittel noch nicht verfügt. Bei der sog. **sukzessiven Versteuerung** erhält der ausscheidende Partner die

Vergünstigung der §§ 16, 18 und 34 EStG nicht. Er hat jedoch den Vorteil, daß er aus nachträglichen Einkünften aus freiberuflicher Tätigkeit jeweils nur den die Buchwerte übersteigenden Betrag auf die vorgegebene Zeit versteuern muß. Er trägt außerdem das Risiko des Untergangs der Praxis.

Für den **verbleibenden Partner** kann diese Gestaltungsform **Nachteile** haben, weil in den Verträgen zumeist Indexklauseln eingearbeitet werden. Außerdem können über die Jahre der Praxiswert durch die Kapitalisierung oder etwa Zahlungen auf die Lebenszeit des ausscheidenden Partners zu einer sehr hohen Belastung führen. **1366**

Beim **Ausscheiden** eines Partners aus einer Sozietät ist von der **Einnahme-Überschuß-Rechnung** gem. § 4 Abs. 3 EStG zur Gewinnermittlung **nach § 4 Abs. 1 EStG überzugehen.** Hierzu sind die entsprechenden Hinzu- und Abrechnungen beim laufenden Gewinn des Wirtschaftsjahres vorzunehmen, in dem die Veräußerung stattfindet (vgl. Abschn. 19 Abs. 1 EStR). Vgl. hierzu auch Rdnr. 1376 ff. **1367**

bb) Realteilung

Die Auflösung einer Sozietät kann durch „**Realteilung**" in der Weise erfolgen, daß beide Partner die Praxis als **zwei Einzelpraxen fortführen.** Die echte Realteilung vermeidet die Realisierung stiller Reserven. Sie erfolgt durch **Übernahme des Vermögens der Sozietät** durch die Gemeinschaftspartner **entsprechend** ihrem **Anteil** an der Sozietät. **1368**

Die Realteilung ist **weder ein Veräußerungsvorgang noch** ein **Tauschvorgang noch** eine **Entnahme.** Denn jeder Partner führt mit den ihm zugewiesenen Wirtschaftsgütern die Einzelpraxis fort, so daß eine Realisierung stiller Reserven vermieden wird. Die Realteilung ist von der Auflösung der Sozietät zu unterscheiden. In der Regel ist es nicht möglich, die Aufteilung so vorzunehmen, daß keine Ausgleichszahlung erfolgt oder erfolgen muß. Einer der beiden Gemeinschaftspartner muß daher ggf. einen **Barausgleich** zahlen, um **Wertunterschiede auszugleichen.** **1369**

Beispiel:

Rechtsanwalt A will sich von seinem Partner Rechtsanwalt B trennen. Beide Anwälte stellen eine Inventarliste auf. Die Liste von A enthält z. B. die Büroeinrichtung wie Schreibtisch, Schreibtischsessel, Regalwände, Polstermöbel für die Büros des Personals und für die Partner. Die Liste des B enthält z. B. die Büromaschinen wie Schreibmaschine, Kopier-, Diktiergeräte, Anrufbeantworter usw. Dabei muß in den Listen unterschieden werden, was die einzelnen Partner selbst eingebracht haben und was durch die Sozietät angeschafft wurde.

1370 Nach Gegenüberstellung der Listen und entsprechender Bewertung der einzelnen Wirtschaftsgüter ergibt sich beispielsweise noch ein Anspruch von Rechtsanwalt B gegen seinen Kollegen A in Höhe von 10 000 DM. Dieser Betrag, der zum **Ausgleich** der realen Teilung der Wirtschaftsgüter erforderlich ist, ist **kein Auseinandersetzungsgewinn** (BFH 2. 10. 62, BStBl III 513). Er muß normal versteuert werden. Der Gewinn ist auch **nicht tarifbegünstigt** nach § 34 EStG, da die stillen Reserven nur teilweise realisiert werden. Der Gewinn ist daher als laufender Gewinn zu versteuern.

1371 Die Realteilung kann jedoch unter **Aufdeckung der stillen Reserven** erfolgen. Dann können bei Vorliegen der Voraussetzungen die steuerlichen Vergünstigungen gem. §§ 16, 18 und 34 EStG geltend gemacht werden. Die an Rechtsanwalt B gezahlte Ausgleichszahlung bedeutet Anschaffungskosten für seine neue Praxis, auf die er als Zahlung für den immateriellen Praxiswert innerhalb von drei bis fünf Jahren abschreiben kann (vgl. Rdnr. 1168 ff.).

1372 Zur Frage, ob bei Gewinnermittlung durch Einnahme-Überschußrechnung gem. § 4 Abs. 3 EStG ein **Übergang** zur **Gewinnermittlung** gem. § 4 Abs. 1 EStG durch Betriebsvermögensvergleich erforderlich ist, vgl. Rdnr. 1376 ff.

cc) **Aufgabe der Gemeinschaftspraxis (Sozietät) im ganzen**

1373 Eine Aufgabe einer Sozietät im ganzen ist selten. Die Gemeinschaftspartner weisen häufig ein unterschiedliches Alter auf. Das hat zur Folge, daß für den abgehenden älteren Partner in der Regel ein junger Gemeinschaftspartner in die Sozietät eintritt. Sind die Partner einer Sozietät gleich alt und wollen sie gemeinsam ihre Sozietät beenden, wird diese in der Regel veräußert, da heute gerade Sozietäten rein arbeitsmäßig interessant sind und sich häufig junge Anwälte scheuen, eine allzu große Einzelpraxis zu übernehmen.

1374 Die **Aufgabe** der **gesamten Sozietät** wird wie eine **Betriebsaufgabe im ganzen** behandelt. Den Gemeinschaftspartnern stehen die **Freibeträge gem. §§ 16, 18 EStG** jeweils zur Hälfte zu. Der über diese Freibeträge

hinausgehende **Aufgabegewinn** unterliegt dem hälftigen Steuersatz gem.
§ 34 EStG (ab 1990 besondere Staffelregelung).

Schwierigkeiten können sich für die Partner ergeben, wenn der **Aufgabe-** 1375
gewinn quantifiziert werden soll. Soweit Gegenstände nicht veräußert
werden, ist es daher **ratsam**, daß bei Übernahme in das Privatvermögen
eine vernünftige, begründbare Wertbeurteilung erfolgt. Beim Pkw sollte
man sich beispielsweise durch ein Gutachten eines Sachverständigen über
den Wert des Wagens absichern. Ebenso sollte man eine vernünftige
Wertbeurteilung bei Gemälden, Teppichen, Kunstgegenständen usw. herbeiführen, wenn sie in das Privatvermögen übernommen werden. Die
Auseinandersetzung mit dem Partner sollte **vertraglich** geregelt sein.

e) **Gewinnermittlung** ▶ BSt-RA-350 ◀

Der **Betriebsveräußerer/-aufgeber**, der seinen Gewinn nach § 4 Abs. 3 1376
EStG durch Einnahme-Überschuß-Rechnung ermittelt, muß **vor** der Veräußerung oder Aufgabe zur **Gewinnermittlung** gem. § 4 Abs. 1 EStG
übergehen. Er muß alle bei der Gewinnermittlung gem. § 4 Abs. 3 EStG
bisher nicht erfaßten Vorgänge steuerlich erfassen. Vor allem muß er alle
Honorarforderungen versteuern. Ein rechnerischer Gewinn, der sich
beim Übergang von der einen zur anderen Gewinnermittlungsart ergibt,
ist nicht nach § 34 EStG tarifbegünstigt(vgl. BFH 13. 12. 79, BStBl 1980
II 239).

Ob das auch beim Einbringen einer Einzelpraxis in eine Sozietät so ist, ist 1377
unklar. Korn (a. a. O., Tz. 264 ff.) hält die **Übergangsbesteuerung** bei
Fortführung der Buchwerte in der Sozietät und bei Gewinnermittlung der
Sozietät durch Einnahme-Überschuß-Rechnung gem. § 4 Abs. 3 EStG für
entbehrlich. Dem dürfte zuzustimmen sein, weil, worauf Korn zutreffend
hinweist, wirtschaftlich betrachtet „eine Fortführung der Praxis in unveränderter Form im Rahmen der Sozietät" erfolgt. Mit Rücksicht auf die
unklare Rechtslage oder bei Bilanzierung oder Aufstockung der Buchwerte durch die Sozietät hält er es jedoch für erwägenswert, bei Gewinnermittlung gem. § 4 Abs. 3 EStG steuerlich noch nicht erfaßte **Forderungen** des Anwalts, der seine Praxis einbringt, **vom Einbringen auszunehmen**. Der einbringende Rechtsanwalt muß seine Forderungen daher noch
selbst für seine Rechnung einziehen.

Sollen bei **Miteinbringen der Forderungen** dagegen die Einnahme-Über- 1378
schuß-Rechnung und die Buchwerte fortgeführt werden, hält Korn

(a. a. O., Tz. 267) eine **Sondergewinnverteilungsregelung** für denkbar, die bestimmt, daß Honorare aus der Zeit vor der Gründung der Sozietät als Vorabgewinn dem einbringenden Partner zustehen.

f) Praxiswert ▶ BSt-RA-355 ◀

1379 Auf einen derivativ erworbenen Praxiswert konnte bisher nicht abgeschrieben werden, wenn er bei Gründung einer Sozietät aufgedeckt wurde. Nach bisheriger höchstrichterlicher Rechtsprechung nutzte sich der erworbene Praxiswert nicht ab, wenn der Praxisinhaber weiterhin mitarbeitete und somit entscheidenden Einfluß auf die Praxis ausübte (BFH 23. 1. 75, BStBl II 381). In diesen Fällen läßt es nunmehr die Finanzverwaltung zu, daß die jetzt für den Geschäftswert maßgeblichen Vorschriften des § 7 Abs. 1 Satz 3 EStG über die Nutzungsdauer und des § 52 Abs. 6a EStG über den Abschreibungsbeginn entsprechend angewandt werden (BMF 20. 11. 86, BStBl I 532). Einzelheiten hierzu vgl. Rdnr. 1168 ff.

g) Betriebsvermögen und Sonderbetriebsvermögen ▶ BSt-RA-360 ◀

1380 Wirtschaftsgüter des Betriebsvermögens (§ 4 Abs. 1 EStG) können solche des notwendigen oder gewillkürten Betriebsvermögens sein. Das Betriebsvermögen einer Mitunternehmerschaft umfaßt sowohl Vermögensgegenstände des Gesellschaftsvermögens (Gesamthandsvermögen) als auch Vermögensgegenstände, die im Eigentum eines Gesellschafters (Mitunternehmer) stehen **(Sonderbetriebsvermögen).** Vermögensgegenstände (Wirtschaftsgüter), die dem Mitunternehmer einer Personengesellschaft gehören, sind notwendiges Betriebsvermögen, wenn sie entweder unmittelbar dem Betrieb der Personengesellschaft dienen oder unmittelbar zur Begründung oder Stärkung der Beteiligung des Mitunternehmers an der Personengesellschaft eingesetzt werden sollen. Sonderbetriebsvermögen kann es auch bei **freiberuflichen Sozietäten** geben (BFH 2. 12. 82, BStBl 1983 II 215).

1381 **Geldeinlagen** zur Bildung eines beruflichen **Reservekontos** führen dagegen bei einem Rechtsanwalt mit Gewinnermittlung nach **§ 4 Abs. 3 EStG nicht** zu **Betriebsvermögen.** Das gilt auch bei Aufnahme eines Rechtsanwalts in eine Sozietät, wenn die übrigen Partner die Reservebildung verlangen (FG München 24. 11. 81 rkr., EFG 1982, 341). Bei **Fremdfinanzierung** der Reserveanlage sind nach der genannten Entscheidung die **Sollzinsen** jedenfalls dann keine Sonderbetriebsausgaben des Gesellschafters, wenn dieser aus Gewinn angelegte Reserven für private Zwecke verwendet und in einem zeitlichen und wirtschaftlichen Zusammenhang mit diesem Vorgang das Reservekonto mit Kreditmitteln auffüllt.

Bei einer freiberuflichen Sozietät gehören – auch vor Inkrafttreten des § 18 Abs. 4 EStG – **Grundstücksanteile, die im Eigentum eines Partners** standen und an die Sozietät zur beruflichen Nutzung vermietet waren, zum **notwendigen Sonderbetriebsvermögen** dieses Partners (BFH 2. 12. 82, a. a. O., m. w. N.). 1382

h) Gewinnvorab, Sondervergütungen, Verluste der Beteiligten ▶ BSt-RA-365 ◀

Zu den Einkünften einer freiberuflichen Sozietät gehört auch ein **Gewinnvorab** (§ 18 Abs. 4 i. V. m. 15 Abs. 1 Nr. 2 EStG). 1383

Beispiel:
Die Sozietät der Rechtsanwälte A und B nutzt ein Gebäude des A für das Büro der Praxis. A erhält eine monatliche Miete von 3 000 DM. Das Gebäude ist notwendiges Sonderbetriebsvermögen. Die Miete ist Gewinnvorab.

Sondervergütungen der Partner gehören zum gemeinschaftlichen Gewinn, ohne Rücksicht darauf, wie sie etwa im Verhältnis der Partner untereinander behandelt werden (RFH 2. 3. 27, RFHE 21, 8). Bearbeiten die Mitglieder der Anwaltsgemeinschaft bestimmte Rechtsfälle allein und für eigene Rechnung, so müssen sie einen Teil des Honorars als Unkostenbeitrag an die Sozietät abführen. Die Mitglieder zahlen die Umsatzsteuer für die Einnahme aus diesen Fällen, jedoch unter Abzug der Unkostenbeiträge (UR 1956, 39). 1384

Verluste, die nur einem der Partner zur Last fallen, sind von seinem Gewinnanteil abzuziehen. 1385

i) Sonderbetriebsausgaben ▶ BSt-RA-370 ◀

Persönliche bei der gemeinsamen Berufsausübung dem einzelnen Partner entstandene **Betriebsausgaben** sind bei der einheitlichen Gewinnfeststellung auch dann zu berücksichtigen, wenn sie nicht durch die gemeinsamen Bücher gelaufen sind (RFH 22. 2. 28, RStBl S. 176). 1386

Prämien für eine **Krankentagegeldversicherung** sind keine Betriebsausgaben, selbst dann nicht, wenn aus den Versicherungsleistungen berufliche 1387

Aufwendungen, wie z. B. Löhne des Personals, Miete für Praxisräume, gezahlt werden sollen (BFH 22. 5. 69, BStBl II 489; vgl. Rdnr. 810 ff., 814).

1388 **Reisekosten** eines Anwalts, der als Syndikus eines Verbandes nur zur Förderung der gemeinsamen Anwaltstätigkeit unentgeltlich tätig ist und dem die Sozietät die vom Verband nicht zu erstattenden Reisekosten verpflichtungsgemäß ersetzt, sind Betriebsausgaben der Sozietät (Richter, NWB F. 3, 5715, 5728 Ziff. 7).

1389 Wegen der einkommensteuerlichen Behandlung von **Teilhaberversicherungen** – das ist eine auf das Leben eines Partners einer Sozietät abgeschlossene Lebensversicherung – vgl. Rdnr. 810 ff., 814.

j) Freibetrag für freie Berufe gem. § 18 Abs. 4 EStG

1390 Durch den Pauschbetrag für freie Berufe gem. § 18 Abs. 4 EStG wird das Einkommen der Partner gemindert, so daß der Abzug bei der **ESt-Veranlagung der Partner** und nicht bei der einheitlichen Gewinnfeststellung berücksichtigt wird. Ab **1990 entfällt** der **Freibetrag** für freie Berufe.

k) Einheitliche Gewinnfeststellung ▶ BSt-RA-375 ◀

1391 Die Gewinne einer Anwaltsgemeinschaft werden gem. §§ 179, 180 Abs. 1 Nr. 2 AO **einheitlich und gesondert durch das Betriebs-FA festgestellt.** Das bedeutet, daß für alle an der Sozietät beteiligten Rechtsanwälte/Notare die Besteuerungsgrundlagen für die Besteuerung der im **Rahmen der Sozietät erzielten Einkünfte** hier durch einen besonderen Bescheid verbindlich festgestellt werden. In diesem Verfahren wird darüber entschieden, wie hoch der Gesamtgewinn ist, wer beteiligt und wie hoch der Anteil am Gewinn ist. Hat sich ein einzelner Partner einer Sozietät jedoch die **Erledigung besonderer Aufgaben für seine eigene Rechnung vorbehalten,** so scheiden die daraus erzielten Gewinne aus der einheitlichen Gewinnfeststellung aus.

1392 Die **Gewinnverteilung** erfolgt nach der getroffenen Abrede, die aber nicht mit rückwirkender Kraft, sondern nur für die Zukunft getroffen werden kann; **zurückdatierte Verträge** werden steuerrechtlich nicht anerkannt (BFH 23. 1. 64, StRK EStG § 18 R. 317).

1393 Der **Gewinnfeststellungsbescheid** erwächst selbständig in **Rechtskraft** und muß **angefochten** werden, wenn er beispielsweise in einem der in Rdnr.

1386 genannten Punkten fehlerhaft ist. Bei der ESt-Veranlagung des Partners kann eine Unrichtigkeit der Feststellung nicht mehr geltend gemacht werden (§ 351 AO). Darum müssen alle **Ausgaben der Partner, die im Interesse der Sozietät** gemacht worden sind, bei der einheitlichen Gewinnfeststellung und nicht erst bei der ESt-Veranlagung des einzelnen Partners geltend gemacht werden.

Praktisch reicht die **Sozietät** eine **einheitliche Steuererklärung** an das FA ein, in dessen Bezirk sich die Geschäftsleitung befindet (§ 20 Abs. 1 AO). Die **Partner** haben **außerdem eigene ESt-Erklärungen** bei ihrem Wohnsitz-FA abzugeben. Das nach § 20 Abs. 1 AO zuständige FA entscheidet in einem Feststellungsbescheid über die Höhe und Verteilung des einheitlichen Gewinns und teilt die Gewinnanteile der Partner den Wohnsitzfinanzämtern der Partner mit. Enthält der **Festellungsbescheid Unrichtigkeiten,** so muß er angefochten werden, da bei der Veranlagung der Partner die Ergebnisse des Festellungs- und Verteilungsverfahrens ohne Prüfung übernommen werden. 1394

Haben sich mehrere Rechtsanwälte/Notare zu einer Sozietät zusammengeschlossen, so kann das FA, falls kein gemeinsamer Empfangsbevollmächtigter bestellt worden ist, Bescheide über die einheitliche Feststellung der Einkünfte aus selbständiger Arbeit einem der Rechtsanwälte/Notare als **Empfangsbevollmächtigtem** i. S. des § 183 Abs. 1 Satz 2 AO bekanntgeben (BFH 23. 6. 88, BStBl II 979). 1395

l) Umsatzsteuer ▶ BSt-RA-380 ◀

Für die Umsatzbesteuerung von Sozietäten gelten die allgemeinen umsatzsteuerrechtlichen Vorschriften. Hierzu wird auf die Rdnr. 920 ff. verwiesen. 1396

aa) Sozietät als Steuersubjekt

Die Anwaltsgemeinschaft, die nicht lediglich eine Bürogemeinschaft ist (vgl. Rdnr. 1302 ff., 1426 ff.), sondern **nach außen erkennbar als Sozietät auftritt,** ist Steuersubjekt wie jede im Erwerbsleben auftretende Personenvereinigung (RFH 13. 2. 31, RStBl S. 470). Die Gemeinschaft hat daher die Umsatzsteuer-Erklärung abzugeben. 1397

Übt ein Partner **außerhalb der Sozietät** noch eine **Tätigkeit** aus, z. B. ein Anwalt führt auf eigene Rechnung eine Konkursverwaltung durch oder er 1398 ist schriftstellerisch tätig, so hat er die Entgelte selbst zu versteuern; er ist **insoweit selbständiger Unternehmer.** Die Mitglieder der Sozietät haben durch den Zusammenschluß ihre Selbständigkeit nur zum Teil aufgegeben; sie sind, soweit sie sich die Ausführung von Leistungen im eigenen Nahmen vorbehalten haben, Unternehmer i. S. des Umsatzsteuerrechts geblieben. Sowohl die Sozietät als auch ihre Partner führen Leistungen im eigenen Namen aus. Es ist deshalb umsatzsteuerlich ein **Leistungsaustausch zwischen der Sozietät und ihren Partnern** denkbar. Um einen solchen Leistungsaustausch handelt es sich bei der Zurverfügungstellung der „gemeinsamen Einrichtungen" an die Partner durch die Sozietät und dem „**Unkostenbeitrag**" der Partner an die Sozietät. Der Unkostenbeitrag stellt das von den Partnern für die Benutzung gemeinsamer Einrichtungen bei der Ausführung vorbehaltener Leistungen zu zahlende Entgelt dar. Die Partner vereinnahmen die Entgelte für ihre Leistungen einschließlich des Unkostenbeitrags, den sie an die Sozietät weitergeben, im eigenen Namen. Im Unkostenbeitrag ist bei den Partnern eine Betriebsausgabe zu erblicken. Betriebsausgaben vermindern das umsatzsteuerliche Entgelt nicht. Das gilt auch dann, wenn es sich beim Empfänger um eine Personengesellschaft handelt, an der der Unternehmer beteiligt ist (vgl. Deckirt, UR 1957, 111).

bb) Entgelt

1399 Zum **Entgelt** für die Leistungen einer Anwaltsgemeinschaft gehört auch die Überlassung eines Pkw an einen der Sozietät angehörenden Rechtsanwalt (FG Düsseldorf 25. 2. 83 rkr., EFG 1984, 92).

cc) Einbringung in eine Sozietät

1400 Wird eine **Einzelpraxis** in eine **Sozietät eingebracht,** ist die Einbringung als **Tauschgeschäft** im Sinne von § 3 Abs. 12 UStG steuerbar. Der Inhaber der Einzelpraxis liefert die Aktiven seiner Praxis. Dafür gewährt die Sozietät Gesellschaftsrechte und übernimmt ggf. die Verbindlichkeiten u. ä. des Inhabers der Einzelpraxis (Wollny, a. a. O., Rdnr. 3831; Korn, a. a. O., Tz. 270).

1401 Diese Beurteilung gilt auch bei einer **unentgeltlichen Aufnahme** eines Angehörigen unter Gründung einer Sozietät. Auch hier bringt der bisherige Inhaber die Einzelpraxis gegen Gewährung von Gesellschaftsrechten usw. in die Sozietät ein. Die Unentgeltlichkeit besteht darin, daß der aufgenommene Sozius für seinen Anteil keinen Aufwand hat (Korn, a. a. O.).

Bemessungsgrundlage für die Umsatzsteuer ist bei einem Tauschgeschäft gem. § 10 Abs. 3 UStG der Gegenumsatz. Aus der Sicht des die Einzelpraxis in die Sozietät einbringenden Rechtsanwalts besteht die Gegenleistung in den übernommenen Schulden zuzüglich des gemeinen Werts der durch die Sozietät gewährten Gesellschaftsrechte, wobei deren gemeiner Wert dem gemeinen Wert der eingebrachten Praxis entspricht, also einschließlich der stillen Reserven und des Geschäftswerts (Wollny, a. a. O., Rdnr. 3834). 1402

Eine Sozietätsgründung kann aber auch in der Weise erfolgen, daß die Partner lediglich ihre **Arbeitskraft** in die **Sozietät einbringen** und überdies der bisherige Praxisinhaber seine Praxis samt Mandantschaft (Praxiswert und Anlagevermögen) gegen Entgelt an die Sozietät veräußert. Dieser Sozietätsgründungsvorgang ist umsatzsteuerrechtlich keine „Geschäftsveräußerung im ganzen gegen Gewährung von Gesellschaftsrechten". Es handelt sich vielmehr bei der Überlassung der Mandantschaft an die Sozietät um entgeltliche Leistungen i. S. des § 1 Abs. 1 Nr. 1 UStG (BFH 4. 12. 80, BStBl 1981 II 189). 1403

Die in die Sozietät eingebrachten Gegenstände können **steuerbefreit** sein: 1404

- **Geldbestände** und **Forderungen** gem. § 4 Nr. 8 UStG,
- **Grundstücke** und **Gebäude** gem. § 4 Nr. 9 UStG.

Aus **Vereinfachung** und zur Vermeidung einer Vorsteuerrückzahlung gem. § 15 a UStG empfiehlt Korn (a. a. O., Tz. 274) der Sozietät, auf sämtliche **Steuerbefreiungen** zu **verzichten** und entsprechend höhere Steuern an sie abzuwälzen, die diese dem einbringenden Anwalt zu zahlen hat und entsprechend als Vorsteuern gegenüber dem FA geltend macht. 1405

Die **Gewährung der Gesellschaftsrechte** durch die Sozietät ist steuerbar, aber steuerbefreit gem. § 4 Nr. 8 UStG. 1406

Bei **Aufnahme weiterer Partner** in eine **bereits bestehende Sozietät** gegen Zahlung eines Entgelts liegt eine steuerbefreite Gewährung von Gesellschaftsrechten gem. § 4 Nr. 8 UStG vor. Ein steuerbarer Umsatz des 1407 neuen Partners liegt nur vor, wenn er z. B. sein ganzes Büro oder Gegenstände aus seiner bisherigen Praxis einbringt.

1408 Der **Eintritt neuer Partner** oder der **Austritt bisheriger Partner** berührt die Wesensgleichheit einer Sozietät nicht, solange nicht der zweitletzte Partner ausscheidet. Denn es erfolgt bei dem verbleibenden Partner eine nicht steuerbare Anwachsung (BFH 12. 3. 64, BStBl III 290; 17. 1. 60, BStBl III 86). Wird erst nach Ausscheiden des zweitletzten Partners ein neuer Partner aufgenommen, so handelt es sich um eine neue Einbringung einer Einzelpraxis bzw. -veräußerung. Um das zu vermeiden, rät Korn (a. a. O., Tz. 276), daß der neue Partner spätestens unmittelbar vor dem Austritt des zweitletzten bisherigen Partners eintritt bzw. dessen Anteil übernimmt.

1409 Bei **Einbringung** nur **eines Teils einer freiberuflichen Praxis,** z. B. bestimmter Mandate, in eine Sozietät unter Fortbestand der bisherigen Einzelpraxis gelten für das hingegebene Vermögen die in den Rdnr. 1403 ff. aufgezeigten umsatzsteuerrechtlichen Grundsätze.

dd) Eigenverbrauch der Sozietät

1410 Eigenverbrauch durch **Entnahme von Gegenständen** aus dem Unternehmen (§ 1 Abs. 1 Nr. 2 a UStG) sowie durch **Ausführung sonstiger Leistungen** der in § 3 Abs. 9 UStG bezeichneten Art (§ 1 Abs. 1 Nr. 2 b UStG) für außerhalb des Unternehmens liegende Zwecke ist ein tatsächlicher Vorgang, nicht aber eine fiktive Leistung (BFH 3. 11. 83, BStBl 1984 II 169). Er kann daher nicht nur von Einzelunternehmern, sondern auch von Gesellschaften, z. B. Gesellschaften des bürgerlichen Rechts, also auch von einer **Anwaltssozietät,** verwirklicht werden (Peter/Burhoff, a. a. O., § 1 Rdnr. 204/4). Dieser Beurteilung steht nach dem erwähnten Urteil nicht entgegen, daß der Gesetzgeber in § 1 Abs. 1 Nr. 3 UStG 1980 erstmals einen – allerdings im Vergleich zum Eigenverbrauch gem. § 1 Abs. 1 Nr. 2 a und b UStG 1980 eingeschränkten – Tatbestand des Eigenverbrauchs bei Gesellschaften geschaffen hat. Für den Eigenverbrauch durch Entnahme bzw. Ausführung sonstiger Leistungen gelten im übrigen die in Rdnr. 952 ff. dargestellten Grundsätze.

Beispiel:
Die Sozietät schenkt einen ihr gehörigen Pkw der Frau eines Partners zum 50. Geburtstag. Es liegt ein Eigenverbrauch der Sozietät durch Entnahme vor.

ee) Leistungen der Sozietät an den Sozius

Unentgeltliche Leistungen von Vereinigungen, z. B. Sozietät an ihre Sozii oder denen nahestehenden Personen werden nach § 1 Abs. 1 Nr. 3 UStG besteuert. 1411

Sind für derartige Lieferungen oder sonstige Leistungen **unternehmensfremde** Gründe maßgebend, kann es sich um **Eigenverbrauch** i. S. des § 1 Abs. 1 Nr. 2 a oder b UStG handeln (vgl. Abschn. 11 Abs. 1 UStR).

Zweifelhaft, ist ob bei Inanspruchnahme solcher Leistungen durch einen Partner für seine eigenen beruflichen Zwecke, z. B. Bürobenutzung für selbst abgerechnete Testamentsvollstreckung, eine Erteilung einer **Rechnung** mit Ausweis der Vorsteuer zulässig ist, wie es bei Inrechnungstellung eines Entgelts möglich wäre (bejahend, Korn, a. a. O., Tz. 295). 1412

ff) Leistungen eines Sozius an die Sozietät

Wie in Rdnr. 1398 aufgeführt, haben die Partner einer Sozietät durch den Zusammenschluß ihre Selbständigkeit nur zum Teil aufgegeben; sie sind, soweit sie sich die Ausführungen von Leistungen im eigenen Namen vorbehalten haben, Unternehmer i. S. des Umsatzsteuerrechts geblieben. Sowohl die Sozietät als auch ihre Partner führen Leistungen im eigenen Namen aus. 1413

Beispiel:

Die Sozietät hat einen Auftrag erhalten. Mit der Durchführung beauftragt sie einen ihrer Partner. Er führt den Auftrag für die Sozietät auf eigene Rechnung aus. Es liegen zwei steuerbare Leistungen vor. Eine Leistung des Partners an die Sozietät und eine Leistung der Sozietät an ihren Auftraggeber.

Ein Leistungsaustausch zwischen Sozius und Sozietät liegt auch vor, wenn er ihm gehörige Grundstücke usw. **entgeltlich** der **Sozietät** zur **Nutzung** überläßt. 1414

Beispiel:

Ein Sozius überläßt ihm gehörende Büroräume der Sozietät zur Nutzung. Bei unentgeltlicher Nutzungsüberlassung liegt keine unternehmerische Tätigkeit vor. Es fehlt an der erforderlichen Entgeltlichkeit. Bei entgeltlicher Nutzungsüberlassung erbringt er als Unternehmer eine steuerbare, aber gem. § 4 Nr. 12 a UStG steuerbefreite Vermietungsleistung. Bei Vorliegen der Voraussetzungen kann bzw. muß der Sozius die §§ 9, 15, 15 a UStG anwenden.

gg) Entgeltliche Nutzungsverträge mit der Sozietät

1415 Nutzungsverträge für in der Sozietät zum Einsatz kommende Gegenstände, insbesondere Kfz, Büromaschinen u. ä., werden häufig zwischen Sozietät und Sozius abgeschlossen. Dabei kann der die Gegenstände beschaffende Sozius als Unternehmer oder nicht als Unternehmer anzusehen sein.

1416 **Erwirbt** ein **Rechtsanwalt,** der einer Sozietät angehört, einen **Pkw zu Eigentum,** so kann die **Sozietät** die dem Anwalt als Käufer gesondert in Rechnung gestellte **Umsatzsteuer** bei sich **nicht als Vorsteuer i. S. des § 15 Abs. 1 Nr. 1 UStG behandeln. Werden die Unterhaltungskosten** des Pkw zunächst vom Anwalt getragen und danach in Höhe des betrieblichen Anteils als Sonderbetriebsausgaben bei der Gewinnfeststellung berücksichtigt, kann die hierauf entfallende (und dem Anwalt gesondert in Rechnung gestellte) **Umsatzsteuer** ebenfalls **nicht** von der **Sozietät** als abziehbare **Vorsteuer** in dem oben erwähnten Sinne behandelt werden (BFH 26. 1. 84, BStBl II 231). Das genannte Urteil betrifft den Fall der **unentgeltlichen** Pkw-Überlassung durch einen Anwalt an die Sozietät. In diesem Fall ist der Anwalt mit der Überlassung des Pkw nicht unternehmerisch tätig.

1417 Aus dem Urteil kann jedoch nicht, worauf die Finanzverwaltung hinweist (vgl. SenFin Bremen 6. 3. 85 S 7300 – 240, NWB EN-Nr. 795/85), gefolgert werden, daß der Rechtsanwalt, der an einer Sozietät beteiligt ist, nicht **anderweitig unternehmerisch** tätig sein könnte. Wenn er z. B. den von ihm erworbenen Pkw der Sozietät entgeltlich zur Nutzung überläßt, wird er insoweit als Unternehmer tätig und bewirkt steuerbare Leistungen an die Sozietät. Ist danach eine Überlassung des Pkw im Rahmen einer unternehmerischen Tätigkeit anzunehmen, kann der Anwalt die ihm für den Erwerb des Pkw gesondert in Rechnung gestellte Steuer unter der Voraussetzung des § 15 Abs. 1 UStG als Vorsteuer abziehen.

1418 Die Frage, ob die **Anschaffung des Pkw** einen **Umsatz an die Sozietät oder an den Anwalt** darstellt, ist danach zu beurteilen, wer von beiden aus dem schuldrechtlichen Vertragsverhältnis berechtigt und verpflichtet ist. Die Tatsache, daß die Sozietät den Pkw als Betriebsvermögen ausweist oder daß andererseits der Anwalt Halter des Pkw ist, können **Beweisanzeichen** dafür sein, an wen der Pkw geliefert wurde. Sie reichen jedoch für sich allein zur Beurteilung dieser Frage nicht aus. Vielmehr ist zu prüfen, ob die im Einzelfall bestehenden Vertragsbeziehungen eine entsprechende Annahme rechtfertigen.

Um den Vorsteuerabzug zu erhalten, sollten von vornherein zwischen Sozius und Sozietät für die Nutzung von für die Sozietät zum Einsatz kommenden Gegenständen **Sonderentgelte** vereinbart werden. Denn Unternehmer ist der Sozius nur, wenn er selbständig entgeltliche Lieferungen oder sonstige Leistungen ausführt. Das kann durch die Vereinbarung eines **Mietzinses mit der Sozietät** für die Nutzung z.b. des Pkw oder einer nach **Fahrleistung** des Pkw bemessenen **Vergütung** (BMF 2. 6. 75, BStBl I 682) erfolgen. Bei Sonderentgelten wird ein Leistungsaustausch auch dann bejaht, wenn die Zurverfügungstellung auf einer **gesellschaftsrechtlichen Verpflichtung** beruht (BFH 18. 7. 68, BStBl II 702; vgl. i. e. Assmann, ZAP F. 20, 30). 1419

Ein **Leistungsaustausch** wird allerdings **verneint** (vgl. OFD Münster 13. 12. 85, DB 1986, 661), wenn bei Vermietung eines Pkw an die Sozietät der Eigentümer-Sozius ihn tatsächlich **selbst nutzt,** weil dies nicht dem Verhalten bei einer Gebrauchs- und Nutzungsüberlassung entspreche (FG Rheinland-Pfalz 25. 11. 81, rkr., EFG 1982, 378) oder wenn ein **Kostenersatz vereinbart** wird (FG München 4. 5. 88 Rev. eingelegt, EFG S. 656). 1420

Um den Vorsteuerabzug zu erhalten, kann z. B. in den **Sozietätsverträgen** vereinbart werden, daß die Sozietät grundsätzlich alle für die Sozii zur Berufsausübung erforderlichen Gegenstände zu beschaffen hat. Der notwendige Ausgleich kann über **Gewinnverteilungsabreden** erreicht werden (vgl. i. e. Assmann, ZAP F. 20, 30). 1421

Ist die **Sozietät Eigentümer der Pkw** und stellt sie diese den Partnern auch zur **privaten Nutzung,** z. B. für Fahrten zwischen Wohnung und Kanzlei, zur Verfügung, liegen steuerbare Umsätze i. S. des § 1 Abs. 1 Nr. 3 UStG vor. 1422

Benutzen **Partner einer Sozietät eigene Pkw** für die Sozietät, so ist zusammenfassend zu unterscheiden: 1423

- Erhält der **Sozius** für die Pkw-Überlassung von der Sozietät **keine Vergütung,** ist er nicht unternehmerisch tätig. Er kann daher Vorsteuer weder aus der Anschaffung des Pkw noch aus den laufenden Unterhaltungskosten des Pkw abziehen. Die **Sozietät** kann keine Vorsteuer aus

Anschaffung des Pkw abziehen, da der Pkw nicht an sie geliefert wurde. Sie kann aber die Vorsteuern aus den laufenden Betriebskosten abziehen, sofern sie sie unmittelbar trägt.

- Wird dem **Sozius** für die Pkw-Überlassung von der **Sozietät** eine Vergütung gezahlt, ist er insoweit Unternehmer. Betragen seine Umsätze daraus jährlich über 25 000 DM, muß er für den Unkostenersatz Umsatzsteuer zahlen. Diese kann er der Sozietät in Rechnung stellen. Er selbst kann seine Vorsteuern abziehen. Die private Nutzung des Pkw unterliegt der **Besteuerung des Eigenverbrauchs** gem. § 1 Abs. 1 Nr. 2 b UStG.

hh) Vorsteuerabzug

1424 Die **Sozietät** kann die ihr in Rechnung gestellte **Vorsteuer abziehen**, sofern die Voraussetzungen des § 15 UStG vorliegen. Es müssen Leistungen von anderen Unternehmern an sie ausgeführt worden sein. Die Rechnung muß auf den Namen der Sozietät lauten (vgl. § 14 UStG). Es wird von der Finanzverwaltung jedoch nicht beanstandet, wenn durch einen entsprechenden Zusatz neben dem Namen des Rechungsempfängers zum Ausdruck gebracht wird, daß die Rechnung für eine Sozietät bestimmt ist (BMF 6. 1. 81, UR S. 44).

Beispiel:

„Rechtsanwalt A u. a." oder „Rechtsanwalt A und Partner". Durch den Zusatz wird die Bestimmung der Rechnung für die Sozietät zum Ausdruck gebracht.

m) Einheitsbewertung des Betriebsvermögens

1425 Vgl. hierzu die Ausführungen in Rdnr. 1054 ff. Gegenstände, die einem **Sozius oder dessen Ehefrau** gehören und überwiegend – zu mehr als 50 v. H. – für Zwecke der Sozietät genutzt werden, gehören zum steuerlichen Betriebsvermögen der Sozietät.

2. Bürogemeinschaft/Praxisgemeinschaft ▶ BSt-RA-385 ◀

a) Allgemeines

1426 Rechtsanwälte/Notare üben ihre Tätigkeit vielfach in Form von Praxis- oder Bürogemeinschaften aus, insbesondere auch bei Zusammenarbeit von Rechtsanwälten mit Steuerberatern und Wirtschaftsprüfern. Im

Gegensatz zur Anwalts-/Notargemeinschaft tritt die **Bürogemeinschaft nicht nach außen in Erscheinung.** Der einzelne Rechtsanwalt/Notar wird für seinen Mandanten tätig. Dabei wickelt er im Innenverhältnis seine Arbeiten über die Bürogemeinschaft ab, die eine „Kooperation ohne gesellschaftsrechtliche Verbindung" oder eine Gesellschaft bürgerlichen Rechts sein kann (Korn, a. a. O., Tz. 309). Dabei kann die Praxisgemeinschaft umfassend oder nur in Teilbereichen tätig werden. So kann sie die **Büroräume mieten,** das **Personal stellen, Investitionen vornehmen,** die **Fachbücherei unterhalten,** die Gebührenabrechnungen der Anwälte vornehmen usw. oder als **Gerätegemeinschaft** nur die Büromaschinen vorhalten.

Die verschiedentlich vertretene Auffassung, die „reine Bürogemeinschaft" sei keine Gesellschaft und habe steuerlich keine Bedeutung (so z. B. von Wallis/Burhoff, a. a. O., S. 61), trifft in dieser Allgemeinheit nicht zu, sondern wohl nur dann, „wenn die Gemeinschaft nach außen überhaupt nicht oder nur im Namen und für Rechnung der Beteiligten auftritt und somit die Geschäftspartner, Mitarbeiter usw. in unmittelbare Rechtsbeziehung zu jedem Partner treten und auch mit diesem unmittelbar abrechnen" (so unseres Erachtens zutreffend Korn, a. a. O., Tz. 310 sowie DStZ A 1983, 22). 1427

Die laufenden **Betriebskosten** der Bürogemeinschaft werden in der Regel im **Umlageverfahren** in der Weise erhoben, daß zunächst die beteiligten Anwälte/Notare einen einmaligen Kapitalbeitrag leisten und anschließend der Bürogemeinschaft die laufenden Unkosten ersetzen. Die **Aufteilung der Kosten** im einzelnen auf die beteiligten Rechtsanwälte/Notare kann in verschiedener Weise erfolgen, z. B. durch feste Quoten, nach dem Umfang der Inanspruchnahme der Gemeinschaft durch den einzelnen Anwalt/Notar usw. 1428

b) Einkommensteuer

Für die einkommensteuerliche Beurteilung ist es von Bedeutung, ob die Bürogemeinschaft selbst nach außen in Erscheinung tritt. 1429

Bei **Auftreten der Bürogemeinschaft nach außen** muß sie selbst eine Buchführung unterhalten, um die erforderlichen Angaben machen zu können. Ausreichend dürfte eine Einnahme-Überschußrechnung gem. § 4 Abs. 3 EStG sein, selbst wenn ein an der Gemeinschaft beteiligter Anwalt/Notar seinen Gewinn durch Bestandsvergleich gem. § 4 Abs. 1 EStG ermittelt. 1430

Unter Umständen müssen ergänzende Nebenrechnungen erfolgen (so Korn, a. a. O., Tz. 313).

1431 Die **Bürogemeinschaft tritt nicht nach außen in Erscheinung**. Sie beschäftigt selbst z. B. kein Personal, kauft kein Material ein, mietet keine Büroräume usw., sondern diese Angelegenheiten werden von den Partnern selbst erledigt. Es entstehen dann unmittelbare Rechtsbeziehungen zwischen dem Anwalt/Notar und dem Vertragspartner, dem Dritten. Die Bürogemeinschaft selbst ist unbeachtlich. Ist z. B. das Personal durch mehrere Arbeitsverhältnisse bei allen Partnern anteilig beschäftigt, muß eine entsprechende Ausgabenverteilung unter den Partnern erfolgen. In den Fällen, in denen alle Partner der Bürogemeinschaft nach außen auftreten, z. B. durch die Anmietung von Schreibautomaten, dürften die von der Finanzverwaltung für ärztliche Laborgemeinschaften entwickelten Grundsätze (vgl. FinMin Schleswig-Holstein 25. 5. 78, BB S. 899) entsprechend anwendbar sein (so auch Korn, DStZ 1983, 16, 22). Danach ist für die in einer Bürogemeinschaft zusammengeschlossenen Anwälte/ Notare gem. § 180 Abs. 2 AO eine **gesonderte Feststellung** durchzuführen, die sich wegen fehlender eigener Einnahmen der Gemeinschaft auf die Ermittlung und Aufteilung der Ausgaben beschränkt. Wegen fehlender Gewinnerzielungsabsicht unterliegt die Gemeinschaft nicht der Gewerbesteuer. Die Kostenzuschüsse der Beteiligten an die Bürogemeinschaft müssen aus den Berechnungen der Einkünfte der Partner herausgerechnet werden. Statt dessen sind die gesondert festgestellten Anteile am Ergebnis zu übernehmen.

1432 **c) Umsatzsteuer**

Eine Bürogemeinschaft ist **Unternehmer** i. S. des § 2 UStG, wenn sie **nach außen in Erscheinung** tritt, z. B. durch Geräteeinkauf, Anmietung von Büros, Beschäftigung von Mitarbeitern usw. Sie ist, wenn sie ihren Partnern die Praxisorganisation gegen **leistungsabhängige Kostenumlagen** zur Verfügung stellt, unternehmerisch tätig (vgl. Korn, a. a. O., Tz. 316 sowie DStZ A 1983, 16, 22; von Wallis/Burhoff, a. a. O., S. 65). Die Kostenumlagen, z. B. nach festen Quoten oder nach anteiliger Inanspruchnahme, unterliegen der Umsatzsteuer. Da die Bürogemeinschaft Unternehmer ist, darf sie selbst die ihr in Rechnung gestellten **Vorsteuern** gem. § 15 UStG abziehen.

1433 Bei **leistungsunabhängigen Kostenumlagen** soll ein steuerbarer Leistungsaustausch zwischen Bürogemeinschaft und Partnern nicht vorliegen, weil sie „den Charakter von gesellschaftsrechtlichen, also nicht steuerbaren Leistungen" haben (Korn, DStZ 1983, 16, 23).

Die nach **außen überhaupt nicht** oder im Namen und für Rechnung ihrer Partner **auftretende** Bürogemeinschaft ist eine Innengesellschaft, die umsatzsteuerlich unbeachtlich ist (BFH 29. 9. 60, BStBl III 529; 22. 12. 60, StRK UStG § 1 Ziff. 1 R. 184). Eine derartige Gesellschaft besitzt **keine Unternehmereigenschaft.** Die zwischen ihr und den Gesellschaftern bestehende enge Bindung ist für die Besteuerung ohne Bedeutung. Sie stehen sich umsatzsteuerlich wie Fremde gegenüber. Die Versteuerung fremder Umsätze durch einen Unternehmer sieht das UStG nicht vor (von Wallis/Burhoff, a. a. O., S. 65). 1434

In Fällen vorerwähnter Art muß jeder Partner von seinem Lieferanten usw. für den Vorsteuerabzug eine auf seinen Namen lautende Rechnung erhalten. Die Vorgänge in der Bürogemeinschaft können aber auch so gestaltet werden, daß z. B. der eine Partner einen Schreibautomaten mietet, ein anderer Partner Kopiergeräte mietet usw. Die Kosten werden dann anteilig an die Partner weiterberechnet. Diese anteilige Kostenbelastung erfolgt aufgrund eines steuerbaren Leistungsaustausches, der der Umsatzsteuer unterliegt. Die den Partnern in Rechnung gestellte **Vorsteuer** darf abgezogen werden. 1435

d) Einheitsbewertung und Vermögensteuer

Wird einkommensteuerlich eine einheitliche Gewinnfeststellung durchgeführt, dann ist auch ein besonderer **Einheitswert** des Betriebsvermögens festzustellen und auf die Partner zu verteilen. Vgl. auch Rdnr. 1054 ff. 1436

3. Einschaltung von Kapitalgesellschaften

Freiberufler üben ihre Tätigkeit vielfach unter Einschaltung von Kapitalgesellschaften aus, für die sie beispielsweise als Geschäftsführer tätig werden. Ausgegliedert werden meistens Teilbereiche auf eine GmbH. 1437

Bei Rechtsanwälten/Notaren ist es **standesrechtlich unzulässig,** wenn sie ihre **eigentliche Berufstätigkeit** in der Rechtsform einer **Kapitalgesellschaft ausüben.** Eine Ausgliederung kann aber z. B. bei Steuerberatung und Wirtschaftsprüfung in Betracht kommen, die auch von Kapitalgesellschaften ausgeübt werden können. In Fällen dieser Art, wo ein Rechtsanwalt/ Notar teils persönlich, teils „über" eine Kapitalgesellschaft arbeitet, ist 1438 auf eine **angemessene und einwandfreie Kostenabgrenzung** für den **Bürobetrieb** zu achten, um die **Annahme verdeckter Gewinnausschüttungen** zu vermeiden (vgl. Korn, DStZ A 1983, 16, 20).

G. Die Steuern des Vertreters ▶ BSt-RA-390 ◀

Literatur: Vgl. Literatur vor Rdnr. 739.
Verwaltungsanweisungen: Vgl. Verwaltungsanweisungen vor Rdnr. 739.

Maßgebend für die Frage, welche Steuern der Vertreter eines Rechtsanwalts/Notars zu zahlen hat, ist, ob er selbständig oder unselbständig in seiner Eigenschaft als Vertreter ist. Das ist nach den folgenden Grundsätzen zu beurteilen. 1439

1. Selbständige/unselbständige Tätigkeit eines Rechtsanwalts/Notars

Die Frage, ob der Vertreter eines Rechtsanwalts/Notars eine selbständige oder unselbständige Tätigkeit ausübt, ist danach zu entscheiden, ob dieser in den Organismus der Praxis, dem seine Vertretertätigkeit dient, in dem Maße eingegliedert ist, daß er nach der Verkehrsauffassung als in abhängiger Stellung befindlich angesehen wird. Natürliche Personen sind gem. § 2 Abs. 2 Nr. 1 UStG insoweit unselbständig, als sie „einem Unternehmen derart eingegliedert sind, daß sie den Weisungen des Unternehmers zu folgen verpflichtet sind". Diese **Eingliederung** muß sich auf **Ort, Zeit und Art und Weise der Tätigkeit** erstrecken (vgl. Rdnr. 739 ff.). 1440

Gehört ein Vertreter einem freien Beruf an, so will er im allgemeinen durch die vorübergehende Übernahme einer Vertretung seine Eigenschaft als Angehöriger eines freien Berufes nicht aufgeben. Deshalb gilt er auch während der Zeit, während der er als Vertreter vorübergehend tätig ist, noch als Angehöriger des freien Berufs (von Wallis/Burhoff, a. a. O., S. 67). Auch wer sonst nicht als Arbeitnehmer tätig ist, ist im allgemeinen nicht gewillt, durch die nur vorübergehende Vornahme der Vertretung eines Rechtsanwalts/Notars in die Reihe der Arbeitnehmer einzurücken (RFH 18. 11. 37, RStBl S. 1243). Die Tätigkeit eines Rechtsanwalts/Notars, der einen anderen Rechtsanwalt/Notar gegen Entgelt vertritt, wird darum wegen des engen Zusammenhangs mit der selbständig ausgeübten Haupttätigkeit als freiberuflich behandelt, es sei denn, daß ein Anstellungsvertrag ausdrücklich abgeschlossen wäre. 1441

1442 Ein im **Ruhestand** befindlicher **Notar**, der einen Notar vorübergehend vertritt, unterliegt mit seinen Einnahmen aus der Vertretertätigkeit der Umsatzsteuer, da seine Tätigkeit als selbständige freiberufliche Tätigkeit anzusehen ist (FG Nürnberg 23. 6. 58, UR 1959, 22). Ein Notar, der außerdem zum **Notariatsverweser** bestellt ist, übt dieses Amt als selbständiger Unternehmer aus (BFH 12. 9. 68, BStBl II 811), nicht jedoch dann, wenn ein **Notariatsassessor**, der kraft Gesetzes in einem öffentlich-rechtlichen Dienstverhältnis zum Staat steht (§ 7 Abs. 3 BNotO), das Amt eines Notariatsverwesers zu übernehmen hat (§ 56 Abs. 3 BNotO).

1443 Eine **Eingliederung** des Vertreters in die Praxis des Vertretenen wird wegen der sozialen Stellung dann angenommen, wenn ein bereits in einem Dienstverhältnis Stehender einen im freien Beruf Tätigen vorübergehend vertritt (von Wallis/Burhoff, a. a. O., S. 67).

2. Selbständige/unselbständige Tätigkeit von Referendaren/Assessoren

1444 Referendare sind während der Ausbildung **Arbeitnehmer** der Justizverwaltung (BFH 1. 7. 54, BStBl 1955 III 14). **Stationsreferendare** und **Anwaltsassessoren** sind während der Dauer der Ausbildung grundsätzlich **Arbeitnehmer** des ausbildenden Rechtsanwalts; denn zur Erreichung des Ausbildungszwecks ist ihre Eingliederung in die Praxis des Rechtsanwalts unumgänglich. Ist jedoch ein Gerichtsreferendar, der nicht Stationsreferendar ist, neben der Tätigkeit bei Gericht für einen Rechtsanwalt von **Fall zu Fall** tätig, so steht er zu dem Anwalt in der Regel nicht in einem Arbeitsverhältnis, ist also **selbständig** (BFH 22. 3. 68, BStBl II 455).

3. Die vom Vertreter zu zahlenden Steuern

1445 Ist der **Vertreter** eines Rechtsanwalts/Notars **selbständig**, unterliegen die von ihm vereinnahmten **Entgelte** der **Umsatzsteuer** (vgl. Rdnr. 920 ff.). Der aus der freiberuflichen Tätigkeit erzielte **Gewinn** unterliegt der **Einkommensteuer** (vgl. Rdnr. 745 f.).

1446 Der **vertretene** Rechtsanwalt/Notar hat für den Vertreter **keine** steuerliche Verpflichtung. Er muß also keine Lohnsteuer einbehalten, da der Vertreter keinen Arbeitslohn bezieht.

1447 Ist der **Vertreter** eines Rechtsanwalts/Notars **unselbständig**, bezieht er aus dem **Arbeitsverhältnis Arbeitslohn**. Der Arbeitslohn unterliegt der **Lohn-**

steuer. Sie ist vom vertretenen Rechtsanwalt/Notar nach Maßgabe der auf der Lohnsteuerkarte des Vertreters eingetragenen Steuerklasse gemäß Lohnsteuertabelle **einzubehalten und abzuführen** (§§ 38 ff. EStG; vgl. Rdnr. 860 ff.).

Der Vertreter hat als Arbeitnehmer **keine Umsatzsteuer** zu entrichten; denn Arbeitnehmereigenschaft und Unternehmereigenschaft schließen sich gegenseitig aus. Daher kann niemand wegen einer Tätigkeit, die lohnsteuerpflichtig ist, umsatzsteuerpflichtig sein (Peter/Burhoff, a. a. O., § 2 Rdnr. 38).

1448

Stichwortverzeichnis

Die Ziffern verweisen auf die Randnummern.

Absetzung für Abnutzung (AfA) 271 ff.
– abnutzbare Wirtschaftsgüter 271 ff.
– Aufteilung 281, 534
– Beginn 280, 525 ff.
– Bemessungsgrundlage 277
– Büro- und Geschäftsräume 405 ff.
– – Büro- und Geschäftsausstattung 409 ff.
– – Raumkosten 405
– Gebäude 524 ff.
– Grundstücke 522
– Höhe 278 ff., 525 ff.
– Kraftfahrzeugkosten 611, 620 ff.
– Methoden 282
– – bewegliche Wirtschaftsgüter 282
– – Gebäude 525 ff.
– Nachholung 279, 536
– Vereinfachungsregelung 281
Abgekürzte Außenprüfung 164
Ärztliches Bezirksgericht, USt des Vorsitzenden 931
Aktivierung von Anschaffungen 261 ff.
– aktivierungspflichtige Wirtschaftsgüter 264 ff.
– – Büromaterial 266
– – Büro- und Geschäftsausstattung 265, 409 ff.
– – Büro- und Geschäftsräume 265, 405
– – Eigentum 268
– – Erhaltungsaufwendungen 266
– – gemischte Nutzung 269
– – geringwertige Wirtschaftsgüter 266
– – Geschäftswert 265
– – Grundstücke und Gebäude 265, 521 ff.
– – immaterielle Wirtschaftsgüter 267
– – Kraftfahrzeugkosten 265, 609
– – Kraftstoff 266

– – laufende Betriebsausgaben 266
– – Löhne 266
– – Miete 266
– – Mietereinbauten 270
– – Mieterumbauten 270
– – Nutzung, gemischte 269
– – Nutzungsberechtigter, Baumaßnahmen 270
– – Nutzungsrechte 265
– – wirtschaftliches Eigentum 268
– Betriebsvermögensvergleich 261
– Eigentum 268
– gemischte Nutzung 269
– Nutzung, gemischte 269
– Überschußrechnung 263
– Wirtschaftsgüter des Betriebsvermögens 262, 263, 369 ff.
– wirtschaftliches Eigentum 268
Allgemeiner Durchschnittsatz 1016
Amtsvormund, USt 931, 949
Anderkonten 46
– Auskunftsverweigerungsrecht 50
– Besonderheiten bei Notaren in 1990 54
– Notare 53
Angehörige, hinterbliebene – u. Sozietät 1316
– Verträge 429 ff.
– – s. Ehegatten-Arbeitsverhältnisse 429 ff.
– – s. Kinder-Arbeitsverhältnisse 572 ff.
Anlageverzeichnisse, besondere 31
Anstifter, Selbstanzeige 189
Antragsfristen, steuerliche 65
Anwaltskammer, Beiträge 354
Anzahlungen, USt 988
– s. Vorschüsse 837 ff.

Anzeigepflichten der Notare 55
Arbeitgeber, Außenprüfung 128
Arbeitnehmer, Abgrenzung zur selbständigen Tätigkeit 730, 733, 739 ff.
– s. Lohnsteuer 860 ff.
Arbeitsverhältnis, Ehegatten-Arbeitsverhältnis 429 ff.
– Kinder-Arbeitsverhältnis 572 ff.
– neben Beteiligung an Sozietät 1306
– s. Lohnsteuer 860 ff.
Arbeitszimmer 287 ff.
– abziehbare Aufwendungen 311 ff.
– – AfA Einrichtung 311, 313 ff.
– – AfA Gebäude 319, 333
– – Bilder 311
– – geringwertige Wirtschaftsgüter 311 f.
– – laufende Aufwendungen 318 f.
– – Mietaufwendungen 318
– – nachträgliche Aufwendungen 320
– – Reinigungskosten 318 f.
– – Reparaturkosten 319
– – Schönheitsreparaturen 311
– – Schuldzinsen 319
– – Teppiche 311
– – Versicherungen 318 f.
– – Vorhänge 311
– – vorweggenommene Aufwendungen 320
– Abzugsbetrag nach § 10 e EStG 324 f.
– Anteil des Arbeitzimmers 306 ff.
– Aufbewahrung privater Gegenstände 291
– Aufklärungspflicht des FA 292
– Aufteilung 306 ff.
– Aufteilungs- und Abzugsverbot 289
– Aufwendungen s. Abziehbare Aufwendungen
– Betriebsvermögen 326 ff.
– – AfA 333
– – notwendiges Betriebsvermögen 326 ff.
– – untergeordnete Bedeutung 330 ff.
– Couchgarnitur 302
– Durchgangszimmer 299
– ehrenamtliche Tätigkeit 289
– Einrichtungsgegenstände 293, 304, 311 ff.
– – Umwidmung 316 f.
– Fernsehgerät 301
– Feststellungslast 292
– Galerieraum 300
– gefangenes Zimmer 300
– Indizien für Arbeitszimmer 294
– – Art und Umfang der Tätigkeit 295 f.
– – Einrichtung des Arbeitszimmers 301 ff.
– – Größe der Wohnung 297
– – private Mitbenutzung 304
– – Trennung von Privaträumen 298 f.
– Liege 303
– Miteigentum 321 ff.
– Musikinstrumente 301
– nachträgliches Bekanntwerden 334
– Nebenräume 310
– private Mitbenutzung 288 ff.
– Prüfung durch das FA 305
– Stereoanlage 301
– Zusammentreffen Betriebsausgaben/Werbungskosten und Sonderausgaben 289
Assessor 1444
Aufbewahrungspflicht, Buchführungsunterlagen 41
– Handakten 43
– Kostenblätter u. Endabrechnung 45
Aufgabe, Sozietät im ganzen 1373
Auflagen 489 ff.
Auflösung einer Sozietät 1360
Aufnahme, Arbeitnehmer in Sozietät 1347
– gegen feste Vergütung in Sozietät 1346
– in bereits bestehende Sozietät 1341
Aufsichtsratsmitglied, USt 949
Auftragsbeschaffung in Sozietät, nur 1312
Aufzeichnungen 1

- Betriebseinnahmen, Betriebsausgaben 15, 16
- USt 39
- Verpflichtung zu 15

Aufzeichnungspflicht, Betriebsausgaben nach § 4 Abs. 5 EStG 390 ff.

Ausbildungsdienstverhältnisse, Fortbildungskosten 468 ff., 470
- Kinder-Arbeitsverhältnisse 572 ff., 584 ff.

Ausbildungskosten 468, 471

Ausgleichszahlung, Partner leistet 1322

Auskünfte der Finanzverwaltung 115

Auskunftsverweigerungsrecht, Anderkonto 50
- von Rechtsanwalt/Notar 99

Ausländische Besteuerung 704 ff.

Auslagenersatz, Entgelt 977

Auslandsdienstreisen 703 ff.

Auslandsgeschäftsreisen 703 ff.

Außenprüfer, Erscheinen des Prüfers 145

Außenprüfung 126
- abgekürzte 164
- erhöhte Bindung des FA nach 165
- Erzwingbarkeit 167
- Kontrollmitteilungen 155
- Mitwirkungspflichten 148
- Praxisangehörige, Mitwirken 153
- Praxisgröße und Prüfungshäufigkeit 130
- Prüfungsanordnung 138
- Prüfungsbericht 157
- Prüfungsort 143
- Rechtsbehelfe gegen Maßnahmen der 170
- Schlußbesprechung 157
- Strafverfahren 180
- verbindliche Zusage 159
- Was geprüft wird 134
- zeitlicher Umfang 135
- Zulässigkeit 127

Außerordentliche Einkünfte 342 ff.

Aussetzungszinsen 556 ff.

Beginn der beruflichen Tätigkeit, USt 933

Beginn der freiberuflichen Tätigkeit 1080 ff., 1082 ff.

Behinderte, Kraftfahrzeugkosten 646

Beiträge 354

Bemessungsgrundlage, Eigenverbrauch 954, 961
- Umfang des Entgelts 977
- USt 976

Beratung, USt 928, 949

Berichtigungsvollmacht 1002

Berufsfortbildungskosten s. Fortbildungskosten

Berufsfremde Personen in Sozietät 1308

Berufskleidung 356

Berufsunfähigkeitsversicherung 810 ff., 811, 820

Beteiligungen 494 ff., 497

Beteiligungswert 1155

Betriebsausgaben 359 ff.
- Abzug bestimmter 37
- Arten 364
- Aufzeichnungen 16
- Begriff 359 ff.
- Geltendmachung 366
- nachträgliche Betriebsausgaben 1248 ff.
- nichtabziehbare Betriebsausgaben nach § 4 Abs. 5 EStG 365

Betriebseinnahmen 368
- Hilfsgeschäfte 548 ff.
- Honorare 561 ff.
- nachträgliche Betriebseinnahmen 1231, 1248
- Vorschüsse 837 ff.

Betriebsprüfung s. Außenprüfung

Betriebsunterbrechungsversicherung 810 ff., 824

Betriebsvermögen 369 ff.
- Einheitsbewertung, s. dort 1050 ff.
- Geldgeschäfte 494 ff.
- gewillkürtes 11, 20, 370
- notwendiges 10, 369

- s. Aktivierung von Anschaffungen
- Schwankungen bei Einnahme-Überschußrechnung 17
- Sozietät 1380, 1425

Betriebsvermögensvergleich, Freiberufler 8
- Maßgeblichkeit 5
- notwendiges Betriebsvermögen 10

Bewirtungskosten 373 ff.
- Arbeitnehmer als Bewirtender 375
- betriebliche Veranlassung 373 ff.
- bewirtete Personen 380 ff.
- Bewirtung, Begriff 376 ff.
- Eigenverbrauchsbesteuerung 966
- geschäftlicher Anlaß 382 ff.
- Gesetzesänderung 374
- Kürzung der Aufwendungen 386 ff.
- Nachweise 390 ff.
- – Allgemeines 390 ff.
- – Bewirtung in Gaststätte 394 ff.
- – sonstige Bewirtung 400
- Nebenkosten der Bewirtung 377
- persönliche Veranlassung 373 ff.
- Striptease 377
- Umsatzsteuer 401
- Voraussetzungen 373 ff.

Brandversicherung 810 ff., 824, 825
Briefporto, Entgelt 977
Buchführung 1
- Anlageverzeichnisse 31
- Aufbewahrungspflicht 41
- Betriebsvermögen, gewillkürtes 11
- Betriebsvermögensvergleich 5
- Einnahme-Überschußrechnung 2, 15
- Gewinnermittlungsarten 4
- Honorarforderung 2
- kaufmännische 6
- Privatvermögen, notwendiges 10
- Wahlrecht 3
- Wertschwankungen 4

Bürgschaft 494 ff., 496, 497
Bürogemeinschaft 729 ff., 753, 1426 ff.
- Aufgaben 1426
- Einheitsbewertung u. VSt 1436
- ESt 1429
- Übergangspraxis 1359

- USt 1432

Büro- und Geschäftsräume 405 ff.
- Büro- und Geschäftsausstattung 409 ff.
- Raumkosten 405 ff.

Darlehen, Ehegatten-Darlehensverträge 429 ff., 446, 448 f.
- Geldgeschäfte 494 ff.
- Kinder-Darlehensverträge 572 ff.

Diebstahlsversicherung 810 ff., 824, 825

Dienstgang 679 ff., 682 ff.
Dienstreise 679 ff., 682 ff.
Dienstverhältnis, Ehegatten-Dienstverhältnis 429 ff.
- Kinder-Dienstverhältnis 572 ff.
- s. Lohnsteuer 860 ff.

Direktversicherung, Betriebsausgabe 810 ff., 819 f.
- Ehegatten-Arbeitsverhältnis 429 ff.
- Lohnsteuer 891 ff.

Doppelbesteuerungsabkommen 679 ff., 703 ff.
Doppelte Haushaltsführung 421
Durchlaufende Posten 422 ff.
- Patentanwalt 809
- Pauschalabzug nicht möglich 981
- USt 978

Ehefrau, Praxiserrichtung u. Vorsteuerabzug 1013
- von – angeschafften Praxisgegenständen u. Vermietung an Ehemann 1014

Ehegatten-Arbeitsverhältnisse 429 ff.
- angemessene Entlohnung 437 f., 441
- Arbeitslohn 437 f., 441 ff.
- beherrschender Gesellschafter 432
- Darlehensvereinbarung 446
- Entlohnung 437 f., 441 ff.
- Fremdvergleich 432, 436 ff.
- Hilfeleistungen, geringfügige 439
- Lohnsteuerpauschalierung 880 ff.
- Lohnzahlung 442 ff.

- Nachteile 431
- Oder-Konto 444
- Rückwirkung 434
- Schenkung des Arbeitslohns 447
- Schriftform 435
- Vertragsabschluß 434 f.
- Vertragsdurchführung 440
- Vertragsgestaltung 436 ff.
- Vorteile 429 ff.
- Zahlung des Lohns 442 ff.
- zivilrechtliche Wirksamkeit 434 f.

Ehegatten-Darlehensverträge 429 ff., 449

Ehegatten-Mietverträge 429 ff., 448

Eigentumswohnung 523 ff,. 533

Eigenverbrauch, Bemessungsgrundlage 954, 961
- Bewirtungskosten 966
- Entnahme von Gegenständen 953
- Gebühren- u. Auslagenerstattung in eigener Sache tätig gewordenen Anwalts 967
- Geldgeschenk 966
- private Mitverwendung von beruflich genutztem Pkw, sonstigen Praxisgegenständen, Praxistelefon 957, 961
- Schenkung von Praxis-Schreibmaschine oder -Kfz an Ehefrau 953
- Schreibkraft bei Arbeit für Sohn 959
- sonstige Leistungen, Ausführung 956
- Sozietät 1410
- unangemessene Aufwendungen 966
- unentgeltliche Beratung 959

Einbringung eines Teils der Praxis in Sozietät 1409

Einbringung in Sozietät, USt 1400

Einbringung Praxis u. Kapital in Sozietät 1329

Einheitliche Gewinnfeststellung, Sozietät 1391

Einheitsbewertung, Bürogemeinschaft 1436
- Sozietät, Betriebsvermögen 1425

Einheitsbewertung Betriebsvermögen 1050 ff.
- Allgemeines 1050 ff.
- Fortschreibung 1051
- freiberufliche Tätigkeit 1050
- Geldbestände 1057
- gemischte Tätigkeiten 1053
- geringwertige Wirtschaftsgüter 1060 ff.
- Gesellschaften 1054
- Hauptfeststellung 1051
- Honorarforderungen 1056
- mehrere Tätigkeiten 1053
- Praxiswert 1058
- Schulden 1062
- sonstige selbständige Tätigkeit 1052
- Teilwert 1059 ff.
- Umfang Betriebsvermögen 1055 ff.
- wissenschaftliche Tätigkeit 1052

Einleitung eines Straf-/Bußgeldverfahrens 219

Einnahme-Überschußrechnung, Anlagegüter, Aufwendungen für 18
- Aufzeichnungspflicht? 15
- Betriebsausgaben 16
- Betriebsausgaben, Betriebseinnahmen 17
- Betriebsveräußerung 19
- Betriebsvermögen, gewillkürtes 20
- Form 26
- Journalbuchführung 27
- Schuldzinsen, betriebliche 23
- Schwankungen im Betriebsvermögen 17
- USt, vereinnahmte u. verausgabte 24
- Zuflußprinzip 21

Empfangsbevollmächtigter bei Sozietät 1395

Endabrechnung, Aufbewahrungspflicht 45

Ende der beruflichen Tätigkeit, USt 933

Ende der freiberuflichen Tätigkeit 1080 f., 1203 ff.

Entdeckung der Tat 226

Stichwortverzeichnis

Entgelt, Umfang 977
Entnahme 537 ff.
– steuerfrei 538 ff.
– steuerpflichtig 537
Erbauseinandersetzung 1122, 1247
Erbfall 761 ff., 1121 f., 1246 f.
– in Sozietät 1314
Erbschaftsteuer 1040 ff.
– Gütertrennung 1042 ff.
– Zugewinngemeinschaft 1040 ff.
Erbschaft-/Schenkungsteuer
– Anzeigepflicht des Notars 59
Erlaßverfahren, Außenprüfung 127
Ermäßigter Steuersatz, außerordentliche Einkünfte 342 ff.
– Praxisveräußerung 1203 ff.
Eröffnung einer Praxis 1082 ff.
Ersatzvornahme bei Außenprüfung 167
Erwerb einer Praxis 1084 ff.
Erzwingbarkeit einer Außenprüfung 167

Fachanwalt 468 ff., 470
Fachliteratur 468 ff., 478 ff.
Fachtagungen 468 ff., 470, 472 ff.
Fachzeitschriften 468 ff., 478 ff.
Fahrausweis, Vorsteuerabzug 1006
Fahrten zwischen Wohnung und Betriebs-/Arbeitsstätte 609 ff., 629 ff.
Fahrtkosten, Entgelt 977
– Kraftfahrzeugkosten 609 ff.
– Reisekosten 679 ff.
Familienheimfahrten 647
Fernsprechgebühren, Entgelt 977
Feuerversicherung 810 ff., 824 f.
Finanzverwaltung, Auskünfte 115
Fischerei 365
Flugzeug 710 ff., 715
Forderungen 561 ff.
Fortbildungskosten 468 ff.
– Abgrenzung Ausbildung – Fortbildung 468 ff.
– abziehbare Aufwendungen 477 ff.
– Beispiele 470
– Kongress 472 ff.
– Studienreisen 472 ff.

Fortführungswert 1142
Fotokopie, Auslagenersatz 977
Freiberufliche Tätigkeit 729 ff., 734 f.
– Beginn 1080 ff., 1082 ff.
– Einheitsbewertung Betriebsvermögen 1050
– Ende 1080 f., 1203 ff.
Freibetrag für freie Berufe 482 ff.
Freier Mitarbeiter 729 ff., 744

Gästehäuser 365
Gebäude 523 ff.
– AfA 524 ff.
– Aktivierung 261 ff.
– Aufteilung Kaufpreis 524
– Entnahme 537 ff.
– – steuerfrei 538 ff.
– – steuerpflichtig 537
Gebäudeteil 523 ff., 533
Gebühren nach BRAGO/ KostO als Entgelt 977
Gehilfe, Selbstanzeige 189
Geldbestände, Einheitsbewertung Betriebsvermögen 1057
Geldbußen 488 ff.
Geldgeschäfte 494 ff.
Geldgeschenk bei Eigenverbrauchsbesteuerung 966
Gemeinschaftspraxis s. Sozietät
Gemischte Tätigkeiten 729 ff., 750 ff.
– Einheitsbewertung Betriebsvermögen 1053
Gerichtsgebühr als durchlaufender Posten 978
Gerichtskosten 422 ff., 423
– als Entgelt 977
Gerichtstätigkeit, USt des Entgelts 928, 949
Gerichtsvollziehergebühr als durchlaufender Posten 978
Geringwertige Wirtschaftsgüter 502 ff.
– Aktivierung 266
– Arbeitszimmer 312
– Einheitsbewertung Betriebsvermögen 1060 f.

Geschäftsführer, Tätigkeit des Rechtsanwalts u. USt 931, 949
Geschäftsgang 679 ff., 682 ff.
Geschäftsreise 679 ff., 682 ff.
Geschäftsveräußerung im ganzen 1180
− Beispiel 1188
− Befreiungsvorschriften 1187
− Bemessungsgrundlage der USt 1183
− Entgelt 1184
− „gesondert geführter Betrieb im ganzen" 1181
− Haftung des Erwerbers 1190
− Ratenzahlung des Kaufpreises 1185
− Rente, Verkauf gegen 1186
Geschenke 511 ff.
Gesellschaftsrechte, Gewährung von Sozietät 1406
Gewerbliche Tätigkeit 729 ff., 747 ff.
Gewinnbeteiligung 1116 ff., 1240
Gewinnermittlung, Aufgabe/Veräußerung einer Sozietät 1376
Gewinnermittlungsarten, Unterschied 4
Gewinnverteilung bei Sozietät 1392
Gewinnvorab bei Sozietät 1383
Grundbuchauszug, Gebühr 978
Grundbucheinsichtgebühr des Notars, USt 979
Grundbuchgebühren bei Einsicht als Entgelt 977
Grunderwerbsteuer, Anzeigepflicht des Notars 56
Grundstücke 521 f., 537 ff.
− AfA 522
− Aktivierung 261 ff., 521 f.
− Aufteilung Kaufpreis 524
− bebautes Grundstück 524
− Entnahme 537 ff.
− − steuerfrei 538 ff.
− − steuerpflichtig 537
Gruppenreise 468 ff., 472 ff.
Gruppenversicherung 810 ff., 822
Gütertrennung, Erbschaftsteuer 1042 ff.

Habilitation 468 ff., 470
Haftpflichtversicherung 810 ff., 811, 818
Haftung, Lohnsteuer 869 ff.
− Rückstellungen 721 ff.
Haftung des Praxiserwerbers, Beschränkung auf Bestand des übernommenen Vermögens 1201
− Beschränkung der Haftung 1197
− Gemeindesteuern 1197
− KfzSt 1197
− Konkursmasse, Haftungsausschluß 1202
− lebensfähige Praxis 1196
− Liquidationsmasse, Haftungsausschluß 1202
− Liquidationsvergleich, Haftungsausschluß 1202
− LSt 1199
− mehrfache Übereignung 1194
− Personensteuern 1198
− Steuerabzugsbeträge 1199
− Teilbetrieb, Begriff 1192
− Übereignung, Begriff 1193
− Unternehmen, Begriff 1191
− USt 1197
− Vergleichsverfahren, gerichtliches, Haftungsausschluß 1202
− Vollstreckungsverfahren, Haftungsausschluß 1202
− wesentliche Grundlagen der Praxis 1195
− zeitliche Voraussetzung 1200
Haftung für Steuerschulden 72
Handakten, Aufbewahrungspflicht 43
− Vorlage 107
Handelsregisterauszug, Gebühr 978
Hausratversicherung 810 ff., 825
Hausverwalter, USt 949
Hilfsgeschäfte 548 ff.
− USt 942, 950
Hilfskräfte 729 ff., 757 ff.
Hinterziehungszinsen 556 ff.
Hochschulstudium 468 ff., 471
Honorare, Honorarforderungen 561 ff.

Honorarforderungen, Einheitsbewertung Betriebsvermögen 1056
Hypothekengeld als durchlaufender Posten 978

Inkassomandat 978
Invaliditätsversicherung 810 ff., 811, 820
Ist-Versteuerung 1027

Jacht 365
Jagd 365
Jahresabschluß 721 ff., 723
Journalbuchführung 27

Kapitalgesellschaft, Beteiligung an Sozietät 1311
– Einschaltung 1437
Kapitalverkehrsteuern, Anzeigepflicht des Notars 61
Kaskoversicherung 810 ff., 824 f.
Kauf einer Praxis 1084 ff., 1089 ff.
Kinder-Arbeitsverhältnisse 572 ff.
– Ausbildungsdienstverhältnis 584 ff.
– Nachteile 575
– unwirksame Verträge 576 ff.
– Vorteile 573 f.
Kleinunternehmer, USt 1020
Kongresse 468 ff., 470, 472 ff.
Konkursverwalter, ESt 1293
Konkursverwaltung, außerordentliche Einkünfte 342 ff., 347
– sonstige selbständige Tätigkeit 729 ff., 736 ff.
– USt 928, 949, 1292
Kontokorrentzinsen 596 ff.
– Abziehbarkeit von Schuldzinsen 597 ff.
– Änderung der Rechtsprechung 596, 607
– Aufteilungs- und Abzugsverbot 607
– gemischte Kontokorrentkonten 600 ff.
– – Verhältnismethode 603
– – Zinszahlenstaffelmethode 601 f.
– Tilgung der Verbindlichkeit 604 f.
– Übergangsregelung 608

– Überschußeinkünfte 607
– Überschußrechnung 607
– Vertrauensschutz 608
– Zwei-Konten-Theorie 606
Kontrollmitteilungen bei Außenprüfungen 155
Kostenblätter, Aufbewahrungspflicht 45
Kraftfahrzeug, private Nutzung des Praxis-Kfz, USt 957, 961
– Überlassung durch Mandant an Anwalt 977
Kraftfahrzeugkosten 609 ff.
– AfA 611, 620 ff.
– – Methoden 621
– – Nutzungsdauer 622 ff.
– – unangemessene Aufwendungen 620, 710 ff.
– außergewöhnliche Kosten 640 ff., 642 f.
– betriebliche Nutzung 609 ff., 614 ff.
– – Fahrtenbuch 614 f.
– – Nachweis 614 f.
– – Schätzung 616 ff.
– Betriebsstoffkosten 611
– Betriebsvermögen 609 f.
– Bußgelder 488 ff., 611
– doppelte Haushaltsführung 647
– Eigenverbrauch, Umsatzsteuer 956 ff.
– Fahrten Wohnung – Betriebs-/Arbeitsstätte 613, 629 ff.
– – außergewöhnliche Kosten 640 ff.
– – Behinderte 646
– – Berechnung 636 ff.
– – Leasingfahrzeug 630
– – mehrere Wohnungen 635
– – Mietfahrzeug 630
– – Pauschbeträge 629
– – Schätzung 634
– – Taxifahrt 632
– – Umwegfahrt 631
– – zwei Betriebsstätten 644
– Fahrzeugversicherung 611
– Garage 611
– Gesamtkosten 611
– gewöhnliche Kosten 640 f.

- Insassenversicherung 611
- Kilometersätze 612 f., 629 ff.
- Kraftfahrzeug im Betriebsvermögen 609 f.
- Kraftfahrzeug im Privatvermögen 611 f.
- Kraftfahrzeugsteuer 611
- Leasing 650
- Mofa, Pauschbeträge 612 f.
- Moped, Pauschbeträge 612 f.
- Motorrad, Pauschbeträge 612 f., 629 ff.
- Motorroller, Pauschbeträge 612 f., 629 ff.
- Nutzungsdauer 622 ff.
- Parkgebühren 611
- Pauschbeträge 612 f., 629 ff.
- Pkw, Pauschbeträge 612 f., 629 ff.
- Privatanteil 614 ff.
- private Mitbenutzung 610
- Privatvermögen 611
- Reparaturkosten 611
- Steuern 611
- Straßenbenutzungsgebühren 611
- Umsatzsteuer 956 ff.
- Unfallkosten 611, 626 ff.
- - Alkoholfahrt 626
- - betriebliche/berufliche Fahrt 626
- - Fahrten Wohnung - Betriebs-/Arbeitsstätte 626
- - Nebenkosten 627
- - Privatfahrt 626
- - Reparaturkosten 627
- - Wertminderung 627
- Unfallversicherung 611
- Veräußerungsgewinn 623 ff.
- Verkehrsunfall s. Unfallkosten 611, 626 ff.
- Verwarnungsgelder 488 ff., 611
- Wartungskosten 611

Krankentagegeldversicherung 810 ff., 811
- Sozietät 1387

Krankenversicherung 810 ff., 811

Kunstgegenstände, Arbeitszimmer 314 f.
- Büro- und Geschäftsausstattung 409 ff.

- Repräsentationsaufwendungen 710 ff.

Leasing 650 f.
- Fahrten Wohnung - Betriebs-/Arbeitsstätte 630
- Zurechnung 650 f.

Lebensgemeinschaft, nichteheliche 450
Lebensversicherung 810 ff,. 811
Legalisierungsgebühr 978
Lehrgänge 468 ff., 472 ff.
Leichtfertige Steuerverkürzung, Selbstanzeige 229
Lohnkonten, Führung 38, 864
Lohnsteuer 860 ff.
- Abführung 865 ff.
- Anmeldung 865 ff.
- Anrufungsauskunft 870
- Aufzeichnung 864
- Durchführung des LSt-Abzugs 862 f.
- Erhebung 860
- Haftung des Arbeitgebers 869
- Höhe 861
- Lohnkonto 38, 864
- LSt-Außenprüfung 871
- LSt-Pauschalierung, s. dort

Lohnsteuer-Pauschalierung 872 ff.
- fehlgeschlagene Pauschalierung 876
- Kirchen-LSt 888
- Pauschalierung nach § 40 EStG 877 ff.
- Pauschalierung nach § 40a EStG 880 ff.
- Pauschalierung nach § 40b EStG 891 ff., 912
- Schuldner der LSt 872
- Sozialversicherung 889 f.

Mahnbescheid keine Rechnung 1001
Mahnkosten, USt 978
Mandantengelder, Anderkonto 48
Mietverträge, Ehegatten-Mietverträge 429 ff., 448
- Kinder-Mietverträge 572 ff.

Stichwortverzeichnis

Mindest-Istversteuerung 988
- Rechnung 995

Mitarbeit, Ehegatte 429 ff., 439
- Hilfsgeschäfte 548 ff.
- Kinder 572
- selbständige Tätigkeit 729 ff., 734 f., 739 ff.

Mittäter, Selbstanzeige 189

Mitwirkungspflichten bei Außenprüfung 148

Mofa, Moped
s. Kraftfahrzeugkosten 609 ff.

Motorjacht 365

Motorrad, Motorroller, s. Kraftfahrzeugkosten 609 ff.
- s. Reisekosten 679 ff., 686 f.

Nachfolge-Gemeinschaftspraxis 1324, 1355

Nachlaßverwaltung, USt 928, 949

Nachträgliche Betriebsausgaben 1248 ff.

Nachträgliche Betriebseinnahmen 1231, 1248

Nebentätigkeit, USt 932

Nichteheliche Lebensgemeinschaft 450

Nichtselbständige Tätigkeit 729 ff., 739 ff.

Notar, Anderkonten 53
- Anzeigepflichten 55
- Auskunfsverweigerungsrecht 99
- Grundbucheinsichtgebühr 979
- Haftung als Vertreter, steuerliche 73
- Lohnsteuerhaftung 88
- Praxiserwerb, Haftung bei 98
- USt 929

Notaranderkonto 46 ff., 554

Notargemeinschaft s. Sozietät

Notariat, Übernahme durch Rechtsanwalt 951

Notariatsassessor, USt 930

Notariatskammer, Beiträge 354

Notariatsverweser, USt 930

Nutzungsverträge, entgeltliche mit Sozietät 1415

Ordnungsgelder 488 ff.

Patentabschrift, Kosten als Entgelt 977

Patentanwalt, durchlaufende Posten 980
- Patentabschrift 977

Pauschalabzug nicht mehr zulässig 981

Pauschalierung der Lohnsteuer 872 ff.

Pensionszusage 663 ff.
- Arbeitnehmer-Ehegatte 666 ff.
- Passivierungspflicht 663
- Passivierungswahlrecht 664
- Zukunftssicherungsleistungen 665, 891 ff.

Personengesellschaft 753 ff., 1302 ff.
- Einheitsbewertung Betriebsvermögen 1054

Personenversicherungen 810 ff.

Pkw s. Kraftfahrzeugkosten 609 ff.

Porti 422 ff., 428

Postgebühr, Entgelt 977

Praxis, -aufgabe 1241 ff.
- -eröffnung 1082 ff.
- -erwerb 1084 ff., 1089 ff.
- -kauf 1084 ff., 1089 ff.
- -veräußerung 1203 ff., 1246 f.
- Einbringung in Sozietät 1317

Praxisangehörige, Mitwirkung bei Außenprüfung 153

Praxisaufgabe, USt 1253

Praxisgemeinschaft s. Bürogemeinschaft

Praxisgeräte, private Nutzung bei USt 957, 961

Praxisgröße u. Außenprüfung 130

Praxiskauf 1180
- Haftung des Erwerbers 1190
- s. i. e. Geschäftsveräußerung im ganzen

Praxiswert 1123
- Abschreibung 1169
- Art der Bewertung 1131
- Auflösung einer oder Ausscheiden aus Sozietät 1163
- Aufwendungen für Praxiskauf 1168

- außerordentliche anwaltsbezogene Vergütungen 1135
- Begriff 1127
- Begründung einer oder Eintritt in Sozietät 1158
- Bemessungsgrundlage 1136, 1142, 1148
- Berechnungsfaktor 1136, 1144, 1150
- bestehende Sozietät u. Beteiligungswert 1156
- Beteiligungswert 1155
- Einheitsbewertung Betriebsvermögen 1058
- Fortführungswert 1142
- Gleichsetzung von Geschäftswert und 1170
- Grundlagen der Bewertung 1134
- innerer u. ideeller Wert einer Praxis 1139
- Nutzungsdauer, steuerlich 1169, 1170
- personenbezogene Vergütungen 1134
- steuerlich 1168
- Substanzwert 1128
- Übergabewert 1148

Privatvermögen, Betriebsvermögen 369 ff.,
- Kraftfahrzeug 609 ff.
- notwendiges 10
- Versicherungen 810 ff.

Prozeßkosten 721 ff., 723 f.
- USt 978

Prüfungsanordnung 138
Prüfungsbericht 157
Prüfungshäufigkeit 130
Prüfungsort 143
Prüfungstätigkeit 548 ff., 729 ff., 734 f.

Raten für Praxiskauf und -veräußerung 1097 ff., 1227 ff.
Realteilung, Sozietät 1368
Rechnung 994
- Berichtigungsvollmacht 1002
- Mahnbescheid keine 1001
- Mindest-Istversteuerung 995

Rechtsanwalt, Auskunftsverweigerungsrecht 99
- Haftung als Vertreter, steuerliche 73
- Lohnsteuerhaftung 88
- Praxiserwerb, Haftung bei 98
- Unternehmer bei USt 926

Rechtsanwaltsgemeinschaft s. Sozietät
Rechtsbehelfe gegen Außenprüfung 170
Rechtsbehelfsfristen, steuerliche 65
Rechtshilfestelle, Tätigkeit in 949
Rechtsmittelverfahren, Außenprüfung 127
Rechtsreferendare 729 ff., 745, 1444
Rechtsschutzversicherung 810 ff., 811, 818
Referendare, Stationsreferendar 729 ff., 745, 1444
Reisekosten 679 ff.
- Anschaffung von Koffern 680
- Auslandsdienstreisen 703 ff.
- Auslandsgeschäftsreisen 703 ff.
- Bekleidungskosten 680
- Betriebsausgaben 679
- Dienstgang, -reise 682 ff.
- Fahrtkosten 609 ff., 686 ff.
- Fortbildungskosten 468 ff.
- Geschäftsgang, -reise 682 ff.
- Kraftfahrzeugkosten 609 ff.
- private Veranlassung 679
- Reisenebenkosten 702
- Sozietät 1388
- Übernachtungskosten 688 ff.
- Verlust der Geldbörse 680
- Verpflegungsmehraufwendungen 691 ff.
- Vorsteuer 697, 701
- Vorsteuerabzug 1009
- Werbungskosten 679

Renten für Praxiskauf und -veräußerung 1100 ff., 1230 ff.
Repräsentationsaufwendungen 710 ff.
- Angemessenheitsprüfung 714 ff.
- Beispiele 713
- Grundsatz 710 ff.
- unangemessene Aufwendungen 718 ff.

Stichwortverzeichnis

Robe 356
Rückstellungen 721 ff.
- Beispiele 723
- Höhe 724
- Voraussetzungen 721 ff.

Sachversicherungen 810 ff., 823 ff.
Sachverständigengebühren 422 ff., 423
Schadensersatz 721 ff.
Schenkungsteuer s. Erbschafts-/Schenkungsteuer
Schiedsgerichtsvorsitzender, USt 931, 949
Schlußbesprechnung 157
Schreibgebühren der Gerichte, USt 978
Schriftstellerische Tätigkeit, USt 928, 949
Schuldzinsen, betriebliche bei Einnahme-Überschußrechnung 23
- Kontokorrentzinsen 596 ff.
- nachträgliche Betriebsausgaben 1249 ff.
- Praxiskauf 1093
Segeljacht 365
Selbständige Tätigkeit 729 ff.
- Abgrenzung Einkunftsarten 729 ff.
- Einkunftsarten, Abgrenzung 729 ff.
- freiberufliche Tätigkeit 729 ff., 734 f.
- gewerbliche Tätigkeit 729 ff., 747 ff.
- - Bürogemeinschaft 753
- - Erbfall 761 ff.
- - gemischte Tätigkeiten 750 ff.
- - Hilfskräfte 757 ff.
- - mehrere Tätigkeiten 750 ff.
- - Personengesellschaften 753 ff.
- - Personenzusammenschlüsse 753 ff.
- - Wirtschaftsmandate 747 ff.
- nichtselbständige Tätigkeit 729 ff., 739 ff.
- sonstige selbständige Tätigkeit 729 ff., 736 ff.
Selbstanzeige, Beispiele für Form, Inhalt, Sperrwirkung, nichtwirksame

Anzeige, Scheinhandlungen 237
- Einleitung eines Straf- oder Bußgeldverfahrens, Bekanntgabe der 219
- Entdeckung der Tat 226
- Erscheinen des Prüfers 211
- Form 197
- fristgerechte Nachzahlung 201
- gestufte 200
- Inhalt 198
- leichtfertige Steuerverkürzung 229
- Sperrwirkung 210
- Strafaufhebungsgrund, persönlicher 191
- Straffreiheit durch 186
- Wer kann sie erstatten? 189
- Wo ist sie zu erstatten? 194
Seminare 468 ff., 470, 472 ff.
Sicherungsübereignung, Treuhänder 1281
Sollversteuerung 1027
Sonderbetriebsausgaben bei Sozietät 1386
Sonderbetriebsvermögen 1380
Sonderprüfung im Rahmen einer Außenprüfung 127
Sondervergütung bei Sozietät 1384
Sonstige selbständige Tätigkeit, Einheitsbewertung Betriebsvermögen 1052
Sozialversicherung 810 ff., 811, 889 f.
Sozietät 754 ff., 1300 ff.
- Arbeitsverhältnis neben Beteiligungen an 1306
- Aufgabe im ganzen 1373
- Auflösung 1360
- Aufnahme eines Arbeitnehmers 1347
- Aufnahme gegen feste Vergütung 1346
- Aufnahme in bereits bestehende 1341
- Auftragsbeschaffung, nur 1312
- Ausscheiden eines Partners 1361
- Begriff 1302
- berufsfremde Person, Beteiligung 1308
- Betriebsvermögen 1380

- Einbringung einer Praxis in neu zu gründende 1319
- Einbringung Praxis u. Einbringung Kapital 1329
- einheitliche Gewinnfeststellung 1391
- einheitliche Steuererklärung 1394
- Einheitsbewertung des Betriebsvermögens 1425
- Einkunftsart 1305
- einseitige Weisungsbefugnis 1306
- Empfangsbevollmächtigter 1395
- Erbfall 1314
- fingiertes Verhältnis als Sozius 1306
- Gewinnermittlung bei Veräußerung/ Aufgabe 1376
- Gewinnverteilung, keine Rückdatierung 1392
- Gewinnvorab, Sondervergütungen, Verluste der Beteiligten 1383
- Gründung 1317
- hinterbliebene Angehörige 1316
- Kapitalgesellschaft 1311
- Krankentagegeldversicherung 1387
- Nachfolge-Gemeinschaftspraxis 1324, 1355
- Notar 1303
- §§ 709 ff. BGB, Anwendung 1304
- Partner leistet Ausgleichszahlung 1322
- „pensionierter" Sozius 1313
- Praxiswert 1379
- Realteilung bei Auflösung 1368
- Rechtsanwalt 1302
- Reisekosten 1388
- schrittweise Gründung 1338
- Sonderbetriebsausgaben 1386
- Sonderbetriebsvermögen 1380
- Sondervergütungen 1384
- Teilhaberversicherung 810, 1389
- Teilpraxis, Einbringung 1349
- Übergangsgemeinschaftspraxis 1355
- USt 1396
- – Aufnahme weiterer Partner in bereits bestehende 1407
- – Austritt bisheriger Partner 1408
- – Bemessungsgrundlage bei Einbringen 1402
- – Eigenverbrauch 1410
- – Einbringung eines Teils der Praxis 1409
- – Einbringung in 1400
- – Eintritt neuer Partner 1408
- – Entgelt 1399
- – entgeltliche Nutzungsverträge mit 1415
- – Gewährung von Gesellschaftsrechten 1406
- – Leistungen der – an Sozius 1411
- – Leistungen eines Sozius an 1413
- – Steuerbefreiung bei Einbringen in 1404
- – Steuersubjekt 1397
- – unentgeltliche Aufnahme 1401
- Verluste 1385
- Verpachtung einer Einzelpraxis 1353
- Vorsteuerabzug 1424

Sozius, Ausscheiden aus Sozietät 1361
- Austritt 1408
- Eintritt 1408
- fingiertes Verhältnis als 1306
- Leistungen der Sozietät an 1411
- Leistungen eines – an Sozietät 1413
- „pensionierter" 1313

Sperrwirkung bei Selbstanzeige 210
Standesorganisation, Beiträge 354
Stationsreferendar 1444
Stempelgebühr, USt 978
Sterbegeldumlagen 810 ff., 812
Steuerbare Umsätze 943
Steuerbefreiung, Einbringung in Sozietät 1404
Steuererklärung, einheitliche bei Sozietät 1394
Steuerermäßigung, außerordentliche Einkünfte 342 ff.
- Erbschaftsteuer 767
- Freibetrag für freie Berufe 482 ff.

Steuernachforderungszinsen 556 ff.
Steuersatz, Einzug abgetretener Mandantenforderungen im Mahnverfahren 985

- ermäßigter 342 ff.
- § 12 Abs. 2 Nr. 7c UStG 986
- USt 982
Steuersubjekt, Sozietät als 1397
Straffreiheit durch Selbstanzeige 186
Strafverfahren u. Außenprüfung 180
Strafverfahrenskosten 492
Streitsumme, USt 978
Studienkosten des Kindes 584 ff.
Studienreisen 468 ff., 470, 472 ff.
Stundungsverfahren, Außenprüfung 127
Stundungszinsen 556 ff., 559
- als Entgelt 977
Substanzwert 1128
Syndikus, USt 928, 949

Täter, Selbstanzeige 189
Tantieme, außerordentliche Einkünfte 342 ff.
- Ehegatten-Arbeitsverhältnis 429 ff.
- Kinder-Arbeitsverhältnis 572 ff.
Tarifvergünstigung 342 ff.
Teileigentum Gebäude 523 ff., 533
Teilentgeltliche Rechtsgeschäfte 1094 ff., 1205, 1225
Teilhaberversicherung, Sozietät 1389
Teilleistungen 561 ff., 563
Teilpraxis, Einbringung in Sozietät 1349
Telefon, private Nutzung 957, 961
Telefonkosten 778 ff.
- Arbeitnehmer 783 f.
- Aufteilung 779 ff.
- Aufzeichnungen 780
- durchlaufender Posten 422 ff., 428
- Schätzung 781 ff.
Teppiche, Arbeitszimmer 287 ff., 314
- Repräsentationsaufwendungen 710 ff., 715
Testamentsvollstrecker, ESt 1272
- Treuhänder der Erben 1271
- USt 928, 949, 1271
Testamentsvollstreckung, außerordentliche Einkünfte 342 ff., 347
- selbständige Tätigkeit 729 ff., 736
Tod, Honorareingang nach Tod 938

Treuhänder, Börsen-USt 1288
- ErbSt/SchenkSt 1289
- ESt 736, 747, 1282
- GewSt 1283
- GrESt 1285
- GrSt 1284
- Kommissionär, - als 1279
- Nachweis 1276
- Sicherungsübereignung 1281
- USt 949, 1277
- Verfügungsberechtigter 1276
- Verfügungsmacht 1280
- Zurechnung von Wirtschaftsgütern 1276
Treuhandkonto 46
Treuhandtätigkeit 729 ff., 748 f.

Übergabewert 1148
Übergangsgemeinschaftspraxis 1355
Übernachtungskosten 688 ff., 710 ff., 713
Übersetzungsgebühren als Entgelt 977
Umsatzbeteiligung 1116 ff., 1240
Umsatzsteuer 920
- ärztliches Bezirksgericht, Vorsitzender 931
- Amtsvormund 931, 949
- Anzahlungen 988
- Aufsichtsratsmitglied 949
- Aufzeichnungen 39
- Beginn der beruflichen Tätigkeit 933
- Bemessungsgrundlage 976
- - Einbringung in Sozietät 1402
- Beratungen, USt des Entgelts 928, 949
- Bürogemeinschaft 1432
- durchlaufende Posten 422 ff., 428, 978
- Eigenverbrauch 952
- Einnahme-Überschußrechnung, Vereinnahmung u. Verausgabung 24
- Eintritt/Austritt eines Sozius 1408
- Einzug abgetretener Mandantenforderung im Mahnverfahren, Steuersatz 985
- Ende der beruflichen Tätigkeit 933

- Entgelt 1399
- – Sozietät 1399
- Gebühren- u. Auslagenerstattung in eigener Sache 967
- Gerichtstätigkeit, Entgelt 928, 949
- Geschäftsführertätigkeit 931, 949
- Hausverwalter 949
- Hilfsgeschäfte 942, 950
- Honorareingang nach Tod eines Rechtsanwalts/Notars 938
- Ist-Versteuerung 1027
- Kleinunternehmer 1020
- Konkursverwaltung 928, 949
- Mindest-Istversteuerung 988
- Nachlaßverwaltung 928, 949
- Nebentätigkeit 932
- Notar 929
- Notariatsassessor 930
- Notariatsverweser 930
- Ort der sonstigen Leistung 970
- Praxisaufgabe 1253
- Praxiskauf 1180
- Rechnung 994
- Rechtshilfestelle, Tätigkeit in 949
- Schiedsgerichtsvorsitzender 931, 949
- schriftstellerische Tätigkeit 928, 949
- Sollversteuerung 1027
- Sozietät 1396
- steuerbare Umsätze 943
- Steuerbefreiung bei Einbringen in Sozietät 1404
- Steuersatz 982
- Steuersubjekt bei Sozietät 1397
- Syndikustätigkeit 928, 949
- Testamentsvollstreckung 928, 949, 1241
- Treuhänder 949, 1277
- Übernahme eines Notariats durch Rechtsanwalt 951
- Umfang des Unternehmens 939
- unentgeltliche Aufnahme in Sozietät 1401
- Unternehmer, Begriff 926
- Vermögensverwaltung 928, 949
- Vertreter eines Rechtsanwalts 931, 1448

- Vorsteuerabzug 1003

Unangemessene Aufwendungen 710 ff.
- Eigenverbrauch 966

Unentgeltliche Beratung, USt 959
Unfallkosten 626 ff.
Unfallversicherung 810 ff., 811, 813, 818, 820 f.
Unmittelbarer Zwang bei Außenprüfung 167
Unterhaltsrenten 1115, 1239
Unterhaltung von Geschäftsfreunden, Betriebsausgaben 359 ff., 365
- Bewirtungskosten 373 ff., 377 f.
- Repräsentationsaufwendungen 710 ff., 713

Unternehmen, Umfang 939
Urheberrechtsgesetz, Steuersatz bei Einräumung, Eintragung u. Wahrnehmung von Rechten 987

Veräußerung der Praxis 1203 ff.
Veräußerungsgewinn, Kraftfahrzeug 623 ff.
- Praxis 1214 ff.
- Steuerbegünstigung 1218 ff.

Veräußerungsrenten 1101, 1105 ff., 1230 ff.
Verbindliche Zusage bei Außenprüfung 159
Vergleichssumme, USt 978
Verkauf von Praxisgegenständen 548 ff., 550
Verlustabzug 798 ff.
- Gesetzesänderung 801, 804 ff.
- Verlustrücktrag 800 ff.
- Verlustvortrag 800 ff.

Verlustausgleich 798 ff.
Verluste 494 ff., 499
- bei Sozietät 1385

Vermögensteuer 1063 ff.
- Altersvorsorge 1071
- Beispiel 1074
- Einheitswerte 1066
- Geldbestände 1070
- Gesamtvermögen 1065
- Hauptveranlagung 1064

Stichwortverzeichnis

- Luxusgegenstand 1068 f.
- Nachveranlagung 1064
- Neuveranlagung 1064
- Rohvermögen 1065
- sonstiges Vermögen 1067 ff.
- Steuern 1072 f.
- Steuerpflicht 1063
- Vermögensarten 1065
- Wohnungseinrichtung 1069

Vermögensverwalter, Haftung des Rechtsanwalts/Notars als 74

Vermögensverwaltung, außerordentliche Einkünfte 342 ff., 347
- selbständige Tätigkeit 729 ff., 736 f.
- USt 928, 949

Verpachtung einer Einzelpraxis 1353

Verpflegungsmehraufwendungen 691 ff.
- Vorsteuerabzug 1011

Versicherungen 810 ff.
- Betriebsausgaben 810 ff.
- Betriebsvermögen 810 ff.
- Leistungen der Versicherung 829 f.
- Personenversicherungen 811 ff.
- – betriebliche/berufliche Versicherungen 818 ff.
- – Gruppenversicherung 822
- – private Versicherungen für Betriebsinhaber 811 ff.
- – private Versicherungen für Ehegatten und Kinder 815 ff.
- Privatvermögen 810 ff.
- Sachversicherungen 823 ff.
- Schadenseintritt 827 f.
- Sonderausgaben 810 ff.
- Versicherungsleistungen 829 f.
- Werbungskosten 810 ff.

Versorgungsbeiträge 810 ff., 812

Versorgungsrenten, außerbetriebliche 1110 ff., 1238 ff.
- betriebliche 1109 ff., 1237 ff.

Versorgungszusage 663

Vertragsstrafe, USt 978

Vertreter 729 ff., 746, 1439 ff.
- Haftung des Rechtsanwalts/Notars als 73

- Rechtsanwalt/Notar 1440
- seine zu zahlenden Steuern 1445

Verwarnungsgelder 488 ff.

Verzugszinsen als Entgelt 977

Vollstreckungsverfahren, Außenprüfung 127

Vorab entstandene Betriebsausgaben 1087

Vorlage der Handakten 107

Vorschüsse 4, 22
- Betriebsvermögensvergleich 837 f.
- Rückzahlung der Vorschüsse 841
- Überschußrechnung 839 ff.

Vorsorgeaufwendungen für Ehegatten und Kinder 815 ff., 891 ff.

Vorsteuerabzug 1003
- allgemeiner Durchschnittssatz 1016
- Berichtigungsvollmacht des Notars 1002
- Errichtung einer Praxis durch Ehefrau 1013
- Fahrausweis 1006
- Praxisgegenstände, Anschaffung durch 1014
- Reisekosten 1009
- Sozietät 1424
- Verpflegungsmehraufwand 1011
- Zeitpunkt 1015

Vorteilabschöpfende Geldbußen 488 ff., 491

Vorzeigegebühr, Entgelt 977

Wechselsteuer, Anzeigepflicht des Notars 61

Wechselumlaufkosten als Entgelt 977

Weisungen 488 ff.,

Weisungsbefugnis, einseitige in Sozietät 1306

Wertschwankungen, Buchführung 4

Wirtschaftsgüter, abnutzbare 271 ff.
- aktivierungspflichtige 264 ff.
- – s. Aktivierung von Aufwendungen
- bewegliche 272
- Gebäude und Gebäudeteile 275
- immaterielle 273

– unbewegliche (keine Gebäude oder Gebäudeteile) 274
Zahlungsbefehl, USt 978
Zeitschriften, Zeitungen 468 ff., 478 ff.
Zeugengebühren 422 ff., 423
Zufließen, Einnahme-Überschußrechnung 21

Zugewinngemeinschaft, Erbschaftsteuer 1040 ff.
Zukunftssicherungsleistungen, Lohnsteuer 891 ff.
– Versicherungen 810 ff., 811 ff., 818 ff.
Zustellungsgebühr, USt 978
Zwangsgeld bei Außenprüfung 167